U0832907

民间金融系列研究型教材

信贷类民间金融理论与实务

左毓秀　黄昌利　主编

中国财经出版传媒集团
中国财政经济出版社

图书在版编目（CIP）数据

信贷类民间金融理论与实务/左毓秀，黄昌利主编
. --北京：中国财政经济出版社，2021.1
民间金融系列研究型教材
ISBN 978-7-5223-0296-6

Ⅰ.①信… Ⅱ.①左… ②黄… Ⅲ.①信贷-民间经济团体-金融机构-中国-教材 Ⅳ.①F832.35

中国版本图书馆CIP数据核字（2021）第013558号

责任编辑：叶　彤　　　　责任校对：徐艳丽
封面设计：楠竹文化　　　　责任印制：党　辉

信贷类民间金融理论与实务
XINDAILEI MINJIAN JINRONG LILUN YU SHIWU

中国财政经济出版社 出版

URL：http：//www.cfeph.cn
E-mail：cfeph@cfeph.cn
（版权所有　翻印必究）
社址：北京市海淀区阜成路甲28号　邮政编码：100142
营销中心电话：010-88191522
天猫网店：中国财政经济出版社旗舰店
网址：https：//zgczjjcbs.tmall.com
北京时捷印刷有限公司印刷　各地新华书店经销
成品尺寸：185mm×260mm　16开　20.5印张　344 000字
2021年2月第1版　2021年2月北京第1次印刷
定价：78.00元
ISBN 978-7-5223-0296-6
（图书出现印装问题，本社负责调换，电话：010-88190548）
本社质量投诉电话：010-88190744
打击盗版举报热线：010-88191661　QQ：2242791300

民间金融系列研究型教材编审委员会

主　编： 李建军　廖检文

副主编： 刘　中　周　芳　黄　翔　吴煜晖

委　员： 方兴锋　唐红军　张晓慧　龚文艳　郭超群　张志峰
谢小凤　单小芳　刘星君　孙晓娟　林　嘉　程军强
许　昀　邓　波　吴丽婷　董方玉　曾培伟　黄鸿鑫
林玟敏

Foreword

序言

我曾在广州工作、生活了8年，直接参与并见证了广州金融业在党的十八大以来的快速发展历程。应该说，金融业在广州的城市战略定位举足轻重，在地区经济中发挥了重要作用。2019年，广州市金融业增加值占GDP的8.6%，对GDP的贡献率达到10.4%，成为当地经济发展的四大支柱产业之一。

广州是中国民间金融创新比较活跃的城市，以小贷公司、融资性担保公司、金融科技公司等为代表的地方金融发展很快，在服务小微企业等方面发挥了积极作用，是现代金融体系的重要补充。与此同时，我们也应当看到，由于民间金融机构监管不充分、自身业务能力局限等内外部问题，发展过程中也出现了一些风险，有的案例影响还比较大。在如何规范民间金融发展方面，广州市进行了很长时间的探索，并积累了一定的经验，具体要从“广州民间金融街”的建设说起。

2012年，在“民间金融街”还处于概念雏形的时候，温州小微企业危机给广州带来了触动。温州小企业面临融资难的困境在广州也普遍存在。当时我们就设想：能不能办一条街，让一些银行、小贷、担保、保险、证券（类）等金融机构或公司聚集于此，以解决企业融资难、融资贵的问题。这对于小微企业来讲，既可以货比三家，选择适合自己的融资方式，又可以完成一站式融资。对于进驻机构而言，聚集效应可以使彼此产生合作，同时也可以形成良性竞争，以改善固有的金融服务。

经过多方调查研究，“民间金融街”最终落在了长堤大马路。长堤大马路，位于珠江北岸，这条全长仅800米的老街，在历史上不仅是全国商贸最繁华之地，还书写过中国金融业发展史的辉煌一笔，被香港媒体称为“中国金融第一街”。经过8年多的发展，广州民间金融街建设成效显著，这主要表现在以下3个方面：

第一，与旧城改造相结合，将一条“脏乱差”的旧街巷转型升级为保留传统文化、年收入过10亿元的“白富美”。数据显示，2012年长堤大马路规划范围内税收不到2 000万元，沿街商铺平均租金为50元/平方米，有不到10家的银行网点。仅仅8年多时间，截至2020年6月底，金融街入驻机构超300家。其中，小贷公司88家，商业保理33家，融资租赁10家，典当行5家。12家世界500强、26家中国500强、60余家国内外上市公司投资设立机构，实缴注册资本超500亿元，累计提供融资额超5 000亿元，缴纳税收近50亿元。广州民间金融街也先后获批数字普惠金融试验区、公益金融试验区，连续4年在广州市11个区的金融稳定综治考评中排名第一。

第二，贷款效率和透明度高，有效解决了中小企业融资难问题。一方面，有助于疏导民间资本，促进经济活力和公平竞争。民间金融街作为民间资本的集聚试验区，为资金盈余者和资金需求者提供了解决信息不对称问题的新机制和新平台，为民间资本找到了新的投资出路，同时可以有效解决中小微企业的融资难问题。另一方面，广州民间金融街的存在，有助于抑制非法集资和民间高利贷，对稳定地方金融市场环境起到重要作用，同时还创造了大量的就业机会，新增金融类就业岗位超8 000个。

第三，形成了完整的价格体系，构建起市场化的民间资本利率机制。小额贷款公司的资金90%源自民间资本，这意味着企业在用自己的钱放贷，对风险的考虑比政府要成熟，在此基础上搭建的民间融资“广州价格”体系，有助于形成市场化、阳光化、规范化的贷款利率机制。事实也证明了这一点，经过8年多的实践，广州民间金融街已逐渐发展为“立足广州、辐射珠三角、影响全国”的民间资本集散地、民间金融研发中心、民间金融创新中心和民间融资价格风向标。

广州民间金融街的探索和实践，为地方金融监管和规范民间发展提供了一个成功的模式。在此背景下，广州民间金融街提出了民间金融企业高管与从业人员金融能力提升计划，通过举办高端研修项目和专题培训班等形式开展持续性的继续教育，这就需要编辑出版一套适合民间金融企业管理需要的培训教材。

广州民间金融街“民间金融系列研究型教材”编写出版项目包括5本教材，分别是《信贷类民间金融理论与实务》《投融资增信类民间金融理论与实务》《金融科技理论与实践》《交易平台类民间金融理论与实务》《民间金融监管理论与实践》。其中，《信贷类民间金融理论与实务》主要选取针对小贷公司、典当行、融资租赁、农民专业合作社等民间金融组织开展研究；《投融资增信类民间金融理论与实务》主要选取针对私募股权、融资担保、商业保理、信用评级等民间金融业开展研究；《金融科技理论与实践》主要针对科技与金融融合产生的新业态，选取数字货币、支付科技、互联网借贷、网络众筹、互联网消费金融、供应链金融等科技类民间金融业开展研究；《交易平台类民间金融理论与实务》主要选取针对股权交易平台、互联网财富管理、资产证券化、衍生商品类交易中心等交易平台类民间金融业开展研究；《民间金融监管理论与实践》主要对民间金融监管理论、地方金融监管实践、监管机制设计等重要问题开展研究。这套教材突出了研究特色，加强了对实践发展的归纳总结，对于民间金融理论的创新与发展具有重要的意义。相信本系列研究型教材能够满足民间金融企业高管和从业人员培训学习的需要。

据我所知，国内并没有专门针对民间金融领域的系列化教材，同类研究多以专著形式呈现。从这个角度讲，本系列研究型教材的出版是开创性的，具有重要的学术和实用价值。本教材采用招标形式确定编写团队，广州民间金融街组织了面向全国高校、研究机构、企事业单位的招标工作，最后由中央财经大学金融学院团队中标。该团队由我国民间金融与普惠金融研究领域知名专家李建军教授负责，组织广东财经大学、暨南大学、广东技术师范大学、上海财经大学、华中师范大学、云南财经大学等高校的学者共同编写完成。本教材实现了理论、实务、案例、专题分析、延伸学习、思考与训练等方面的有机融合，通俗易懂，适合继续教育培训使用。

最后，希望广大民间金融领域的监管者、从业者、专家学者们，能够以此为契机，共同为我国民间金融的发展积累经验、提供范式，共同打造好民间金融品牌，为地方金融稳健发展作出贡献。

欧阳卫民

2020年7月19日

Preface

前言

改革开放以后，我国信贷类民间金融应运而生，成为我国金融体系中的一个特殊构成部分。信贷类民间金融以独特的方式在银行贷款等融资方式之外开拓了具有普惠金融特质的融资途径，丰富了融资模式，在服务实体经济的同时，自身也在不断地发展壮大。但是我国信贷类民间金融发展中也出现了不少问题，例如，部分信贷类民间金融组织涉嫌进行非法集资、超范围违规经营、内部风控薄弱，或长期没有从事相关业务，存在“空壳”“失联”等非正常状况，或成为影子银行，增大了商业银行和金融体系的风险。因此，认识信贷类民间金融的性质和特点，把握其在金融体系中的地位和风险，梳理经营特色和规律，对于充分发挥信贷类民间金融的普惠金融功能、防范风险、维护金融稳定具有积极意义。

本书以小额贷款公司、典当行、融资租赁公司和农民专业合作社等信贷类民间金融为对象，围绕以下三个方面进行了研究：一是在基本原理篇，对信贷类民间金融的含义、构成和发展进行了全面分析。首先，从横向视角，对小额贷款公司、典当行、融资租赁公司和农民专业合作社在金融机构体系中的地位和性质进行了研究。从六个不同的角度，详细分析了我国金融机构体系的结构，在此基础上对四类机构的性质和地位进行了梳理，分析归纳了它们的特点，分别就四类机构的独特性质和功能作用进行了阐述；其次，从纵向视角，总结分析了我国信贷类民间金融的演进和发展，分别讨论了四类机构的产生、发展阶段及其问题，为进一步理解信贷类民间金融的性质、功能和未来发展提供参考。二是在业务运作篇，对小额贷款公司、典当行、融资租赁公司和农民专业合作社的业务领域和服务对象、业务种类和业务操作、资金运作和盈利来源等内容进行了总结和分析。三是在经营管理篇，对小额贷款公司、典当行、融资租赁公司和农民专业合作社的机构设置和组织管理、经营风险和风险管理等内容进行了分析和研究。

在信贷类民间金融研究成果中，本书具有三个特点：第一，宏观分析与微观分析兼备。首先从宏观上分析金融机构体系的结构，分别从货币政策、金融稳定、金融机构、国民经济行业划分、中小微企业划分等角度分析了金融机构体系结构，并探讨了信贷类民间金融在其中的地位、特点和功能；同时又注重微观角度的分析，分别就小额贷款公司、典当行、融资租赁公司和农民专业合作社的性质和功能进行了分析，并分别对小额贷款公司、典当行、融资租赁公司和农民专业合作社的相关业务管理内容进行了全面分析。第二，历史分析与现实分析兼具。在基本原理篇，对小额贷款公司、典当行、融资租赁公司和农民专业合作社的产生和发展进行了详细分析，从历史发展过程中探讨信贷类民间金融相关问题产生的渊源以及复杂性，为理解现实问题提供了更多的视角。同时，在基本原理篇、业务运作篇和经营管理篇，对目前信贷类民间金融的现状和问题进行了全方位的分析探讨。第三，理论与实践紧密结合。在我国信贷类民间金融的现状和问题分析中，注重理论结合实践，列举和分析了小额贷款公司、典当行、融资租赁公司和农民专业合作社的实际数据和案例，采用实践案例说明相关问题。

本书在以下几个方面有所裨益：信贷类民间金融的理论研究，信贷类民间金融的实践运作，信贷类民间金融的监督管理，信贷类民间金融的行业培训。此外，本书还可以作为高校财经专业开设的金融机构与金融市场、金融中介学等金融专业课程的教学参考书目。

本书的完成首先要感谢广州民间金融街管理委员会的领导和工作人员，他们对本书的构思和写作提出了专业性建议，并提供了广东省信贷类民间金融的实践案例和资料。同时，在本书编写过程中，我们查阅了大量资料，了解到多年来众多的研究者和从业者在我国信贷类民间金融研究和实务运作领域不断地探索和耕耘，留下了丰富翔实的信息和资料。其中主要有：中国小额贷款公司协会编写组编著的系列年度报告——《中国小额贷款公司行业发展报告》，韩汉君和吴贤达主编的系列年度报告——《上海典当业发展报告》，零壹融资租赁研究中心和中国融资租赁三十人论坛编著的系列年度报告——《中国融资租赁行业年度报告》，农业部和中国农村合作经济管理学会编著的系列年度报告——《中国农民专业合作社发展报告》，孔祥智等编著的《中国农民专业合作社运行机制与社会效应研究——百社千户调查》等等。此外，还有内容丰富的网站，如中国小额贷款公司协会网、中国农民合作社网以及广东、上海、江苏、郑州、合肥等省市典当行协会网站等等。感谢这些记录者和研究者，让我们能够在相关信息中追忆过往、探寻规律。我们相信，有经年持续投入、勤奋敬业的专业人士的坚守，我国信贷类民间金融一定能在我国普惠金融发展中发挥重要作用。

本书各章节编写安排如下：第一章、第二章由左毓秀编写；第三章初稿由王旭编写；第四章、第五章、第八章、第九章由左毓秀、孙小萍编写；第六章初稿由热依汗古丽·依沙克编写；第七章初稿由韩沛编写；第十章初稿由张竹怡编写。中央财经大学金融学院的许洪波、钟珍、赵莹、李家安、袁雨凡等同学也参与了资料收集和整理工作。黄昌利、左毓秀对全书进行了审核。

虽然作者们倾注了极大的精力，但是由于对我国信贷类民间金融的理解和认识存在一定的局限性，本书的错误和疏漏在所难免，敬请相关理论研究和实务运作领域的专家、从业者和读者批评指正。

作者

2020 年 12 月

Contents

目录

基本原理篇

第一章　导论 …… 3

本章导读 …… 3

本章学习目标 …… 3

第一节　我国信贷类民间金融的含义与构成 …… 4

一、信贷类民间金融的含义 …… 4

二、小额贷款公司 …… 6

三、融资租赁公司 …… 7

四、典当行 …… 8

五、农民专业合作社 …… 8

第二节　我国信贷类民间金融的性质与特点 …… 9

一、信贷类民间金融的性质 …… 9

二、信贷类民间金融的特点 …… 16

第三节　我国小额贷款公司的性质和功能 …… 22

一、我国小额贷款公司的性质 …… 22

二、我国小额贷款公司的功能与作用 …… 26

第四节　我国融资租赁公司的性质与功能 …… 29

一、我国融资租赁公司的性质 …… 29
二、我国融资租赁公司的功能与作用 …… 31
第五节 我国典当行的性质与功能 …… 33
一、我国典当行的性质 …… 33
二、我国典当行的功能与作用 …… 35
第六节 我国农民专业合作社的性质与功能 …… 36
一、我国农民专业合作社的性质 …… 36
二、我国农民专业合作社的功能与作用 …… 39
本章小结 …… 41
本章重要概念 …… 42
本章思考题 …… 43
本章参考文献 …… 43
第二章 我国信贷类民间金融的产生与发展 …… 44
本章导读 …… 44
本章学习目标 …… 44
第一节 我国小额贷款公司的产生与发展 …… 45
一、2005～2007年我国小额贷款公司的初步尝试 …… 45
二、2008～2012年小额贷款公司试点在全国铺开 …… 46
三、2013～2014年小额贷款公司的创新与乱象 …… 49
四、2015～2020年小额贷款公司的规范清理与整顿 …… 50
第二节 我国典当行的产生与发展 …… 58
一、1987～1993年典当行恢复发展初期 …… 59
二、1993～2000年中国人民银行监管时期 …… 60
三、2000～2018年国家商务部监管时期 …… 61
四、2018年至今中国银保监会监管时期 …… 66
第三节 我国融资租赁公司的产生与发展 …… 67
一、1981～2014年中外合资和外商独资融资租赁公司的产生与发展 …… 68
二、1981～2014年我国内资融资租赁公司的产生与发展 …… 71
三、2015～2017年我国融资租赁公司的发展、整顿与清理 …… 72
四、2018年开始的融资租赁业监管格局变化 …… 74

第四节 我国农民专业合作社的产生与发展 …… 75
一、2007 年农民专业合作社产生 …… 75
二、2008～2012 年农民专业合作社信用合作资金互助的发展 …… 76
三、2013～2016 年农民专业合作社规范发展 …… 77
四、2017 年至今农民专业合作社的整顿与高质量发展 …… 78
本章小结 …… 80
本章重要概念 …… 81
本章思考题 …… 81
本章参考文献 …… 82

业务运作篇

第三章 我国小额贷款公司的业务运作 …… 85
本章导读 …… 85
本章学习目标 …… 85
第一节 我国小额贷款公司的业务领域 …… 86
一、我国小额贷款公司的业务领域规范 …… 86
二、小额贷款公司客户特征 …… 90
第二节 我国小额贷款公司的贷款模式与操作流程 …… 94
一、我国小额贷款公司的贷款模式 …… 94
二、我国小额贷款公司小额贷款业务操作流程 …… 97
第三节 我国小额贷款公司的资金运作 …… 101
一、我国小额贷款公司的资金来源 …… 101
二、我国小额贷款公司的运营收益 …… 122
本章小结 …… 126
本章重要概念 …… 126
本章思考题 …… 126
本章参考文献 …… 127
第四章 我国典当行的业务运作 …… 128
本章导读 …… 128

本章学习目标 …… 128
第一节　我国典当行的业务领域 …… 129
一、典当行的传统业务领域 …… 129
二、改革开放以来我国典当行的业务领域及其特点 …… 131
第二节　我国典当行的业务类型和经营模式 …… 132
一、我国典当行的业务类型 …… 133
二、我国典当行的经营模式 …… 137
第三节　我国典当行业务操作流程 …… 141
一、典当业务的一般操作流程 …… 141
二、典当业务操作的特殊处理 …… 146
第四节　我国典当行的资金运作 …… 146
一、我国典当行的资金来源 …… 146
二、我国典当行的运营收益 …… 150
本章小结 …… 152
本章重要概念 …… 153
本章思考题 …… 153
本章参考文献 …… 153

第五章　我国融资租赁公司的业务运作 …… 155

本章导读 …… 155
本章学习目标 …… 155
第一节　我国融资租赁公司的业务领域 …… 156
一、固定资产融资和租用领域 …… 156
二、生产投资领域和消费领域 …… 158
三、长期融资领域 …… 160
第二节　我国融资租赁公司的业务与操作 …… 160
一、我国融资租赁公司的主要业务 …… 160
二、我国融资租赁公司业务操作流程 …… 172
第三节　我国融资租赁公司的资金运作 …… 177
一、我国融资租赁公司的资金来源 …… 177
二、我国融资租赁公司的运营收益 …… 183

第四节　君创国际融资租赁有限公司案例 …… 186
一、公司背景与经营理念 …… 186
二、公司经营成果 …… 186
三、公司经营特色 …… 187
四、案例分析 …… 187
本章小结 …… 188
本章重要概念 …… 189
本章思考题 …… 190
本章参考文献 …… 190

第六章　我国农民专业合作社的业务运作 …… 191
本章导读 …… 191
本章学习目标 …… 191
第一节　我国农民专业合作社的业务领域 …… 192
一、我国农民专业合作社的服务对象 …… 192
二、我国农民专业合作社的活动领域 …… 193
第二节　我国农民专业合作社的经营运作 …… 197
一、我国农民专业合作社的运作模式 …… 197
二、我国农民专业合作社信用业务操作流程 …… 198
第三节　我国农民专业合作社的资金运作 …… 204
一、我国农民专业合作社的资金来源 …… 204
二、我国农民专业合作社的资金运营与收益 …… 207
本章小结 …… 212
本章重要概念 …… 213
本章思考题 …… 213
本章参考文献 …… 214

经营管理篇

第七章　我国小额贷款公司的经营管理 …… 217
本章导读 …… 217

本章学习目标 …… 217
第一节　我国小额贷款公司的组织管理 …… 218
一、组织架构 …… 218
二、核心部门 …… 219
第二节　我国小额贷款公司的风险管理 …… 221
一、小额贷款公司面临的主要风险 …… 221
二、小额贷款公司的风险管理 …… 228
三、风险管理技术 …… 230
第三节　我国小额贷款公司案例分析 …… 237
一、花都万穗小额贷款公司案例分析 …… 237
二、浙江阿里巴巴小额贷款股份有限公司 …… 241
本章小结 …… 246
本章重要概念 …… 247
本章思考题 …… 247
本章参考文献 …… 247
第八章　我国典当行的经营管理 …… 249
本章导读 …… 249
本章学习目标 …… 249
第一节　我国典当行的组织管理 …… 250
一、组织架构 …… 250
二、主要部门 …… 250
第二节　我国典当行经营风险 …… 252
一、可控性视角下的风险类型 …… 253
二、业务环节视角下的风险类型 …… 255
三、起因与性质视角下的风险类型 …… 256
第三节　我国典当行的风险管理 …… 261
一、建立完善的典当行风险管理机制 …… 261
二、建立典当行风险预警机制 …… 266
本章小结 …… 268
本章重要概念 …… 269

本章思考题 …… 269
本章参考文献 …… 269
第九章 我国融资租赁公司的经营管理 …… 270
本章导读 …… 270
本章学习目标 …… 270
第一节 我国融资租赁公司的组织管理 …… 271
一、组织架构 …… 271
二、业务特设机构 …… 272
第二节 我国融资租赁公司的风险管理 …… 272
一、融资租赁公司面临的风险 …… 273
二、融资租赁公司的风险管理 …… 282
三、融资租赁公司经营风险评价体系 …… 286
本章小结 …… 288
本章重要概念 …… 289
本章思考题 …… 289
本章参考文献 …… 289
第十章 我国农民专业合作社的经营管理 …… 290
本章导读 …… 290
本章学习目标 …… 290
第一节 我国农民专业合作社的组织管理 …… 291
一、组织架构 …… 291
二、内部治理机制 …… 294
第二节 我国农民专业合作社的风险管理 …… 297
一、面临的主要风险 …… 297
二、风险管理模式 …… 298
第三节 我国农民专业合作社案例分析 …… 302
一、案例背景介绍 …… 302
二、案例内容 …… 302
三、案例分析 …… 303

四、研究结论与建议 …… 304
本章小结 …… 306
本章重要概念 …… 306
本章思考题 …… 306
本章参考文献 …… 307

基本原理篇

第一章 导 论

本章导读

20 世纪 80 年代以来，随着我国金融体系的改革和开放，我国信用形式不断丰富，金融机构不断增加。在借鉴西方国家模式的基础上，我国建立了融资租赁公司，恢复了传统的典当行，创设了小额贷款公司，在农村鼓励扶持农民设立农民专业合作社。这四类机构也被称为信贷类民间金融。在不同的时期，这四类机构曾经在我国金融领域展现了极大的影响力。那么这些机构与我国商业银行、证券公司、保险公司和信用合作社等金融机构有何区别？它们在金融机构体系中处于什么地位？它们具有哪些特点？发挥了哪些金融功能？通过本章的学习可以对上述内容进行全面的认识和理解。

本章学习目标

1. 认识、理解信贷类民间金融的含义和构成；
2. 认识、理解信贷类民间金融机构在金融体系中的性质和特点；
3. 认识、了解融资租赁公司的性质与功能；
4. 认识、了解小额贷款公司的性质与功能；
5. 认识、了解典当行的性质与功能；
6. 认识、了解农民专业合作社的性质与功能。

第一节　我国信贷类民间金融的含义与构成

从 20 世纪 70 年代末开始，随着我国经济的改革开放，我国金融体系突破了单一的“大一统”银行体系，各种信用形式和金融机构不断恢复和建立。在正规金融飞速发展的同时，多种类型的民间金融也开始产生和发展。信贷类民间金融应运而生，成为我国金融体系中的一个特殊构成部分，在我国经济发展中发挥着普惠金融的独特作用。

一、信贷类民间金融的含义

关于民间金融的含义，在不同的国家有着不同的界定。在一些国家，民间金融一般是指由私人资本设立和控制的金融机构以及所从事的金融活动，与政府出资设立的国有金融机构相区别。在我国，民间金融通常是与正规金融相对应的一种概念，一般是指正规金融以外的金融活动和相关组织。正规金融是指获得我国金融监管当局颁发的金融牌照，其业务活动和机构设立由我国金融监管当局进行监督和管理。在此范围之外的融资活动和相关组织则属于民间金融。具体来说，本书的民间金融是指依照我国相关法律法规设立，由地方政府负责进行监督管理，在规定的区域范围内经营金融业务和从事金融活动的地方金融组织。目前我国的地方金融组织主要包括以下组织和机构：小额贷款公司、融资担保公司、典当行、融资租赁公司、商业保理公司、地方资产管理公司、各类交易场所、地方金融控股企业、农民专业合作社等。

在上述地方金融组织中，小额贷款公司、融资租赁公司、典当行和农民专业合作社等四类组织，因为其从事的金融业务主要归属于信贷类业务，与其他民间金融组织有较大的区别，因此也被称为信贷类民间金融机构。虽然从业务类型和业务模式上看，小额贷款公司、融资租赁公司、典当行和农民专业合作社之间具有鲜明的特点和不同，但是其共同点在于它们都为其客户提供融资：小额贷款公司为客户提供小额贷款，融资租赁公司主要采用融资租赁方式为客户提供中长期融资，典当行通过典当业务提供短期小额融资，农民专业合作社通过资金互助形式为其社员提供融资。它们的资金来源或是自有资金或是借入资金，但是都不能以吸收公众存款的方式融入资金。

从上述界定来看，信贷类民间金融似乎等同于民间借贷，但是两者之间并不完全重合。2019 年 7 月，中国银保监会发文，对民间借贷的含义进行了比较详细的说明。银保监会在发文中指出：“民间借贷是社会经济发展过程中自发形成的一种民间融资信用形式，在我国有着久远的历史和深厚传统。民间借贷是相对于正规金融机构借贷行为的一个约定俗成的称谓。目前，《最高人民法院关于审理民间借贷案件适用法律若干问题的规定》对民间借贷作出界定，即‘自然人、法人、其他组织之间及相互之间进行资金融通的行为，但经金融监管部门批准设立的从事贷款业务的金融机构及其分支机构发放贷款的行为除外。’此种界定属于广义的民间借贷。[①]”

银保监会认为，根据目前我国的实际情况，广义的民间借贷应该划分为两类，第一类是“纯粹的民间借贷”，主要是指“从事金融业务的贷款人以外的自然人、法人、其他组织之间，以自有资金相互借贷，这种偶发性、不以借贷为业的民间借贷行为，是民事主体的意思自治行为，即纯粹的民间借贷[②]”。这种纯粹的民间借贷由《中华人民共和国民法总则》《中华人民共和国民法通则》《中华人民共和国合同法》等民事法律以及相关司法解释予以规范。同时，银保监会与公安部、市场监管总局、人民银行联合印发了《关于规范民间借贷行为维护经济金融秩序有关事项的通知》，对这种民间借贷活动进行规范，引导民间资金健康有序流动，防范金融风险，打击金融违法犯罪活动，净化社会环境，维护经济金融秩序和社会稳定。

第二类民间借贷是指以小额贷款公司为代表的机构，这类机构以借贷或提供融资服务为常业。银保监会认为这类机构宜从一般意义的民间借贷主体中分离出来，即与“纯粹的民间借贷”相区别。这类机构不能吸收存款，从性质上看属于“只贷不存”的非存款类放贷组织。对这类机构，由中国人民银行和中国银保监会制定行业经营和监管规则，由省级人民政府实行牌照管理，对不持牌经营或逃避监管的行为予以查处和打击。并对借款合同基本要素、信息披露、本金利息计算、贷款广告、债务催收、禁止掠夺性放贷和客户信息保护等方面提出明确要求。

2015 年 8 月，中国人民银行发布了《非存款类放贷组织条例（征求意见稿）》，对我国非存款类放贷组织的构成进行了界定，小额贷款公司是非存款类放贷组织的典型代表，除此以外，非存款类放贷组织还包括典当行、证券期货经营机构、消费金融公

---

① 《中国银保监会对十三届全国人大二次会议第 6102 号建议的答复》，银保监会官网。http://www.cbirc.gov.cn/cn/view/pages/ItemDetail.html?docId = 875941&itemId = 893&generaltype = 1。

② 同上。

司、汽车金融公司、贷款公司等机构，但是在《非存款类放贷组织条例（征求意见稿）》中，人民银行明确规定了融资租赁不属于放贷业务，其中的原因应该是在于非存款类放贷组织的贷放业务具有“小额、短期、分散”的特点，但是融资租赁属于长期融资，与非存款类放贷组织短期贷放的特点不符。在其他国家通常会将短期租赁业务归属于非存款类贷放业务。总之大体来看，我国的信贷类民间金融基本上都属于民间借贷中的非存款类放贷组织。

信贷类民间金融以独特的方式在银行贷款等融资方式之外开拓了具有普惠金融特质的融资途径，丰富了融资模式，在服务实体经济的同时，自身也在不断地发展壮大。国务院2015年《推进普惠金融发展规划（2016—2020年）》中特别提出要规范发展包括小额贷款公司、典当行、融资租赁公司和农民合作社内部资金互助等各类新型机构，提高金融服务的覆盖率、可得性和满意度，实现在2020年建立与全面建成小康社会相适应的普惠金融服务和保障体系的总体目标，使我国普惠金融发展水平居于国际中上游水平。

二、小额贷款公司

小额贷款公司是一种专门经营小额贷款业务的机构。根据2008年中国人民银行和银保监会《关于小额贷款公司试点的指导意见》中的界定：“我国小额贷款公司是由自然人、企业法人与其他社会组织投资设立，不吸收公众存款，经营小额贷款业务的有限责任公司或股份有限公司。”2013年《国务院办公厅关于加强影子银行监管有关问题的通知》将小额贷款公司界定为以自有资金发放贷款、风险自担的非金融机构。规定银行业金融机构与小额贷款公司之间发生的融资业务，要作为一般商业信贷业务进行管理。但同时又认定小额贷款公司属于“不持有金融牌照、存在监管不足的信用中介机构”。在不少场合，中国银保监会对小额贷款公司的特殊性质进行过多次说明，认为不吸收存款、主要以自有资金发放贷款的小额贷款公司，其业务具有一定的金融属性。但与传统金融机构相比，在资金来源、管理体制、市场定位等方面存在较大差异。由于小额贷款公司业务的特殊性质，银保监会、地方政府和地方金融监管部门对小额贷款公司业务，采取了类似金融业务和金融机构的监督管理方式。

2010年，阿里巴巴成立小额贷款公司，获准在电子商务领域从事小额贷款业务，通过互联网向其平台上的网店商户提供小额贷款。网络小额贷款通过互联网平台获取借款人，运用互联网平台积累的客户经营、网络消费等特定场景信息等评定信用风险，在线上完成贷款业务流程，由于其客户是互联网平台上的网店商户和消费者，完全突破了传统线下小额贷款公司业务范围的区域限制，客户数量和小额贷款规模大幅扩张，从事网络小额贷款的公司成为小额贷款领域的一个特殊企业类型。部分传统小额贷款公司也开始利用互联网开展网络小额贷款业务，由此我国小额贷款公司分化为三种模式：一是只从事线下小额贷款业务的传统小额贷款公司；二是从传统小额贷款线下业务发展到线下线上业务结合的跨区域经营网络小额贷款的小额贷款公司；三是没有实体店，在全国范围内纯线上经营网络小额贷款业务的小额贷款公司。

三、融资租赁公司

融资租赁是指出租人根据承租人对供货商或出卖人、租赁物的选择，向供货商或出卖人购买租赁物，提供给承租人使用，承租人向出租人支付租金的交易活动。融资租赁业务发端于西方发达国家，在 20 世纪 70 年代末被引入我国。融资租赁的英文是“finance lease”，由于“finance”既可以译为“融资”，也可以译为“金融”，因此“finance lease”有时被译为“融资租赁”，有时被译为“金融租赁”。虽然中文名称不同，但是实际上对应的是同一项业务，即一种以融物的方式进行的融资活动。融资租赁公司就是专门经营融资租赁业务的机构。

由于历史的原因（参见本书第二章第三节　我国融资租赁公司的产生与发展），从监管和经营的角度看，我国融资租赁业包括三种类型的公司形态：第一类是金融租赁公司，属于非银行金融机构，由中国银保监会直接监管，主营融资租赁业务，同时可以吸收股东存款，参与同业拆借市场；第二类是内资试点融资租赁公司；第三类是外资融资租赁公司，它们的主营业务也是融资租赁，但是不能吸收存款，不能进入同业拆借市场融资。为了与金融租赁公司相区别，后两类公司被统称为融资租赁公司。融资租赁公司在 2018 年 4 月之前由商务部和地方政府监管，自 2018 年 4 月 20 日起，商务部将制定融资租赁公司业务经营和监管规则的职责划转给中国银保监会，地方政府仍然负责监管融资租赁公司。因此，金融租赁公司属于正规金融机构，融资租赁公司则被划归为地方金融组织。本书中所讨论的融资租赁公司指的是后者。

四、典当行

典当是指当户将其动产、财产权利作为当物质押，或者将其房地产作为当物抵押给典当行，交付一定比例费用，取得当金，并在约定期限内支付当金利息、偿还当金、赎回当物的活动。典当行是专门从事典当业务的机构。典当行一直是我国历史上一种消费性的融资机构，新中国成立以后逐渐消亡，1987 年我国改革开放后第一家典当行——成都华茂典当服务商行建立。虽然典当行的主要功能和业务是融资活动，但是由于典当行同时还兼营商品销售、保管、评估鉴定等业务，因此其行业定位一直存在争议。改革开放后我国典当行的管理部门经历了几次的变换，其机构性质也相应发生了改变。中国人民银行在 1996 年 3 月颁布的《典当行管理暂行办法》中规定："典当行是以实物占有权转移形式为非国有中、小企业和个人提供临时性质押贷款的特殊金融企业。"2000 年以后典当行的管理部门从中国人民银行划转到国家经贸委，后又划转至商务部，2005 年典当行管理部门商务部和公安部在《典当管理办法》中规定："本办法所称典当，是指当户将其动产、财产权利作为当物质押或者将其房地产作为当物抵押给典当行，交付一定比例费用，取得当金，并在约定期限内支付当金利息、偿还当金、赎回当物的行为。"典当行则是经营典当业务的专业机构，是一种特殊的工商企业。2015 年 10 月，由中国人民银行、银保监会、证监会和国家统计局发布的《金融业企业划型标准规定》，将小额贷款公司和典当行划归为非货币银行服务类金融企业。2018 年典当行业务经营和监管规则制定的职责由商务部划转给中国银保监会，各省级人民政府负责对辖内典当行实施监管，地方金融监管部门负责具体落实，典当行被划归为地方金融组织。

五、农民专业合作社

依据《中华人民共和国农民专业合作社法》的规定，农民专业合作社是在农村家庭承包经营基础上，农产品的生产经营者或者农业生产经营服务的提供者、利用者，自愿联合、民主管理的互助性经济组织。农民专业合作社成员以农民为主体，以服务成员为宗旨，谋求全体成员的共同利益，入社自愿、退社自由，成员地位平等，实行民主管理，盈余主要按照成员与农民专业合作社的交易量（额）比例返还。农民专业合作社以其成员为主要服务对象，开展的业务包括：农业生产资料的购买、使用，农产品的生产、销售、加工、运输、贮藏及其他相关服务，农村民间工艺及制品、休闲农业和乡村旅游资源的开发经营等，与农业生产经营有关的技术、信息、设施建设运营等服务。农民专业合作社不仅提供了农民在农业生产活动中的互助合作，而且在此基础上还可以通过资金互助形式进行信用合作，因此是农民实现生产经营和信用互助合作的一个综合体。

作为地方金融组织，农民专业合作社的设立登记和强制退出等事项由地方工商行政管理部门负责，地方政府则承担农民专业合作社开展信用互助的监管、引导、规范以及风险处置，地方金融监管部门履行监管职责。

第二节　我国信贷类民间金融的性质与特点

一、信贷类民间金融的性质

我国信贷类民间金融包括四类组织机构，它们都从事融资活动，也都在不同的程度上接受相关部门实施的金融监管，从这个角度看，信贷类民间金融或多或少地都具有金融属性。现代金融机构体系是一个庞大的系统，包含了各种类型的金融机构，那么信贷类民间金融在金融机构体系中处于何种地位？了解这些问题，有助于认识和把握信贷类民间金融的性质和特点。

在四类组织机构中，农民专业合作社具有一定的特殊性。农民专业合作社首先是农民在农业生产经营活动中建立的一种互助合作组织，在农业合作社内部还可以开展信用合作和资金互助式的融资，但是其特殊之处在于农民专业合作社的融资活动是以合作社生产经营活动为基础展开的，只能用于社员间的生产经营活动的融资需求，即合作社的融资活动是依附于合作社的生产经营活动的，因此农民专业合作社并没有被直接包含在金融机构体系中。而小额贷款公司、融资租赁公司和典当行则都被归类于金融机构体系中。基于这个原因，下面关于金融机构分类的相关讨论主要集中于小额贷款公司、融资租赁公司和典当行。

出于不同的分析目的，金融机构体系的分类标准和划分的内容也有较大的差别。大致来看，我国金融机构体系的机构类型划分可以从以下六个角度进行考察：第一，从中央银行货币统计的角度对金融机构体系进行的划分；第二，从金融稳定性评估的角度对金融机构体系的划分；第三，从我国金融监管体制的角度对金融机构体系的划分；第四，从我国国民经济行业分类的角度对金融机构体系的划分；第五，从我国金融业企业划型标准的角度对金融机构体系的划分；第六，从经营目标的角度对金融机构体系的划分。此外，在2015年国务院发布的《推进普惠金融发展规划（2016—2020年）》中，小额贷款公司、典当行、融资租赁公司和农民合作社内部资金互助被界定为新型金融机构。从这个角度看，信贷类民间金融机构是与传统金融机构相区别的一类机构。

在上述六类划分视角下，我国信贷类民间金融在金融机构体系中分别处于不同的类别，具有不同的性质。

（一）中央银行货币统计视角下的信贷类民间金融

中央银行是制定和实施货币政策的宏观经济调控机构，货币统计和分析是实施货币政策的基础性工作，为了进行货币统计，就需要对金融机构进行分类，其分类的标准由国际货币基金组织确定，中国人民银行在进行货币统计时也是按照这个标准对金融机构进行划分的。

在这种金融机构分类中，又包括了两个划分标准。

第一，按照金融机构在一国货币供给中的功能和地位，可以把金融机构划分为两大类（见图1－1）：存款性公司和其他金融性公司。存款性公司包括中央银行和其他存款性公司，中央银行和其他存款性公司都吸收存款、发放贷款、办理支付业务。它们都在一国货币供给中发挥重要作用，中央银行负责提供基础货币，其他存款性公司具有创造派生存款的功能，对货币乘数的大小和变化发挥着重要的影响，其负债属于一个国家广义货币的构成部分。其他金融性公司则包括除了存款性公司以外的所有金融机构，其他金融性公司包含的金融机构类别繁多，但是它们都有一个相同点：不能以吸收存款的方式获得资金来源，不能创造派生存款，对货币乘数的大小和变化没有直接的影响作用，这些金融机构的负债也不属于一国广义货币的构成部分。具体来说其他金融性公司包括四类机构：一是保险公司和养老基金。二是保险公司公司和养老基金以外的其他金融中介机构，包括证券公司、基金公司、信托公司、融资租赁公司、信用合作社等机构。三是金融辅助机构，是指专门为金融机构提供支付结算等技术性服务，或者进行金融监管的机构，它们不与其服务对象发生债权债务关系，主要包括证券交易所、黄金交易所、金融期货交易所、结算公司、银保监会、证监会等机构。四是专属金融机构和贷款人，专属金融机构和贷款人是指专门利用自有资金或担保人提供的资金向客户提供金融服务，并承担债务人违约风险的机构，它们的资产或负债不在开放的金融市场上交易，具体包括：以高利率提供小额个人贷款的放款人，从政府单位或国家投资局等担保人处获得资金，从事如学生贷款、进出口贷款的公司；向个人以个人财产作抵押发放贷款的典当行。

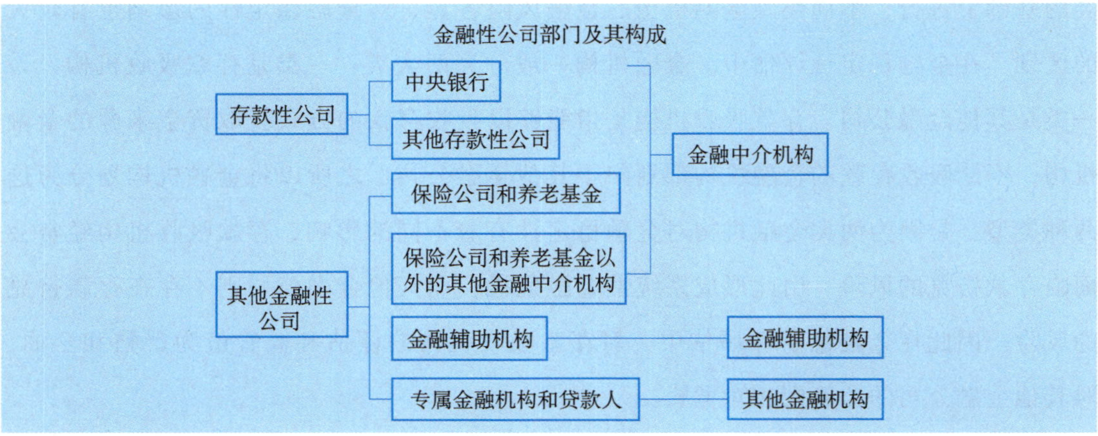

图 1-1　IMF 货币金融统计中的金融机构分类

资料来源：IMF《货币金融统计手册与编制指南》。

按照这个分类标准，我国信贷类民间金融都属于其他金融性公司，因为它们都不能以吸收存款的方式获得资金来源，其负债不属于我国的广义货币。但是如果再进行细分，融资租赁公司应当划分为保险公司和养老基金以外的其他金融中介机构，小额贷款公司、典当行和农民专业合作社应当划分为专属金融机构和贷款人，融资租赁公司与后三者的区别主要在于：融资租赁公司的资产和负债可以在公开金融市场上进行交易，例如在金融市场上发行债券，以资产证券化方式出售资产等；但是小额贷款公司、典当行则属于非公开筹资金融机构。

第二，按照金融机构实际发挥的功能将金融机构划分为金融中介机构、金融辅助机构和其他金融机构（见图 1-1），通过它们和存款性公司、其他金融性公司分类的对应关系，可以看出存款性公司、保险公司和养老基金、保险公司公司和养老基金以外的其他金融中介机构都属于金融中介机构，两种分类中的金融辅助机构包含的金融机构保持一致，其他金融机构对应专属金融机构和贷款人。金融中介机构是指能够在全社会范围内利用各种方式吸收资金贷放资金，发挥资金融通功能。与金融中介机构相比，其他金融机构也可以吸收资金贷放资金，融通资金，但是它们融通资金的领域限定在一个特定的范围以内。我国的融资租赁公司属于金融中介机构，小额贷款公司、典当行属于其他金融机构。

（二）金融稳定性评估视角下的信贷类民间金融

金融稳定性评估是国际货币基金组织（IMF）设立的对其成员国金融体系的稳健性状况进行分析判断的一套标准和方法。金融稳定性评估也需要在对金融机构进行分类的基础上进行，不同类型金融机构的金融风险各异，对金融稳定性的影响也有较大的区别。在金融稳定性评估中，金融机构一般分为两大类：一类是存款吸收机构，另一类是其他金融公司。存款吸收机构是指能够以吸收存款的方式获取资金来源的金融机构，不能吸收存款的金融机构都划归于其他金融公司。之所以将金融机构划分为这两种类型，是因为两类金融机构对金融稳定性有着不同的影响，存款吸收机构经常会面临存款挤兑的风险，由此形成系统性金融危机；而其他金融公司则不存在存款挤兑的风险。因此在金融稳定性评估中，对存款吸收机构的评估和监管最为严格和全面，对其他金融公司的监管则相对宽松。

金融稳定性评估分类中的存款吸收机构与货币统计分类中的存款性公司不同，虽然两者都涉及存款，而且涵盖的大部分金融机构都是相同的，例如商业银行既是存款性公司也是存款吸收机构，但是两者之间也存在差异，主要表现在：首先，中央银行属于存款性公司，但是不属于存款吸收机构。中央银行创造基础货币，是信用货币供给过程中的重要环节，然而中央银行不吸收普通存款，不存在存款挤兑风险；其次，货币市场基金属于存款性公司，不属于存款吸收机构，因为货币市场基金的负债属于广义货币，但是其负债是信托资金，不存在刚性兑付要求，也就没有存款挤兑风险。

我国信贷类民间金融机构都不能吸收存款，其负债没有刚性兑付要求，因此都属于其他金融机构，这些机构在经营过程中，不会引发存款挤兑，也减少了由此引发系统性金融危机的可能。

（三）我国金融监管体制视角下的信贷类民间金融

目前，我国金融体系实施的是“分业经营、分业监管”的体制。按照金融机构的职能和业务领域，金融机构分为货币当局、监管当局、银行业金融机构、证券业金融机构、保险业金融机构、交易及结算类金融机构、金融控股公司、特定目的载体和其他（如表 1－1 所示）。其中银行业金融机构又划分为银行业存款类金融机构和银行业非存款类金融机构。

表 1－1　我国金融机构分类

货币当局	中国人民银行，国家外汇管理局	
监管当局	银保监会，证监会	
银行业金融机构	银行业存款类金融机构	银行，城市信用合作社，农村信用合作社，农村资金互助社，财务公司
	银行业非存款类金融机构	信托公司，金融资产管理公司，金融租赁公司，汽车金融公司，贷款公司，货币经纪公司
证券业金融机构	证券公司，证券投资基金管理公司，期货公司，投资咨询公司	
保险业金融机构	财产保险公司，人身保险公司，再保险公司，保险资产管理公司，保险经纪公司，保险代理公司，保险公估公司，企业年金	
交易及结算类金融机构	交易所，登记结算类机构	
金融控股公司	中央金融控股公司，其他金融控股公司	
特定目的载体	为持有特定资产而创立的金融实体，如证券投资基金、资金信托计划、代客理财项目和资产证券化项目等	
其他	小额贷款公司，担保机构，典当机构	

资料来源：中国人民银行《金融机构编码规范》《贷款统计分类及编码标准（试行）》。

在这个分类体系中，由于融资租赁公司与金融租赁公司的主要业务都是融资租赁业务，因此都应同属于银行业金融机构中的银行业非存款类金融机构，小额贷款公司和典当行属于其他类别，农民专业合作社并未包括在金融机构体系中。

从监管角度来看，我国融资租赁公司、典当行和小额贷款公司的监管部门和归属相对比较复杂。小额贷款公司的具体事务一直归属地方政府管理，只是需要定期向中国人民银行报送业务经营的相关数据；融资租赁公司和典当行曾经归属于中国人民银行监管，后来都划归给商务部管理。2018 年开始其监管权限从商务部转移给银保监会，地方政府同时承担具体的管理职责。

（四）我国国民经济行业分类视角下的信贷类民间金融

在我国国民经济行业分类中也包括了对金融业的分类，在这个分类系统中金融业被划分为货币金融服务、银行理财服务、银行监管服务、资本市场服务、保险业、其他金融业。其中货币金融服务又分为三类：中央银行服务、货币银行服务和非货币银行服务。信贷类民间金融中的小额贷款公司、融资租赁公司、典当行都被纳入金融业货币金融服务中的非货币银行服务行业，农民专业合作社则不被包括在金融业内（如表 1－2 所示）。

表 1－2　我国国民经济行业中的金融业分类

货币金融服务	中央银行服务	代表政府管理金融活动，并制定和执行货币政策，维护金融稳定，管理金融市场的特殊金融机构的活动	
	货币银行服务	商业银行服务	
		政策性银行服务	
		信用合作社服务	
		农村资金互助社服务	
	非货币银行服务	融资租赁服务	经中国银行保险监督管理委员会批准的金融租赁公司及经地方金融监管部门批准的融资租赁公司的活动
		财务公司服务	
		典当	以动产、不动产或其他财产权利质押或抵押的融资活动
		汽车金融公司服务	
		小额贷款公司服务	经地方政府批准设立的小额贷款公司的活动
		消费金融公司服务	
		网络借贷服务	
	银行理财服务		
	银行监管服务		
资本市场服务			
保险业			
其他金融业			

资料来源：国家统计局《2017 年国民经济行业分类》。

注：由于银行理财服务、银行监管服务、资本市场服务、保险业、其他金融业与信贷类民间金融无关，故没有详列其内容。

（五）我国金融业企业划型标准视角下的信贷类民间金融

为了推动中小金融机构健康发展，2015 年，中国人民银行、银监会、证监会、保监会和国家统计局联合发布《金融业企业划型标准规定》，对大中小微型金融机构的划分标准作出规定，这实际上也是金融机构的一种分类。划型标准中的金融机构分类从行业的角度看，遵循了我国国民经济行业分类中的金融业大类的分类标准，但在机构类别划分上有所不同，详情如表 1－3 所示。

表 1－3　我国金融业企业划型标准

行业		类别	类型	资产总额
货币金融服务	货币银行服务	银行业存款类金融机构	大型	40 000 亿元以上
			中型	5 000（含）亿元至 40 000 亿元
			小型	50（含）亿元至 5 000 亿元
			微型	50 亿元以下
	非货币银行服务	银行业非存款类金融机构	大型	1 000 亿元以上
			中型	200（含）亿元至 1 000 亿元
			小型	50（含）亿元至 200 亿元
			微型	50 亿元以下
		贷款公司 小额贷款公司 典当行	大型	1 000 亿元以上
			中型	200（含）亿元至 1 000 亿元
			小型	50（含）亿元至 200 亿元
			微型	50 亿元以下

续表

行业		类别	类型	资产总额
资本市场服务		证券业金融机构	大型	1 000 亿元以上
			中型	100（含）亿元至 1 000 亿元
			小型	10（含）亿元至 100 亿元
			微型	10 亿元以下
保险业		保险业金融机构	大型	5 000 亿元以上
			中型	400（含）亿元至 5 000 亿元
			小型	20（含）亿元至 400 亿元
			微型	20 亿元以下
其他金融业	金融信托与管理服务	信托公司	大型	5 000 亿元以上
			中型	400（含）亿元至 5 000 亿元
			小型	20（含）亿元至 400 亿元
			微型	20 亿元以下
	控股公司服务	金融控股公司	大型	40 000 亿元以上
			中型	5 000（含）亿元至 40 000 亿元
			小型	50（含）亿元至 5 000 亿元
			微型	50 亿元以下
	其他未包括的金融业	除贷款公司、小额贷款公司、典当行以外的其他金融机构	大型	1 000 亿元以上
			中型	200（含）亿元至 1 000 亿元
			小型	50（含）亿元至 200 亿元
			微型	50 亿元以下

资料来源：2015 年《金融业企业划型标准规定》。

在这个划型分类中，中央银行和金融监管机构都未被包括在内，因为中央银行和金融监管机构不属于企业类型。货币银行服务类金融业企业主要是指银行业存款类金融机构，非货币银行服务类金融业企业分为银行业非存款类金融机构、小额贷款公司和典当行两类。融资租赁公司应当属于银行业非存款类金融机构，小额贷款公司和典当行单独划分为一类。从中小微企业的划型标准来看，融资租赁公司与小额贷款公司、典当行的中小微企业的划分标准相同。

（六）经营目标视角下的信贷类民间金融

从金融机构经营目标的角度看，金融机构可以划分为营利性金融机构和非营利性金融机构。营利性金融机构是指金融机构经营目标是为其所有者或者股东谋求最大利益，非营利性金融机构的经营目标是为了增进某一个团体的整体利益。在我国信贷类民间金融机构中，农民专业合作社属于非营利机构，融资租赁公司、小额贷款公司和典当行都属于营利性金融机构。

根据上述六个视角的分类，把我国信贷类民间金融所属性质归纳在表 1－4 中。

表 1-4　金融机构类型划分中的我国信贷类民间金融机构

	小额贷款公司	融资租赁公司	典当行	农民专业合作社
货币统计视角	其他金融性公司中的专属金融机构和贷款人	其他金融性公司中的保险公司公司和养老基金以外的其他金融中介机构	其他金融性公司中的专属金融机构和贷款人	未包括
	其他金融机构中的专属金融机构和贷款人	金融中介机构	其他金融机构中的专属金融机构和贷款人	未包括
金融稳定视角	其他金融公司	其他金融公司	其他金融公司	未包括
金融监管视角	其他类	银行业非存款类金融机构	其他类	未包括
国民经济行业分类	非货币银行服务中的小额贷款公司服务	非货币银行服务中的融资租赁服务	非货币银行服务中的典当	未包括
企业划型标准	非货币银行服务中的小额贷款公司	非货币银行服务中的银行业非存款类金融机构	非货币银行服务中的典当行	未包括
经营目标视角	营利性机构	营利性机构	营利性机构	非营利性机构

从前五个不同分类视角来看，小额贷款公司、融资租赁公司和典当行在任何一种分类中，都不属于存款类金融机构或提供货币银行服务的金融机构，从经营目标看它们都属于营利性机构。农民专业合作社并没有被划入金融机构类型中，从经营目标看，属于非营利性机构。

二、信贷类民间金融的特点

我国信贷类民间金融的特点可以从以下四个方面进行分析。

（一）信贷类民间金融的机构组织性质具有一定的特殊性和复杂性

我国信贷类民间金融从机构组织性质上看，似乎是在金融机构和非金融机构之间游移，在不同的场合和发展时期，其定性具有较大的差异。

1. 信贷类民间金融的金融机构性质及其体现

目前小额贷款公司、融资租赁公司、典当行和农民专业合作社都属于地方金融组织，都是以组织机构的角色从事放贷业务，发挥了融通资金的金融功能，因此具有金融机构的特性。同时在国际货币基金组织和我国金融机构体系的各种分类规范中，除了农民专业合作社，小额贷款公司、融资租赁公司和典当行都被涵盖在金融机构部门的分类中，具体内容参见图 1－1、表 1－1 至表 1－4。所以从金融机构体系划分的角度看，信贷类民间金融无疑是属于金融机构体系中的一个组成部分。

从改革开放后信贷类民间金融的发展历程来看，典当行、融资租赁公司和小额贷款公司都与我国的金融监管当局中国人民银行和银保监会有过密切的联系。典当行曾经是由中国人民银行监管的非银行金融机构，1986 年之后融资租赁公司的审批权集中到中国人民银行，小额贷款公司是在 2008 年中国人民银行和银监会发布的《关于小额贷款公司试点的指导意见》的规范下开始了试点以及之后的发展。在 2000 年和 2004 年，典当行和融资租赁公司分别划归商务部监管。到了 2018 年，典当行和融资租赁公司业务经营和监管规则的制定职责从商务部又划转回了银保监会。

与此同时，小额贷款公司、典当行和融资租赁公司在业务经营和监管等诸多方面，都参照了金融机构的标准实施。例如 2019 年，银保监会在相关发文中指出：银保监会和其他有关部门对小额贷款公司业务，采取了类似金融业务和金融机构的监管和管理方式，小额贷款公司接入中国人民银行征信系统，并且允许小额贷款公司享受金融机构的税收政策等。在上述几个方面，信贷类民间金融实际上是被视同为金融机构看待的。

2. 信贷类民间金融的非金融机构属性

但是，信贷类民间金融又不同于我国的金融机构。典当行和融资租赁公司曾经作为工商企业，由商务部管理。其中专营放贷业务，金融属性最强的小额贷款公司也多次被与金融机构进行区别。

例如，2008 年中国人民银行和银监会发布《关于小额贷款公司试点的指导意见》，确定小额贷款公司是“由自然人、企业法人与其他社会组织投资设立，不吸收公众存款，经营小额贷款业务的有限责任公司或股份有限公司。”对小额贷款公司的这种定性至今没有改变。

2008 年中国人民银行和银监会《关于村镇银行、贷款公司、农村资金互助社、小额贷款公司有关政策的通知》中指出“中国人民银行和中国银监会依据各自法定职责和相关制度规定，对村镇银行、贷款公司和农村资金互助社实施审慎监管。对小额贷款公司的监管，根据《中国银行业监督管理委员会中国人民银行关于小额贷款公司试点的指导意见》的有关规定执行。”由此可见，小额贷款公司的监管不同于金融机构的审慎监管。

2013 年《国务院办公厅关于加强影子银行监管有关问题的通知》中提出：“小额

贷款公司是以自有资金发放贷款、风险自担的非金融机构”“银行业金融机构按规定与小额贷款公司发生的融资业务，要作为一般商业信贷业务管理”。

2016年，全国股转公司有关负责人就金融机构挂牌新三板相关事宜答记者问时，认为小额贷款公司、融资租赁公司和典当行属于具有金融属性的企业，并不是金融机构。

2019年银保监会在涉及小额贷款公司的一系列发文中，也多次就小额贷款公司的定性进行说明，认为小额贷款公司并不是严格意义上的金融机构，与中央监管的金融机构有明显区别，“作为不吸收存款、主要以自有资金发放贷款的机构，小额贷款公司的业务具有一定的金融属性，但与传统金融机构相比，其在资金来源、管理体制、市场定位等方面存在较大差异，目前社会各界对小额贷款公司性质尚有不同的观点和认识。①”

2020年7月12日，中国银保监会公布的《商业银行互联网贷款管理暂行办法》中，将小额贷款公司与融资担保公司、电子商务公司、非银行支付机构、信息科技公司等并列，它们都可作为非金融机构性质的合作机构，参与商业银行互联网贷款业务，再一次突出小额贷款公司的非金融机构性质。

（二）信贷类民间金融主要在信贷市场上发挥融资功能

抛开关于金融机构的定性争议，应该说所有从事金融业务的机构企业都能够发挥金融功能。一般而言，金融功能可以细分为以下几项：便利支付结算，促进资金融通，降低交易成本，改善信息不对称，转移与管理风险。其中便利支付结算和促进资金融通是最基本的功能，而降低交易成本、改善信息不对称和转移与管理风险则能够更好地促进前两个基本功能的实现。每一类从事经营性金融业务的机构都或多或少地具备上述全部或者部分功能，也都具有自身的核心功能。例如商业银行是金融功能最丰富的金融机构，可以通过存款、贷款和表外业务，全面发挥上述五种功能，而且在支付结算领域具有突出地位，或者说在金融机构体系中，是唯一具有支付结算功能的金融机构。证券公司、保险公司和信托公司都不具有便利支付结算的功能，它们分别通过在资本市场的投融资业务、保险市场的保险业务和信托市场的信托业务实现促进资金融通的功能，同时也发挥了降低交易成本、改善信息不对称和转移与管理风险的功能。

---

① 中国银保监会对政协十三届全国委员会第二次会议第2565号提案的答复，银保监会官网，http://www.cbirc.gov.cn/cn/view/pages/ItemDetail.html?docId=875882&itemId=893&generaltype=1。

信贷类民间金融与证券公司、保险公司和信托公司相比，其业务具有明显的区别，信贷类民间金融不经营证券业务、保险业务和信托业务。与商业银行相比，则有着比较类同的业务，主要是贷款业务。信贷类民间金融的主要业务是放贷：小额贷款公司发放小额贷款；典当行办理当物的质押或抵押贷款；融资租赁公司利用租赁方式实现融资，就业务分类来看，国内外关于金融资产的划分中都把融资租赁作为贷款项下的一种类型，国际货币基金组织和中国人民银行在金融资产和金融业务分类的规范中，都把融资租赁与再贷款、普通贷款、同业拆借、透支等并列，作为众多贷款类型中的一种；农民专业合作社通过内部资金互助实现融资。可以说，信贷类民间金融的贷放业务与商业银行的贷款都属于信贷市场产品，都是信贷市场的组成部分。但是，它们处于信贷市场的不同层次，因为信贷类民间金融的资金来源与商业银行具有明显的区别。商业银行主要通过存款类负债业务获得资金来源，而信贷类民间金融不能吸收存款，资金主要来源于自有资金和非存款性的借入资金，因此商业银行能够在全社会范围内动员巨额资金，贷款规模也随之增大，但是信贷类民间金融资金来源有限，贷款规模也随之受到一定的局限。信贷类民间金融的客户对象与商业银行也有较大的差异，商业银行客户主要集中在资产规模大、信用资质高的层次，而信贷类民间金融的客户更多地集中在小微企业和低收入阶层。

总之，信贷类民间金融不同于商业银行、证券公司、保险公司和信托公司，不经营支付结算业务，不吸收存款，不经营证券、保险和信托业务，其核心功能是在信贷市场上，以放贷的方式促进资金融通。

（三）信贷类民间金融是我国多样化、多层次、广覆盖的普惠金融机构体系的重要构成部分

发展普惠金融是促进社会和谐和公平发展的重要条件，是我国全面建成小康社会的必然要求。2015 年 12 月 31 日国务院发布《推进普惠金融发展规划（2016—2020 年）》，提出建立健全多元化广覆盖的普惠金融机构体系，在这个机构体系中，包括了三大类机构：第一，各类银行机构。包括开发性政策性银行、农业发展银行、以农业银行和邮政储蓄银行为主的大型银行、全国性股份制商业银行、城市商业银行、民营银行、农村商业银行、农村合作银行、农村信用联社和村镇银行。第二，各类新型机构。在各类新型机构中，信贷类民间金融中的小额贷款公司、典当行、融资租赁公司、农民专业合作社具有重要地位。此外，新型机构还包括金融租赁公司、消费金融公司、

汽车金融公司、融资担保机构和互联网金融组织等。第三，保险公司。上述三大类机构在普惠金融发展中具有不同的特点，发挥着不同的作用。保险公司在普惠金融中发挥的作用不同于各类银行机构和新型机构。而作为新型机构中的信贷类民间金融与各类银行机构在贷款业务上会有交叉，具有极为相似的客户群体，大部分客户都集中在中小微企业、个体经营户和个人等群体上。

但是与各类银行机构相比，信贷类民间金融在为中小微企业融资时，具有特殊的优势，这主要归功于信贷类民间金融的专业优势和机构优势。从专业优势上看，融资租赁公司是利用固定资产租赁的方式提供融资，固定资产租赁物本身就是一种担保，在一定的程度上可以减轻对客户担保物的要求；典当行利用收取当物提供融资，通过设计相应的折当率来规避当户不还款赎当的风险；小额贷款公司经营中的“小额、分散”原则和属地原则，将小额贷款公司的客户群体限定在有限的区域内，有利于小额贷款公司对客户的全面了解；农民专业合作社的融资在合作社内部进行，以生产经营活动为基础和保障，减少了信息不对称，信用风险大大降低。因此，信贷类民间金融在为中小微企业融资时具有独特的业务方式上的优势，也能面对更大的信用风险。从机构优势上看，信贷类民间金融单个机构资本和资产规模较小，按照金融企业划型标准，信贷类民间金融与银行资产规模相比，大多属于小型机构，实际上绝大部分信贷类民间金融都是资产规模低于 50 亿元的微型企业。同时信贷类民间金融的地域性较强。机构的小型化、地方性，使得信贷类民间金融更倾向于向中小微企业、个体经营户、个人提供金融服务。总之，中小微企业、个体经营户和农民等融资领域的弱势群体各自具有不同的特点，信贷类民间金融的四类机构在业务方式和风险承担上也各具特色和优势，能够更好地适应和满足客户的不同要求。因此信贷类民间金融有利于形成多元化、多层次、广覆盖的普惠金融服务体系，对推进我国普惠金融发展，形成各类金融机构分工协作、互补共生的金融生态圈，促进金融业可持续均衡发展发挥着积极的作用。

（四）信贷类民间金融实施中央与地方双层监管的特殊模式

我国信贷类民间金融的监管具有明显的独特性，与商业银行、证券公司和保险公司的金融监管模式具有较大的差别。2017 年 7 月，全国金融工作会议进一步明确了信贷类民间金融的监管框架，实施中央和地方的双层监管模式，中央和地方在监管中分工明确：即在坚持金融管理主要是中央事权的前提下，按照中央统一规则、地方实施监管的总体要求，赋予地方政府相关金融监管职责，并强化属地风险处置责任。主要体现在：第一，中央层面负责信贷类民间金融的业务经营和监管法律规则的制定，指导地方金融监管部门做好监督管理和风险处置工作。第二，省级人民政府和地方政府设立的地方金融监管局负责信贷类民间金融的牌照和日常业务经营的监督管理，承担信贷类民间金融的风险处置责任，即实施日常监管和风险处置的属地原则。

例如，2008 年中国人民银行和银保监会在《关于小额贷款公司试点的指导意见》中就确定了这样的监管模式，“凡是省级政府能明确一个主管部门（金融办或相关机构）负责对小额贷款公司的监督管理，并愿意承担小额贷款公司风险处置责任的，方可在本省（区、市）的县域范围内开展组建小额贷款公司试点。”具体来说就是小额贷款公司行业经营和监管规则由银保监会负责制定，各地地方金融监督管理局具体承担本地区小额贷款公司设立审批、监督管理和风险处置等工作。同时银保监会通过向各地小额贷款公司监管部门通报行业情况、提示行业风险、部署工作要求等方式，指导小额贷款公司监管部门提高监管能力。就融资租赁公司而言，实施的也是同样的监管模式。银保监会负责制定融资租赁公司的业务经营和监督管理规则；省级人民政府负责制定促进本地区融资租赁行业发展的政策措施，对融资租赁公司实施监督管理，处置融资租赁公司风险；省级地方金融监管部门具体负责对本地区融资租赁公司的监督管理。典当行监管的分级管理、分级负责在 2018 年以前体现为由商务部负责全国典当行法律体系建设，制定典当行监管制度和典当行经营规则，根据属地管理责任，各省级人民政府负责对辖内典当行进行设立审批、实施监管，地方金融监管部门具体落实。2018 年以后，制定典当行业务经营和监管规则的职责由商务部划转给中国银保监会。《中华人民共和国农民专业合作社法》是我国农民专业合作社设立和运作的法律规范，在此前提下，由省级人民政府承担对新型农村合作金融组织的监管、引导、规范及风险处置的职责，由地方金融监管部门履行监管职责。

由于信贷类民间金融具有较强的地域性特点，各省可以根据本地区的情况，针对包括信贷类民间金融在内的地方金融组织，制定本省地方金融监督管理条例，确定更加具体可行的监管措施。目前已经有部分省份出台了地方金融监督管理条例。

信贷类民间金融实行的双层监管模式是由信贷类民间金融的行业定位和组织特性以及由此产生的风险外溢性的强弱决定的。首先，信贷类民间金融不能吸收存款，资金来源于自有资金和借入资金。从中央银行货币统计和货币政策操作的角度看，信贷类民间金融不属于存款性金融公司，不能创造派生存款，不影响货币乘数，不参与现代信用货币供给过程；从金融稳定和信贷市场的角度看，信贷类民间金融属于非存款类贷放组织，不存在存款挤兑的风险和由于存款刚性兑付而产生的流动性风险，与存款吸收机构相比，其监管也相对宽松。其次，信贷类民间金融是我国普惠金融体系的重要构成部分，大部分机构的自身资本和资产规模较小，大多属于中小微企业。其贷款具有“小额、分散、短期”的特点，业务辐射范围相对集中在本地有限的区域内，单个机构出现经营风险问题不会引发金融体系的系统性风险。因此，双层监管模式“有利于统一监管规则，有利于压实监管责任和防控金融风险。①”

第三节　我国小额贷款公司的性质和功能

一、我国小额贷款公司的性质

相对于典当行、融资租赁公司和农民专业合作社等信贷类民间金融组织，我国小额贷款公司的性质较为复杂。早在2008年，作为负责制定小额贷款公司行业经营统一规则的银保监会，就与中国人民银行共同制定和发布了《关于小额贷款公司试点的指导意见》（以下简称《指导意见》）和《关于村镇银行、贷款公司、农村资金互助社、小额贷款公司有关政策的通知》。同时具体承担小额贷款公司设立审批、监督管理和风险处置等工作的地方政府，又各自制定了本省小额贷款公司的相关管理办法，部分内容突破了银保监会《指导意见》的政策框架，使得各地小额贷款公司在经营区域和融资方式等方面呈现出不同的特点。

（一）我国小额贷款公司不再是单一的区域性放贷机构

2008年中国人民银行和银监会《指导意见》规定：小额贷款公司在为农民、农业和农村经济发展服务的原则下，可以自主选择贷款对象，并且鼓励小额贷款公司将农户和微型企业作为主要客户，为其提供信贷服务。要求小额贷款公司发放贷款要坚持“小额、分散”的原则，着力扩大客户数量和服务覆盖面。同时小额贷款公司的业务区域应该坚持属地原则，不得跨区域经营小额贷款业务。可以说《指导意见》明确了

---

① 中国银保监会对政协十三届全国委员会第二次会议第2565号提案的答复，银保监会官网，http://www.cbirc.gov.cn/cn/view/pages/ItemDetail.html?docId=875882&itemId=893&generaltype=1。

小额贷款公司作为区域性放贷机构的性质。

但是自2010年以来，随着小额贷款公司通过互联网线上交易向客户提供小额贷款，小额贷款公司的贷款客户就已经不再受地理区域的限制，不得跨区域发放小额贷款的属地原则被突破，小额贷款公司的业务范围通过线上交易几乎可以遍及任何区域，客户数量和服务覆盖面大幅度增加。由中国小额贷款公司协会和中国人民大学中国普惠金融研究院在2018年完成的一份行业调研报告显示：在作为课题研究对象的399家小额贷款公司中，有55家属于互联网小额贷款公司，虽然家数不多，但是他们服务的客户在399家小额贷款公司总客户中的占比达到了98.9%，平均贷款额为2.1万元。因此，当小额贷款公司业务从线下发展到线上时，跨区域经营就是一个必然的结果。2020年7月12日中国银保监会发布《商业银行互联网贷款管理暂行办法》，取消了之前对商业银行互联网贷款“立足当地、服务当地、不跨区域”的政策限制，放宽了商业银行异地线上放贷的条件，也是对线上放贷特点的认可。

（二）小额贷款公司的资金来源受到一定的限制

中国人民银行和银保监会《关于小额贷款公司试点的指导意见》规定：小额贷款公司的主要资金来源为股东缴纳的资本金、捐赠资金。除此以外，小额贷款公司还可以从银行业金融机构借入资金，但是最多不得超过两个银行业金融机构。同时规定了小额贷款公司从银行业金融机构融资的规模：“在法律、法规规定的范围内，小额贷款公司从银行业金融机构获得融入资金的余额，不得超过资本净额的50%。”融入资金的利率、期限由小额贷款公司与相应银行业金融机构自主协商确定，利率以同期“上海银行间同业拆放利率”为基准加点确定。由于小额贷款公司不属于金融机构，而是作为一般工商企业，因此，小额贷款公司从银行业金融机构的融资成本较高。

“不得吸收存款”和采取任何形式的非法集资是小额贷款公司资金来源不能触碰的红线。为了扩大资金来源，部分小额贷款公司在我国“新三板”市场挂牌，但是2016年5月全国股转公司发布金融类企业挂牌事项通知，对小额贷款公司挂牌和融资进行了限制。与此同时，其他资本市场却为小额贷款公司打开了大门。作为江苏省地方金融监督管理局批准的扬州市第一家小额贷款公司，扬州市广陵区泰和农村小额贷款股份有限公司2017年5月8日在香港联合交易所创业板上市，2019年7月17日成功转主板上市。还有部分省份允许小额贷款公司通过同业拆借、发行债券融资，设立小额再贷款公司，开展资产转让业务等。

专栏 1-1

银保监会关于小额贷款公司融资、税收与征信建设的意见

一、审慎确定小额贷款公司融资渠道。从小额贷款公司经营管理水平和风险防控能力现状来看，适当限制其外部融资渠道和比例，有利于督促其稳健经营，并且防范潜在风险扩散到整个金融体系。《同业拆借管理办法》明确同业拆借属于金融机构之间的交易行为，《中国人民银行法》第三十条规定："中国人民银行不得向地方政府、各级政府部门提供贷款，不得向非银行金融机构以及其他单位和个人提供贷款，但国务院决定中国人民银行可以向特定的非银行金融机构提供贷款的除外"，因此小额贷款公司不能通过同业拆借和人民银行再贷款融资。此外，从行业发展、市场管理等角度出发，小额贷款公司进入银行间市场发行债券需审慎研究评估。

二、允许小额贷款公司享受金融机构的税收政策。为进一步支持小额贷款公司健康发展，近年来国家出台了相关税收优惠政策：一是增值税方面，2017~2019年期间，对经省级金融管理部门批准成立的小额贷款公司取得的农户小额贷款利息收入免征增值税；二是企业所得税方面，2017~2019年期间，对符合条件的小额贷款公司按年末贷款余额的1%计提的贷款损失准备金准予在企业所得税税前扣除；对符合条件的小额贷款公司取得的农户小额贷款利息收入，按90%计入收入总额。三是印花税方面，按照印花税暂行条例规定，小额贷款公司不属于银行业金融机构，其与借款人签订的借款合同不需缴纳印花税。

三、完善小额贷款公司征信系统建设。人民银行积极推进小额贷款公司接入征信系统工作，截至2019年4月末，个人征信系统接入小额贷款公司1 237家，企业征信系统接入小额贷款公司1 095家。

资料来源：根据中国银保监会官网资料整理。

（三）小额贷款公司的管理参照金融机构的标准执行

小额贷款公司的内控和管理参照金融机构的标准设立，中国人民银行和银保监会在《关于小额贷款公司试点的指导意见》中提出了相关要求。例如规定同一借款人的贷款余额不得超过小额贷款公司资本净额的5%，在此标准内，可以参考小额贷款公司所在地经济状况和人均 GDP 水平，制定最高贷款额度限制。关于小额贷款利率水平，相关规定要求小额贷款公司要按照市场化原则进行经营，小额贷款利率上限放开，但不得超过司法部门规定的上限，下限为人民银行公布的贷款基准利率的 0.9 倍，具体浮动幅度按照市场原则自主确定。关于贷款期限和贷款偿还条款等合同内容，均由借贷双方在公平自愿的原则下依法协商确定。2013 年《国务院办公厅关于加强影子银行监管有关问题的通知》提出："小额贷款公司不得发放高利贷、不得使用非法手段收贷。"

关于公司治理结构。小额贷款公司要按照《公司法》要求建立健全公司治理结构，明确股东、董事、监事和经理之间的权责关系，制定稳健有效的议事规则、决策程序和内审制度，提高公司治理的有效性。小额贷款公司还要建立发起人承诺制度，公司股东应与小额贷款公司签订承诺书，承诺自觉遵守公司章程，参与管理并承担风险。

关于贷款管理制度。小额贷款公司要建立健全贷款管理制度，明确贷前调查、贷时审查和贷后检查业务流程和操作规范，切实加强贷款管理。按照有关规定，建立审慎规范的资产分类制度和拨备制度，准确进行资产分类，充分计提呆账准备金，确保资产损失准备充足率始终保持在 100% 以上，全面覆盖风险。

关于内部控制。小额贷款公司要加强内部控制，按照国家有关规定建立健全企业财务会计制度，真实记录和全面反映其业务活动和财务活动。建立信息披露制度，按要求向公司股东、主管部门、向其提供融资的银行业金融机构、有关捐赠机构披露经中介机构审计的财务报表和年度业务经营情况、融资情况、重大事项等信息，必要时应向社会披露。

（四）小额贷款公司实行中央和地方两级监管模式

小额贷款公司的监管实行中央和地方两级监管模式，中国人民银行、银保监会与地方金融监管机构分工有别。银保监会负责制定小额贷款公司行业经营统一规则，地方政府具体承担小额贷款公司设立审批、监督管理和风险处置等工作。中国人民银行对小额贷款公司的规模、人员、机构和地区发展状况进行统计和公布。

小额贷款公司设立监管。申请设立小额贷款公司，须向省级政府主管部门提出正式申请，经批准后，到当地工商行政管理部门申请办理注册登记手续并领取营业执照。此外，还应在五个工作日内向当地公安机关、中国银行保险业监督管理委员会派出机构和中国人民银行分支机构报送相关资料。并且将小额贷款公司的设立与地方政府明确监管机构和职责挂钩，提出省级政府必须明确一个主管部门（金融办或相关机构）负责对小额贷款公司的监督管理，并愿意承担小额贷款公司风险处置责任，方可在本省（区、市）的县域范围内开展组建小额贷款公司试点。

小额贷款公司的经营监管。小额贷款公司应向注册地中国人民银行分支机构申领贷款卡。向小额贷款公司提供融资的银行业金融机构，应将融资信息及时报送所在地中国人民银行分支机构和中国银行业监督管理委员会派出机构，并应跟踪监督小额贷款公司融资的使用情况。中国人民银行对小额贷款公司的利率、资金流向进行跟踪监测，并将小额贷款公司纳入信贷征信系统。小额贷款公司应定期向信贷征信系统提供借款人、贷款金额、贷款担保和贷款偿还等业务信息。

行业自律组织监管和社会监督在小额贷款公司监管中发挥着较大的作用。小额贷款公司不得进行任何形式的非法集资。从事非法集资活动的，按照国务院有关规定，由省级人民政府负责处置。对于小额贷款公司跨省份进行的非法集资活动，需要由处置非法集资部际联席会议协调的，可由省级人民政府请求处置非法集资部际联席会议协调处置。其他违反国家法律法规的行为，由当地主管部门依据有关法律法规实施处罚。

二、我国小额贷款公司的功能与作用

（一）为“三农”和微型企业提供融资服务

“三农”和微型企业的融资服务一直是我国信贷市场上的一个短板，其融资需求具有“小额、分散”的特点，同时又缺少担保物、资信状况差，这些因素共同阻碍了商业银行等大中型金融机构对它们的融资供给，“纯粹的民间借贷”一度成为“三农”和微型企业的主要融资渠道。小额贷款公司的建立和发展，为“三农”和微型企业提供了一个稳定的融资来源，从2005年的初步尝试和2008年开始的试点，至今小额贷款公司走过了十几年的发展历程，开发了众多有别于典当行和融资租赁公司、契合“三农”和微型企业融资需求特点的信贷产品，为拓宽“三农”和微型企业融资渠道发挥了重要作用。

根据相关统计，在小额贷款公司试点初期的2009年，我国小额贷款公司对企业贷款平均额度为100万元，自然人贷款平均额度60万元，“50万元以下贷款笔数占比”

在江苏、山西、浙江和河北等省份分别为 78.6%78.1%、57.8%和 52.1%。由于“三农”和微型企业缺乏合适的担保物和抵押品，因此小额贷款公司的贷款绝大部分是信用贷款和保证贷款，2009 年，“信用贷款和保证贷款占比”在浙江约为 90%、江苏约为 80%、河北和山西约为 70%。同时在全部小额贷款公司的贷款中，农业贷款余额 217.44 亿元，占比 28.37%，私营企业和个体贷款余额 223.21 亿元，占比 29.12%。在全部贷款中，“农业贷款笔数占比”在江苏、山西、浙江、河北四省分别达到了 78.7%、63.5%、30.1%和 40.1%[①]。2019 年中国人民银行和银保监会联合发布了《中国普惠金融发展报告（2019）》，报告显示，作为调查对象的 399 家小额贷款公司，2017 年共发放贷款 31 246 094 笔，服务 11 106 927 位客户，平均每家服务 27 837 位客户。根据中国人民银行公布的 2017 年第四季度数据，全国有 8 551 家小额贷款公司，由此粗略推算，小额贷款公司全年大约为 2.38 亿名客户提供贷款服务。用于生产经营活动的贷款占小额贷款公司总贷款的 78%，且有 52%的小额贷款公司投放的生产经营贷款占各自贷款总额的 90%以上。此外，小额贷款公司绝大多数的客户属于低收入人群和微型经济体，其中，贷款额度在 1 万元以内的低收入人群客户占比为 49.85%。48.17%的客户贷款数额为 1 万～5 万元。再如广州市花都万穗小额贷款公司，设计了信用金、实业宝、物业贷、放大贷、喜拼盘、农家喜、及时达、农资贷、创业贷、工薪贷等多种信贷产品，共发放贷款 6 500 笔，共计 25 亿元，公司客户数达 4 000 户，贷款余额 2.24 亿元，单笔贷款最大金额 500 万元，最小金额 3 000 元，户均余额 17.89 万元。在其贷款余额中，涉农贷款占比为 90.22%，小微贷款占比达 89.37%。从上述数据提供的信息中可以看出，总体上小额贷款公司较好地实现了“面向农户和微型企业提供信贷服务，扩大客户数量和服务覆盖面”[②] 的政策目标。

（二）引导和疏通信贷市场资金流动

主要体现在以下几个方面：

第一，小额贷款公司引导民间借贷阳光化、规范化，促进民间资本流向“三农”和微型企业，支持实体经济发展。2008 年中国人民银行和银监会发布的《关于小额贷款公司试点的指导意见》规定小额贷款公司可由自然人、企业法人与其他社会组织投资设立，为民间资本打开了进入信贷市场的合法通道，民间资本入股小额贷款公司后

---

① 上述数据来源于：《中国小额信贷蓝皮书：2009～2010》，吴晓灵，经济科学出版社，2014。

② 2008 年中国人民银行和中国银监会《关于小额贷款公司试点的指导意见》。

需要遵守相关业务经营和监管要求，即将民间借贷纳入金融监管范围，规范了民间借贷的运作，因此小额贷款公司实际上发挥了引导民间资本阳光化、规范化流动的通道作用。

第二，小额贷款公司成为连接银行资金与“三农”和微型企业的通道和桥梁。小额贷款公司与商业银行进行业务合作，采用的方式有曾经的“助贷”与目前的“联合贷款”模式。2020 年 7 月 12 日银保监会发布了《商业银行互联网贷款管理暂行办法》，其中规定：商业银行经营互联网贷款业务时，可以在营销获客、共同出资发放贷款、支付结算、风险分担、信息科技、逾期清收等方面与其他机构进行合作，合作机构中就包括了小额贷款公司。小额贷款公司通过与商业银行合作，不仅扩大了小额贷款公司的资金来源，同时更有利于扩大商业银行对“三农”和微型企业的信贷投入，引导信贷市场资金流向。

（三）引领金融科技创新运用

在引领金融科技创新运用中，小额贷款公司经营的网络小额贷款发挥了重要作用。网络小额贷款的特殊业务模式，不同于传统的线下信贷业务，线下业务的获客、贷款审核、业务办理、风险控制等方式完全不适用于网络小额贷款，网络小额贷款的增长促进了金融科技的运用和创新，金融科技的运用又促进了小额贷款公司的发展。根据中国人民大学中国普惠金融研究院的调查显示，2017 年在 399 家小额贷款公司中，有 55 家属于互联网小额贷款公司，它们服务了小额贷款行业 98.9% 的客户，客户平均贷款额为 2.1 万元；其余的 344 家常规小额贷款公司，仅服务了 1.1% 的客户。

专栏 1－2

拉卡拉小贷：践行数字普惠金融

广州拉卡拉网络小额贷款有限责任公司（以下简称“拉卡拉小贷”）成立于 2016 年 4 月，注册资本 15 亿元。自成立以来，拉卡拉小贷凭借“大数据＋征信”的风控模式和“小额、分散”的市场定位，积极在全国范围内开展业务，践行数字普惠金融。

针对小微商户和“三农”“短、小、急、频”的融资特点，拉卡拉小贷以集团庞大的交易数据库和云计算为基础，真正做到“以客户为中心”，创建了从产品策划、客户筛选、营销推广、资质审查、快速放款、风险控制、贷款回收等贯穿整个信贷流程的流水线小贷模式，实现了“5 分钟申请，1 天内到账”的高效贷前决策，极大地缩短了审批时间，简化了审批流程，降低了贷款成本，大幅度提高了融资效率。2019 年，拉卡拉小贷全年累计发放贷款金额 66.39 亿元，发放贷款近 80 万笔，超过广州民间金融街 43 家传统小贷公司自开业以来的累计贷款笔数，笔均 0.83 万元，远低于传统小贷公司笔均 200 万～300 万元，真正做到了“小额、分散”。全年服务贷款用户超过 70 万人，其中小微商户和“三农”占 70%。通过“大数据 + 征信”技术，把“小额、分散”做到极致，是“小而美”普惠金融发展的成功典范。在当前金融资源配置错位，小微商户、“三农”用户等小微企业的信贷资源支持不足的背景下，拉卡拉小贷作为重要的新生金融力量，积极用好网络小贷政策，通过灵活的产品组合，满足了小微经济主体深层次融资需求，体现了金融的普惠性原则；同时通过高效的资源配置，提升了金融服务小微经济主体的效率，推动了小微经济主体的发展。

资料来源：根据相关资料整理。

第四节　我国融资租赁公司的性质与功能

一、我国融资租赁公司的性质

（一）我国融资租赁公司是专门从事固定资产长期融资业务的专业机构

2020 年 5 月 26 日中国银保监会发布《融资租赁公司监督管理暂行办法》（以下简称《2020 融资租赁公司办法》），规定了我国融资租赁公司经营的业务范围，主要包括：融资租赁业务、租赁业务、与融资租赁和租赁业务相关的租赁物购买、残值处理与维修、租赁交易咨询、接受租赁保证金、转让与受让融资租赁或租赁资产、固定收益类证券投资业务。同时要求融资租赁公司融资租赁和其他租赁资产比重不得低于总资产的 60%；融资租赁公司开展的固定收益类证券投资业务，不得超过净资产的 20%。适用于融资租赁交易的租赁物为固定资产，融资租赁公司开展融资租赁业务应当以权属清晰、真实存在且能够产生收益的租赁物为载体。

由此可以看出，我国融资租赁公司主要从事融资租赁业务，而融资租赁业务实质上是固定资产融资业务，业务类型主要包括：直接租赁、转租赁、售后回租、委托租赁、联合租赁等形式，业务领域涉及航空、航运、大型装备、工程机械、医疗行业、教育文化、能源行业、绿色环保、车辆与轨道交通、城镇公用事业等不同领域。由于融资租赁业务期限较长，目前我国融资租赁公司的融资租赁业务期限大多在三年期以上，因此我国融资租赁公司实际上是专门从事固定资产长期融资业务的专业机构。

（二）我国融资租赁公司的资金来源比较多元化

融资租赁公司属于重资产型企业，租赁设备占用资金规模大、期限长，资金需求巨大。《2020 融资租赁公司办法》规定，融资租赁公司不得非法集资、吸收或变相吸收存款，与其他融资租赁公司拆借或变相拆借资金。除此以外，与小额贷款公司和典当行相比，融资租赁公司的融资渠道相对而言比较多元化。除了注册资金，融资租赁公司可以采用银行贷款、在资本市场发行债券、股票融资、母公司增资和境外融资等多种方式融资。近几年我国融资租赁公司债务融资方式日益多样化，既可以发行租赁资产支持证券，也可以在债券市场上发行租赁公司债券、中期票据、短期融资券等进行融资。部分融资租赁公司还通过在香港交易所和国内沪深主板市场上市进行股权融资，但是相对于发行融资租赁公司债，能够上市融资的融资租赁公司极少。也有部分公司通过新三板挂牌融资，但是 2016 年 5 月全国股转公司发布金融类企业挂牌事项通知，暂停融资租赁公司挂牌和融资，导致融资租赁公司股权融资渠道相应有所减少。

（三）融资租赁公司的内控与管理主要围绕融资租赁业务展开

融资租赁公司租赁业务的实质是进行融资，信用风险是最大的风险，因此融资租赁公司企业需要建立完善的内部风险控制体系、风险资产分类管理制度、承租人信用评估制度、事后追偿和处置制度以及风险预警机制等。《2020 融资租赁公司办法》对融资租赁公司的内控与管理也提出了明确要求。具体体现在以下方面：融资租赁公司对融资租赁项目要进行认真调查，充分考虑和评估承租人持续支付租金的能力，采取多种方式降低违约风险，并加强对融资租赁项目的检查及后期管理。同时融资租赁公司的融资功能是通过融物的形式实现的，对租赁设备的控制是控制风险的重要环节，因此按照国家法律规定租赁物的权属应当登记的，融资租赁公司须依法办理相关登记手续。若租赁物不属于需要登记的财产类别，融资租赁公司要在商务主管部门指定的系统进行登记，明示租赁物所有权。在办理售后回租业务时，其租赁物应为能发挥经济功能并能产生持续经济效益的财产。融资租赁公司不应接受承租人无处分权的、已经设立抵押的、已经被司法机关查封扣押的或所有权存在其他瑕疵的财产作为售后回租业务的标的物。在签订售后回租协议前，应当审查租赁物发票、采购合同、登记权证、付款凭证、产权转移凭证等证明材料，以确认标的物权属关系。对售后回租资产的价值，应有合理的、不违反会计准则的定价依据作为参考，不得低值高买。《2020融资租赁公司办法》还明确要求，融资租赁公司的风险资产不得超过净资产总额的8倍。委托租赁、转租赁的资产应当分别管理，单独建账。融资租赁企业和承租人要对与融资租赁业务有关的担保、保险等事项进行充分约定，维护交易安全。

（四）融资租赁公司实施银保监会和地方政府两级监管

从1981年我国第一家融资租赁公司建立以来，融资租赁业的监管经历了不同的阶段。2016年之前，我国内资融资租赁公司的监管分别由商务部和省级商务主管部门负责，其中全国性的融资租赁公司由商务部监管，省级商务主管部门负责监管本行政区域内的融资租赁企业。2016年内资租赁公司审批权下放到省、直辖市和计划单列市级商务主管部门和国家税务局，监管职责也随之改变。2018年4月20日，内资试点和外资融资租赁公司的监管职责由商务部转移给中国银保监会。

按照2017年全国金融工作会议确定的方针，融资租赁公司由中央制定统一规则，地方负责实施监管，强化属地风险处置责任。《2020融资租赁公司办法》规定：中国银保监会负责制定融资租赁公司的业务经营和监督管理规则；省级人民政府负责制定促进本地区融资租赁行业发展的政策措施，对融资租赁公司实施监督管理，处置融资租赁公司风险；省级地方金融监管部门具体负责对本地区融资租赁公司的监督管理。同时要求地方金融监管部门应根据融资租赁公司的经营规模、风险状况、内控管理等情况，对融资租赁公司实施分类监管。地方金融监管部门应建立现场检查制度，并建立非现场监管制度，利用信息系统对融资租赁公司按期分析监测，重点关注相关指标偏高、潜在经营风险较大的公司。要求省级地方金融监管部门应于每年4月30日前向银保监会报送上一年度本地区融资租赁公司发展情况以及监管情况。

二、我国融资租赁公司的功能与作用

（一）促进设备和固定资产投资的功能

在很多国家，融资租赁在设备投资领域发挥着重要的促进作用，是设备投资的重要资金来源。美国是融资租赁业务的发源地，也是融资租赁业最发达的国家。1997～2003年租赁投资渗透率（融资租赁规模占设备投资规模的比率）一直在30%以上，2004～2007年在27%上下波动，2008～2010年由于次贷危机的影响，租赁投资渗透率下降至17%左右，2011～2016年回升至22%；英国在2011年之前，租赁渗透率基本上都低于20%，2012～2016年租赁渗透率逐年上升，2016年达到33%。加拿大2013～2016年每年都在30%以上，澳大利亚2013～2016年的租赁渗透率甚至达到40%。

近年来，我国融资租赁公司在固定资产投资领域的作用不断增强，截至2016年底，我国融资租赁公司注册资本金总量为19 223.7亿元，融资租赁公司资产总额21 538.3亿元。其中外商投资融资租赁公司公司资产总量为16 398.2亿元，2018年内资融资租赁公司注册资本金总量为2 498.78亿元①。融资租赁资产包括飞机、船舶、集装箱、工程机械、冶金设备、矿山设备、农机设备、印刷设备、纺织设备、服装设备、各类运输车辆、汽车、医疗设备和制药设备等，融资租赁对促进这些领域的投资发挥了积极的作用。

（二）商品促销功能

融资租赁公司经营的厂商租赁，实际上就是融资租赁公司与设备生产厂商联合，为设备用户购买设备并提供融资租赁。有的厂商自己成立融资租赁公司，采用融资租赁的方式为其客户提供设备融资。这两种方式都极大地促进了设备的销售。在汽车消费领域，通过融资租赁，以租代售，是汽车厂商通用的扩大汽车销售的重要手段。例如卡特彼勒是全球领先的工程机械、矿山设备、燃气发动机和工业燃气轮机制造商，卡特彼勒集团下设的卡特彼勒金融就是专门为其客户购买其产品提供融资服务而设立的，融资租赁是卡特彼勒金融的重要业务方式之一，通过融资租赁极大地促进了产品销售，也是增加客户黏性的重要方式。

（三）促进中小企业融资和普惠金融发展功能

融资租赁公司的业务对象不仅有大型企业，例如在航空航运领域里的大型航空公司和航运公司等，同时也包括大量的中小微企业，甚至是农户和个体经营者。融资租赁业务的特色就是以融物的方式进行融资，租赁物本身发挥了抵押品和担保的功能，

① 《中国融资租赁行业2018年度报告》，中信出版社，2019年。

因此，对于缺乏担保品和抵押品的中小微企业来说，在某种程度上融资租赁可以说是它们获得设备融资的唯一途径。在农村，农业机械融资租赁也能够更好地解决农民的融资难问题，促进普惠金融的发展。

（四）扩大消费功能

在消费品领域，融资租赁也是一种消费信用方式。特别是在家庭汽车消费领域，以租代售已经是很多经济发达国家汽车融资的主要方式。通过对家庭耐用消费品的融资租赁，可以在传统的消费贷款、分期付款等方式之外，为消费者提供更多选择。

第五节　我国典当行的性质与功能

一、我国典当行的性质

（一）我国典当行是从事典当业务的专业机构

在我国典当行发展的不同时期，由典当行监督管理部门批准的典当行经营的业务具有较大的差别。目前典当行可以经营的业务主要包括：一是典当业务，分为动产质押典当业务、财产权利质押典当业务和房地产抵押典当业务；二是绝当物品的处理业务；三是当物的鉴定评估及咨询服务。典当行不得经营的业务包括：非绝当物品的销售以及旧物收购、寄售；动产抵押业务；集资、吸收存款或者变相吸收存款；发放信用贷款等。从融资期限来看，所有国家典当业的融资期限都非常短，典当行的融资业务都属于短期融资。2005 年我国《典当管理办法》规定典当的当期不能超过 6 个月。从典当融资额度来看，典当行提供的主要是小额融资，很多国家都规定了典当单笔业务的融资限额。我国相关管理办法对典当行单笔融资额度并没有规定，在典当行房地产典当和财产权利典当业务中，融资额度相对较高，但是民品典当中，单笔融资额度相对较低。

（二）我国典当行的资金来源十分有限

根据我国典当行管理规定，目前典当企业的合法资金来源主要包括：一是典当行的注册资金和典当企业经营盈余；二是商业银行贷款，但是典当行从商业银行获得贷款应该在限额以内，即贷款余额不得超过其注册资本或者上一年度财务会计报告中的所有者权益。同时典当行不得从本市（地、州、盟）以外的商业银行贷款，典当行分支机构不得从商业银行贷款。并且规定典当行不能从商业银行以外的单位和个人借款，不能与其他典当行拆借或者变相拆借资金，不能超过规定限额从商业银行贷款。

（三）典当行的内部控制和管理围绕典当业务与风险展开

典当行的内控与管理的重点和内容包括：从注册资本实收角度看，防止虚假出资、抽逃资金；从资金来源看，要杜绝非法集资、吸收或者变相吸收存款、从商业银行以外的单位或个人借款等违规行为，包括禁止典当行向股东借款。重点对非法集资、超范围经营、吸收存款或者变相吸收存款、故意收当赃物、违规办理股票典当业务等违规违法行为加强监督检查，防止典当行股东以典当行名义为自己招揽业务、股东利用典当行违法违规从事金融活动。加强对股票等财产权利典当业务的监督管理，禁止和预防典当行违规融资参与上市股票炒作，或为客户提供股票交易资金，禁止以证券交易账户资产为质押的股票典当业务，禁止发放信用贷款。

对典当行而言，应基于典当业务的特点，建立健全的安全制度，包括：收当、续当、赎当查验证件（照）制度；当物查验、保管制度；通缉协查核对制度；可疑情况报告制度；配备保安人员制度等。

（四）典当行的监管实行分级管理和属地管理

分级管理和属地管理是指典当行的业务经营与监管规则由中央部门制定，典当行的设立和日常经营监督管理由地方政府相关部门承担，公安机关负责对典当行的治安管理。

在商务部行使对典当行的监管职责时期，由商务部负责制定典当行业务经营和监管规则，典当业的治安管理由公安机关负责，地方政府商务主管部门负责典当行的设立审批和监管。典当行设立审批程序，以及中央部门与地方政府和公安机关的分工如下：市（地）级商务主管部门收到设立典当行或者典当行申请设立分支机构的申请后，报省级商务主管部门审核，省级商务主管部门将审核意见和申请材料报送商务部，由商务部批准并颁发《典当经营许可证》。省级商务主管部门应当在收到商务部批准文件后5日内将有关情况通报同级人民政府公安机关。省级人民政府公安机关应当在5日内将通报情况通知设区的市（地）级人民政府公安机关。申请人领取《典当经营许可证》后，应当在10日内向所在地县级人民政府公安机关申请典当行《特种行业许可证》，所在地县级人民政府公安机关受理后，应当在10日内将申请材料及初步审核结果报设区的市（地）级人民政府公安机关审核批准，设区的市（地）级人民政府公安机关应当在10日内审核批准完毕，颁发《特种行业许可证》。

2017年7月，全国金融工作会议确定了包括典当行在内的民间金融机构的监管框架，即在坚持金融管理主要是中央事权的前提下，按照中央统一规则、地方实施监管的总体要求，赋予地方政府相关金融监管职责，并强化属地风险处置责任。2018年5月14日商务部发布《商务部办公厅关于融资租赁公司、商业保理公司和典当行管理职责调整有关事宜的通知》，公布制定典当行业务经营和监管规则的职责已经由商务部划转给中国银保监会，同时地方金融监管部门负责典当行的设立审批。

2020年5月29日，中国银保监会发布《关于加强典当行监督管理的通知》，要求各地方金融监管部门应当协调市场监管部门，告知办理登记注册的典当行需要在领取营业执照后30日内向地方金融监管部门申请《典当经营许可证》，并书面承诺在取得许可证前不从事典当业务活动。对于在规定期限内未提交申请或者申请未被批准的典当行，地方金融监管部门应当协调市场监管部门劝导其变更名称、业务范围或者注销。同时要求“共享许可信息”“省级地方金融监管部门发放、变更、收回《典当经营许可证》的，应当在5日内将相关信息推送至典当行所在地省级公安机关。”同时要求压实监管责任，加强监督管理。规定各省级人民政府负责对辖内典当行实施监管，地方金融监管部门具体落实。省级地方金融监管部门可委托地市级、县区级地方金融监管部门负责非现场监管、现场检查、年审等部分监管工作。

二、我国典当行的功能与作用

（一）融通资金的功能

融通资金是典当的初始功能，也是首要功能。我国传统的典当行主要的功能就是为中下阶层的民众提供应急型的短期小额消费信贷，扶危济困，救急解难。改革开放以后，我国典当行的客户不仅有消费者，也有中小微企业等，提供的资金不仅可以用于消费也可以为企业生产投资提供融资。与银行贷款相比，典当行融资相对成本高、融资规模小，但典当行融资的优势在于：典当行既可以采用动产质押也可以采用房地产抵押，动产质押的物品范围大、种类多，在动产质押业务中，只要质押物价值可靠，客户就可以很容易地获得融资。而且典当行融资额起点低，客户小额融资也能得到满足。此外典当融资手续简便、快捷灵活，特别是名品典当，融资大多立等可取。因此典当行成为消费者和中小微企业应急性短期资金融通的重要方式。

（二）当物保管功能

典当行的传统当物是动产，动产都以质押的方式典当，典当行就具有在约定的当期内保管当物的义务，在赎当或绝当时保管义务终止。在现代社会，人员流动比较大，为了确保某些动产及财产权利的安全，典当行还接受这些物品短期的寄存保管，这是传统当物保管功能的延伸拓展。目前我国典当行的部分客户就是为了利用典当行的保管功能而在典当行办理典当业务。

（三）当物销售功能

当户借助典当行融资是主要的目的，但由于各种原因不能赎当而绝当时，典当行可以对当物进行处置和售卖，因此典当行也有当物销售功能。我国《典当管理办法》就规定，限额内当物如果形成绝当，典当行就可以自行变卖。

（四）当物评估鉴定功能

典当行经营动产质押典当业务时，必须对当物进行评估鉴定，在此基础上决定融资额的多少。典当行对当物的评估鉴定是典当业务的重要环节，也使得典当行在当物评估鉴定方面积累了丰富的经验和一定的权威，正因如此，凭借对典当行的专业鉴定水平的信任，加之当物绝当时的价格优势，去典当行淘宝已经成为很多人的选择。在典当行的诸多功能中，典当融资是基本核心功能，当物保管功能是辅助功能，商品销售功能和评估鉴定功能则是其衍生功能。

第六节　我国农民专业合作社的性质与功能

一、我国农民专业合作社的性质①

（一）农民专业合作社是一种互助性和综合性农村经济组织

农民专业合作社的成员以农民为主体，以服务成员为宗旨，谋求全体成员的共同

① 部分内容参照《中华人民共和国农民专业合作社法》的规定编写。

利益，入社自愿、退社自由，成员地位平等，实行民主管理，实现农民农业生产经营活动的合作发展和信用的互助合作。

合作社作为互助性和综合性农村经济组织的特性表现在：其一，农民专业合作社的主体是农民。在合作社成员中，农民至少应当占成员总数的百分之八十。成员总数二十人以下的，可以有一个企业、事业单位或者社会组织成员；成员总数超过二十人的，企业、事业单位和社会组织成员不得超过成员总数的百分之五。并且可以成为农民专业合作社成员的企业、事业单位或者社会组织应该从事与农民专业合作社业务直接有关的生产经营活动，能够利用农民专业合作社提供的服务。其二，农民专业合作社成员的出资包括农民特有的非货币财产。成员出资可以用货币出资，或以实物和知识产权出资，同时也可以使用农村土地经营权、林权等农村特有的可以用货币估价并可以依法转让的非货币财产出资。其三，农民专业合作社开展的经营活动应该是农业生产和经营活动。包括农业生产资料的购买、使用，农产品的生产、销售、加工、运输、贮藏及其他相关服务，农村民间工艺及制品、休闲农业和乡村旅游资源的开发经营等，与农业生产经营有关的技术、信息、设施建设运营等服务。其四，农民专业合作社开展的信用合作和资金互助活动属于合作社内部活动，遵循“社员制、封闭性”和“不支付固定回报”的原则。会员制、封闭性，就是资金互助社只能向本社社员吸纳资金、发放贷款，不能向社会公开募集资金、不对外吸储放贷，对内不对外，保证贷款不用于非农项目，不改变资金用途。不支付固定回报是指合作社的贷款收益采取分股不分息的方式分配给会员，保证合作社能够坚持互助合作、服务社员的宗旨。

（二）农民专业合作社内部实行民主管理

合作社民主管理具体落实在以下活动中：一是农民专业合作社的设立：设立农民专业合作社，应当召开由全体设立人参加的设立大会。设立时自愿成为该社成员的人为设立人。二是合作社成员的权利：参加成员大会，并享有表决权、选举权和被选举权，按照章程规定对本社实行民主管理。三是成员的入社和退出：成员入社和除名都应经成员大会或者成员代表大会表决通过，防止由合作社理事会对成员变动情况进行审议，剥夺了其他成员的决定权，从法律上保障农民“入社自愿、退社自由”的权利。四是合作社的财务管理。成员有权了解和查阅合作社财务状况。农民专业合作社应当按照国务院财政部门制定的财务会计制度进行财务管理和会计核算。农民专业合作社的理事长或者理事会应当按照章程规定，组织编制年度业务报告、盈余分配方案、亏损处理方案以及财务会计报告，于成员大会召开的十五日前，置备于办公地点，供成员查阅。五是合作社的组织机构。农民专业合作社成员大会由全体成员组成，是合作社的权力机构，行使一系列职权：修改合作社章程；选举和罢免理事长、理事、执行监事或者监事会成员；决定合作社重大财产处置、对外投资、对外担保和生产经营活动中的其他重大事项；批准年度业务报告、盈余分配方案、亏损处理方案；对合并、分立、解散、清算，以及设立、加入联合社等作出决议；决定聘用经营管理人员和专业技术人员的数量、资格和任期；听取理事长或者理事会关于成员变动情况的报告，对成员的入社、除名等作出决议。

（三）我国农民专业合作社的外部监管

农民专业合作社作为农村互助性经济组织，其外部监管具有以下的特点：

一是实行设立登记和强制退出制度。工商行政管理部门负责合作社的设立登记、强制退出等事项。合作社的设立必须在工商行政管理部门依法登记，登记时需要提交相关文件，包括：登记申请书；全体设立人签名、盖章的设立大会纪要；全体设立人签名、盖章的章程；法定代表人、理事的任职文件及身份证明；出资成员签名、盖章的出资清单；住所使用证明；成员名册以及法律、行政法规规定的其他文件。工商行政管理部门对采取欺诈手段取得登记的合作社，可以处五千元以下罚款，情节严重的撤销登记或者吊销营业执照。对连续两年未从事经营活动的“空壳社”“挂牌社”“家庭社”，工商行政管理部门可以其吊销营业执照，强制其退出。

二是实行年度报告制度。合作社设立以后，每年应向工商行政管理部门报送年度报告，并向社会公示，防止农民专业合作社只注册不运营，并促使农民专业合作社规范运营。

三是建立全国农民合作社发展部际联席会议制度。2013 年 7 月，国务院批复同意建立全国农民合作社发展部际联席会议制度，明确了联席会议的主要职能、成员单位、工作规则和工作要求。设立部际联席会议制度，可以有效加强部门间协调配合，促进农民专业合作社持续健康发展。由县级以上人民政府负责建立农民专业合作社工作的综合协调机制，统筹指导、协调、推动农民专业合作社的建设和发展，同时也明确了县级以上人民政府并不是农民专业合作社的行政主管部门。

四是地方政府负责对合作社的信用互助活动实施监管和风险处置。2014 年，银监会等部门联合印发的《关于引导规范开展农村信用合作的通知》明确提出，要完善地方农村金融管理体制，省级人民政府承担对新型农村合作金融组织的监管、引导、规范及风险处置的职责。2017 年 7 月，全国金融工作会议明确，由地方人民政府承担农民专业合作社开展信用互助的监管、引导、规范以及风险处置职责，并由地方金融监管部门履行监管职责。

二、我国农民专业合作社的功能与作用

（一）合作社在农业生产和经营活动领域的功能与作用

从 2007 年我国农民专业合作社初创至今，农民合作社已经成为我国重要的新型农业经营主体和现代农业建设的中坚力量。合作社通过构建新型立体式复合型现代农业经营体系，有效地实现了农业适度规模经营，规范经营和品质提升，推动了农业供给侧结构性改革，对带动农民就业增收、脱贫致富，对我国乡村振兴、实现精准扶贫和全面实现小康社会发挥了积极的作用。具体表现在：

1. 促进农业生产规范经营，品质提升

以江苏省阜宁县沟墩禽蛋专业合作社为例①，合作社创办于 2003 年 6 月，当时成员出资总额 200 万元，到 2018 年合作社成员为 636 人，总资产增加到 6 000 万元。合作社是江苏省“百佳”农民专业合作社、国家农民合作社示范社，主营禽蛋业务。合作社在运营过程中突出规范管理、依法办社，通过“五统一”“一保障”为成员提供养殖和销售环节的全流程服务。合作社还创建了“大塘”商标，建立了严格的商标管理制度，确保产品品质，拓宽销售渠道，市场不断扩大，对实现农户合作致富发挥了积极作用。2018 年合作社成员饲养蛋鸡 180 万羽，收购成员蛋品 2.5 万吨，实现销售收入 1.8 亿元，盈余 180 万元。

2. 构建新型立体式复合型现代农业经营体系，促进农业规模经营

以浙江台州市台联九生猪专业合作社联合社为例②，台联九生猪专业合作社联合社是国家农民合作社示范社，成立于 2012 年，由台州市九联生猪产销专业合作社、台州市路桥耀兴生猪专业合作社、温岭市农联生猪专业合作社、三门县赵岙山畜禽专业

---

① 2019 年全国农民合作社典型案例之二十：江苏阜宁县沟墩禽蛋专业合作社，中国农业农村部，http：//www. hzjjs. moa. gov. cn/nchzjj/201908/t20190827_ 6323253. htm

② 2019 年全国农民合作社典型案例之二十三：浙江台州市台联九生猪专业合作社联合社，中国农业农村部，http：//www. hzjjs. moa. gov. cn/nchzjj/201908/t20190827_ 6323256. htm

合作社、临海市大洋圣天畜禽专业合作社5家成员社牵头联合组建，共联结农户3 000余户。联合社以助推产业兴旺、实现农民富裕为目标，坚持以产业为基础，以资本为纽带，纵向参股、横向联合，促进畜牧生产、防疫、饲料加工、资金互助及投资一体化的联合发展新模式，开展全产业链和全程综合服务，不断创新服务模式，带领成员增收致富。2018年年末，联合社总产值达7亿元。

浙江省瑞安市梅屿蔬菜专业合作社①也是建立新型现代农业经营体系的典范。合作社成立于2001年4月，经过18年的改革发展，成员由组建之初的94户发展到762户，服务范围从1个乡镇9个村拓展到4个乡镇41个行政村，合作基地由450亩发展到7 000亩，带动非成员农户4 500户。梅屿蔬菜专业合作社以梅屿以及周围乡镇的蔬菜种植户、购销户为主体，采取“合作社 + 基地 + 农户 + 市场”的生产经营模式，建立“从田间到餐桌”的农产品质量安全追溯系统和无菌净化车间，打造瑞安精品农业形象。合作社从最初的单一生产服务发展到产加销全产业链服务，实现了集生产、供销、信用合作于一体的新型农业合作模式。合作社年销售收入从200万元增加到2 000余万元，成员亩产值从7 500元提高到18 000元。

（二）合作社在农村融资活动中的功能与作用

融资难融资贵一直是影响农村经济社会发展的重要因素。由于农业生产具有明显的季节性，面临的自然风险和市场风险大，从而使得作为农村金融需求者的农户收入极不稳定，经济基础较差，缺乏必要的抵押品。同时单个农户的经营规模有限，单笔资金需求量比较小，正规金融机构向农户提供信贷要承担较大的信用风险和较高的交易成本，由此造成农村和农民融资难融资贵的局面。与正规金融机构不同，合作社独特组织形式和治理结构使其具有特有机制能够控制融资风险和交易成本。因为合作社一般都有准入门槛，这些准入条件可能包括地域限制、经营能力和信用状况等，能够进入合作社的农民具有基本相同的条件，有利于减少融资交易成本。同时合作社成员在生产经营活动中的合作关系也产生了成员间的相互激励效应，有助于减少赖账，提高社员贷款的履约率，降低了信用风险。因此，以合作社为基础进行的融资活动能够为其成员提供手续简便、门槛低、方式灵活的融资来源，也是实现普惠金融的一条途径。

---

① 2019年全国农民合作社典型案例之十九：浙江瑞安市梅屿蔬菜专业合作社，中国农业农村部，http://www.hzjjs.moa.gov.cn/nchzjj/201908/t20190827_6323252.htm

以浙江瑞安市梅屿蔬菜专业合作社为例[①]，合作社采用多种方式解决融资问题。第一，组建农村资金互助社，开展合作社互助金融。2011 年 1 月，合作社联合其他 3 家合作社发起组建瑞安市汇民农村资金互助社，开展成员内部资金互助。资金互助社实体封闭运作，拥有成员 799 名，注册资本金 500 万元，主要为合作社成员提供各种金融服务。坚持“面向三农、互助共赢”的理念，形成与其他金融机构错位发展、差异化服务格局，截至 2018 年累计发放互助金 4.25 亿元，扶持种植大户上百户，扩大经营规模 3 500 亩。2017 ~ 2018 年实现二次返利 80 万元。第二，创办兴民农村保险互助社。2015 年 10 月，合作社与其他 21 家合作社及 2 位自然人共同出资创办瑞安市兴民农村保险互助社，成为全国首批财险农村保险互助社试点单位。保险互助社注册资本 100 万元，运营资金 500 万元，入社成员 3 552 名。保险互助社开发了农产品保险、农产品货运保险和农户小额贷款保证保险三大险种。其中为 796.7 亩大棚番茄投保冻害保险，每亩保费 108 元，最高赔付额 1 200 元。2018 年 5 月，保险互助社还与中国太平洋财产保险股份有限公司瑞安支公司开展战略合作，以跟保形式分担农产品货物运输保险的风险。第三，依托农信担保公司，解决合作社成员融资担保问题。瑞安市农信担保公司对合作社成员担保实行利率优惠，累计提供担保授信 350 户次，共计 3 700 万元。对合作社创办的万科农业开发公司给予贷款担保 100 万元，用于提升农产品初加工和新产品开发能力。第四，联手瑞安农商行和农行，推进普惠金融。瑞安农商行推出额度优先、利率优惠、手续优化的“三优”扶持政策，对合作社综合授信 5 000 万元，累计贷款支持 1 500 万元。通过“专业合作社 + 农户”模式，瑞安农行对合作社整体授信 3 500 万元，授信户数 500 户。同时，两家银行还联合推出微信端随借随还的惠农网贷，让农户也能够充分享受互联网金融带来的便利。

本章小结

1. 民间金融是指从事地方金融活动的地方金融组织，依照相关法律规定设立，由地方政府监督管理。其中的小额贷款公司、融资租赁公司、典当行和农民专业合作社四类组织因为其从事的业务主要是信贷类业务，与其他民间金融组织有较大的区别，因此归属为信贷类民间金融。

2. 2008 年中国人民银行和银保监会《关于小额贷款公司试点的指导意见》规定：

---

① 2019 年全国农民合作社典型案例之十九：浙江瑞安市梅屿蔬菜专业合作社，中国农业农村部，http://www.hzjjs.moa.gov.cn/nchzjj/201908/t20190827_6323252.htm

“我国小额贷款公司是由自然人、企业法人与其他社会组织投资设立，不吸收公众存款，经营小额贷款业务的有限责任公司或股份有限公司。”包括传统的小额贷款公司和网络小额贷款公司。

3. 融资租赁公司则是指以融资租赁为主要经营业务的企业。我国融资租赁公司分为金融租赁公司、内资试点融资租赁公司和外资融资租赁公司，金融租赁公司属于正规金融，内资试点融资租赁公司和外资融资租赁公司在2018年4月之前由商务部和地方政府监管，属于民间金融的范畴。2018年4月以后划归银保监会监管。

4. 典当行是经营典当业务的专业机构，在不同时期曾经属于非银行金融机构、特殊的工商企业，2018年典当行由银保监会监管，重新划归到金融机构体系中。

5. 农民专业合作社是在农村家庭承包经营基础上，农产品的生产经营者或者农业生产经营服务的提供者、利用者，自愿联合、民主管理的互助性经济组织。农民专业合作社不仅提供了农民在农业生产活动中的互助合作，还通过资金互助形式进行信用合作，是农民实现生产经营和信用互助合作的一个综合体。

6. 从中央银行货币统计、从金融稳定性评估、我国金融监管体制、收益分配等不同的角度分析，信贷类民间金融机构在金融机构体系分类中处于不同的类别中。

7. 信贷类民间金融的特点主要有：信贷类民间金融的资金来源是非存款性资金，在业务经营上具有专业化的特点，具有一定的普惠金融性质，主要由地方政府行使金融监管的职责。

8. 我国小额贷款公司属于区域性放贷机构，资金来源受到严格限制，管理参照金融机构的标准执行，实行中央和地方两级监管模式。

9. 我国融资租赁公司属于长期固定资产融资专业机构，资金来源比较多元化，内控与管理主要围绕租赁业务展开，实施银保监会和地方两级监管。

10. 我国典当行是从事典当业务的专业机构，资金来源十分有限，内部控制和管理围绕典当业务与风险展开，实行分级管理和属地管理。

11. 农民专业合作社是一种互助性和综合性农村经济组织，内部实行民主管理，外部管理包括：实行设立登记和强制退出制度、年度报告制度。地方政府负责对合作社的信用互助活动实施监管和风险处置。

本章重要概念

信贷类民间金融　融资租赁公司　小额贷款公司　典当行　农民专业合作社　存款性公司　其他金融性公司　金融中介机构　专属金融机构和贷款人　营利性金融机

构　非营利性金融机构　非银行金融机构

本章思考题

1. 信贷类民间金融包括哪些机构？
2. 如何认识信贷类民间金融在金融机构体系中的地位？它们具有哪些特点？
3. 小额贷款公司具有哪些性质？发挥哪些功能？
4. 融资租赁公司具有哪些性质？发挥哪些功能？
5. 典当行具有哪些性质？发挥哪些功能？
6. 农民专业合作社具有哪些性质？发挥哪些功能？

本章参考文献

[1] 国际货币基金组织．货币与金融统计手册与编制指南，2016.

[2] 国际货币基金组织．金融稳健指标编制指南，2006.

[3] 孔祥智，史冰清，钟真．中国农民专业合作社运行机制与社会效应研究——百社千户调查［M］．中国农业出版社，2012.

[4] 农村信贷配给与小额信贷体系建设．小额信贷在中国［M］．中国财政经济出版社，2013.

[5] 商务部．典当管理办法，2005.

[6] 商务部．融资租赁企业监督管理办法，2013.

[7] 吴晓灵，焦瑾璞．中国小额信贷蓝皮书：2009～2010［M］．经济科学出版社，2014.

[8] 中国人民银行和银保监会．关于小额贷款公司试点的指导意见，2008.

[9] 中国银保监会．商业银行互联网贷款管理暂行办法，2020.

[10] 中国银保监会．融资租赁公司监督管理暂行办法，2020.

[11] 中国银保监会．关于加强典当行监督管理的通知，2020.

[12] 中华人民共和国农民专业合作社法，2017.

第二章　我国信贷类民间金融的产生与发展

本章导读

我国的小额贷款公司、融资租赁公司、典当行和农民专业合作社虽然都属于信贷类民间金融机构，但是它们的产生和发展经历了不同的阶段，具有各自的特点。融资租赁公司产生于我国改革开放初期的1980年，典当行则是在1987年开始恢复经营的，小额贷款公司于2005年开始在部分省份的试点活动，农民专业合作社起始于2007年。这些民间金融机构产生的原因和背景是什么？在发展过程中经历了哪些波折变化？出现过哪些问题？了解历史是为了未来更好地发展。本章对信贷类民间金融机构发展过程进行了较为详细的介绍和分析，为深入理解信贷类民间金融的性质、地位和功能作用提供更多的参考。

本章学习目标

1. 了解我国小额贷款公司发展过程与发展特点；
2. 了解我国典当行的发展过程与发展特点；
3. 了解我国融资租赁公司发展过程与发展特点；
4. 了解我国农民专业合作社的发展过程与发展特点。

第一节　我国小额贷款公司的产生与发展

我国的小额贷款公司产生于2005年，在15年的发展过程中经历了不同的阶段。

一、2005～2007年我国小额贷款公司的初步尝试

小微企业、农户、个体工商户及个人的金融服务一直是我国金融体系发展中的短板，虽然我国中小型商业银行、地方商业银行和信用合作社等金融机构数量众多，但是在很长一段时期间小微企业、农户、个体工商户及个人的小额短期资金需求大多只能通过民间借贷的途径解决。民间借贷游离于金融监管之外，借贷活动不规范、隐蔽性强，容易滋生违法活动，甚至影响社会安定。如何规范民间借贷活动？小额贷款公司就是一种尝试。因为小额贷款可以适应小微企业、农户、个体工商户及个人等群体在资金需求上特有的小额、分散、短期的特点，同时小额贷款公司还可以引导民间借贷阳光化，促进民间资本流向小微企业和“三农”等实体经济领域，完善农村金融服务，对传统金融体系信贷供给进行有益的补充。

2005年，中国人民银行开始在山西、四川、贵州、陕西、内蒙古五个省份开展商业性小额贷款公司试点工作。试点成立的小额贷款公司主要面向农户、个体经营者和小微企业提供贷款服务，实行“只贷不存”，不吸收存款，以具有民间资本性质的自有资金、捐赠资金和批发资金为资金来源，同时不能跨区经营，小额贷款的利率由借贷双方自由协商。由于小额贷款公司的资金来源绝大部分是民间资本，因此“小额贷款公司本质上是政府将民间金融、地下金融等游离于监管之外的金融活动正规化的一个制度安排”①。在山西、四川、贵州、陕西和内蒙古开始的第一批小额贷款公司的试点活动，主要由地方政府牵头，由民营资本投资设立了7家小额贷款公司。“7家小额贷款公司的注册资本从600万元到5 000万元，股东人数为1～4人，股东一般为民营企业或个人，中国扶贫基金会也参与了小额贷款公司的申请设立。此外，试点设立的小额贷款公司还得到了来自亚洲开发银行、德国技术合作公司等国际机构的技术和资

① 《小额信贷在中国》，中国财政经济出版社，2013年。

金援助"[①]。2006 年，中央"一号文件"《关于推进社会主义新农村建设的若干意见》提出"大力培育由自然人、企业法人或社团法人发起的小额贷款组织，有关部门要抓紧制定管理办法"，文件发布后，更多省份开始设立小额贷款公司。根据银监会统计，截至 2007 年年中，全国已成立的小额贷款公司超过 300 家。但是在试点的两年期间，中央和地方政府都没有出台关于小额贷款公司的正式文件和规范办法。

二、2008～2012 年小额贷款公司试点在全国铺开

2008 年 5 月 4 日，银监会和中国人民银行联合发布了《关于小额货款公司试点的指导意见》(2008 银监会 23 号文)（以下简称《指导意见》)，这是自 2005 年小额贷款公司诞生三年以后，由金融监管机构发布的第一个关于小额贷款公司的正式规范性文件。指导意见明确提出：小额贷款公司是由自然人、企业法人与其他社会组织投资设立，不吸收公众存款，经营小额贷款业务的有限责任公司或股份有限公司：小额贷款公司在坚持为农民、农业和农村经济发展服务的原则下自主选择贷款对象，小额贷款公司发放贷款，应坚持"小额分散"的原则，鼓励小额贷款公司面向农户和微型企业提供信贷服务，着力扩大客户数量和服务覆盖面。另外，指导意见明确规定"凡是省级政府能明确一个主管部门（金融办或相关机构）负责对小额贷款公司的监督管理，并愿意承担小额贷款公司风险处置责任的，方可在本省（区、市）的县域范围内开展组建小额贷款公司试点"。指导意见还就小额贷款公司的设立进行了规定：申请设立小额贷款公司，应向省级政府主管部门提出正式申请，经批准后，到当地工商行政管理部门申请办理注册登记手续并领取营业执照，并需要在五个工作日内向当地公安机关、中国银行业监督管理委员会派出机构和中国人民银行分支机构报送相关资料。

2008 年 5 月 6 日，中国人民银行和中国银行业监督管理委员会发布《关于村镇银行、贷款公司、农村资金互助社、小额贷款公司有关政策的通知》。通知对小额贷款公司贷款利率、支付清算、会计、统计监管报表、征信、现金管理和风险监管七个方面的内容进行了具有较强可操作性的规定，主要内容如下：第一，关于贷款利率管理。小额贷款公司的贷款利率实行下限管理，利率下限为中国人民银行公布的同期同档次贷款基准利率的 0.9 倍。同时建立健全利率定价机制，按照贷款定价原则自主确定贷

① 《小额信贷在中国》，中国财政经济出版社，2013 年。

款利率，并且符合司法部门的相关要求。并按照中国人民银行利率报备政策的要求，按时准确真实地报备有关利率。第二，关于支付清算管理。具备条件的小额贷款公司可以按照中国人民银行有关规定加入人民币银行结算账户管理系统和联网核查公民身份信息系统。小额贷款公司可自主选择银行业金融机构开立存款账户，并委托存款银行代理支付结算业务，办理支付结算业务使用的票据凭证和汇票专用章比照村镇银行管理。第三，关于会计管理。小额贷款公司的会计科目设置不需要审批。第四，关于金融统计和监管报表。小额贷款公司应按季向中国人民银行当地分支机构调查统计部门报送资产负债表和其他相关统计信息资料，并按照银行业监管机构的要求及时向当地银行业监管部门报送监管报表等相关资料。第五，关于征信管理。具备条件的小额贷款公司可以按照规定申请加入企业和个人信用信息基础数据库。根据“先建立制度、先报送数据、后开通查询用户”的原则，接入企业和个人信用信息基础数据库，按照中国人民银行的有关规定制定相应的管理制度和操作规程，定期报送相关数据，合规查询和使用查询结果，并接受中国人民银行的监督管理。第六，关于现金管理。小额贷款公司应严格遵守现金管理规定，合理使用现金，防止洗钱行为。第七，关于风险监管。小额贷款公司要制定完备的规章制度，积极完善公司治理结构，有效加强内控风险管理，切实做好风险防范工作。具体监管事宜参照《中国银行业监督管理委员会中国人民银行关于小额贷款公司试点的指导意见》的有关规定执行。

2008年银监会《指导意见》发布后，各个省份相继制定本省小额贷款公司试点方案，促进小额贷款公司的设立和发展。“总体上看，各地小额贷款公司试点方案均不同程度地突破了《指导意见》的政策框架。除在只贷不存、货款集中度、利率政策和融资限制等方面与《指导意见》保持一致以外，在监管制度、股权结构和跨区经营等诸多方面，均与《指导意见》的要求不尽一致。①”首先在监管主体和监管实施方面，《指导意见》要求省（区）级政府负责监管，但是各地基本上都监管权力进行了调整。一般来说，市场准入的决定权大多仍然集中在省（区）级政府，但持续监管的第一责任人都下放到市县金融办，例如浙江省将日常监管下放到了县工商局；其次，大多数省份的试点方案突破了《指导意见》对股权结构的要求，放宽了大股东持股比例限制；同时许多省份提高了股本的最低限额，部分省份如浙江省还规定了股本上限。此外多数省份都不允许小额贷款公司跨区域经营，在资产分类和拨备计提、关联交易等

① 《中国小额信贷蓝皮书：2009～2010》，吴晓灵、焦瑾璞，经济科学出版社，2014年。

方面也都作出了明确规定。在各地方政府的大力支持下，全国小额贷款公司的机构数和资金规模得到了快速增长。

这一时期小额贷款公司的发展呈现出以下发展特点：首先，小额贷款公司投资大都以民营资本为主，成为民营资本涉足金融领域的一个重要途径。例如从各省（区）小额贷款公司注册资本总额中自然人和民营企业出资比重看，截至2009年年末，浙江自然人和民营企业出资比重为98.2%，江苏为92.45%，山西和河北接近100%。国有企业、外资和其他社会组织投资比重则很小[①]。其次，小额贷款公司贷款具有“短、小、灵活、可持续”的特点。“短”是指小额贷款公司贷款以短期贷款为主。“截至2009年12月末，全国小额贷款公司短期贷款余额755.94亿元，占其全部贷款余额的98.63%”[②]。“小”是指平均贷款额度较小，“企业贷款平均额度为100万元，自然人贷款平均额度60万元。从“50万元以下贷款笔数占比”看，截至2009年年底，江苏、山西、浙江和河北分别为78.6%、78.1%、57.8%和521%”[③]。“灵活”体现在小额贷款公司贷款方式灵活，手续简便。在担保形式方面，传统担保方式较少，信用贷款和保证贷款占比较大，对“2009年年末，浙江小额贷款公司信用贷款和保证贷款占比约为90%、江苏约为80%，河北和山西约为70%”[④]。极大地缓解了农户和小微企业融资中的担保难题。在还款形式方面的灵活性体现在，许多小额贷款公司采用了按月等额还本付息按季结息到期还本、到期一次还本付息、分两次还本付息等多种方式供客户选择。而且贷款手续简便快捷，“大多数小额贷款公司能快速处理贷款申请并在1~2天内完成放款”[⑤]。“可持续”是指小额贷款公司贷款利率水平总体上介于金融机构和民间借贷之间，利率能够覆盖信贷风险和经营成本，有利于实现小额贷款公司的可持续发展。例如“浙江小额贷款公司贷款平均年利率约为16.5%，不良贷款率为0.14%，2009年股权回报率（以当年利润与年末资本净额之比粗略估算）在税前为7.2%，税后为5.3%”[⑥]。最后，小额贷款公司初步实现了“支农支小”的政策目标。“截至2009年12月末，全部小额贷款公司农业贷款余额217.44亿元，占比28.37%，私营企业和个体贷款余额223.21亿元，占比29.12%。2009年年末，江苏、山西、浙江、河北四省小额贷款公司的农业贷款余额占比分别为49.2%、20.0%、

---

① 《小额信贷在中国》，中国财政经济出版社，2013年。
② 同上。
③ 同上。
④ 同上。
⑤ 同上。
⑥ 同上。

25.2% 和 18.9%。四省农业贷款笔数占比分别为 78.7%、63.5%、30.1% 和 40.1%”①。

2010 年，我国小额贷款公司的发展进入了一个新的阶段，也标志着一种新的业务模式在中国出现。阿里巴巴成立小额贷款公司，获准在电子商务领域从事小额贷款业务，通过互联网向客户提供小额贷款。虽然小额贷款公司的性质未变，但是由于其客户是互联网平台上的网店商户和消费者，采用互联网运营模式发放网络小额贷款，为电子商务平台上的小微企业和创业者提供“金额小、期限短、随借随还”的纯信用小额贷款服务，完全突破了传统小额贷款公司的业务范围上的区域限制，因此从事网络小额贷款的公司成为小额贷款领域的一个特殊企业类型。从此，我国小额贷款公司分化为三种模式：一是只从事线下小额贷款业务的传统小额贷款公司；二是从传统小额贷款线下业务发展到线上业务兼顾的小额贷款公司；三是只从事线上小额贷款业务的网络小额贷款公司。

这一阶段我国小额贷款公司获得了快速发展，2008 年我国小额贷款公司的数量不足 500 家，2010 年年末增加到 2 614 家，贷款余额为 1 975 亿元；2011 年年末增长到 4 282 家，贷款余额增长到 3 914 亿元；2012 年年末小额贷款公司数量增长到 6 080 家，贷款余额达到 5 921 亿元。但是在高速发展的同时，我国绝大部分线下小额贷款公司也普遍存在着从业人员素质较低、资金投向盲目、业务管理混乱等问题。其中以贷款利率问题最为严重，其利率的决定和管理机制简单、粗糙，缺乏系统性、科学性，随着小额贷款公司不断增加，规模扩大，竞争加剧，其缺陷逐步显现。

三、2013～2014 年小额贷款公司的创新与乱象

2013 年年末我国小额贷款公司达到 7 839 家，比 2008 年增加了 14.77 倍，贷款余额 8 189 亿元。但是 2013 年以后小额贷款公司行业增速明显放缓。2014 年年末，我国小额贷款公司数量为 8 791 家，贷款余额为 9 420 亿元，机构家数和贷款余额的增速分别比 2013 年下降了 16.8 个百分点和 23.3 个百分点。

2013 年和 2014 年，小额贷款公司在拓宽资金来源方面进行了不少新的尝试。2013 年 1 月，杭州市理想小额贷款股份有限公司在浙江省股权交易中心成功挂牌；

① 《中国小额信贷蓝皮书：2009～2010》，吴晓灵，经济科学出版社，2014 年。

2013 年 8 月，江苏鲈乡农村小额贷款有限公司在美国纳斯达克上市，成为全国第一家公开上市的小额贷款公司；2014 年 6 月，以小额贷款为主营业务之一的瀚华金控在香港交易所成功上市。此外，全国部分地区陆续成立了小额再贷款公司，为本地小额贷款公司进行债务性融资提供便利。2013 年 10 月，广州成立了全国第一家专门为小额贷款公司提供融资服务的广州立根小额再贷款公司，注册资本 10 亿元；2013 年 12 月河北成立了河北建投小额再贷款股份有限公司，注册资本 5 亿元；2014 年 4 月深圳市成立了全国首家民营资本控股的深圳市同心小额再贷款公司，注册资本 10 亿元；2014 年 9 月山东省成立了山东惠众金融发展股份有限公司，注册资本 10 亿元；2015 年 3 月新疆成立了新疆小额再贷款股份有限公司，注册资本 10 亿元；2015 年 10 月，吉林省成立了吉林省小额再贷款股份有限公司，注册资本 3 亿元。

从 2014 年开始，“新三板”成为许多小额贷款公司新的融资途径。登陆“新三板”意味着小额贷款公司的股份可以在新三板上进行自由的流通，在解决小额贷款公司融资难问题的同时，也有利于提高小额贷款公司的知名度，更容易获取客户的信任和政府的政策支持。2014 年 8 月 8 日，苏州高新区鑫庄农村小额贷款股份有限公司在新三板挂牌成功，成为全国第一家在全国性场外交易市场挂牌的小额贷款公司。

但是与此同时，经历了几年的高速发展以后，小额贷款公司经营中乱象频出，特别是违规吸收存款、发放高利贷、使用非法手段收贷等，严重扰乱了市场秩序和社会安定。因此在 2013 年国务院发布的《国务院办公厅关于加强影子银行监管有关问题的通知》中，针对小额贷款公司的性质进行了进一步的明确，指出：“小额贷款公司是以自有资金发放贷款风险自担的非金融机构，要通过行业自律组织，建立小额贷款业务规范，不得吸收存款、不得发放高利贷、不得用非法手段收贷。银行业金融机构按规定与小额贷款公司发生的融资业务，要作为一般商业信贷业务管理”，并将融资性担保公司、小额贷款公司定性为影子银行，属于一种“不持有金融牌照、存在监管不足的信用中介机构”。

四、2015～2020 年小额贷款公司的规范清理与整顿

2015 年以后，小额贷款公司的业务、监管与融资进入了一个复杂多变的阶段，如果说 2015～2016 年的主调是规范和鼓励，2017 年以来则主要是严厉的清理和整顿。

（一）2015～2016 年的小额贷款公司

1. 小额贷款公司的规范与发展

（1）2015 年中国小额贷款公司协会（China Micro-credit Companies Association，缩写为 CMCA）成立，协会经中国银监会批准成立，并在民政部登记注册，属于全国性、行业性和非营利性社会团体，业务主管部门是中国银保监会，同时接受中国人民银行和民政部的工作指导与监督管理。依法设立的小额贷款公司、小额贷款公司母公司，地方小额贷款公司自律组织以及为小额贷款公司提供服务的机构均可申请加入中国小额贷款公司协会成为会员。中国小额贷款公司协会的职责是组织制定统一的行业标准和业务规范，协助推进小贷行业信用体系建设，防范化解系统性行业风险，同时将引导小额贷款公司真正立足基层、扎根草根，面向“三农”、小微等薄弱环节发力。

（2）2015 年明确网络小额贷款的监管。自 2010 年网络小额贷款业务产生之后，业务规模增长迅速，与随后出现的 P2P 网络借贷（即个体网络借贷）一起，构成了极为活跃的网络借贷活动。作为一种新型借贷模式，网络借贷出现了很多问题，也形成了极大的风险。2015 年为促进互联网金融健康发展，明确监管责任，规范市场秩序，经党中央、国务院同意，中国人民银行、工业和信息化部、公安部、财政部、国家工商总局、国务院法制办、中国银行业监督管理委员会、中国证券监督管理委员会、中国保险监督管理委员会、国家互联网信息办公室联合印发《关于促进互联网金融健康发展的指导意见》（银发〔2015〕221 号，以下简称《指导意见》）。《指导意见》对网络借贷进行了界定，明确指出网络小额贷款是互联网企业通过其控制的小额贷款公司，利用互联网向客户提供的小额贷款。规定网络小额贷款须遵守现有小额贷款公司监管规定，并指定银监会负责监管网络借贷业务。

（3）2016 年国务院印发《推进普惠金融发展规划（2016—2020 年）》，将小额贷款公司、典当行和融资租赁公司认定为新型金融机构，认为新型金融机构创新性、灵活性强，一定程度上为那些在传统金融体系中较难获得支持的特殊群体开辟了新的融资渠道，是发展普惠金融的重要补充。要求小额贷款公司、典当行、融资租赁公司等新型机构发挥各自优势，找准市场定位，充分发挥各类新型机构的补充作用。同时要求拓宽小额贷款公司和典当行融资渠道，加快接入征信系统，研究建立风险补偿机制和激励机制，努力提升小微企业融资服务水平。

2. 小额贷款公司面临的困境

（1）小额贷款公司的规模持续萎缩。

从 2015 年开始，全国范围内小额贷款公司的数量和新增贷款开始双双出现下降趋势。2015 年一季度，全国小额贷款公司增至 8 922 家，新增贷款 22 亿元；2015 年 9 月末，小额贷款公司为 8 965 家，达到自小额贷款公司诞生以来的最高值；但是到了 2015 年年末，全国小额贷款公司数量则降为 8 910 家，贷款余额为 9 411 亿元。与 2014 年相比，2015 年小额贷款公司机构数和贷款余额的增速分别下降了 10.8 个百分点和 15.1 个百分点。以 46 家新三板挂牌小额贷款公司为例，2015 年度 46 家公司的营业收入合计 19.74 亿元，与 2014 年相比仅增长了 0.59%。2015 年度的营业收入 1 亿元以上的只有商汇小贷、通利农贷、海博小贷、宏达小贷 4 家公司。

2016 年，小额贷款公司在机构数量、实收资本和贷款余额等方面依然持续下降。根据中国人民银行公布的数据显示，2016 年三季度末，全国小额贷款公司为 8 741 家，实收资本为 8 307 亿元，贷款余额为 9 292 亿元。

（2）小额贷款公司融资难加剧。

自 2014 年至 2016 年 3 月末，全国上万家小额贷款公司中已有 46 家成功登陆新三板，其中，6 家在 2014 年登陆新三板，38 家在 2015 年实现挂牌，还有 2 家在 2016 年一季度挂牌。但是整体来看，小额贷款公司的融资问题依然没有缓解。46 家新三板挂牌小额贷款公司累计发行股票仅 10 次，融资总额仅 4.59 亿元，同时并不是所有登陆新三板的小额贷款公司都能成功发行股票并获得融资，其中信源小贷和通利农贷表现较好，从登陆新三板以来，分别实现 2 次股票发行，累计获得融资金额 8 264 万元和 8 230 万元。

2016 年 5 月 27 日，全国中小企业股份转让系统有限公司发布《关于金融类企业挂牌融资有关事项的通知》和《全国中小企业股份转让系统挂牌公司分层管理办法（试行）》，小额贷款公司、融资担保公司、融资租赁公司、商业保理公司、典当公司等具有金融属性的企业被认定为“大多处于新兴阶段，所属细分行业发展尚不成熟，监管政策尚待进一步明确与统一，面临的监管形势错综复杂，行业风险突出”。因此在相关监管政策明确前，全国中小企业股份转让系统暂不受理其他具有金融属性企业的挂牌申请，同时“对已取得挂牌函的其他具有金融属性企业，终止挂牌手续，撤销已取得的挂牌函，待相关监管政策明确后，重新申报”，并规定“已挂牌的其他具有金融属性企业不得采用做市转让方式”，“小额贷款公司、融资担保公司、融资租赁公司、典当行、商业保理公司以及互联网金融等特殊行业挂牌公司，在相关监管政策明确前，暂不进入创新层”等等，小额贷款公司通过新三板挂牌渠道进行融资受到极大的限制。

（二）2017～2020年的清理与整顿

1. 2017年网络小额贷款业务的清理整顿

对小额贷款公司的清理整顿开始于小额贷款公司的网络小额贷款业务。2017年11月21日，互联网金融风险专项整治工作领导小组办公室（以下简称互金整治办）发布《关于立即暂停批设网络小额贷款公司的通知》，要求各级小额贷款公司监管部门一律不得新批设网络（互联网）小额贷款公司，禁止新增批小额贷款公司跨省（区、市）开展小额贷款业务。2017年底我国开始实施小额贷款公司网络小额贷款业务风险专项整治，网络借贷风险专项整治工作领导小组办公室（以下简称网贷整治办）印发《小额贷款公司网络小额贷款业务风险专项整治实施方案》，指出近年来部分小额贷款公司利用互联网技术开展网络小额贷款业务，在提高金融服务普惠性、改善金融服务质效和降低金融服务成本等方面发挥了一定作用，但也存在资质审批不严、越权审批、高利放贷、暴力催收、非法经营等问题，潜藏较大的金融风险和社会风险隐患。本次专项整治主要排查小额贷款公司利用互联网开展小额贷款业务的合法合规性，打击无网络小额贷款经营资质甚至无放贷资质却经营网络小额贷款的机构。排查和整治的重点主要是：对表内融资部分，要排查小额贷款公司是否主要以自有资金从事放贷业务，是否进行非法集资、吸收或变相吸收公众存款，是否通过网络借贷信息中介机构融入资金，股东借款方式融入的资金是否为股东自有资金。对通过信贷资产转让、资产证券化等方式融资部分，要排查是否符合有关规定，审批（备案）手续是否齐备，是否通过互联网、地方各类交易场所或线下协商方式销售、转让及变相转让本公司的信贷资产，穿透式核查最终投资者是否是合格投资者，用于交易的基础资产是否是合法合规的信贷资产，不得直接或变相以“现金贷”“校园贷”“首付贷”等为基础资产发售（类）证券化产品或其他产品。对综合实际利率部分，将以利率和各种费用形式对借款人收取的所有借款成本与贷款本金的比例计算为综合实际利率，并折算为年化形式。排查综合实际利率是否符合最高人民法院关于民间借贷利率的规定，是否存在从贷款本金中先行扣除利息、手续费、管理费、保证金或设定高额逾期利息、滞纳金、罚息等行为，综合实际利率、贷款额度、贷款期限、还款方式以及逾期处理等关键信息是否在事前向借款人全面、充分披露并提示相关风险。对贷款范围部分，排查小额贷款公司是否在其监管部门批准的经营区域或业务范围外发放贷款，是否发放无特定场景依托、无指定用途的网络小额贷款，是否采取有效措施防范借款人“以贷养贷”和“多头借贷”等行为。是否发放“校园贷”和“首付贷”，是否发放贷款用于股票、期货等投机经营。

专栏 2-1

小额贷款公司的风险及治理

部分小额贷款公司风控薄弱，高杠杆违规经营。第一，违规跨区经营。部分省级政府授权市级或县级政府发放小额贷款公司牌照，部分小额贷款公司通过互联网平台及手机应用软件在全国范围内开展放贷业务，违反了小额贷款公司牌照应由省级政府批设且小额贷款公司不得跨省展业的监管规定。第二，变相高杠杆放贷。部分小额贷款公司对提供资金的金融机构进行兜底承诺，并从中收取高额息费，撬动大量金融机构资金变相放贷。第三，缺乏信用风险管理能力，风控薄弱。部分小额贷款公司缺乏贷款审核管理，风控严重依赖于外部信用评分体系，同时，其资金部分来自银行、信托公司等金融机构，一旦公司发生信用风险，很可能向相关金融机构传染，导致后者的声誉风险和流动性风险。此外，小额贷款公司还存在借款人综合成本畸高、涉嫌高利贷，暴力催收易引发刑事案件或涉众事件等问题和风险。要制定完善小额贷款公司的监管规则和办法，全面实施金融机构及业务持牌经营，开展金融业务必须持有金融牌照。非法金融活动必须一律禁止，非法金融机构必须一律取缔，严厉打击无牌照、超范围违法违规经营活动。落实地方政府属地监管和风险处置责任，加强监管问责。地方政府要在坚持金融管理主要是中央事权的前提下，按照中央统一规则，强化属地监管和风险处置责任。

资料来源：《中国金融稳定报告（2018）》。

受监管政策影响，网络小额贷款公司的批设速度明显有所放缓。据统计，2017 年共有 124 家网络小额贷款公司获批成立，2018 年仅有 3 家获批。截至 2018 年年末，全国共批设网络小额贷款公司 261 家（含已获地方金融办批复未开业的公司），主要分布在 21 个省市：其中广东省最多，有 60 家网络小额贷款公司；其次是重庆市，有 43 家；江苏省和江西省排名第三和第四，分别有 26 家和 24 家；浙江省以 22 家排名第五。这五个省市批设的网络小贷总数占全国批设总数的 67.05%。

中国人民银行统计数据显示，2017 年年末，我国小额贷款公司数量减少至 8 551 家，实收资本 8 270 亿元，贷款余额增加至 9 799 亿元。

2. 2018 年至今小额贷款公司的清理整顿

2018 年以后，大量小额贷款公司接连被取消经营资格。截至 2018 年 6 月中旬，在全国首批小额贷款公司试点省份山西，已有 30 家小额贷款公司被省政府金融办取消经营资格①。截至 2018 年 6 月末，贵州省取消了 101 家小额贷款公司试点资格，全省小额贷款公司由年初 398 家减少到 297 家，退出比例达 25.4%。2018 年 12 月 21 日，江苏省地方金融监督管理局发布通知，终止全省 89 家小额贷款公司相关经营资格②。

2019 年，河南省也披露省内共 24 家小额贷款公司被取消了试点资格。

2019 年 7 月 12 日，江苏省地方金融监督管理局发布《关于进一步加强小额贷款公司监管工作的通知》，从审批管理、股东资质、外部融资、实际利率、不良资产清收、业务合作、涉案涉诉等方面排查小额贷款公司违规违法经营情况，对存在违规违法行为的小额贷款公司实施分类处置，监督已经终止经营资格的小额贷款公司及时规范完成市场退出③。

2019 年 11 月互金整治办和网贷整治办发布《关于网络借贷信息中介机构转型为小额贷款公司试点的指导意见》，引导部分符合条件的网贷机构转型为小额贷款公司，并提出相关要求："限制股东分红：小额贷款公司前 3 年利润，股东不得分红，用于弥补机构以前业务亏损。在转型时，新老股东另有协议约定的除外；适当增加杠杆率：因转型新设立的小额贷款公司通过银行借款、股东借款等非标准化融资形式，融资余额不得超过其净资产的 1 倍；通过发行债券、资产证券化产品等标准化融资工具、融资余额不得超过其净资产的 4 倍。"

中国人民银行的统计数据显示，2018 年年末我国小额贷款公司数量降至 8 133 家，贷款余额降至 9 550 亿元，实收资本增加至 8 362 亿元。2019 年 3 月末，全国小额贷款公司数量减少至 7 967 家，退回到 2013 年的规模，贷款余额 9 272 亿元，实收资本为 8 293 亿元，也都低于 2018 年的规模；2019 年 6 月末，小额贷款公司数量和贷款规模又减少至 7 797 家和 9 240 亿元；2019 年 9 月末，小额贷款公司数量为 7 680 家，从业

① 《近 3 年减少 900 家 小贷公司监管规范要来了》，新京报，2019 年 7 月 17 日。
② 同上。
③ 同上。

人员减少到 83 099 人，贷款余额为 9 287 亿元；2019 年末小额贷款公司数量为 7 551 家，从业人员减少到 80 846 人，贷款余额为 9 108 亿元。中国人民银行最新统计数据显示，截至 2020 年 6 月末，我国小额贷款公司数量减少到 7 333 家，从业人员减少到 76 240 人，贷款余额为8 841 亿元，实收资本减少为 8 034 亿元。2010 ~ 2020 年我国小额贷款公司情况如表 2 – 1 所示。

表 2 – 1　2010 ~ 2020 年我国小额贷款公司情况

时间	机构数量（家）	从业人员数（人）	实收资本（亿元）	贷款余额（亿元）
2010 – 12 – 31	2 614	27 884	1 780. 93	1 975. 05
2011 – 12 – 31	4 282	47 088	3 318. 66	3 914. 74
2012 – 12 – 31	6 080	70 343	5 146. 97	5 921. 38
2013 – 09 – 30	7 398	86 273	6 658. 95	7 534. 50
2014 – 12 – 31	8 791	104 899	8 283. 06	9 420. 38
2015 – 12 – 31	8 910	117 344	8 459. 29	9 411. 51
2016 – 09 – 30	8 741	112 646	8 307. 20	9 292. 80
2017 – 03 – 31	8 665	109 078	8 234. 00	9 377. 30
2017 – 12 – 31	8 551	103 988	8 270. 33	9 799. 49
2018 – 12 – 31	8 133	90 839	8 363. 20	9 550. 44
2019 – 03 – 31	7 967	87 231	8 293. 24	9 272. 21
2019 – 06 – 30	7 797	84 783	8 235. 27	9 240. 81
2019 – 09 – 30	7 680	83 099	8 169. 77	9 287. 99
2019 – 12 – 31	7 551	80 846	8 097. 51	9 108. 78
2020 – 06 – 30	7 333	76 240	8 034. 65	8 841. 25

资料来源：中国人民银行网站。

2020 年以来小额贷款公司行业总体保持平稳运营，机构减量增质态势明显，各地对小额贷款公司的监管也在不断加强。2020 年 5 月广州市开始试行小额贷款行业首席风险官制度，为构建小额贷款公司监管长效机制进行了有益的探索和创新。

专栏 2 – 2

广州市小额贷款行业首席风险官制度

为提高小额贷款行业合规及风险管理水平，完善金融消费者和投资者权益保护体制机制，构建小额贷款公司监管长效机制，2020 年 5 月广州市小额贷款行业协会正式发布《广州市小额贷款行业首席风险官制度（试行）》。制度要求上一年末注册资本超过 3 亿元（含），或上一个会计年度的平均贷款余额超过 3 亿元（含），或经监管部门批复同意放宽融资杠杆的小额贷款公司应设立首席风险官。首席风险官属于小额贷款公司的高管人员，负责建立有效的制度手段对公司道德风险、业务风险、合规风险和声誉风险等实施内部监督，同时向行业自律组织及地方金融监管部门履行公司风险报告义务。首席风险官的具体职责包括：1. 公司风控管理职责。首席风险官负责公司风险体系的搭建、维护和运行，拟定风险管理流程和风险管理制度，设计风险管理岗位的工作指引和运作流程；监控各类业务风险，制定防范措施；负责组织事前风险审核、事中风险控制和事后风险检查，监控各环节审批。出具风险预警提示和风险评估报告，建立企业风险数据库和跟踪档案；协助出具并按规定披露年度财务审计报告、经营合规重点环节审计结果和年度合规性审查报告；针对公司即时风险问题，评估风险状态与风险程度，分析风险来源和影响，提供解决方案。2. 行业自律报告职责。鼓励所在公司加入广州市小额贷款行业协会，在协会指导下开展如下工作：定期参加监管部门、行业自律组织举办的风险管理培训及有关会议；及时报告公司和行业风险情况；每年 7 月末、次年 1 月末前提交半年度、年度公司风险情况报告；配合开展风险自查并出具相关意见报告；配合建立和实施行业风险管理体系、参与制定行业风险领域规划和制度建设；加强与广州金融风险监测防控中心的沟通与联系，反馈公司和行业风险信息。对于其余小额贷款公司，应建立健全风险控制制度，设立风险控制部门及风控负责人，鼓励设立首席风险官。

资料来源：中国小额贷款公司协会，http://www.china-cmca.org/hyfc/hyfc/20200520/1676.html。

2020 年 7 月 12 日中国银保监会公布《商业银行互联网贷款管理暂行办法》（以下简称《办法》），《办法》的部分内容涉及了小额贷款公司。在互联网贷款业务中，商业银行要与诸多机构进行合作，例如在营销获客、共同出资发放贷款、支付结算、风险分担、信息科技、逾期清收等方面，需要其他机构的协助和合作。《办法》对合作机构进行了限定，合作机构中包括了银行业金融机构、保险公司等金融机构，同时将小额贷款公司与融资担保公司、电子商务公司、非银行支付机构、信息科技公司等并列，作为非金融机构性质的合作机构，参与商业银行互联网贷款业务，再一次突出小额贷款公司的非金融机构性质。

2020 年 9 月 7 日，中国银保监会印发了《关于加强小额贷款公司监督管理的通知》，针对近年来小额贷款公司发展中亟须明确和解决的一系列问题，修订了 2008 年中国人民银行和银监会发布的《关于小额贷款公司试点的指导意见》的部分规定，从以下四个方面提出了新的要求：一、规范业务经营，提高服务能力。对小额贷款公司业务范围、对外融资比例、贷款金额、贷款用途、经营区域、贷款利率等方面提出要求。强调小额贷款公司要坚持放贷主业，践行普惠金融理念，贷款坚持小额分散的原则，提出："经营管理较好、风控能力较强、监管评价良好的小额贷款公司，经地方金融监管部门批准可依法开展发行债券、以本公司发放的贷款为基础资产发行资产证券化产品、股东借款等业务。①"在融资方面，放松了小额贷款公司的融资限制，规定"小额贷款公司通过银行借款、股东借款等非标准化融资形式融入资金的余额不得超过其净资产的1倍；通过发行债券、资产证券化产品等标准化债权类资产形式融入资金的余额不得超过其净资产的4倍。②"重申小额贷款公司不得吸收存款，注重服务当地的属地原则。二、改善经营管理，促进健康发展。按照金融机构的运作要求，对小额贷款公司资金管理、催收管理、信息披露、保管客户信息、积极配合监管等方面作出规范。三、加强监督管理，整顿行业秩序。指导各地明确监管责任、完善监管措施、建设监管队伍、实施分类监管、加大处罚力度等。强化对"失联"或者"空壳"公司的监管，要求地方金融监管部门协调市场监管等部门采取不同方式，引导其退出小额贷款公司行业，净化行业环境。四、加大支持力度，营造良好环境。鼓励加强政策扶持、银行合作支持、加强行业自律，促进行业可持续发展。③

第二节　我国典当行的产生与发展④

在旧中国，典当行是广大民众获取救急性生活资金来源的主要途径，典当行遍及城市乡镇。新中国成立以后，国家对旧式典当业实行利用、限制和改造的政策。1950年政务院批示，由中国人民银行负责典当行的改造，对典当行"采取能继续经营者让其继续经营，能转业者辅导其转业，已无存在条件者让其逐步淘汰的方针。"在随后开展的对农业、手工业和资本主义工商业的社会主义改造过程中，典当行也实行了合

---

① 《关于加强小额贷款公司监督管理的通知》，中国银保监会，http://www.cbirc.gov.cn/cn/view/pages/ItemDetail.html?docId=929448&itemId=928。

② 同上。

③ 同上。

④ 本部分内容参考《三十当立继往开来——中国典当业复兴30周年回顾与反思》编写，《2016—2017上海典当业发展报告》，第57~68页。

作制，并在1956年初实行了全行业公私合营。在一些城市，典当行转变为中国人民银行领导下的专门办理小额抵押贷款的“市民小额贷款处”，从此以后传统的典当业就从我国社会经济生活中消失了。20世纪80年代，在全面改革开放的背景下，改革“大一统”金融体制、增加金融机构类型、丰富融资方式变得越来越迫切。典当行作为小额消费性融资机构，在消失了30多年之后又应运而生了。1987年至今，经过30多年的发展，我国典当行在业务领域、业务类型和业务模式等方面发生了巨大的变化，行业性质和行业监管也经历了曲折复杂的过程。

一、1987～1993年典当行恢复发展初期

1979～1987年，我国的经济体制逐步由计划经济向市场经济转型，多种经济成分，特别是私营经济、个体经济的蓬勃发展，产生了巨大的金融服务需求。在此背景下，1987年12月30日，成都市华茂典当服务商行（以下简称华茂典当）正式成立。华茂典当的建立具有重要的标志性意义，意味着中国典当业在消失了30多年以后，又重新出现在经济活动中，因此引起了国内外的高度关注。当时美国驻成都总领事馆的官员在考察华茂时称之为“红色当铺”，新加坡华人当铺老板联名写来贺信。华茂典当设立40天后，全国第二家典当行在温州亮相。与此同时，辽宁、广东、福建、海南、吉林、贵州、上海等省市的典当行纷纷建立，形成典当行复兴发展的第一个高潮。

改革开放初期，作为灵活的融资渠道，典当业恰似进入了一个黄金时代，“要想富，开当铺”。这一时期，工商、公安、银行、信托、供销社、保险、财政、审计、国资、体改委、工会、老龄委、居委会街道办事处等各类机构组织，都跻身兴办典当行之列。当时的典当行业在支持生产、搞活流通、方便群众等方面，发挥了扶贫济困、解难救急、融通资金、服务社会的作用。但在行业复兴初期，典当行业也存在行业定位不清、经营范围模糊、管理粗放、监管缺失以及无序发展等一系列严重问题。典当行的设立采用多头审批，没有典当法规和统一的监管部门，典当行实际上并没有可以参照的经营范围规制。可以说，社会需要什么，典当行就做什么，因此吸收存款、集资、资金拆借、信用贷款、担保等金融业务，以及商品寄售、零售、旧物收购业务等就成为许多典当行的主要业务，这些业务基本上都背离了典当行应有的主要业务，典当行的经营无法可依，行业归属混乱。据不完全统计，到1993年，我国已经建立了3 013家典当行。这些典当行分别隶属于各自的行业部门，典当行的主管部门竟多达

22个，管理十分混乱。同时由于典当行资本规模很小，全国3 000多家典当行实收资本总共也只有9亿元，平均单户资本规模不到30万元，甚至有的典当行资本金只有5万元。在市场融资需求旺盛、资本规模小的状况下，受利益驱动，有些典当行以各种名义高息揽储、变相集资、违规放贷，这些乱象扰乱了地方金融秩序，也严重影响着当时的金融稳定。

二、1993～2000年中国人民银行监管时期

1993年7月上旬，时任国务院副总理兼中国人民银行行长朱镕基在京主持召开全国金融工作会议，会议决定在全国范围内整顿金融秩序，严肃金融纪律，推进金融改革，强化宏观调控。整顿内容之一就是取消非法金融机构，包括清理、裁撤、取缔非法典当行。

1993年8月，中国人民银行开始对典当业实施统一监管。1993年8月19日，中国人民银行下发《关于加强典当行管理的通知》，明确指出："典当行是以实物质押形式，为个本工商户和城乡居民提供临时性贷款的非银行金融机构，其主管机关是中国人民银行。"并规定任何地方政府和其他部门不得批准设立典当行，同时着手部署对全国各地典当行的清理整顿工作。这个通知首次明确了中国人民银行是中国典当业的统一监管部门，典当行归属于非银行金融机构。

1994年8月5日中国人民银行发布的《金融机构管理规定》，采用列举的方式规定了我国的非银行金融机构，其中第8项为典当行。1994年11月，国务院办公厅下发"国发〔1994〕954号文"，在国家层面明确规定"中国人民银行是典当业的主管部门"。1995年10月8日，中国典当专业委员会成立，它是经国家民政部批准的全国唯一的典当行业组织，典当专业委员会对于加强典当行业自律、维护行业权益具有无可替代的功能。在典当业治乱以及后期行业维权、行业自律发展等方面，中国典当专业委员会都发挥了积极的推动作用。

1996年4月，中国人民银行颁布实施了《典当行管理暂行办法》，其中第16条规定：经批准开业的典当行，应当持中国人民银行颁发的《金融机构营业许可证》，到公安部门申领《特种行业许可证》，再到工商行政管理部门登记，领取营业执照后，方可营业。对典当行实施与银行业相同的监管，并开始对全国典当行进行第二轮清理整顿。经过清理整顿，全国有1 659家典当行被认定为非法金融机构而关闭。

截至 1997 年 10 月，中国人民银行陆续对 1 304 家典当行核发了《金融机构法人许可证》，将典当行正式纳入中国人民银行的日常监管序列。中国人民银行实施监管之后，典当行发生了巨大改变，主要表现在典当行数量大幅度减少了 55%，同时典当行的资金实力大幅度增强。1 304 家典当行的实收资本达到 80 亿元，平均每家典当行的资本达到 613.50 万元。

在 1993 ~ 2000 年的 7 年期间，中国人民银行对典当行实施的监管对我国典当行发展影响深远：一是首次明确了典当行的行业性质和地位，中国人民银行规定典当行属于非银行金融机构，典当行获得金融机构法人许可证，成为具有独立法人资格的金融机构，有利于典当行作为金融机构参与金融市场的活动；二是中国人民银行首次颁布了《典当行管理暂行办法》，使典当行的经营运作开始有规可依；三是首次实施典当行的统一监管，杜绝了以前政出多门的乱象，典当行进入规范经营阶段。

1999 年 11 月，中国人民银行向中央政府提交了《关于改革典当行业管理体制的请求报告》，提出将典当行业监管职责移交给国家经贸委的建议：一是认定典当行应当归属于工商企业，因为典当行只从事部分金融业务，发给其金融牌照不伦不类；二是典当行作为金融机构实施监管，易于管死，不利于其整体发展；三是中国人民银行主要监管银行等存款类金融机构，监管典当行易分散精力；四是中国人民银行监管典当行业不符合国际惯例。随后，中国人民银行颁发给典当行的《金融机构法人许可证》一律收回，典当不再列入中国人民银行监管序列，中国人民银行也不再负责《典当行管理暂行办法》的修改。

三、2000 ~ 2018 年国家商务部监管时期

（一）2000 ~ 2003 年国家经贸委监管阶段

2000 年 6 月 20 日，中国人民银行和国家经贸委联合下发了《关于典当行业监管职责交接的通知》，国家经贸委替代中国人民银行成为典当业的监管部门，“取消典当行金融机构的资格，将原由人民银行监管的典当行业作为一类特殊的工商企业，交由国家经贸委统一归口管理。”中国人民银行与国家经贸委在“7 月 20 日至 8 月 20 日正式办理交接”，至此，典当行从“非银行金融机构”变成了“特殊工商企业”。

国家经贸委对典当业实施监管以后，采取了一系列的管理举措，极大地促进了我国典当行的进一步发展。首先是承认典当行被归属于“特殊的工商企业”，但是又明

确典当业具有特殊的金融属性；其次是明确了典当行的市场定位，即为其他中小企业提供融资服务。

2001 年 8 月 8 日，国家经贸委颁布《典当行管理办法》，替代中国人民银行的《典当行管理暂行办法》。国家经贸委《典当行管理办法》在内容上有了重大的突破，为典当行发展开拓了极大的成长空间，奠定了中国现代典当业的生存与发展的基础。《典当行管理办法》的历史突破主要表现在：一是当物范围扩大，在动产质押的基础上，增加了财产权利质押和房地产抵押；二是经营范围增加，在开展质押、抵押典当业务的同时，典当行可对限额内（3 万元）绝当物品予以变卖，可以进行当物的鉴定评估及咨询服务业务；三是典当股本金的设定可以随业务范围有升有降，从事一般实物动产质押典当的注册资本降到了 300 万元，从事房地产抵押典当的注册资本最低限额为 500 万元，设立分支机构注册资本不少于 1 000 万元；四是组建形式放宽，典当行完全依照《中华人民共和国公司法》和本办法设立；五是典当发展通道拓宽，允许典当行在本省、自治区、直辖市及计划单列市内设立分支机构；六是典当期限延长，从原定 3 个月延长到 6 个月，并取消了只能续当一次的限制；七是绝当物处理方式灵活，3 万元以下的绝当物，典当行可以自行变卖或折价处理，损益自负；3 万元以上绝当物经拍卖后，其收入在扣除拍卖费用及当金本息外，盈余部分应退还当户外，不足部分向当户追索；八是允许负债经营，典当行可以从金融机构贷款，余额不得超过其注册资本。

（二）2003 ~2018 年商务部监管阶段

2003 年，随着国家政府机构的调整改革，典当行的监管部门由国家经贸委转换为新组建的国家商务部，商务部对典当行的监管基本上与原来国家经贸委的监管保持一致。2005 年 2 月 9 日，商务部和公安部联合颁发了新的《典当管理办法》。《典当管理办法》加强了对典当经营活动的监管，对不动产抵押业务比例和财产权利质押业务的比例作了限制性规定。

根据商务部的统计，2009 年年末，全国依法设立的典当行 3 662 户，注册资金总计 47 亿元。2009 年前三季度累计发放当金（典当总额）1 028 亿元。从典当业务结构看，房产抵押 571 亿元，占比 55.5%；动产和财产权利质押分别为 247 亿元和 210 亿元，分别占比 24% 和 20.4%。截至 2009 年 9 月底，全行业典当余额为 292 亿元。典当的主要服务对象是中小企业，客户多为个人、私营企业主和个体工商户。截至 2009 年年末，全国 3 662 户典当行中，注册资本金 500 万元以下的 1 000 多家，占到 30%；500 万～2 000 万元的2 200 多家，占到 60%；2 000 万～5 000 万元的 300 多家，占 8%；5 000 万～1 亿元的只有 13 户；亿元以上的仅有 8 户，仅占 0.22%。典当金额从几百元至几百万元人民币不等，而几万元至几十万元占多数。其中，对自然人和个体工商户发放当金 168 万笔，累计金额 535 亿元，占典当总额的 52%；对法人企业发放当金 7 万笔，累计金额 493 亿元，占典当总额的 48%。当金主要用于应急货款、调转头寸、发放工资和创业基金等。典当业务中，以本地短期小额典当为主。本地典当业务占总业务笔数的 95% 以上，平均单笔业务金额 6.59 万元，当期从几天到 6 个月不等，平均当期只有 1～2 个月。主要是满足当地应急短期小额融资需求，具有快速、便捷、灵活的特点，发挥了拾遗补缺、扶危济困、调余济需的作用。

2012 年 12 月 5 日，商务部颁布《典当行业监管规定》。这是在 2005 年《典当管理办法》的基础上，商务部制定的针对典当行监管相关内容的全面规定，明确了典当行的监管部门、监管内容和监管方式，对进一步完善典当业监管制度，提升典当业监管水平，保证典当业规范经营，防范行业风险，促进典当业健康有序发展具有积极的作用。

2013 年年底，全国共有典当行 6 833 家，平均每家注册资本 1 781 万元，行业从业人员 5.86 万人，资产总额 1 393 亿元，息费收入总额 135 亿元，总资产息费率 10.54%，息费收入和总资产息费率均达到历史峰值。综合来看，从 2000 年到 2013 年的 13 年，是中国典当业发展最快的时期。从图 2－1 可以看出，我国典当行业务总规模在 2010～2014 年年间处于明显的上升通道，从 2015 年开始则进入一个下降通道。

随着互联网技术在金融领域的普及，2013 年，“互联网＋典当行”的新的商业模式产生。典当行从传统的线下经营模式，开始向线上发展，出现了一批互联网实物抵押信息服务平台。通过信息互联网服务平台，客户可以在网上咨询、填写典当申请资料信息，信息服务平台为客户推荐匹配的线下典当行，业务办理更加便捷。通过线上信息平台和线下实体店的联合，实现线上到线下的闭环商业模式。

但是从 2013 年开始，典当行的发展也面临新的问题。2013 年 5 月，银监会发布《关于防范外部风险传染的通知》，明确提出严禁商业银行向典当行授信，进一步加剧了典当行自身作为中小企业的融资难度。

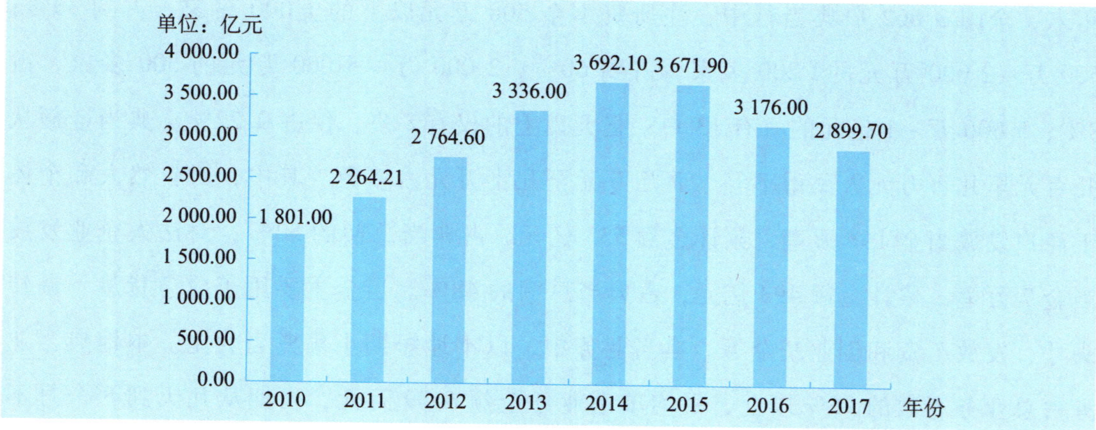

图 2－1　2010～2017 年我国典当行业典当业务总规模

资料来源：Wind。

从图 2－2 可以看出，2010～2017 年，典当行的资产和所有者权益在不断增长，但是典当行获得的银行贷款余额在 2016 年和 2017 年出现明显的大幅度下降。除此以外，由于政策限制，典当行跨区域的连锁经营难以实现，不利于典当行业的规模化、连锁化经营。典当行的发展也遇到了瓶颈，从 2014 年开始，典当行业整体盈利能力持续下降。2013 年，全国典当行业总资产息费率达到历史最高值 10.54%，随后连年下滑，2016 年达到历史最低水平 5.25%，2017 年一季度的全国典当行业息费收入 19.1 亿元，同比继续下降 14.3%。与此同时部分典当企业风险意识淡漠，管理粗放，流动性风险积聚，行业出现了大面积亏损，2016 年三季度末，行业亏损面高达 36%。部分典当行产品和市场开发能力薄弱，在新的风险环境下，基本没有业务可做，行业内部两极分化严重，典当行业整体陷入发展的困局之中。

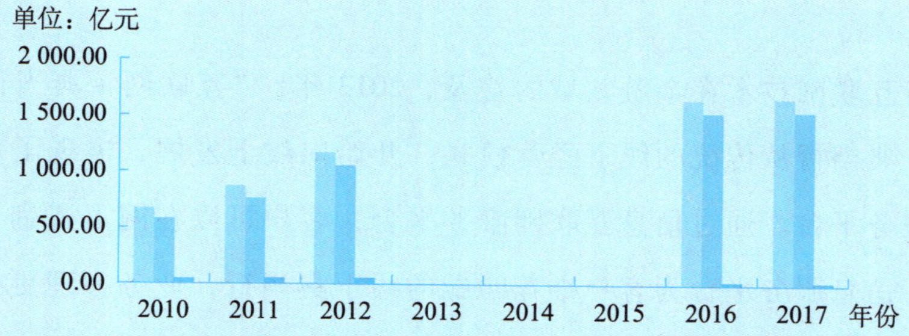

年份	2010	2011	2012	2016	2017
典当业资产总额	672.26	869.90	1 168.20	1 646.40	1 668.00
典当业所有者权益	579.92	759.70	1 052.60	1 533.00	1 544.80
典当业银行贷款余额	54.41	62.30	63.80	37.70	33.80

图 2－2　2010～2017 年我国典当业资产规模与主要资金来源

资料来源：Wind（注：2013 年、2014 年、2015 年数据空缺）。

典当行的数量在 2011 ~2017 年间一直在增加，但是典当业从业人员却经历了先增长后减少的过程（见图 2 -3）。2011 年典当行从业人员为 4.28 万人，2012 年为 5.30 万人，2015 年为 6.30 万人，2016 年为 5.30 万人，2017 年下降为 4.9 万人。

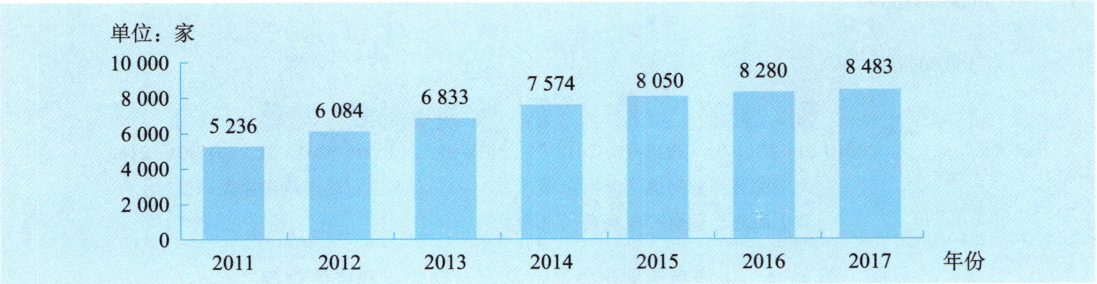

图 2 -3　2011 ~2017 年我国典当业企业数量

资料来源：Wind。

我国典当行三大业务类型的占比基本保持了稳定状态。图 2 -4 显示，从全行业来看，房地产典当业务 2012 ~2017 年间，大部分占比都在 50% 以上，2016 年 1 月曾达到 68%，最低的 2015 年 7 月为 47%。动产典当业务的占比在 2012 年至 2015 年上半年基本上在 27% ~29%，2015 年下半年开始至 2017 年底占比为 30% ~35%。财产权典当业务占比在 2012 ~2015 年上半年大部分月份在 17% ~19%，2015 年下半年开始至 2017 年底占比下降，平均在 15% ~16%。这种状况也反映了大部分地区典当行的基本业务类型占比情况。例如上海典当业房地产典当、动产典当和财产权利典当规模也基本上是这样的一种分布，参见图 2 -5。

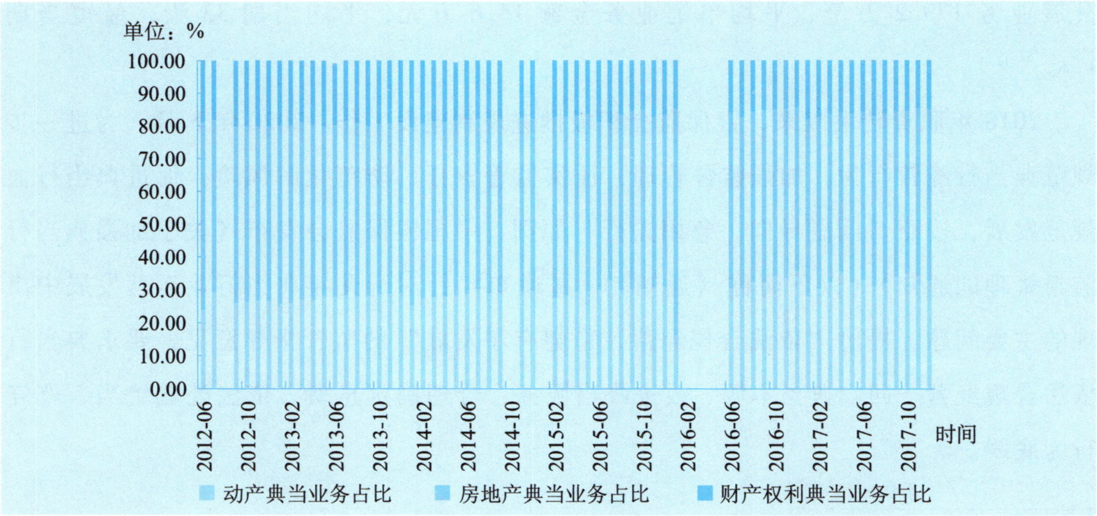

图 2 -4　2012 ~2017 年我国三大典当业务占比状况

资料来源：Wind（注：其中部分月份数据空缺）。

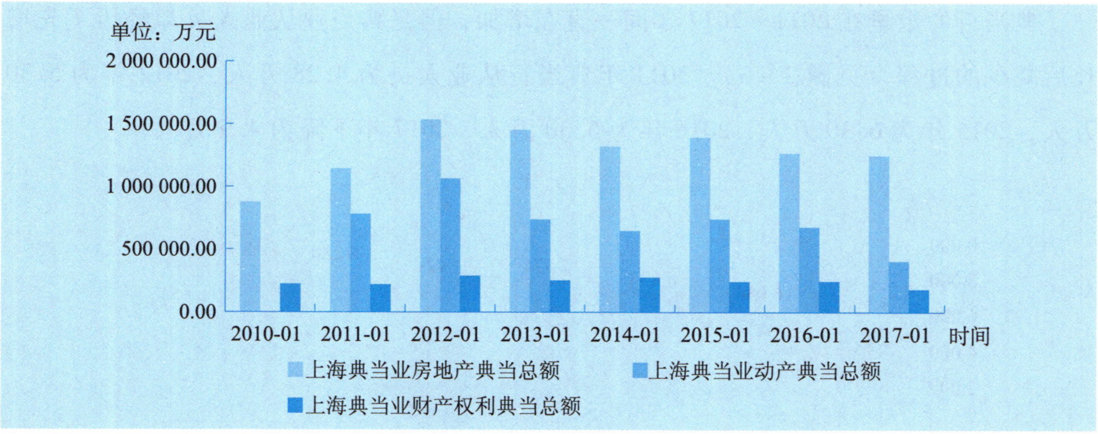

图 2-5　上海典当业房地产、动产、财产权利典当规模

资料来源：Wind。

四、2018 年至今中国银保监会监管时期

2018 年 5 月 14 日，商务部发布《商务部办公厅关于融资租赁公司、商业保理公司和典当行管理职责调整有关事宜的通知》，决定从 2018 年 4 月 20 日起，制定典当行业务经营和监管规则的职责已经由商务部划转给中国银保监会。

两年来，典当行业发展总体平稳，业务继续保持小额、短期的特色。“截至 2019 年年末，全国共有典当企业 8 397 家，注册资本 1 722.6 亿元，资产总额 1 602.7 亿元，典当余额 992.86 亿元。2019 年 1～12 月，全行业实现典当总额 2 860.48 亿元，累计开展业务 179.2 万笔，平均单笔业务金额 16.6 万元，平均当期 33 天，最短当期 1 天。”①

2018 年职责转隶以来，银保监会积极推进规制建设工作。2020 年 5 月，为进一步规范典当行经营行为，加强监督管理，压实监管责任，防范化解风险，促进典当行业规范发展，按照“问题导向、急用先行”原则，中国银保监会发布《关于加强典当行监督管理的通知》（以下简称《通知》）。《通知》针对近几年典当行业运营发展中出现的主要问题，提出“依法合规经营，稳健有序发展”的监管指导意见，要求典当行依法合规经营、回归典当本源、改进收当服务、合理确定息费、依法处置绝当、严守行为底线。

---

① 中国银保监会有关部门负责人就《关于加强典当行监督管理的通知》答记者问，资料来源：中国银保监会官网，http://www.cbirc.gov.cn/cn/view/pages/ItemDetail.html?docId=907194&itemId=915。

依法合规经营体现在典当行开展业务，应当遵守法律法规，遵循平等、自愿、公平和诚实信用原则，坚决抵制“套路贷”“砍头息”、非法集资、洗钱等违法犯罪活动。回归典当本源，就是要求典当行应当回归民品典当业务本源，逐步压缩房地产典当业务比重，专注细分领域，提升鉴定评估能力，培育差异化、特色化竞争优势。改进收当服务，即收当时典当行应当核对当户的有效身份证件、查验当物并予以登记，要求当户提供当物来源的相关证明材料。当户有正当理由不能提供的，应当作出书面说明，对当物的合法性作出书面承诺。合理确定息费，要求典当当金利率按贷款市场报价利率（LPR）及浮动范围执行，当金利息不得预扣。典当行应当根据实际提供的服务向当户收取综合费用，且不得超过《典当管理办法》规定的费率上限。鼓励典当行改进服务，进一步降低小微企业和居民个人综合融资成本。依法处置绝当，规定典当行应当采用协议折价或者协议拍卖、变卖的方式及时处理绝当物，并就所得价款优先受偿。拍卖、变卖收入在扣除拍卖、变卖费用及当金本息后，剩余部分应当退还当户，不足部分应当继续向当户追偿。严守行为底线，规定典当行不得有下列行为：集资、吸收存款或变相吸收存款；与其他典当行拆借或变相拆借资金；超过规定限额从商业银行贷款；对外投资；通过网络借贷信息中介机构、私募投资基金等机构或渠道融资；法律法规和地方金融监管部门禁止的其他行为。

《通知》还对近几年典当业出现的“空壳”“失联”企业确定了认定标准，具有以下情形之一的企业为“失联”企业：无法取得联系；在企业登记住所实地排查无法找到；虽然可以联系到企业工作人员，但其并不知情也不能联系到企业实际控制人；连续3个月未按监管要求报送月报。具有以下情形之一的企业为“空壳”企业：近6个月未开展收当、续当、赎当、绝当物处置等业务；近6个月无纳税记录或“零申报”（享受国家税收优惠政策免税的除外）；近6个月无社保缴纳记录。对“空壳”“失联”企业，要求地方金融监管部门通过加强与市场监管等部门的信息共享和联合惩戒、加大向社会公示力度、采取更严格的差异化监管措施等方式，引导其主动退出典当行业。《通知》的颁布，对整顿典当行业秩序，实现典当行减量增质，推动我国典当行业高质量健康发展具有积极作用。

第三节 我国融资租赁公司的产生与发展

由于历史发展的原因，我国的融资租赁业由三种不同类型的融资租赁公司构成，这三种不同类型的融资租赁公司在不同时期中又分别由不同的行业部门管理。从20世纪80年代初到2018年，我国专业从事融资租赁业务的机构包括外商独资和中外合资融资租赁公司、内资融资租赁公司、金融租赁公司，前三类机构由商务部和地方政府管理，金融租赁公司由银保监会监管。从经营范围上看，外商独资、中外合资融资租赁公司和内资融资租赁公司只能从事融资租赁业务，不能经营同业拆借等金融业务，因此外商独资和中外合资融资租赁公司、内资融资租赁公司一直被作为经营金融业务的特殊工商企业，或者是民间金融组织。我国不同类型融资租赁公司的产生和发展过程具有不同的轨迹和特点。

一、1981～2014年中外合资和外商独资融资租赁公司的产生与发展

（一）1981～1987年我国融资租赁公司的初创与兴盛

我国的融资租赁公司是在20世纪80年代初期改革开放的条件下，借鉴欧美国家的模式建立和发展起来的。我国的融资租赁业务最早是由中国国际信托投资公司在1980年开办的。1981年4月，中国国际信托投资公司与北京市机电设备公司、日本东方租赁有限公司组建了我国第一家中外合资租赁公司——中国东方租赁有限公司。它不仅是我国第一家中外合资的融资租赁公司，也是我国第一家专业融资租赁公司。同年7月，中国国际信托投资公司又和国家物资总局组建中国租赁有限公司，成为我国第一家内资合营融资租赁公司。中国东方租赁有限公司成立以后，很快又有多家中外合资融资租赁公司成立。

中外合资融资租赁公司的审批权最初是分散在地方各个部门，1985年我国对专业融资租赁公司设立的审批权进行了适度的集中，地方各部门不再有审批权，而是集中到了中国人民银行总行和对外经济贸易部。1985年进行的融资租赁公司审批权的集中有着深刻的经济背景。1985年以前我国的中外合资融资租赁公司和外商融资租赁公司主要是由各个地方政府或有关部门负责审批的，由于这些融资租赁公司经营的融资租赁业务主要是进口设备租赁，企业要用外汇支付租金。但是当时国内外汇储备有限，经营进口设备租赁的融资租赁公司在短期内成立过多，容易造成外汇供求矛盾；此外融资租赁公司在国际市场上大量采购设备，引起外商乘机抬价，提高融资租赁公司的设备购置成本，加大承租企业的融资负担，对我国经济发展和金融稳定产生不利的影响。1985年6月28日，当时的对外贸易部、国家计委、国家经委联合发布了《关于

设立中外合营租赁公司审批问题的通知》，规定今后融资租赁公司的设置，要在全国做通盘安排。凡新成立中外合营的融资租赁公司或外商独资融资租赁公司，无论其投资额大小，其项目建议书、可行性研究报告和合同、章程均报对外经济贸易部审批并发给批准证书。各地在接到本通知以前尚未发批准证书的，均报对外经济贸易部审核发证。这样我国中外合资和外商融资租赁公司的审批权就集中到了当时的对外经济贸易部，也就是现在的商务部的前身。

截至 1986 年底，我国中外合资融资租赁公司共有 14 家，1987 年中外合资融资租赁公司达到了 20 家。这段时期中外合资融资租赁公司发展迅速，机构建立的多，在我国融资租赁机构中占有重要比重，大大超过了内资融资租赁公司，经营的融资租赁业务额占全国业务额的一半以上。在这些中外合资融资租赁公司中，中日合资建立的融资租赁公司占了绝大多数。例如 1986 年年底，在我国 14 家中外合资融资租赁公司里，中日合资融资租赁公司就有 12 家。这一时期中外合资融资租赁公司办理的融资租赁项目大多都有政府或银行担保，风险小，很少发生租金拖欠，可以说是中外合资融资租赁公司经营的一个鼎盛时期。

（二）1988 ~2003 年中外合资融资租赁公司的低落时期

1988 年以后，中外合资融资租赁公司的经营进入了一个持续 10 多年的低落时期。中外合资融资租赁公司业务经营由盛转衰与当时承租企业大量拖欠租金有直接关系。1988 年 6 月 29 日，最高人民法院公布了政府为经济合同提供担保无效的司法解释，明确银行和政府部门将不再为承租企业提供担保。与此同时，由于当时外币升值，导致承租企业的租金负担加重，承租企业拖欠租金越来越多。截至 1994 年，中外合资融资租赁公司被拖欠的租金总额就达 8 亿美元，其中由政府和银行担保的租金有 6 亿美元。租金拖欠严重影响了中外合资融资租赁公司的经营和外方投资者的信心，为此我国政府采取了一系列措施解决租金拖欠问题。1994 年由国家经济贸易委员会、中国人民银行、财政部和对外贸易经济合作部共同下发了《关于解决拖欠中外合资融资租赁公司租金问题的通知》；中国人民银行下发了《关于抓紧解决由金融机构担保的中外合资融资租赁公司租赁项目租金拖欠问题的通知》；1996 年国家经济贸易委员会、中国人民银行、财政部、对外贸易经济合作部和中国银行又共同下发了《关于抓紧解决拖欠中外合资融资租赁公司租金问题的通知》，并安排了 2 亿美元的人民币特种贷款解决拖欠问题。尽管采取了一系列补救措施，但是中外合资融资租赁公司的发展还是受到了很大的影响。许多中外合资融资租赁公司业务停滞，甚至破产、清算，外方投资者撤资退出中国市场。租金拖欠不仅影响了已有的中外合资融资租赁公司的经营和生存，并且对此后的中外合资融资租赁公司的发展也产生了不良影响。1997 年、1998 年和 1999 年连续三年，每年都只有一家新的中外合资融资租赁公司设立；2000 ~ 2003 年，全国甚至没有一家新的中外合资融资租赁公司设立。已有的中外合资融资租赁公司的业务经营也困难重重。2003 年底，全国专营融资租赁的中外合资融资租赁公司有 41 家，其中在 2003 年还能够正常经营的有 11 家，融资租赁业务总规模只有 10 亿美元。

（三）2004 ~ 2014 年外商融资租赁公司快速发展阶段

2004 年形势发生了转机。2 月 13 日商务部颁布了《关于外商投资举办投资性公司的规定》，允许符合地区总部条件的投资性公司设立独资融资租赁公司。根据这一规定，一些跨国公司相继在我国设立了独资融资租赁公司。到 2006 年底，商务部以及前外经贸部批准的外商独资及中外合资融资租赁公司总共达到了 70 余家，业务规模也开始增长（见图 2 – 6）。长期以来，在我国专业融资租赁公司中，外商独资和中外合资融资租赁公司的资本规模和业务规模都占有重要份额。即使是从 2006 年的数据来看，这种状况仍然在持续。截至 2006 年底，金融租赁公司保持正常经营的有 6 家，账面资产合计 142 亿元人民币，商务部批准的外商独资及中外合资租赁公司共有 70 余家，资产合计接近 300 亿元，内资试点融资租赁公司的业务规模为 65.7 亿元，外商独资及中外合资融资租赁公司的业务规模仍然大大高于金融租赁公司和内资融资租赁公司。

图 2 – 6　2006 ~ 2016 年我国外资融资租赁公司业务规模

资料来源：《中国融资租赁行业 2018 年度报告》。

二、1981～2014 年我国内资融资租赁公司的产生与发展

在我国，内资融资租赁公司是指完全由国内机构或企业作为出资人建立的、只经营融资租赁业务的专门机构。我国第一家内资融资租赁公司是 1981 年 7 月由中国国际信托投资公司与国家物资局共同组建的中国租赁有限公司。40 多年来，我国内资融资租赁公司经历了颇为曲折的发展历程。

（一）1981～1985 年：初创和分散审批阶段

从 1981 年我国第一家内资融资租赁公司建立到 1985 年，期间我国相继设立了一些内资融资租赁公司。但是随着 1986 年我国融资租赁公司审批体制的变化，内资融资租赁公司进入了一个尴尬的经营境地。这主要是由于 1986 年以前我国融资租赁公司设立的审批权非常分散，很多部门和机构都有权审批成立融资租赁公司。1986 年以后我国对融资租赁公司的审批权限进行了规范，将融资租赁公司的审批权集中到了两个部门：对外经济贸易合作部和中国人民银行总行。对外经济贸易合作部负责审批中外合资融资租赁公司的设立，中国人民银行总行负责审批金融租赁公司的设立。于是内资融资租赁公司面临的选择只有一个，就是向中国人民银行申请金融机构牌照，转成金融租赁公司。例如我国第一家内资融资租赁公司中国租赁有限公司设立于 1981 年 7 月，1987 年转为金融租赁公司。再如深圳租赁有限公司是在 1984 年 12 月经深圳市人民政府批准成立的，1985 年 10 月，原中国人民银行深圳分行依据当时的《深圳经济特区非银行性质国营金融机构暂行管理办法》，正式将其定性为非银行金融机构。后来深圳租赁有限公司经营陷于困境，经过重组，1999 年获得银监会的批准，获得经营资格。一些没有达到中国人民银行审批条件的融资租赁公司则失去了合法从事融资租赁业务的资格。从那时开始，我国能够合法从事融资租赁业务的专业融资租赁公司就只有中外合资融资租赁公司和金融租赁公司。

（二）1986～2003 年：内资融资租赁公司的空窗期

1986 年以后，由于融资租赁机构审批体制的变化，在很长的时间里，管理部门再也没有批准设立过内资融资租赁公司。但是事实上有一些租赁公司虽然没有融资租赁业务的经营资格，却仍然或多或少在从事融资租赁业务。对租赁公司而言，所谓的合法与不合法的区别主要表现在租赁公司的税收待遇上。具有合法业务经营资格的融资

租赁公司缴纳营业税，并且税基是以其向承租者收取的全部价款和价外费用（包括残值）减除出租方承担的出租货物的实际成本后的余额。若没有经营融资租赁业务的合法资格，那么租赁公司就要缴纳增值税，也就是要以全部租金收入作为税基，这样高额的纳税支出对经营融资租赁业务的公司来讲是很难负担的。因此税收上的差别就使得其他公司或机构很难从事融资租赁业务，形成了实际的行业进入壁垒，把中外合资融资租赁公司和金融租赁公司以外的其他公司挡在了融资租赁市场之外。

（三）2004～2014年，内资融资租赁公司恢复与快速发展时期

为了促进我国融资租赁业的发展，鼓励国内企业进入融资租赁领域，使内资和外资能够享受同样的国民待遇，2004年商务部和国家税务总局联合发布《关于从事融资租赁业务有关问题的通知》（商建发〔2004〕560号），2004年底我国商务部开始分批选择内资企业进行融资租赁业务试点。这些试点企业可以根据国家税务总局的规定，享受差额纳税的优惠：即作为融资租赁试点企业的租赁公司只需缴纳5.58%的营业税；而在作为试点企业之前它们需要缴纳17%的增值税。参加试点以后这些融资租赁公司的税负大为降低。2004年商务部批准9家内资试点融资租赁公司，2006年增加到20家，这些试点企业对壮大我国的融资租赁行业、扩大我国的融资租赁业务规模具有积极意义。2010年以后我国内资试点融资租赁业进入了快速发展时期（见图2－7）。

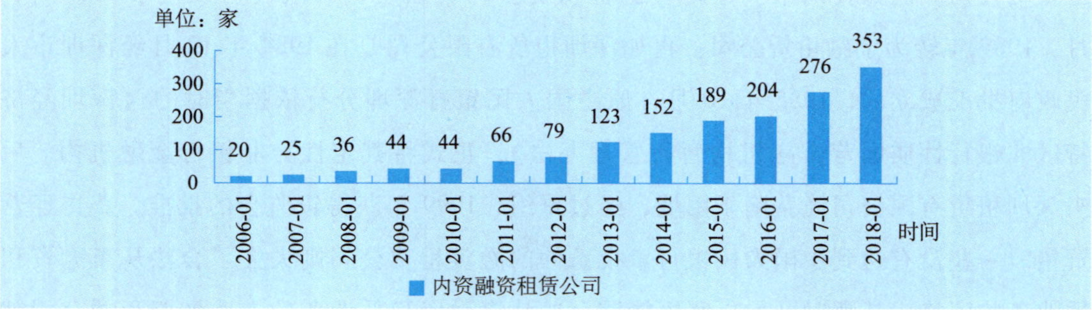

图2－7　2006～2018年我国内资融资租赁公司数量

资料来源：《中国融资租赁行业2018年度报告》。

三、2015～2017年我国融资租赁公司的发展、整顿与清理

（一）2015年融资租赁公司快速增长

2015年9月，《国务院办公厅关于加快融资租赁业发展的指导意见》和《国务院

办公厅关于促进金融租赁行业健康发展的指导意见》先后印发，全面部署加快发展融资租赁业。随后，各地政府响应号召，天津、吉林、山东、湖北等地先后出台各地区促进融资租赁业发展的意见。2015 年内资融资租赁公司从 2014 年的 152 家增加到 189 家，2015 年外商融资租赁公司增长到 3 426 家，与 2014 年的 1 893 家相比，增加了 1 533 家。

（二）2016 年融资租赁公司家数继续增长

2016 年 3 月，《商务部 税务总局关于天津等 4 个自由贸易试验区内资租赁企业从事融资租赁业务有关问题的通知》发布，自 2016 年 4 月 1 日起，商务部、税务总局将注册在自贸试验区内的内资租赁企业融资租赁业务试点确认工作委托给各自贸试验区所在的省、直辖市计划单列市商务主管部门和国家税务局；各自贸试验区所在的省级商务主管部门会同同级国家税务局负责对融资租赁试点企业提交的相关材料进行审核。

2016 年 5 月，全国中小企业股份转让系统有限责任公司发布《关于金融类企业挂牌融资有关事项的通知》，称融资租赁公司等具有金融属性的企业大多处于新兴阶段，所属细分行业发展尚不成熟，监管政策尚待进一步明确与统一，面临的监管形势错综复杂，行业风险突出。在相关监管政策明确前，暂不受理挂牌申请。

2016 年，虽然存在三板市场挂牌融资的问题，但是在审批制度进一步放权的利好形势下，2016 年内资融资租赁公司继续增加，从 2015 年的 189 家增加到 204 家；外商融资租赁公司增长到 5 954 家，与 2015 年的 3 426 家相比，增加了 2 528 家。

（三）2017 年审批权限下放与风险排查并举

2017 年全国金融工作会议确定，融资租赁公司由中央制定统一规则，地方负责实施监管，强化属地风险处置责任。2017 年 5 月，在金融业整体风险梳理排查的背景下，《商务部办公厅关于开展融资租赁业风险排查工作的通知》发布，要求各省、自治区、直辖市、计划单列市在当年 5 月 2 日至 6 月 30 日期间对融资租赁行业进行风险排查。其中列明了 12 类企业作为重点检查对象及 9 类企业出现的问题作为重点排查内容。

2017 年 6 月，《商务部　税务总局关于辽宁等 7 个自由贸易试验区内资租赁企业从事融资租赁业务有关问题的通知》发布，融资租赁内资试点确认工作的审核权限下放区域增至 11 个。权限下放促进了各地内资试点融资租赁公司的设立和发展。

四、2018 年开始的融资租赁业监管格局变化

2018 年是我国融资租赁业的转折之年，金融租赁公司与融资租赁公司正式开启监管并轨。2018 年 5 月 14 日，商务部发布《商务部办公厅关于融资租赁公司、商业保理公司和典当行管理职责调整有关事宜的通知》，商务部已将制定融资租赁公司、商业保理公司、典当行业务经营和监管规则职责划给中国银保监会，自 2018 年 4 月 20 日起，有关职责由银保监会履行。中国融资租赁行业持续多年的“两类三机构”监管模式落幕。外商投资融资租赁公司、内资试点融资租赁公司、金融租赁公司的管理规则将统一由银保监会制定。这意味着，融资租赁业结束了多头监管的局面。2018 年 12 月，国家发展改革委、商务部发布《市场准入负面清单（2018 年版）》，指出融资租赁公司属于金融监管对象。非金融机构、不从事金融活动的企业，在注册名称和经营范围中原则上不得使用“融资租赁”“商业保理”“小额贷款”“金融”“资产管理”“理财”“网贷”“网络借贷”等。我国融资租赁公司的发展进入了一个新的时期。

截至 2019 年 6 月末，我国融资租赁公司（不含金融租赁公司）共 10 900 家，其中，内资试点融资租赁公司 385 家，外商投资融资租赁公司 10 515 家，注册资本金合计 30 699 亿元，资产总额合计 40 676. 54 亿元①。但是，在融资租赁行业快速发展的同时，融资租赁公司偏离主业、无序发展、“空壳”“失联”等行业问题较为突出。据全国融资租赁企业管理信息系统显示，融资租赁行业整体开业率不高，在 10 900 家融资租赁公司中，处于营业状态的仅有 2 985 家，约 72% 的融资租赁公司处于空壳、停业状态②。

2020 年 1 月 8 日，为进一步加强融资租赁公司监督管理，规范经营行为，防范化解风险，促进融资租赁行业规范有序发展，根据有关法律法规和全国金融工作会议确定的职责分工，中国银行保险监督管理委员会就其制定的《融资租赁公司监督管理暂行办法（征求意见稿）》，面向社会公开征求意见。2020 年 5 月 26 日，《融资租赁公司监督管理暂行办法》（以下简称《办法》）正式印发和实施。按照第五次全国金融工作会议确定的“融资租赁公司由银保监会制定经营规则和监管规则，省级人民政府实施

---

① 中国银保监会有关部门负责人就《融资租赁公司监督管理暂行办法（征求意见稿）》答记者问，资料来源：中国银保监会官网，http://www.cbirc.gov.cn/cn/view/pages/ItemDetail.html?docId=883640&itemId=916&generaltype=0。

② 同上。

监管”的原则，银保监会在制度层面统筹制定融资租赁业务的经营和监管标准。为了实现金融租赁公司和融资租赁公司经营的同类业务在经营范围、交易规则、监管指标、信息报送、监督管理等方面的相对统一，《办法》在租赁物范围、集中度管理等监管要求上与《金融租赁公司管理办法》有关内容保持基本一致。这些设定是融资租赁行业稳健经营、规范发展的必要条件，既体现了从严监管的目标导向和要求，也有利于规范融资租赁公司经营行为。同时，融资租赁公司作为一般工商企业，和金融租赁公司在金融属性、股东背景、成立目的等方面有着较大的差异，因此在经营规则方面也保持了适度区别。如在杠杆倍数方面，结合融资租赁行业发展和监管实际，将原有规定的风险资产不超过净资产的10倍调整为8倍，不采用金融租赁公司的“资本净额与风险加权资产的比例不得低于银监会的最低监管要求”。同时，《办法》要求省级人民政府负责制定促进本地区融资租赁行业发展的政策措施，对融资租赁公司实施监督管理，处置融资租赁公司风险。省级地方金融监管部门具体负责对本地区融资租赁公司的监督管理。由于融资租赁行业目前存在较多的“空壳”“失联”等非正常经营企业和违法违规经营企业，为了指导地方金融监管部门做好融资租赁公司清理规范工作，《办法》规定：“本办法施行前已经设立的融资租赁公司，应当在省级地方金融监管部门规定的过渡期内达到本办法规定的各项要求，原则上过渡期不超过三年。省级地方金融监管部门可以根据特定行业的实际情况，适当延长过渡期安排。”

第四节　我国农民专业合作社的产生与发展

一、2007年农民专业合作社产生

2007年我国颁布实施《中华人民共和国农民专业合作社法》，明确指出农民专业合作社是在农村家庭承包经营基础上，农产品的生产经营者或者农业生产经营服务的提供者、利用者，自愿联合、民主管理的互助性经济组织。在农村广泛建立和发展农民专业合作社是我国发展现代农业推进社会主义新农村建设的一项重要举措，有利于促进农业适度规模经营，推动农业供给侧结构性改革，带动农民就业增收和脱贫致富。《农民专业合作社法》施行至今，我国农民合作社已经走过了十多年的发展历程，成为新型农业经营主体和现代农业建设的中坚力量。

2007年全国人大通过《中华人民共和国农民专业合作社法》，同年11月24日陕西省通过全国首部地方《农民专业合作社法》实施办法，随后陆续有其他省份通过实施办法，为农民专业合作社的落地提供了有效的保障。财政部也在2007年12月20日发布《农民专业合作社财务会计制度（试行）》。当年我国建立农民专业合作社2.64万家。

2008年1月31日中央"一号文件"《中共中央 国务院关于切实加强农业基础建设进一步促进农业发展农民增收的若干意见》发布，文件提出，要"全面贯彻落实农民专业合作社法，抓紧出台配套法规政策，尽快制定税收优惠办法，清理取消不合理收费。"同年4月18日农业部办公厅发布《关于做好农民专业合作组织统计监测分析工作的通知》，与《农民专业合作社法》相关的一系列配套办法和政策的发布和实施，极大地推动了农民专业合作社的建立和发展，2008年全国农民专业合作社增加到11.09万家。

二、2008~2012年农民专业合作社信用合作资金互助的发展

在农民专业合作社的基础上开展信用合作和资金互助，解决农民融资难、丰富我国农村合作金融组织也是农民专业合作社的一项重要功能。2008年十七届三中全会决定提出：提倡有条件的农民专业合作社开展信用合作。2008年10月中国人民银行和银监会联合发布《关于加快农村金融产品和服务方式创新的意见》，指出："鼓励金融机构加强与信用协会或信用合作社等信用共同体的合作，运用联保、担保基金和风险保证金等联合增信方式，积极探索发展满足信用共同体成员金融需求的联合信用贷款"。2009年中央"一号文件"指出："抓紧出台对农民专业合作社开展信用合作试点的具体办法"。银监发〔2009〕13号指出，"把农民专业合作社全部纳入农村信用评定范围"。2010年中央"一号文件"指出，"各级政府扶持的贷款担保公司要把农民专业合作社纳人服务范围，支持有条件的合作社兴办农村资金互助社。"农民专业合作社实现信用合作和资金互助的形式可以采用在农民专业合作社内部设立资金互助服务部以及由农民专业合作社兴办农村资金互助社两种模式。在相关政策的支持下，农民专业合作社基础上的信用合作和资金互助逐步发展起来，在农村金融服务中发挥了积极的作用。

农民专业合作社开展的融资服务与合作社的生产活动紧密联合，因地制宜，切实

解决农民的迫切融资需求，提供的融资服务主要包括：农资赊销与预付定金服务，直接向成员提供借款服务，为社员提供贷款担保，成立联保小组。部分合作社在其内部开展了资金互助服务，用于缓解社员季节性生产资金困难、满足小规模扩大再生产的原始资金投入需求、遭遇自然灾害或市场风险后的恢复生产资金需求以及社员农户生活性资金需求等。

三、2013～2016 年农民专业合作社规范发展

2013 年 7 月，国务院批复同意建立全国农民合作社发展部际联席会议制度，明确了联席会议的主要职能、成员单位、工作规则和工作要求。部际联席会议制度的设立，有效加强了部门间协调配合，促进了农民专业合作社持续健康发展。到 2015 年，全国有 10 个省份出台了农民合作社条例，9 个省份出台了《农民专业合作社法）实施办法，31 个省份出台了支持农民合作社发展的意见，构建了指导、扶持和服务农民合作社发展的制度体系。这些举措极大地促进了农民专业合作社的高速发展（见图 2－8、图 2－9、图 2－10）。

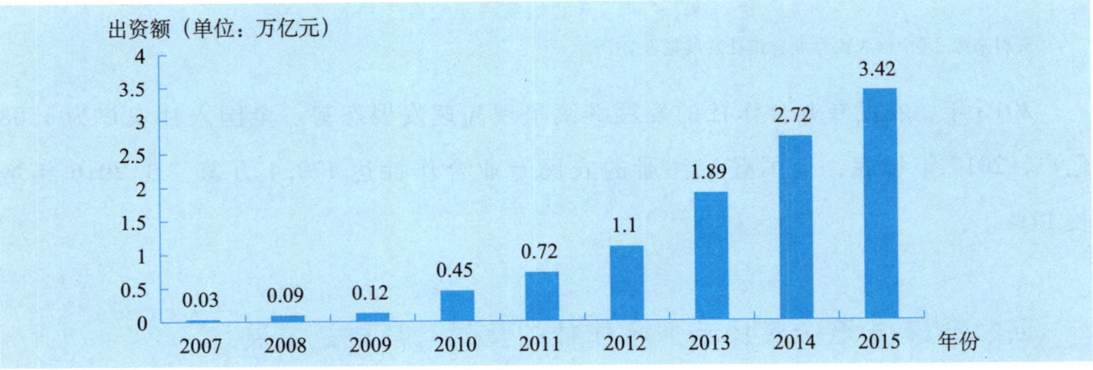

图 2－8　2007～2015 年我国农民专业合作社出资规模

资料来源：《中国农民专业合作社发展报告 2015》。

2014 年，银监会等部门联合印发的《关于引导规范开展农村信用合作的通知》明确提出，各地要按照中央关于完善地方农村金融管理体制，省级人民政府承担对新型农村合作金融组织的监管、引导、规范及风险处置职责的相关要求，积极推动省级人民政府抓紧落实对新型农村合作金融的监管、引导和规范职责，省级人民政府应尽快明确承担地方金融监管职责的具体职能机构，把新型农村合作金融组织风险防范和处置责任落实到位。

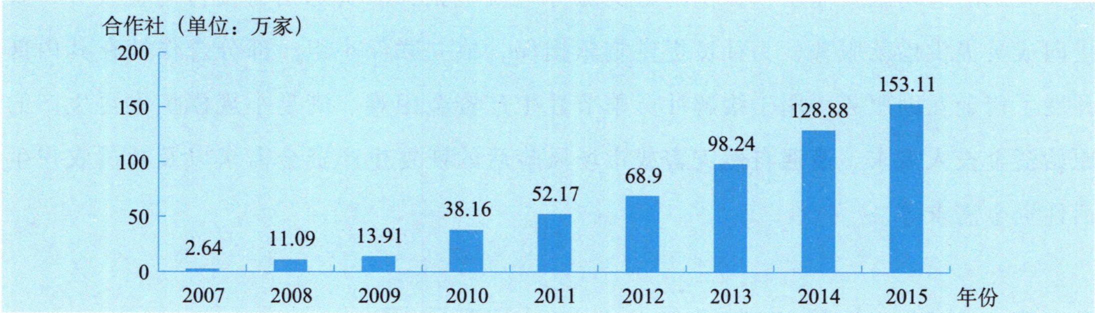

图 2－9　2007～2015 年我国农民专业合作社数量

资料来源：《中国农民专业合作社发展报告 2015》。

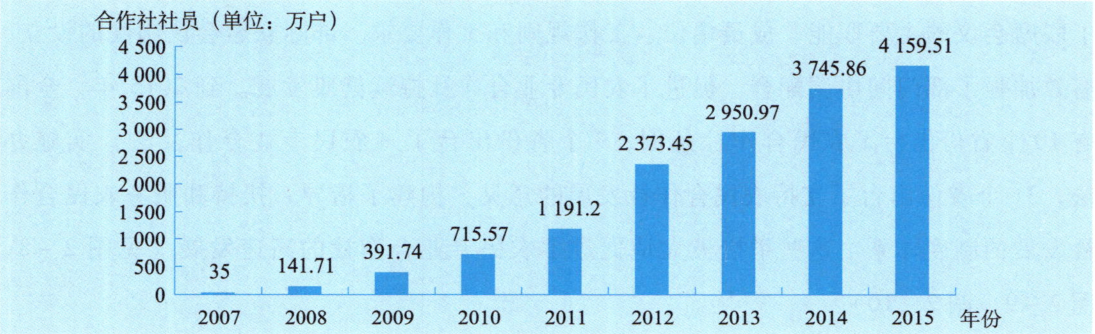

图 2－10　2007～2015 年我国农民专业合作社社员户数

资料来源：《中国农民专业合作社发展报告 2015》。

2016 年，农民专业合作社的发展继续呈现高速发展态势。全国入社农户为 1.08 亿户，2017 年年底，全国登记注册的农民专业合作社达 179.4 万家，比 2016 年增长 17%。

四、2017 年至今农民专业合作社的整顿与高质量发展

2017 年 7 月，根据全国金融工作会议关于“在坚持金融管理主要是中央事权的前提下，按照中央统一规则、地方实施监管的总体要求，赋予地方政府相关金融监管职责，并强化属地风险处置责任”的相关要求，明确了地方人民政府承担农民专业合作社开展信用互助的监管、引导、规范以及风险处置等一系列职责，并由地方金融监管部门履行监管职责。2017 年 12 月，新修订的《农民专业合作法》经十二届全国人大常委会第三十一次会议审议通过，于 2018 年 7 月 1 日起施行。新版《农民专业合作法》在总结合作社过去十年的发展经验和问题的基础上，对相关条款进行了修改和完

善。例如增加了“县级以上人民政府应当建立农民专业合作社工作的综合协调机制，统筹指导、协调、推动农民专业合作社的建设和发展。”进一步规范农民专业合作社的组织和行为，增设农民专业合作社联合社相关办法，明确国家的扶持政策。

在农民专业合作社高速发展的同时，也产生了不少的问题，表现在合作社的发展基础仍然薄弱，运行不够规范，存在虚假合作、套取扶持、非法集资等问题。因此，2018 年农业农村部开展了农民合作社质量提升整县推进试点工作，同时，会同银保监会等部门联合开展示范社建设行动。与此同时，银保监会组织开展农民合作社“空壳社”专项清理工作，将从事非法金融活动等作为清理整顿的重点问题，并研究起草《农民专业合作社开展信用合作试点方案》和《农民合作社开展信用合作业务指引》。

2019 年中央“一号文件”明确提出，开展农民合作社规范提升行动。2019 年 1 月，中国人民银行、银保监会等部门联合印发《关于金融服务乡村振兴的指导意见》，提出探索新型农村合作金融发展的有效途径，稳妥开展农民合作社内部信用合作试点。2019 年 2 月，中央农办等 11 部门印发《开展农民专业合作社“空壳社”专项清理工作方案》，在全国集中开展合作社专项清理；2019 年 9 月，中央农办等 11 部门发布《关于开展农民合作社规范提升行动的若干意见》，对合作社规范提升进行部署；2019 年 11 月，农业农村部等 9 部门印发《国家农民合作社示范社评定及监测办法》，进一步规范国家农民合作社示范社评定及监测；2019 年 12 月，农业农村部发布《关于农民合作社质量提升整县推进试点方案的批复》，新确定 128 个试点单位①。一系列的政策和措施为农民专业合作社高质量发展奠定了坚实的基础。

专栏 2－3

促进农民合作社规范提升

2020 年 3 月 3 日农业农村部印发《新型农业经营主体和服务主体高质量发展规划（2020—2022 年）》，其中的第四章专门就农民合作社规范发展提出了具体目标：一、提升农民合作社规范化水平。要求指导农民合作社制定符合自身特点的章程，加强档案管理，实行社务公开。依法建立健全成员（代表）大会、理事会、监事会等组织机构。执行财务会计制度，设置会计账簿，建立会计档案，规范会计核算，公开财务报告。依法建立成员账户，加强内部审计监督。按照法律和章程制

① 《坚定不移推进合作社高质量发展》，中国农民合作社期刊，2020 年第 1 期。

定盈余分配方案，可分配盈余主要按照成员与农民合作社的交易量（额）比例返还。二、增强农民合作社服务带动能力。鼓励农民合作社利用当地资源禀赋，带动成员开展连片种植、规模饲养，壮大优势特色产业，培育农业品牌。鼓励农民合作社加强农产品初加工、仓储物流、技术指导、市场营销等关键环节能力建设。鼓励农民合作社延伸产业链条，拓宽服务领域。鼓励农民合作社建设运营农业废弃物、农村厕所粪污、生活垃圾处理和资源化利用设施，参与农村公共基础设施建设和运行管护，参与乡村文化建设。三、促进农民合作社联合与合作。鼓励同业或产业密切关联的农民合作社在自愿前提下，通过兼并、合并等方式进行组织重构和资源整合，壮大一批竞争力强的单体农民合作社。支持农民合作社依法自愿组建联合社，扩大合作规模，提升合作层次，增强市场竞争力和抗风险能力。

资料来源：中华人民共和国农业农村部官网，http://www.moa.gov.cn/gk/tzgg_1/tz/202003/t20200306_6338371.htm。

本章小结

1. 我国的小额贷款公司产生于2005年，在15年的发展过程中经历了不同的阶段。第一阶段是2005～2007年，我国小额贷款公司的初步尝试；第二阶段是2008～2012年，小额贷款公司试点在全国铺开；第三阶段是2013～2014年，小额贷款公司在发展中进行了许多创新，但是同时也出现了不少乱象和问题。第四阶段是2015～2019年，小额贷款公司进入规范清理与整顿，其中2015～2016年的主调是规范和鼓励，2017年以来则主要是清理和整顿，减量增质。

2. 我国传统典当行在1956年初实行了全行业公私合营，后由中国人民银行领导下的专门办理小额抵押贷款的“市民小额贷款处”替代。1987年12月30日，成都市华茂典当服务商行正式成立，意味着中国典当业的恢复。至今典当行发展经历了波折起伏：1987～1993年典当行恢复发展初期，地位不清，业务混乱；1993～2000年中国人民银行监管时期，成为非银行金融机构，业务规范发展；2000～2018年国家商务部监管时期，作为特殊工商企业，业务范围扩大，其中又分为2000～2003年国家经贸委监管阶段和2003～2018年商务部监管阶段；2018年至今中国银保监会监管时期，典当行重新纳入金融机构体系。

3. 我国融资租赁公司包括：中外合资、外商独资融资租赁公司和内资融资租赁公司，两类公司经历了不同的发展阶段。中外合资、外商独资融资租赁公司的产生与发展经历了这些阶段：1981～1987 年我国融资租赁公司的初创与兴盛阶段，1988～2003 年中外合资融资租赁公司的低落时期，2004～2014 年外商融资租赁公司快速发展阶段。

4. 我国内资融资租赁公司的产生与发展经历的阶段可以划分为：1981～1985 年初创和分散审批阶段；1986～2003 年内资融资租赁公司的空窗期；2004～2014 年内资融资租赁公司恢复与快速发展时期。

5. 2015 年以后我国外资与内资融资租赁公司的发展基本同步，2015 年 9 月，《国务院办公厅关于加快融资租赁业发展的指导意见》和《国务院办公厅关于促进金融租赁行业健康发展的指导意见》发布，促进了融资租赁公司快速增长。2016 年 5 月，全国中小企业股份转让系统有限责任公司发布《关于金融类企业挂牌融资有关事项的通知》，停止融资租赁公司在新三板挂牌，对融资租赁公司融资造成影响。2017 年 5 月，商务部对融资租赁业风险进行排查。2016 年、2017 年商务部发布了促进融资租赁公司发展的一系列措施。2018 年监管格局变化，融资租赁公司的监管权限回归银保监会。

6. 2007 年我国颁布实施《中华人民共和国农民专业合作社法》，在农村广泛建立和发展农民专业合作社，促进我国现代农业发展，推进社会主义新农村建设，促进农业适度规模经营，推动农业供给侧结构性改革，带动农民就业增收和脱贫致富。农民合作社已经成为新型农业经营主体和现代农业建设的中坚力量。

7. 农民专业合作社经历的发展阶段：2007～2008 年合作社初创；2008～2012 年农民专业合作社开始发展合作社基础上的信用合作和资金互助；2013～2016 年是农民专业合作社规范发展；2017 年至今是整顿与高质量发展阶段，2018 年 7 月 1 日新修订的《农民专业合作法》施行，对我国农民专业合作社的高质量发展发挥着积极的作用。

本章重要概念

小额贷款公司　融资租赁公司　典当行　农民专业合作社

本章思考题

1. 我国小额贷款公司是在什么背景下产生的？
2. 我国小额贷款公司在不同的发展阶段具有什么特点？
3. 我国典当行经历了哪些发展阶段？在不同阶段的行业定位有何变化和特点？
4. 你如何看待我国典当行的定位？

5. 我国融资租赁公司经历了哪些发展阶段？在不同的发展阶段具有哪些特点？

6. 你如何看待我国融资租赁公司的行业定位？

7. 我国农民专业合作社经历了哪些发展阶段？

本章参考文献

[1] 韩汉君，吴贤达．2016—2017 年上海典当业发展报告［M］．上海社会科学院出版社，2018.

[2] 农村信贷配给与小额信贷体系建设．小额信贷在中国［M］．中国财政经济出版社，2013.

[3] 农业农村部等．中国农民专业合作社 2007—2016 发展报告［M］．中国农业出版社，2017.

[4] 零壹融资租赁研究中心，中国融资租赁三十人论坛．中国融资租赁行业 2017 年度报告［M］．中信出版集团，2018.

[5] 零壹融资租赁研究中心，中国融资租赁三十人论坛．中国融资租赁行业 2018 年度报告［M］．中信出版集团，2019.

[6] 中国人民银行．中国金融稳定报告 2018，2019.

[7] 中国小额贷款公司协会．我国小额贷款公司行业发展报告（2005—2016）［M］．中国经济出版社，2016.

[8] 中国银保监会．关于加强典当行监督管理的通知，2020.

[9] 中国银保监会．关于加强小额贷款公司监督管理的通知，2020.

[10] 中国银保监会．商业银行互联网贷款管理暂行办法，2020.

[11] 中国银保监会．融资租赁公司监督管理暂行办法，2020.

业务运作篇

第三章　我国小额贷款公司的业务运作

本章导读

小额贷款公司是由自然人、企业法人与其他社会组织投资设立，不吸收公众存款，经营小额贷款业务的有限责任公司或股份有限公司。小额贷款公司立足于发放小额和分散的贷款，其具体的业务领域和服务范围有哪些？客户群体定位是怎样的？我国小额贷款公司的主要业务模式和实际业务操作是如何进行的呢？小额贷款公司的资金运作模式最重要的就是解决钱从哪里来和钱到哪里去的问题，那么小额贷款的资金来源有哪些？各省对于小额贷款公司融资的规定有何不同？其资金运营的收益情况如何？通过本章的学习可以对上述内容进行全面的认识和理解。

本章学习目标

1. 认识、了解我国小额贷款公司的业务领域与客户特征；
2. 认识、了解我国小额贷款公司的授信模式和业务操作流程；
3. 认识、了解我国小额贷款公司的资金来源与运营收益。

第一节　我国小额贷款公司的业务领域

一、我国小额贷款公司的业务领域规范

（一）小额贷款公司经营范围的有关规定

对小额贷款公司而言，小额贷款是其主营业务，除此以外，小额贷款公司还可以经营哪些业务，经营范围的边界在哪里，并没有明确统一的规定。2008 年中国银行业监督管理委员会、中国人民银行《关于小额贷款公司试点的指导意见（银监发〔2008〕23 号）》（以下简称《指导意见》）仅做了一个原则性和指导性的规定，即“小额贷款公司应执行国家金融方针和政策，在法律、法规规定的范围内开展业务，自主经营，自负盈亏，自我约束，自担风险”，并未明确列出经营范围的正面清单和负面清单。2014 年 5 月，中国银监会和中国人民银行向省级金融办下发《小额贷款公司管理办法（征求意见稿）》（以下简称《征求意见稿》），其在一定程度上拓宽了小额贷款公司的经营范围，“经过监管机构和相关部门批准后，小额贷款公司的业务范围也可以进一步拓宽至买卖债券和股票等有价证券、开展权益类投资、开展企业资产证券化、发行债券等业务。”同时，《征求意见稿》也放松了对于小额贷款公司地域范围的限制，允许跨省经营。但是该《征求意见稿》至今仍未正式实施，但可以从《指导意见》和《征求意见稿》中的对比中窥见一定的监管动向。

由于小额贷款公司的服务对象多为小微企业、“三农”群体、个体工商户等风险较高的客户，对信用评估和风险管理提出了较高的要求，这就使得小额贷款公司具有本土化经营的特点。因此，小额贷款公司的经营业务因各省级政府的规定而有所不同（见表 3－1）。

表 3－1　部分省份对于小额贷款公司经营范围的规定

省（市）	文件名称	经营范围
天津市	《天津市小额贷款公司管理暂行办法》①（津政办发〔2011〕70 号）	1. 各项小额贷款；2. 票据贴现；3. 贷款转让；4. 贷款项下的结算；5. 与小额贷款相关的咨询业务；6. 经批准的其他业务。

① 此办法已于 2016 年 7 月 31 日废止。

续表

省（市）	文件名称	经营范围
山东省	《山东省小额贷款公司试点暂行管理办法》（鲁金办发〔2008〕1 号）	1. 在本县（市、区）办理各项小额贷款； 2. 开展小企业发展、管理、财务等咨询业务； 3. 其他经批准的业务。
浙江省	《浙江省小额贷款公司试点暂行管理办法》（浙金融办〔2008〕21 号）	
广东省	《广东省小额贷款公司管理办法（试行）》（粤金〔2009〕10 号）	小额贷款公司不得从事以下经营活动： 1. 吸收或变相吸收公众存款，组织或参与任何名义、形式的集资活动；2. 向本公司股东、董事及高级管理人员及其关联方提供贷款；3. 为银行业金融机构业务提供担保；4. 跨县域经营业务；5. 经营未经批准和法律、法规不允许经营的业务。
	《关于贯彻落实促进小额贷款公司平稳较快发展意见的通知》（粤府办〔2011〕59 号）	对规范经营 1 年以上、各项监管指标优良的小额贷款公司，经批准可适度放宽业务经营范围，如开展中小企业融资、理财等咨询业务，以及资产转让回购、票据贴现、委托贷款业务（委托贷款的资金来源一般限于银行业金融机构）
	《广东省人民政府金融工作办公室关于进一步促进小额贷款公司规范发展的意见》	支持优质小额贷款公司试点投贷联动等股权投资业务，对外股权投资比例不超过注册资本的 20%。
青海省	《青海省小额贷款公司管理暂行办法》	小额贷款公司不得经营活动： 1. 非法集资或变相吸收公众存款、发放高利贷、使用非法手段催贷；2. 向本公司股东、董事、高级管理人员及其关联方提供贷款；3. 为银行业金融机构业务提供担保。
贵州	《省人民政府办公厅关于进一步促进全省小额贷款公司又快又好发展的意见》（黔府办发〔2012〕47 号）	鼓励小额贷款公司与金融机构开展保险代理、租赁代理、基金代理等业务合作等方式，把小额贷款公司打造成金融服务外包服务平台，为广大县域农村提供多元化的金融服务。 积极探索小额贷款公司试点开展委托贷款业务。
重庆	《重庆市小额贷款公司试点管理暂行办法》（渝府发〔2008〕239 号）	1. 办理各项贷款；2. 办理票据贴现；3. 办理资产转让。
宁夏	《宁夏回族自治区小额贷款公司管理暂行办法（修订）》（宁政办发〔2016〕105 号）	1. 基本业务，包括：（1）办理各项小额贷款；（2）同业拆出；（3）其他经批准的业务； 2. 中间及创新业务，包括：（1）办理企业发展、管理、财务等咨询业务；（2）办理符合条件机构投资者的委托贷款；（3）受托清收非金融企业不良资产；（4）金融产品代理销售业务（应取得相应资质）；（5）以自有资金开展一定比例的权益类投资；（6）办理票据贴现，但不包括转贴现；（7）与信誉优良的互联网企业合作开展网络小额贷款业务；（8）其他经批准的中间及创新业务。

资料来源：根据各省小额贷款公司管理办法等文件整理而成。

各地根据实际情况，还制定了更为细化的针对特定类型小额贷款公司的监管规定，如《江苏省农村小额贷款公司扶优限劣工作意见（暂行）》（苏金融办发〔2013〕103 号），专门针对农村小额贷款公司的经营范围做出了规定（见表 3 - 2）：①

表 3 - 2　江苏省农村小额贷款公司的经营范围

融资类业务	银行融资、股东借款、股东特别借款和其他机构借款等
或有负债类业务	融资性担保、应付款保函、开鑫贷、统贷等
中间业务	委托贷款、保险业务代理、融资租赁代理等不占用资本金且不形成直接负债、或有负债的业务

资料来源：《江苏省农村小额贷款公司监督管理办法》（苏金融办发〔2010〕4 号）。

（二）小额贷款公司主要业务类型

1. 小额贷款

《指导意见》规定，“小额贷款公司发放贷款，应坚持‘小额、分散’的原则，鼓励小额贷款公司面向农户和微型企业提供信贷服务，着力扩大客户数量和服务覆盖面。同一借款人的贷款余额不得超过小额贷款公司资本净额的 5%。在此标准内，可以参考小额贷款公司所在地经济状况和人均 GDP 水平，制定最高贷款额度限制。”事实上目前小额贷款公司最主要的业务是小额贷款业务，小额贷款利息收入是小额贷款公司最重要的收入与利润来源。

就小额贷款的类型来看，小额贷款可以分为保证贷款、质押贷款、抵押贷款和信用贷款（见表 3 - 3）。

表 3 - 3　小额贷款的类型及含义

贷款类型	含义
信用贷款	以客户的信誉发放的贷款。向农户发放小额信用贷款以信用等级限额为准。
保证贷款	按《担保法》规定的保证方式以第三人承诺在借款人不能偿还贷款时，按约定承担一般保证责任或连带责任而发放的贷款。
抵押贷款	按《担保法》规定的抵押方式以借款人或第三人的财产作为抵押物发放的贷款。
质押贷款	按《担保法》规定的质押方式以借款人或第三人的动产或权利为质押物发放的贷款。

资料来源：范鑫豪．小额贷款：业务、实战、疑难．北京：法律出版社，2017.

根据在新三板挂牌转让的公司披露的公开转让说明书及其相应年报，可以发现，目前我国小额贷款公司的贷款类型以信用贷款和保证贷款居多，这在一定程度上体现了中小型企业缺乏抵（质）押物的特点。

小额贷款公司以市场化方式确定利率，贷款利率上限放开，但不得超过司法部门

① 其中或有负债类业务和中间业务需要视当地政府规定。

规定的上限，下限为人民银行公布的贷款基准利率的0.9倍，具体浮动幅度按照市场原则自主确定。有关贷款期限和贷款偿还条款等合同内容，均由借贷双方在公平自愿的原则下依法协商确定。

2. 委托贷款

委托贷款，是指由委托人（除银行之外的所有其他法律主体）提供合法来源的资金，贷款人（受托人）根据委托人确定的贷款对象、用途、金额、期限、利率等代为发放、监督使用并协助收回的贷款业务。受托人（贷款人）则是经行政许可，可以经营信贷业务的银行和非银行金融机构。在小额贷款公司参与的委托贷款中，小额贷款公司的角色是受托人，其职能是根据委托人确定的贷款对象、用途、金额、期限、利率等代为发放、监督使用并协助收回贷款，这种模式属于甲类委托贷款。该种业务的盈利模式为：小额贷款公司向委托人一次性收取手续费（具体收费标准由委托人与受托人协商）。但是目前仅有如重庆、广东等少数省份得到了监管的允许，且公开案例较为少见。

3. 联合贷款

目前，监管机构并未就联合贷款给出明确的定义，在一份关于联合贷款的征求意见稿中，联合贷款的合作机构限于经中国银保监会批准设立，持有金融牌照并经获准经营贷款的银行业金融机构，此条规定对于主体的限制实际上是与狭义的助贷模式进行了区分。依据实践经验，联合贷款的操作模式为：一方面，小额贷款公司负责寻找客户；另一方面，小额贷款公司也承担着担保人的职责，贷款产生的收益由二者协商确定。

2008年，由国开行深圳分行与建行深圳分行联合中安信业曾进行过一次贷款合作。二者的风险收益分担模式为，小额贷款公司提供一部分资金到建行的共管账户参与放款，当利息和本金收回后优先偿还银行助贷贷款的本息，而小额贷款公司代理的这部分贷款质量若出现下滑并超过既定比例，则银行有权叫停合作。

4. 小微企业私募债

在发行小微企业私募债的过程中（见图3－1），小额贷款公司作为分承销商的主要职责是，与小微企业签署发债有关的手续并提供担保，采录发债有关信息并将债权发行材料通过主承销商提交债券登记机构备案登记；通过开立的私募债专户向投资人募集私募债券投资资金；划转募集发债资金给小微企业，对小微企业进行催收管理，收转小微企业到期私募债券本息，及时兑付投资人投资本息；在小贷私募债业务系统，在业务发生的不同环节对私募债专户余额进行实时控制；对资金的来源与运用做好流动性管理。

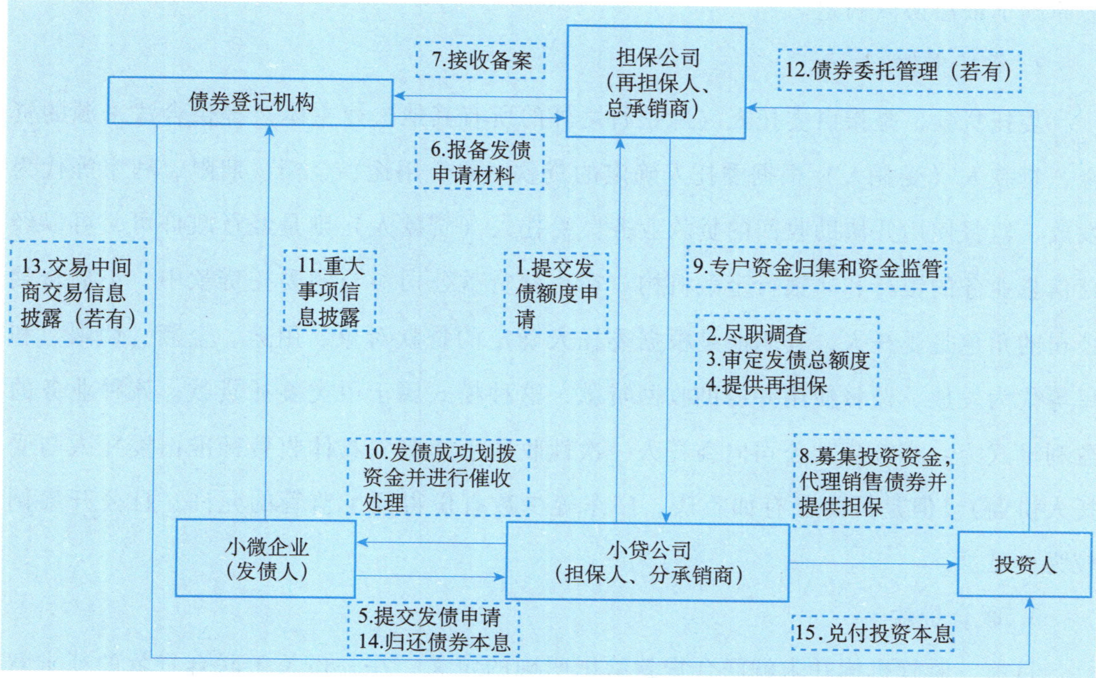

图 3－1 小微企业通过小额贷款公司发行私募债的流程

资料来源：某小额贷款公司小微企业私募债业务培训手册。

除了传统的小额信贷业务，目前部分省市的小额贷款公司也开始试水其他中间业务，力图扩大盈利来源。例如江苏省政府金融办在近年来为小额贷款公司推出了多项创新业务，如“开鑫贷”、小微企业私募债、统贷等业务，为小额贷款公司开拓了更多中间业务领域，使得小额贷款公司在不消耗资本金的情况下获得更多盈利来源。上述这些非传统信贷类业务在一定程度上提高了小额贷款公司的手续费及佣金收入，降低了小额贷款利息收入的比重。

二、小额贷款公司客户特征

（一）小额贷款公司的客户主要集中在“三农”等低收入阶层和中小微企业

对于小额贷款公司的服务客户群体，2008 年中国银行业监督管理委员会、中国人民银行联合发布的《关于小额贷款公司试点的指导意见》（银监发〔2008〕23 号）（以下简称《2008 指导意见》）从制度层面上进行了明确：“小额贷款公司在坚持为农民、农业和农村经济发展服务的原则下自主选择贷款对象。鼓励小额贷款公司面向农户和微型企业提供信贷服务，着力扩大客户数量和服务覆盖面。”

中国人民银行和银保监会联合发布的《中国普惠金融发展报告（2019）》也证实了这一点，该报告第十三章基于399家小额贷款公司的问卷数据客观地归纳了小额贷款公司的贡献。数据显示，用于生产经营活动的贷款占小额贷款公司总贷款的78%，且有52%的小额贷款公司投放的生产经营贷款占各自贷款总额的90%以上。这些经营活动大多数由小微企业和个体户完成。此外，小额贷款公司绝大多数的客户属于低收入人群和微型经济体。其中，49.85%的客户贷款额度在1万元以内，48.17%的客户贷款数额为1万~5万元。实际上，借贷数额为1万元以内的客户，多数属于低收入人群。如果将借贷数额为1万~100万元的视为典型微型经济客户（包括从事农业生产的农户、个体工商户、小微企业），则有49.9%的客户属于微型经济客户。

我国小额贷款重点服务的行业是“三农”领域和小型微型企业所在的行业与领域。根据中国人民大学中国普惠金融研究院和中国小额贷款公司协会课题组2017年对我国399家小额贷款公司开展的问卷调查结果，35%的小额贷款公司的服务对象为农林牧渔业，有60%的小额贷款公司将零售批发业作为前三位的服务对象。

从不同省份的规定来看，各省对于重点扶持领域的贷款比例做出了详细的规定。从表3-4可见，“三农”、小型微型企业是小额贷款公司的主要服务群体。

表3-4　我国部分省市对于小额贷款公司贷款领域的比例要求

省份	文件名称	具体规定
湖北	《湖北省小额贷款公司试点暂行管理办法》（鄂金办发〔2009〕18号）	小额贷款公司70%的资金应发放给同一借款人贷款余额不超过50万元（含50万元）的小额借款人，其余30%的资金对单户贷款余额不得超过小额贷款公司资本金的5%。
青海	《青海省小额贷款公司管理暂行办法》（青政办〔2012〕49号）	每年向小型微型企业和“三农”发放的贷款总额不得低于全年累计放贷金额的60%；对同一借款人的贷款余额不得超过公司资本净额的5%。
北京	《北京市小额贷款公司试点监督管理暂行办法（试行）》	每年向“三农”方面发放的贷款金额不得低于全年累计放贷金额的70%；同一借款人的贷款余额不得超过小额贷款公司资本净额的3%。
重庆	《重庆市小额贷款公司试点管理暂行办法》	小额贷款公司对同一借款人的贷款余额不得超过公司资本净额的5%；对单一集团企业客户的授信余额不得超过资本净额的15%。

资料来源：根据各省关于小额贷款公司的管理办法等政策文件整理而成。

（二）个人客户和企业客户的不同特点

小额贷款公司的客户主要分为个人客户和企业客户两类群体。

个人客户呈现出的特点普遍为：个人客户的收入来源主要是工资收入，追求生活稳定，风险厌恶程度较高，他们进行小额贷款主要为满足消费或家庭投资，尤其是近些年来发展尤为迅速的网络小贷，充分在电商场景中嵌入贷款服务来满足个人消费行为中的融资需求。

而企业客户主要包括个体工商户、农业种植户或养殖户等，其收入来源是经营收入，它们呈现出的特点普遍表现为：

其一，普遍缺乏专业的财务与金融知识和能力，对于银行等金融机构繁杂的申请贷款流程或者政策等接受程度较低。同时，由于缺乏系统且科学的财务规划，通常缺少对资金来源与资金运用的规划与安排，这就使得其资金需求多呈现出应急性、临时性和不确定性；其二，由于其收入具有一定的不稳定性，且优质资产较少，因此在申请贷款时的担保措施十分有限；其三，企业客户的生产经营流程简单，内部分工界限模糊，庞杂的工作使得经营者的空暇时间较少。通常情况下，一个人可能会负责经营过程中的很多个环节。以典型的夫妻店为例，从采购到产品的制作完成，创办者全程参与，亲力亲为，因此，经营者很少能够有充足的时间去考虑融资的问题；其四，企业客户的财务记录不规范。一方面是由于经营者本身缺乏财务知识，另一方面在于其出于成本的考虑而不聘请专职的会计人员，因此很难形成完整的会计记录和纳税记录，这就易使得其经营账目和个人财产发生混同并由此带来的一系列财务问题。

如果根据规模大小的不同来划分，小额贷款公司的企业客户又可以分为微型企业、小型企业和中型企业，表 3－5 对小额贷款公司不同的客户群体进行了一个对比：

表 3－5 小额贷款公司的客户群体定位比较

客户类型 / 维度	个人客户	企业客户		
		微型企业	小型企业	中型企业
界定	居住相对稳定、有稳定收入来源的个人	净资产通常低于 50 万元的个体工商户、个体运输户、个体劳动者、种植户、养殖户、家庭式手工作坊等企业	有效净资产在 50 万～200 万元的个体工商户、种植户、养殖户、家庭式手工作坊等企业	有效净资产在 200 万～1 000 万元的公司和企业

续表

维度 \ 客户类型		个人客户	企业客户		
			微型企业	小型企业	中型企业
客户群体特点	资产负债特点	收入相对稳定；无负债或负债较少	资产少，抗风险能力差；愿意贷款给这类经营者的机构较少，隐性负债风险较小	有一定的资产实力；是中小银行等银行业金融机构和少数小额贷款公司的目标客户，易产生隐性负债	企业具有相当的规模，基本上呈现规模经营和多元化经营的特点；资产来源有相当一部分来源于负债
	人群画像	追求生活稳定，主要为满足消费或家庭投资，风险厌恶程度较高	大多数经营者为本地居民，思想单纯，不会轻易盲目负债	经营者有过度投资的倾向	经营者过度扩张，投机心理明显
贷款需求		一般为10万元以内	一般为30万元以内	一般为30万～100万元	一般为100万～500万元

资料来源：范鑫豪．小额贷款：业务、实战、疑难．北京：法律出版社，2017.

（三）客户贷款用途

小额贷款公司的贷款用途既有生产性支出也有消费性支出。根据中国人民大学中国普惠金融研究院和中国小额贷款公司协会课题组2017年对我国399家小额贷款公司开展的问卷调查结果，发现样本中的小额贷款公司的贷款组合中大多用于生产经营，生产经营贷款比例达到70%以上的小额贷款公司占样本公司的74.4%，45%的小额贷款公司开展一定程度上的消费贷款业务，其中有6.27%的小额贷款公司以消费贷款为主要业务，占其贷款业务的80%以上。图3－2展示了样本小额贷款公司的贷款结构。

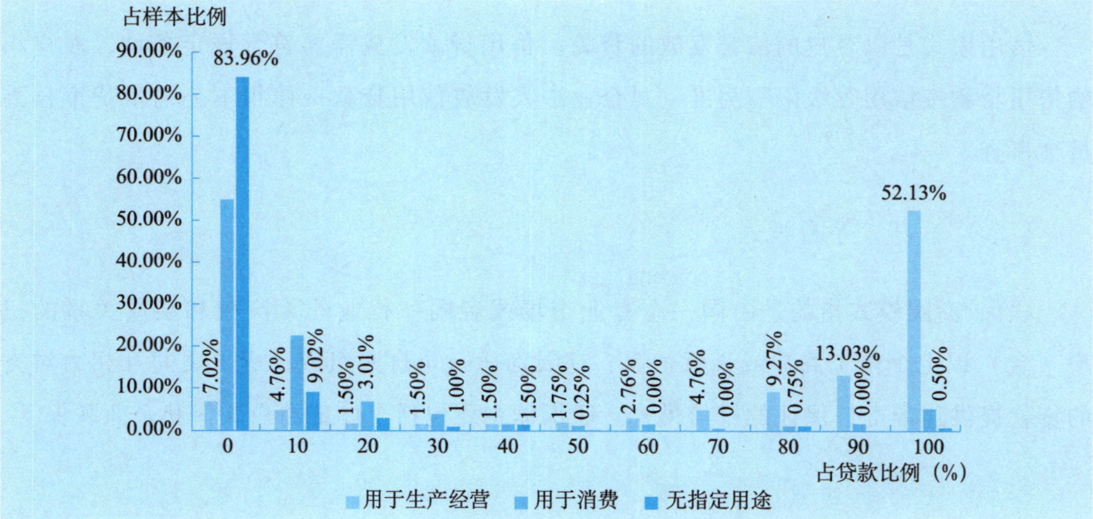

图3－2 样本小额贷款公司贷款组合的结构

资料来源：贝多广等．小额贷款公司的现状和政策建议［R］．北京，2019.

第二节　我国小额贷款公司的贷款模式与操作流程

一、我国小额贷款公司的贷款模式

目前，我国小额贷款公司的主要贷款模式有如下几种：

（一）抵押/担保模式

该模式指的是以借款人自己提供或者引入第三方担保机构对贷款进行担保，根据抵押/担保方式的不同，小额贷款可以分为保证贷款、质押贷款、抵押贷款和信用贷款。

（1）保证贷款是指按《中华人民共和国担保法》规定的保证方式以第三人承诺在借款人不能偿还贷款时，按约定承担一般保证责任或连带责任而发放的贷款。

（2）抵押贷款是指按《中华人民共和国担保法》规定的抵押方式以借款人或第三人的财产作为抵押物发放的贷款。

（3）质押贷款是指按《中华人民共和国担保法》规定的质押方式以借款人或第三人的财产作为质押物发放的贷款。

（二）信用模式

信用模式是以客户的信誉发放的贷款。信用贷款发放需要符合规定条件，农户小额信用贷款按信用等级限额为准。对企业法人发放信用贷款一律报本公司信贷审核委员会审查。

（三）联保/商圈模式

联保/商圈模式指的是由同一个专业市场或者同一行业的无产权和亲属关系的三户（含）以上个体工商户或私营企业、有限责任公司自愿组成，成员之间互相为对方的贷款提供连带责任保证的授信模式。联保体主要包括个体工商户联保和企业联保。

（四）大数据模式

大数据模式是指对已有的客户交易数据和外部数据为相关客户进行授信的模式。

在贷前，小额贷款公司通过利用各种渠道对潜在客户的数据进行搜集，并将这些数据通过云计算技术加以处理，从而实现相应的信贷匹配。例如，阿里小贷可以基于不同用户人群的画像来为客户定制不同的信贷产品，做到金融资源的精准匹配。

在贷中和贷后，大数据模式可以极大地提高风险管理的精确程度和可信度。例如，阿里小贷可以依托阿里生态体系内所有的用户可得信息，包括淘宝订单、支付宝信用情况等来跟踪客户的资金流情况，通过模型推断借款人可能出现的资金流断裂的时点及其所需的资金量，做到及时控制风险。

（五）信贷员模式（IPC）

IPC 模式最初是德国国际项目咨询公司专门针对微小企业贷款业务设计的信贷技术模式。其特点在于对每笔业务进行严格的外部风险控制和内部风险控制，对客户层面的风险控制措施包括实地走访和交叉验证等方式来综合评估客户的还款能力和意愿，在评估客户的还款能力时，IPC 模式相较于抵押担保的方式更强调对客户第一还款能力的分析；在评估客户的还款意愿时，IPC 更加重视对客户个人品质与家庭情况的分析。

在这种模式下，业务人员参与的是小额贷款的全流程，因此对业务人员的素质要求极高，属于典型的人员导向型模式。其优点之一在于信贷员可以全方位地掌握客户的信息，从贷前的审核到贷后的追踪和客户关系的维护等方面都可以做到“专属定制”，其二，对信贷人员的考核不仅是基于业绩，而且也会基于其风险的控制程度。但是其劣势在于业务的操作和风险控制集中于一人，容易造成风险的集聚。

（六）信贷工厂模式（淡马锡模式）

信贷工厂模式又称“淡马锡模式”，它是新加坡淡马锡控股公司（Temasek Holdings）为解决小微企业信贷流程的弊端而推出的一种改善小微企业信贷流程的模式，指的是对信贷进行批量处理，就如同生产工厂标准化地制造产品一样。在信贷工厂模式下，小额贷款公司对中小企业贷款的设计、申报、审批、发放、风控等都按照“流水线”作业方式进行批量操作，不同的人员负责不同的业务，如客户经理、审批人员和贷后监督人员专业化分工，在保证流程标准化的同时，并且为了监控风险采用产业链调查方法，从不同角度对借贷企业进行交叉印证。

信贷工厂模式的特点是贷款流程的标准化，工作效率高，不同的专业人员负责不同的环节，能够做到审贷分离，更趋于理性化的贷款可以使得风险得到较为理性的把控。但同时，这意味着小额贷款公司必须为此付出大量的人力成本，而且操作流程较为复杂。

（七）打分卡模式（FIOC）

打分卡模式是根据业务风险偏好和客户的定位而设计的指标体系，根据不同维度对客户进行信用的综合评估，并将打分结果作为授信审查的重要依据。根据具体技术方法的不同可以分为专家驱动和数据驱动两种方式，专家驱动更多的是凭借有经验的信贷人员，而数据驱动更多依靠的是某种算法，对样本数据进行数学运算以得出预测客户违约概率的模型，它使得贷款人对信贷风险的评估得以量化，尤其是计算机技术的发展使得打分卡模式日益成熟。

打分卡模式极大地缩短了贷款审批流程所需要的时间，但是由于打分卡技术是建立在数学概率模型的基础之上，从设计伊始就允许损失的存在，只不过是通过优化模型来降低损失的概率，因而计算得出的结果可能会存在一定的偏差。

表 3－6 总结了上述六种信贷模式的特点、优劣势和代表公司。

表 3－6 小额贷款公司主要信贷模式的特点

信贷模式	主要特点	优势	劣势	代表
抵押担保模式	以抵押担保为主	调查程序简便	流程较慢，准入条件多	广州广建小额贷款公司、广州地铁小额贷款公司
信用模式	以客户信用为主要依据	无须抵押和担保，手续便捷	信用风险较大	阿里小贷、京小贷等
联保/商圈模式	以联保或商圈担保/保证	手续简便，人工成本低	风险较大，覆盖有限	广州恒隆小贷、广州海印小贷
供应链模式	以某个大型企业上下游企业为主（信用）	手续简便，弱化担保，人工成本低	覆盖范围有限	大型企业旗下的小额贷款公司例如 TCL 小贷
大数据模式	以大数据分析为主（信用）	手续简便，弱化担保，人工成本低	覆盖范围有限	阿里小贷
信贷员模式（IPC）	以分析客户现金流和第一还款来源为主（信用）	准入门槛低，覆盖面广，弱化担保	调查程序烦琐，对信贷员个人的综合素质要求高	美兴小额贷款公司
淡马锡模式	工作分工精细，岗位独立（信用）	准入门槛低，覆盖面广，弱化担保	调查程序烦琐，审贷分离可能导致信息不对称	富登小贷
打分卡模式	判断客户违约概率和容损失率	手续简便，弱化担保，人工成本低	风险较大，覆盖有限	富登小贷

资料来源：范鑫豪．小额贷款：业务、实战、疑难．北京：法律出版社，2017．

二、我国小额贷款公司小额贷款业务操作流程

（一）小额贷款公司线下发放贷款流程

小额贷款的业务流程与银行的一般贷款有着类似之处，主要包括 4 个流程和相关步骤（见图 3-3）。

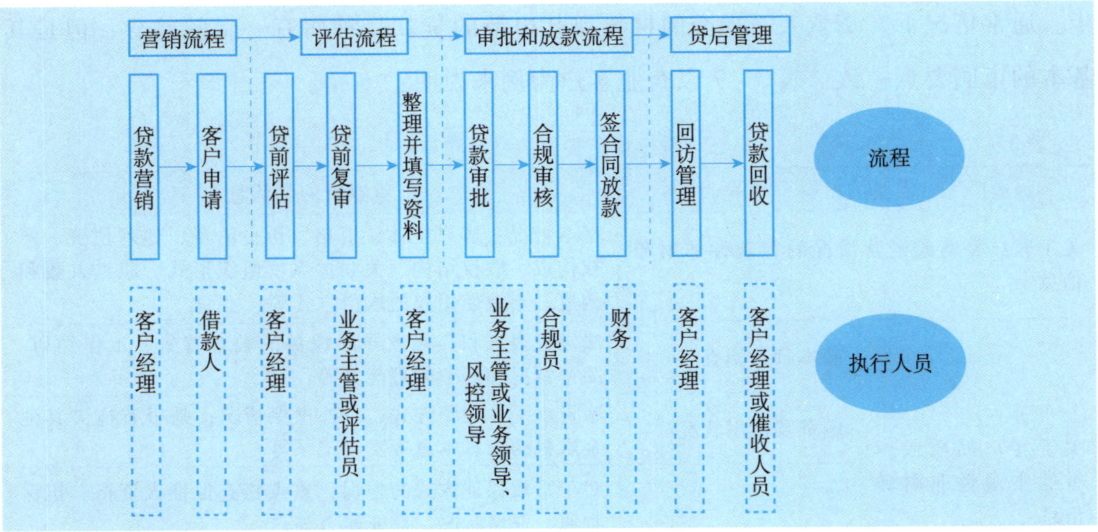

图 3-3　小额贷款公司业务操作示意图

资料来源：范鑫豪．小额贷款：业务、实战、疑难．北京：法律出版社，2017.

1. 营销流程

贷前的营销是开展小额贷款的第一步，主要指的是客户经理寻找潜在的营销对象并进行营销，在进行了不同期限、不同还款的组合筛选后，客户向小额贷款公司提出贷款申请并提交所需的贷款申请材料。

2. 评估流程

在评估流程中，分别由客户经理、业务主管或评估员、复评人员对申请人的还款能力进行评价。首先，客户经理进行“了解你的客户”（Know Your Customer），即根据客户提交的贷款申请材料了解客户的资产负债情况、信用记录、收入情况等方面，评估客户的还款能力与还款意愿；其次，业务主管或评估员在客户经理对客户进行的初步调查的基础之上进行进一步地深入审查，当其发现缺少的材料或者仍需进一步审核真实性的方面，复评人员需要与客户沟通或进行现场调查。结合客户经理的贷前评估和复评人员的贷前复审情况，客户经理需要填写评估报告。

整个评估流程的目的是对客户进行尽职调查，尽可能多地搜集客户信息来判断其品质和财务能力。通常情况下包括非现场调查和现场调查。非现场调查主要是对客户提交的材料进行审阅，利用互联网等工具进行信息查询，包括征信记录、被执行记录、诉讼记录、违法违规记录等。

整个评估调查流程大致需要经过电话预约时间—现场交流—实地查看—外围走访—家访—网上信息查询—信息整理—填写评估表—分析风险九个步骤，其中最重要的环节是实地查看，该环节是将客户申请贷款时提交的材料进行核实与比对的重要一步。通常情况下，贷款人需提交的材料视其申请的贷款品种而有一定的差异，但是其基本的审阅要点一致。表 3 – 7 以企业客户为例来说明：

表 3 – 7　小额信贷评估所需要的材料和审查要点

需要的材料		重点审阅的信息
关于客户家庭或经营情况的客观性非财务信息		基本情况：客户主体、资格、历史沿革、地理位置、产权构成、股权结构、关联关系、组织形式、职工人数和构成、土地使用权的取得方式等
关于客户品质或声誉的主观性非财务信息	基本背景调查	法定代表人和其他领导层成员的教育背景、工作经历、品德情况和经营管理能力等
	融资及信用状况	融资水平、融资方式、对外担保情况；是否有拖欠其他金融机构贷款本息等不良记录等
	担保人情况	对于采取保证方式的担保，重点核查保证人资格、担保意愿、资信状况、保证能力等； 对于采取抵（质）押方式的，应对抵押物的状况进行实地调查并核实是否已提供公司认可的专业评估机构出具的抵押物评估报告等方面
关于客户家庭及生产方面的财务信息		最近两年及一期的资产负债、资金结构、资金周转、盈利能力、现金流量、销售及存款的波动及其原因分析

资料来源：范鑫豪．小额贷款：业务、实战、疑难．北京：法律出版社，2017.

3. 审批和放款流程

小额贷款公司对贷款的审批流程可以概括为“分级授权、一次审批”，即根据贷款金额的大小设定不同的审批层级，如果贷款金额较小，可以由较低级别的审批人员进行审批；如果贷款金额较大，则需要由较高级别的审批人员进行审批。具体的步骤为：审批人员通过评估报告及相关的支持材料等进行分析，审核其可行性；同时，客户经理或其他评估人员可对贷款的具体细节进行进一步的阐释和说明，并需解答审批人指出的疑问点；审批人员将审批意见提交贷款审查委员会进行审议，贷款审查委员会通过讨论和论证之后决定是否发放贷款，并就发放贷款本身拥有一票否决权，在贷款审查委员会提交资料和意见后的一个工作日内需完成相应的签批工作。

在放款环节，主要是签订合同和资金结算，会视小额贷款公司的内部组织架构而有所不同，如果小额贷款公司网点分布广，可以将签订合同的地点定为就近的网点，并由客户经理、营业网点的合规岗位进行合同的签署；如果小额贷款公司营业网点少，可由财务部签署合同或者专设负责签署合同的岗位。此后的资金结算等涉及资金的放款流程由财务部具体负责。小额贷款放款流程如图 3－4 所示。

图 3－4　小额贷款放款流程

资料来源：范鑫豪．小额贷款：业务、实战、疑难．北京：法律出版社，2017.

4. 贷后管理

贷后管理是整个贷款流程中不可轻视的环节，科学的贷后管理是使得贷款能够正常收回的重要保障。贷后管理主要包括贷后监控、发现风险后的处理、贷款回收、预期贷款的处理和贷款催收等环节。

（1）贷后监控。贷后监控的核心点与前期贷款审查的核心要点类似，主要需要重点关注监控借款人品质、经营状况、管理状况、财务状况、债务状况以及保证人、抵质押物的监控。

就贷后监控的具体操作流程而言，首先需要在放贷后的一周至两周内进行首次回访，核实贷款是否用在了确定的用途上；其次，需要设置一个回访周期（例如一个月或一个季度），来定期对借款人进行回访；同时，需要在临近还款日或者在还款日当日提醒借款人进行还款。

（2）贷后风险管理。对于在贷后监控中监测到的问题，需及时采取措施以免风险扩散。根据风险性质的不同来采取相应的处理措施（见表 3－8）。

表 3－8　贷后监控中遇到的问题与相应举措

风险性质	采取的措施
借款人经营活动正常，但品质出现不良表现，营业销售收入、经营收益、现金流、资产实力有明显下降但不足以影响还款能力的	列入重点关注对象
借款人管理能力下降，管理不到位或经营判断不当等	向借款人提出积极建议
借款人进行违法违规经营、进行极端冒进的经营行为时，借款人资产很可能会严重受损	向借款人提出重要提醒或警示
借款人为按照约定的贷款用途使用资金或未能按期还本付息	要求借款人限期纠正违约行为
借款人经营情况严重恶化，收入、利润、现金流、资产等严重减少或负债大幅增加	要求借款人增加担保措施

续表

风险性质	采取的措施
借款人有恶意融资行为	行业内通报
借款人出现严重违约或违法违规行为，出现极端冒进且不听取建议	提前收回贷款

资料来源：范鑫豪．小额贷款：业务、实战、疑难．北京：法律出版社，2017.

（3）贷款回收。在贷款到期前，小额贷款公司需以贷款到期通知书的形式及时通知借款人还款，借款人在收到该贷款到期通知书后，应当立即着手准备资金以按时归还贷款。当借款人按照合同约定的还款日付清当期的贷款本金、利息和其他费用后，贷款机构向借款人出具贷款收据，表明当期贷款已经完结。若全部本息和均归还，则借款合同终止，借贷关系解除。

（4）逾期贷款的处理。在还本付息当天营业终止前，借款人如未还本付息，则该笔贷款视为逾期贷款。此时，小额贷款公司需要及时向借款人发送逾期贷款催收通知书，及时与借款人沟通，了解其逾期原因和相关实际情况，要求借款人及时还款。

此外，如果借款人不能及时还款，在由贷款人提出申请，经审查通过后，小额贷款公司可适当延长借款人的还款期限，即进行贷款的展期。

如果借款人不能及时归还贷款或只偿还了部分贷款本息，在由借款人提出申请，经审查通过后，小额贷款公司可以与借款人重新签订合同，形成一笔新的贷款，即贷款重组。

（5）催收。贷款管理监测人员和催收人员负责对出现违约的小额贷款借款人和保证人进行催收。催收人员需要具备小贷业务从业资格。具体的催收方式包括电话催收、上门催收。在催收的过程中，催收人员应该对催收的情况进行详细的归纳整理，连同催收通知书回执一并存档。如果催收的效果未达预期且形成不良贷款的，需要及时通过诉讼、抵押物拍卖等方式收回贷款。

（二）互联网小额贷款公司业务操作流程

随着互联网、大数据、人工智能等技术的快速发展，互联网小额贷款公司凭借着它们强大的技术优势、数据优势、客户优势和风控优势逐渐占领了小额贷款领域的高地。互联网小额贷款公司一般通过线上自动化开展业务，利用大数据模型对平台的客户交易数据进行挖掘与分析，从而做到精准营销，包括线上获客、线上审批、线上授信、线上放款、线上催收等。

阿里小贷是我国第一家互联网小额贷款公司，其业务流程比较具有代表性，如图

3 – 5 所示。一般来说，互联网小额贷款同样也需要经历贷款申请——贷款审核——贷款发放——贷款回收与管理这四个基本的流程。

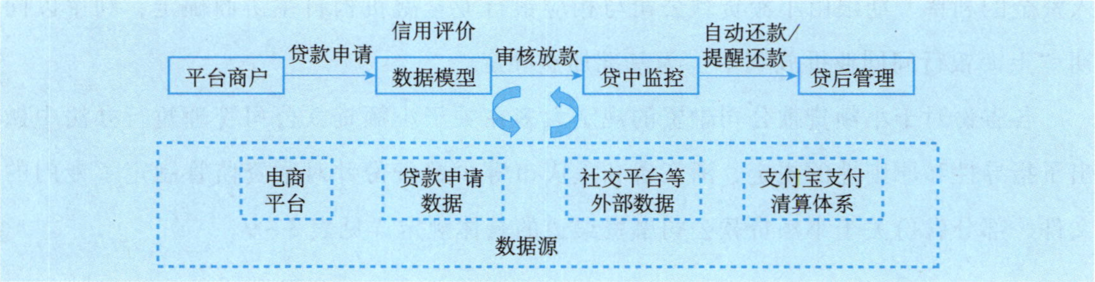

图 3 – 5　阿里小贷业务操作流程示意图

资料来源：根据阿里小贷官网及相关资料整理而成。

阿里巴巴通过旗下的电子商务平台建立了全国最为丰富的小微企业数据库和信用记录，其信息来源有电商平台、贷款申请数据（包括个人基本信息、资产证明信息、企业经营状况、资产负债情况、家庭成员及收入情况、家庭资产等情况）、社交平台、支付宝等数据。在贷款前，利用大数据模型对这些数据推演和验证，阿里小贷建立起了一套相对完善的征信体系，能够较为准确地判断小微企业的资信情况和信用等级，根据不同的信用等级，风险评分模型会就此预测小微企业的违约概率，以此来甄别客户信用质量并进行不同额度的授信；在贷中监控环节，通过支付宝清算数据、阿里云以及微贷技术，阿里实时监测获取小微企业的经营状况和资金状况，并对可能发生违约风险的小微企业实行预警；在贷后的管理阶段，阿里小贷可通过关闭违约申请者在淘宝平台上的店铺、冻结支付宝中的结算金、在阿里小贷官网公开负面信息等方式来提升借款人的违约成本。

阿里小贷产品主打淘宝订单贷款、信用贷款产品。从申请到审核再到放款全过程最短可在 3 分钟内实现快速贷款，最长可在申请后七天内完成。

第三节　我国小额贷款公司的资金运作

一、我国小额贷款公司的资金来源

（一）小额贷款公司融资规定

《指导意见》中规定了小额贷款公司的资金来源为股东缴纳的资本金、捐赠资金，以及来自不超过两个银行业金融机构的融入资金。同时，在法律、法规规定的范围内，小额贷款公司从银行业金融机构获得融入资金的余额，不得超过资本净额的50%。融入资金的利率、期限由小额贷款公司与相应银行业金融机构自主协商确定，利率以同期“上海银行间同业拆放利率”为基准加点确定。

各省份对于小额贷款公司融资的规定大多在关于小额贷款公司管理暂行办法中做出了指导性和原则性的规定，浙江省和重庆市等少数省份针对融资监管制定了专门的文件，部分省份关于小额贷款公司融资渠道的具体规定详见表3-9。

表3-9 部分省份小额贷款公司融资规定

省（市）	银行业金融机构贷款	股东定向借款	同业拆借	小额再贷款公司	发行债券	资产转让业务①
山西	允许	允许	允许	允许	允许	允许
浙江	允许	允许	允许	未明确	未明确	允许
重庆	允许	允许	允许			允许
山东	允许	允许	允许	未明确	允许	允许
内蒙古	允许	允许	允许	未明确	允许	允许
江苏	允许	允许	允许	未明确	允许	允许
湖南	允许	允许	允许	未明确	允许	允许
广东	允许	未明确	允许	未明确	未明确	未明确
福建	允许	未明确	未明确	未明确	未明确	允许
江西	允许	未明确	未明确	未明确	禁止	未明确
河南	允许	允许	未明确	未明确	允许	允许
贵州	允许	允许	允许	未明确	未明确	允许
宁夏	允许	允许	允许	未明确	允许	允许
河北	允许	允许	允许	允许	允许	允许
海南	允许	允许	未明确	未明确	未明确	允许
黑龙江	允许	未明确	未明确	未明确	未明确	未明确
辽宁	允许	允许	允许	未明确	未明确	未明确
甘肃	允许	允许	未明确	未明确	未明确	允许
陕西	允许	允许	未明确	未明确	未明确	允许

资料来源：根据相关省市小额贷款公司监管办法整理。

从表3-9可以看出，在融资工具的范围方面，大部分省份都在不同程度鼓励多元化和新型的融资工具来拓宽小额贷款公司的融资渠道，除了《指导意见》规定的方式外，同业拆借、私募债券、资产证券化、信贷资产转让等方式都可成为小额贷款公司

① 与银行机构、资产管理公司、信托投资公司和专门从事金融资产交易的机构等合作，以回购方式开展的。

融资的渠道。但是也有部分省份较为保守，如江西省不允许小额贷款公司发行债券。在融资规模方面，部分省份放宽了优质小额贷款公司对于从银行业金融机构融入资金的 50% 的比例限制，但大部分省份还是将不同债务型融资方式的比例上限进行合并限制，最高的上限为 400%。

在允许开展的融资业务中，各省市对具体融资比例和融资条件也有不同的规定。山西规定 A 级小额贷款公司可通过银行业金融机构、小额再贷款公司、发行债券、小额贷款公司之间资金调剂拆借、股东定向借款等方式融入资金，融资比例不得超过资本金的 100%（B 级为 50%），小额贷款公司向股东定向借款事前须报市级主管部门备案①。

浙江要求小额贷款公司只能向主要法人股东定向借款，在本市范围内小额贷款公司之间进行资金调剂拆借，银行业金融机构贷款、股东定向借款和同业拆借对融资比例合计不得超过当时公司资本净额的 100%，资产转让业务交易规模不得超过当时公司资本净额的 50%②。

重庆规定小额贷款公司以银行业金融机构融资和回购方式开办资产转让业务的融资余额之和不得超过公司资本净额的 100%，向主要股东定向借款，融资余额不得超过公司资本净额的 100%，借出资金余额不得超过公司资本净额的 50%，借入资金余额不得超过公司资本净额的 30%，以银行业金融机构融资和回购方式开办资产转让业务的融资余额之和不得超过公司资本净额的 100%③。

山东规定小额贷款公司可向法人股东定向借款，但是各类债务融资余额总计不得超过注册资本的 2 倍④。

内蒙古鼓励合规经营、风险管控到位的小额贷款公司开展股东定向借款以及同业资金调剂的试点⑤。

江苏规定在实行股东特别借款制度后，小额贷款公司各类负债（包括直接负债和或有负债）不得超过资本净额的 400%，股东特别借款外的各类融资不得超过资本净

---

① 资料来源：《山西省金融办关于促进全省小额贷款公司规范经营防范风险的意见》（晋金发〔2018〕37 号）。
② 资料来源：《浙江省小额贷款公司融资监管暂行办法》。
③ 资料来源：《重庆市小额贷款公司融资监管暂行办法》。
④ 资料来源：《关于我省小额贷款公司在区域性股权交易市场挂牌及融资等有关事宜的通知》（2014 鲁金办发〔2014〕80 号）。
⑤ 资料来源：《内蒙古自治区人民政府办公厅关于支持小额贷款公司持续健康发展加强金融服务的指导意见》（内政办发〔2015〕122 号）。

额的 100%①。

湖南规定小额贷款公司的银行业金融机构贷款、股东定向借款、同业拆借等融资比例之和最高不得超过净资本的 300%（分类监管评级结果为 A 级的，融资比例为 300%；B 级为 200%；C 级为 100%）②。

广东规定小额贷款公司从 2 个银行业金融机构或信托公司、保险公司等其他金融机构融入资金余额不超过公司资本净额的 50%。持续经营 1 年以上的可再增加融资额至资本净额的 100%。③

福建规定小额贷款公司从银行业金融机构贷款融入资金的余额不得超过资本净额的 50%，对运行情况较好、合规经营、考评符合既定要求的小额贷款公司，上限可提高至 100%；与银行业金融机构开展信贷资产转让等业务，回购式信贷资产转让业务规模不得超过小额贷款公司资本净额的 50%④

江西规定小额贷款公司从银行业金融机构获得融入资金的余额，不得超过其资本净额的 50%⑤

河南规定小额贷款公司可向主要法人股东定向借款。各项债务性融资余额之和不得超过公司资本净额的 200%⑥。

贵州规定小额贷款公司的银行业金融机构贷款融资余额不超过公司资本净额的 50%，向持股比例不低于 10% 的主要股东定向借款，融资余额不超过公司资本净额的 50%，在全省范围内小额贷款公司之间的同业资金拆借，借出资金余额不超过资本净额的 30%，借入资金余额不超过资本净额的 30%⑦。

宁夏要求开展对外融资业务的小额贷款公司实行负债总额管理，实际负债余额不得超过净资产的 200%⑧。

---

① 资料来源：《关于进一步加强农村小额贷款公司监管工作的通知》（苏金融办发〔2011〕50 号）。

② 资料来源：《湖南省人民政府金融工作办公室关于促进小额贷款公司持续健康发展的实施意见》（湘政金发〔2017〕13 号）。

③ 资料来源：《广东省人民政府金融工作办公室、广东省工商行政管理局关于贯彻落实促进小额贷款公司平稳较快发展意见的通知》（粤金〔2012〕6 号）。

④ 资料来源：《福建省小额贷款公司暂行管理办法》。

⑤ 资料来源：《江西省关于开展小额贷款公司试点工作的实施意见》。

⑥ 资料来源：《河南省人民政府金融服务办公室关于贯彻落实豫政办〔2017〕30 号文件精神做好小额贷款公司发展与监管工作的通知》。

⑦ 资料来源：《省人民政府办公厅关于进一步促进全省小额贷款公司又好又快发展的意见》（黔府办发〔2012〕47 号）。

⑧ 资料来源：《宁夏回族自治区人民政府办公厅关于印发〈宁夏回族自治区小额贷款公司管理暂行办法（修订）〉的通知》（宁政办发〔2016〕105 号）。

河北规定小额贷款公司可向主要法人股东（持股比例达到15%以上）定向借款，通过向银行借款、主要股东借款、资产转让、同业资金调剂等方式开展债务性融资，各项融资比例之和最高不得超过净资本的200%①。

海南要求小额贷款公司从银行业金融机构获得融入资金的余额，不得超过资本净额的50%，股东定向借款资金来源必须是法人股东的自有资金，利率一般不超过同期基准利率的2倍，股东借款余额超过资本净额10%的要逐笔报省级主管部门审批，对运行情况良好、合规经营、连续两年考评为优秀或良好的小额贷款公司，回购式资产转让业务规模不得超过小额贷款公司资本净额的50%②。

黑龙江规定小额贷款公司从银行业金融机构贷款融入资金的余额不得超过资本净额的50%，挂牌小额贷款公司在债权融资余额不超过其资本净额2倍的前提下，可依法依规开展债权融资；开展网络小额贷款业务试点的小额贷款公司，其债权融资余额不得超过其资本净额的2倍。③

辽宁规定小额贷款公司从银行业金融机构贷款融入资金的余额不得超过资本净额的50%，④ 允许科技小额贷款公司开展股东定向借款和同业拆借，科技小额贷款公司外部融入资金不得超过科技小额贷款公司资本净额100%⑤。

甘肃规定小额贷款公司可向主要法人股东定向借款，融入资金不得超过其注册资本金的1倍⑥。

陕西规定传统小额贷款公司从银行业金融机构融入资金的余额不得超过资本净额的50%⑦。

表3-9中未列出的省份（云南、上海、吉林、北京、新疆、青海、安徽、湖北、四川、天津、新疆、广西）⑧ 对于小额贷款公司的融资规定均按照《指导意见》中的规定执行，即“小额贷款公司的主要资金来源为股东缴纳的资本金、捐赠资金，以及来自不超过两个银行业金融机构的融入资金。在法律、法规规定的范围内，小额贷款公司从银行业金融机构获得融入资金的余额，不得超过资本净额的50%”。

---

① 资料来源：《河北省人民政府关于促进小额贷款公司持续健康发展的意见（试行）》。

② 资料来源：《海南省小额贷款公司试点管理暂行办法》。

③ 资料来源：《在全国中小企业股份转让系统挂牌小额贷款公司股权变更、债权融资及设立子公司相关监管政策规定（试行）》。

④ 资料来源：《辽宁省小额贷款公司试点暂行管理办法》。

⑤ 资料来源：《辽宁省科技小额贷款公司暂行管理办法》。

⑥ 资料来源：《甘肃省小额贷款公司管理试行办法》。

⑦ 资料来源：《陕西省小额贷款公司试点管理办法（试行）》。

⑧ 西藏自治区暂未出台小额贷款公司管理规定。

除此之外，也有部分省份在融资渠道方面有一些较为先进的提法。例如广西和广东都规定了当地的小额贷款公司可从投资基金融入资金，且融入资金余额不超过公司资本净额的 50%。也有省份针对网络小贷和传统的小额贷款公司制定了不同的门槛和限制，例如陕西省针对传统小额贷款公司从银行业金融机构融入的资金限额为资本净额的 50%，但是针对网络小额贷款公司从银行业等金融机构融入资金的限额为注册资本的一倍。同时，部分省份中的不同地市也会出台特定的政策来对当地小额贷款公司融资渠道进行规定。例如深圳市就在 2016 年颁布了《关于我市小额贷款公司开展融资创新业务试点的通知》，规定通过外部合规渠道融入资金总比例（含同业拆借）不得超过公司上年度净资产的 200%；同业拆借的拆出资金比例不得超过上年度净资产的 30%，超出了省级层面规定的 100% 的比例。

根据《指导意见》以及相关规定，我国小额贷款公司的资金来源呈现以下特点：

首先，小额贷款公司的融资渠道较窄，以内源融资为主。目前，小额贷款公司的资金来源主要是股东出资、捐赠资金。内源融资取决于小额贷款公司自身，内源融资的前提是公司自身能够产生稳定的留存收益，而留存收益又是来源于净利润，因此内源融资也受到大股东的资金实力与出资意愿的限制。从目前我国小额贷款公司的经营状况来看，2018 年，33 家在新三板挂牌的小额贷款公司的留存收益/净资产的比率平均为 10.07%，其中有 17 家小额贷款公司净利润增长率为负，占比超 50%。最大值为 2 326.36%，最小值为 -878.44%。2015 ~ 2018 年，33 家小额贷款公司合计净利润增长率分别为 -2.15%、-24.20%、-9.46% 和 -67.80%，剔除 2 个极端样本后，31 家小额贷款公司 2015 ~ 2018 年的合计净利润增长率分别为 4.68%、-15.39%、-9.59% 和 -50.54%。因此，从这些在新三板挂牌的小额贷款公司的盈利能力来看，依靠内源融资的空间十分有限。

其次，小额贷款公司的融资规模较小，小额贷款公司的外源性融资规模受到一定程度的限制，根据《指导意见》，小额贷款公司从银行业金融机构融入的资金余额不能够高于小额贷款公司资本净额的 50%，但是在《征求意见稿》中，这条融资比例限制被取消。

参考国外小额信贷机构的融资渠道（见表 3-10），除吸收存款、客户强制储蓄以及从央行处获得贷款与我国小额贷款公司的定位有所冲突外，发债融资、小额信贷批发、上市融资、小贷投资基金、小贷政策基金以及小贷国际基金在我国都有一定的可操作性。

表 3－10 国外小额信贷机构的融资渠道

渠道		金融市场不发达国家与地区（机构）				金融市场发达国家与地区		对中国的借鉴价值
		孟加拉格莱珉银行	印度尼西亚人民银行	玻利维亚阳光银行	印度互助小组	美国	中国香港	
债权融资	吸收存款	√	√	√		√		与定位冲突
	客户强制储蓄			√	√			与定位冲突
	央行贷款	√						与定位冲突
	发债融资					√	√	具有可操作性
	小额信贷批发	√					√	具有可操作性
股权融资	上市融资		√			√	√	具有可操作性
	小贷投资基金		√			√		具有可操作性
捐赠补贴	小贷政策基金				√	√		具有可操作性
其他渠道	小贷国际基金	√						具有可操作性

资料来源：周迟．小额贷款国内外研究现状及发展动态［J］．生产力研究，2012（5）．

（二）我国小额贷款公司融资方式

1．权益性融资方式

（1）公开发行股票。目前，由于严苛的审核条件，在 A 股市场上并未有小额贷款公司作为独立的上市主体上市，但却有为数不多的几家公司赴港或赴美上市（见表 3－11）。

表 3－11 我国小额贷款公司上市情况

公司名称	上市日	交易场所	目前状态
苏州市吴江市鲈乡农村小额贷款公司	2013－08－13	纳斯达克	已转型
瀚华金控	2014－06－19	港交所	交易
佐力小贷	2015－01－13	港交所	交易
丰汇小额贷款公司	2016－07－22	纳斯达克	退市
汇鑫小贷	2016－09－30	港交所	交易
泰和小贷	2017－05－08	港交所	交易
敦信金融	2018－08－24	纽交所	交易

注：苏州市吴江市鲈乡农村小额贷款公司在 2018 年已将小贷业务出售，目前其唯一业务为 VIE 实体进行的豪华车租赁业务。

资料来源：Wind 数据库。

（2）股东资本金注入。从投资人的能力来看，小额贷款公司大多是由自然人、企业法人和其他社会组织投资设立的，其财务目标多数为获得短期的盈利后实现退出。从投资人的意愿来看，投资人实现收益的最理想的方式是实现高收益退出，然而一方面，小额贷款公司的股权投资回报率较低使“高收益”难以保证，以在新三板挂牌的33家小额贷款公司为例，2018年，其平均ROE仅为4.42%；另一方面，政策不明朗导致的退出方式较少阻碍了小额贷款公司吸引投资人入场。例如，虽然《小额贷款公司改制设立村镇银行暂行规定》2009年就已颁布，但是目前其配套规定仍未明晰，这使得至今仍未有小额贷款公司成功改制的案例出现，因此，许多股东会持观望态度，增资扩股的意愿并不强烈。

从股东资本金注入的外在法规限制条件来看，《指导意见》中规定，“单一自然人、企业法人、其他社会组织及其关联方持有的股份，不得超过小额贷款公司注册资本总额的10%”。虽然各地在该限制基础上有不同程度的放宽，但是目前除广东省将股份限制取消之外，其余地区仍然有所限制，例如泉州市规定在一定情况下，该比例可放宽至49%。股权分散的特点依旧使得小额贷款公司难以从单一大股东处获得充足的资金来源。

从增资扩股的外在法规限制条件来看，目前中央层面未对小额贷款公司的增资扩股条件作出明确规定，各省关于其增资扩股条件的设置也不尽相同，例如，浙江、北京、新疆等地“对于切实服务小企业和“三农”、规范经营的小额贷款公司，1年后允许增资扩股。”虽然部分地区对增资扩股的等待期进行了一定程度的放开（例如，广西将此限制放开至半年），但是仍未从根本上解决小额贷款公司权益融资难题。表3－12列出了不同省份对于小额贷款公司增资扩股的规定。

表3－12　部分省市小额贷款公司增资扩股的规定

省（市）	运营时间	增资条件	高管人员要求	入股资金要求
北京	一年以上	合规经营，结构健全，管理良好	未因违法违规行为受到处罚	自有资金、来源合法、实缴货币
湖南	半年以上	经营规范，向农户、中小企业放贷达注册资本70%，同一借款人放贷少于5%且不超过250万元，不良贷款比例少于2%	应当符合《公司法》《公司登记管理条例》的规定	资金来源真实合法，全部为自有资金，出具股东责任承诺，实收货币
陕西	半年以上	经营状况良好，年化资本收益率不低于8%，无不良贷款。申请时其贷款余额须达到注册资本金的90%	未因违法违规行为受到处罚	新增法人出资必须是货币资金，出资额不超过企业净资产的70%，不高于企业的流动资产
广西	半年以上	结构健全，制度完善，风控管理良好	未明确	真实合法、实缴货币
甘肃	半年以上	经营合规，业绩优良，风险控制较好	未因违法违规行为受到处罚	真实合法、实缴货币

续表

省（市）	运营时间	增资条件	高管人员要求	入股资金要求
海南	一年以上，符合要求可半年以上	合规经营，结构健全，风险管理机制完善	未因违法违规行为受到处罚	未明确
浙江	一年以上，符合要求可半年以上	融资需求旺盛，民间利率偏高的县（市、区），试点的小额贷款公司服务“三农”和小企业成效显著，内控制度健全	具备任职专业知识和业务工作经验	全部为实收货币资本
云南	一年以上，符合要求可半年以上	合法经营，业绩优良，风险控制较好，不良贷款率不超过1%等条件可提前增资扩股	有具备任职专业知识和业务工作经验	均为实收货币资本
广东	无（原规定一年以上）	各方面达到监管要求，可根据实际需要申请	有具备任职专业知识和业务工作经验	来源应真实合法，为实收货币资本
上海	无	规范经营、运行良好且需要补充资本	未明确	可按本市相关规定创新融资方式扩大可贷资金规模

目前，受法律法规的限制，小额贷款公司无法像商业银行一样拥有稳定的存款作为资金来源，大部分的贷款资金来源为股东的实收资本金（见表3－13）。通过比较实收资本与贷款余额的情况可以反映出小额贷款公司的资金缺口情况。2010～2019年，我国小额贷款公司实收资本增速呈现出明显的放缓趋势，与此相对应，小额贷款公司的贷款余额增速也随之放缓。而小额贷款公司实收资本与贷款余额的差额与实收资本的比值基本保持在10%～19%，说明小额贷款公司的资金缺口大致是其实收资本的10%～19%。

表3－13　我国小额贷款公司2010～2019年上半年实收资本与贷款余额情况①

项目 \ 年份	2010	2011	2012	2013	2014	2015	2016	2017	2018	2019H1
实收资本（万元）	1 780.9	3 318.66	5 146.97	7 133.39	8 283.06	8 459.29	8 233.9	8 270.33	8 363.2	8 235
实收资本增速（%）		86.34%	55.09%	38.59%	16.12%	2.13%	－2.66%	0.44%	1.12%	－2.53%②
贷款余额（万元）	1 975.1	3 914.74	5 921.38	8 191.27	9 420.38	9 411.51	9 272.8	9 799.49	9 550.44	9 241
贷款余额增速（%）		98.21%	51.26%	38.33%	15.01%	－0.09%	－1.47%	5.68%	－2.54%	－5.35%③

① 数据来源：深圳市钱诚数科互联网金融研究院、中国人民银行。
② 此处为2019年上半年相较于2018年同期的同比增速。
③ 此处为2019年上半年相较于2018年同期的同比增速。

续表

项目 \ 年份	2010	2011	2012	2013	2014	2015	2016	2017	2018	2019H1
实收资本与贷款余额的差额（万元）	194.12	596.08	774.41	1 057.88	1 137.32	952.22	1 038.9	1 529.16	1 187.24	1 006
差额与实收资本之比	10.90%	17.96%	15.05%	14.83%	13.73%	11.26%	12.62%	18.49%	14.20%	12.22%

（3）挂牌转让。截至2019年9月4日，在区域性股权交易所进行挂牌转让的小额贷款公司累计213家。自2014年7月鑫庄农贷成为小额贷款公司挂牌新三板第一单以来，最多时共有46家小额贷款公司登陆新三板，但目前仍在全国中小企业股份转让系统进行挂牌转让的小额贷款公司共计33家，其中仅2015年在新三板挂牌的小额贷款公司就有28家，占比达到了80%，自2016年以来均无小额贷款公司挂牌新三板，而且近些年来存在小额贷款公司陆续撤离新三板的现象，自2016年11月佳和小贷成为全国首家从新三板摘牌的小额贷款公司以来，累计有13家小额贷款公司拟申请终止挂牌或已摘牌，退出率高达28.26%，且鑫庄农贷、日升昌这两家小额贷款公司正在申请终止挂牌（但是内部未通过）①。

造成这种现象的外部原因在于新三板的投资门槛高导致的流动性低，从而使得新三板公司难以获得必要的融资；同时，类金融企业（对“一行三会”监管外的金融类企业的统称）挂牌新三板在2016年年初被叫停后，股转公司严格限制了此类企业的融资活动，这直接致使已挂牌的小额贷款公司通过此种方式融资的难度上升。而内部原因主要在于小额贷款公司出于节省挂牌期间持续督导、法律顾问、财务审计等费用的考虑，同时进行战略调整。

2. 债务性融资方式

（1）贷款融资。

其一，银行贷款。《征求意见稿》中明确规定，“小额贷款公司向银行业金融机构融入资金属于一般商业信贷业务”。这说明从监管的角度来看，虽然小额贷款公司在业务规则和流程方面要做到审贷分离、贷款五级分类、贷款集中度等，是按照金融机构的标准在管理，但是其性质仍然是一般工商企业，由此就会产生一系列的融资难题。

从融资成本的角度看，一方面，银行按照一般工商企业贷款标准为其融资，利率都在基准利率6%以上，而其他金融机构通过同业拆借，利率参照上海银行间同业拆

① 数据来源：Wind数据库。

放利率，一年期的基准利率仅在5%左右。根据2019年8月广东省小额贷款公司协会发布的《广东省小额贷款公司融资情况调查报告》（以下简称《报告》），约八成小额贷款公司未能通过外部渠道获得充裕的资金，而且经营成本高企，通过银行进行贷款需支付的年化利率和担保费普遍在10%～12%，这明显高于银行企业经营性贷款的年化利率（见图3－6）。

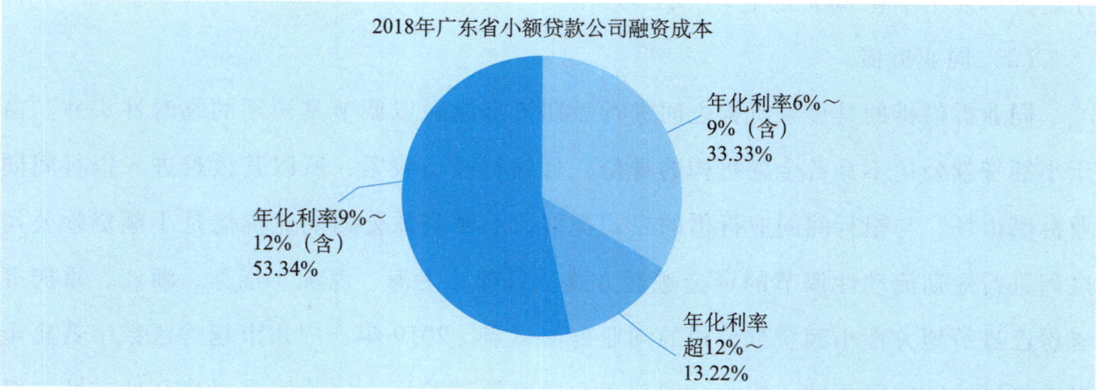

图3－6　2018年广东省小额贷款公司融资成本

资料来源：《广东省小额贷款公司融资情况调查报告》。

造成小额贷款公司的贷款利率高企主要有以下几个原因：一方面，由于小额贷款公司符合抵押和担保条件的资产有限，因此其担保措施比较有限，从《报告》的数据可以看出，小额贷款公司能够提供大股东担保的、担保公司担保、房产或土地抵押以及企业联保或第三方担保的比例分别仅为57.5%、20%、12.5%和10%。相应地，得到的贷款数额难以满足其日常经营活动的需求；另一方面，企业自身的管理制度、财务制度等内部制度不完善，信用等级不高等因素也极大地影响了银行的放贷意愿。

从融资的杠杆率角度看，《指导意见》明确规定，小额贷款公司可从不超过两家的合作银行融入不超过资本净额的50%的贷款，即合作银行给予小额贷款公司的贷款至多为自有资本的0.5倍，这意味着小额贷款公司的最大融资杠杆只有1.5倍，重庆在2012年6月率先放开小额贷款公司融资杠杆率，将表内杠杆率放宽至2.3倍，但是仍与担保公司的10倍、银行平均的12.4倍差距较大。

其二，股东借款。部分省份规定小额贷款公司可以向持股比例在5%以上的主要法人股东定向借款[①]（如浙江省、广东省），部分省份规定了小额贷款公司的定向借款对象可以是持股比例在5%以上的主要法人股东或者是持股10%以上的自然人股东

① 《浙江省小额贷款公司融资监管暂行办法》。

（如重庆市）①。

《广东省小额贷款公司法人股东借款操作指引（试行）》和《重庆市小额贷款公司主要股东定向借款操作细则》中均对小额贷款公司开展股东借款的条件做出了明确规定，包括开业经营半年以上、有良好的公司治理结构和健全的内部控制制度、经营管理良好，无不良信用记录和重大违法违规经营行为、资本运用较充分，申请前一个月注册资本使用率在80%以上。

（2）同业拆借。

同业拆借指的是金融机构之间进行短期资金融通以调节其短期的临时性头寸。由于小额贷款公司不具备金融机构的身份，且银行授信收紧，所以其很难进入银行间同业拆借市场。与银行间同业拆借的模式类似，小额贷款公司同业拆借是小额贷款公司之间进行短期流动性调节的资金融通方式。目前，上海、深圳、江苏、浙江、重庆等省份已进行地方性小额贷款公司的同业拆借试点。2019年，广州市越秀区数字普惠金融监管试验区获得授牌，成为全国首个金融监管试验区，试验区内拟建立地方性二级同业拆借中心，有助于增加辖内小额贷款公司的资金来源，盘活小额贷款公司的存量资金，相应地扩大拆借方的贷款业务规模。

专栏3-1

立根再贷探索创新小额贷款公司融资方式

广州立根小额再贷款股份有限公司（以下简称“立根再贷”）作为中国第一家小额再贷款公司于2013年在广州成立，注册资本10亿元。6年多来立根再贷致力于系统性解决小额贷款公司融资难题，公司职能定位在作为中央交易商——转贷平台，提供批发资金转贷给小额贷款公司，同时接受小额贷款公司的资金、信贷资产转让和不良资产打包清理，将其作为小额贷款公司的资金交易池和资产交易平台，既能满足小额贷款公司的资金需求，同时也能帮助小额贷款公司逐渐发展。截至2019年7月底，已累计向小额贷款公司发放贷款658笔，金额达171.21亿元，直接创造税收收入达2.79亿元，服务省内小额贷款公司70余家；间接创造税收超6亿元，服务小微企业及个体工商户达2万余家。同时，立根再贷创新发挥小贷行业

① 《重庆市小额贷款公司主要股东定向借款操作细则》。

“稳压器”功能，通过市场化的风险定价机制引导形成行业价格，切实履行平抑小贷行业价格的职能；通过组织同业拆借、购买信贷资产等方式赋能小额贷款公司，激发其自身造血功能，现已累计组织同业拆借8.58亿元，购买小额贷款公司信贷资产12.32亿元。大幅降低了小额贷款公司融资成本，提高闲置资金的收益，为小额贷款市场注入流动性。

资料来源：根据相关资料整理。

各地小额贷款公司开展同业拆借的条件和要求各不相同，以重庆市和浙江省为例，开展同业拆借的小额贷款公司应具备如表3－14所示的条件：

表3－14　重庆市与浙江省小额贷款公司同业拆借的准入条件与拆借规定的对比

相关规定	比较项目	重庆	浙江
准入条件	成立期限	开业经营半年以上	经省金融办批准成立并运行一年的小额贷款公司，且在上年度考核中获得优秀A级以上考核评定称号的
	公司治理	有良好的公司治理结构和健全的内部控制制度；经营管理良好，无不良信用记录和重大违法违规经营行为	有健全的风险管理制度和内部控制制度
	拆借对手方要求	借入方贷款质量较高，不良贷款率不得超过5%	无明确规定
	兜底条款	符合市金融办规定的其他条件	主要指标符合有关管理部门的规定
拆借规定	利率	由借款双方自主协商确定，原则上借款利率参照同期上海银行间同业拆放利率为基准加点确定	可由交易双方自行商定，原则上利率一般不超过同期银行融资利率，最高不超过同期银行基准利率上浮30%
	拆借期限	由借款双方自主协商确定，原则上同业借款期限不得超过6个月	可由交易双方自行商定，原则上同业调剂拆借期限不超过3个月
	拆借规模	借出资金余额不得超过公司资本净额的50%，借入资金余额不得超过公司资本净额的30%	小额贷款公司之间资金拆借、银行业金融机构与股东定向借款融资三项之和不得超过资本净额的100%

资料来源：《重庆市小额贷款公司资产转让工作指引（试行）》《浙江省小额贷款公司同业调剂拆借资金操作细则》。

（3）发行债券。

小额贷款公司发行债券主要是通过区域性股权交易所进行，其瓶颈在于小额贷款公司的信用等级较低，发债融资后的杠杆率易触达1.5倍的红线，且资产负债率的提升又会对其本身的贷款融资造成一定的阻碍。例如，浙江省有三家小额贷款公司于2013年发布“小贷债”发行公告后不到一周的时间内就因被其银行债权人“催债”而叫停。表3－15列示了部分省份对于小额贷款公司发行私募债的规定：

表3－15 不同省份对小额贷款公司发行私募债券的准入规定

湖北省	浙江省	宁夏回族自治区	江西省
（一）公司治理规范，内控制度完善，无重大违法违规行为，财务会计报告无虚假记载； （二）公司注册资本不低于人民币1亿元； （三）公司存续期1年以上，经中国人民银行武汉分行认定有资质的评级机构评级为3B及以上信用等级，资产负债率不高于75%； （四）公司债券融资、银行业金融机构融资与回购方式的资产转让融资总额不超过公司资本净额的100%，对信用评级为2A及以上的小额贷款公司可放宽到150%； （五）公司对借款人的平均贷款余额不得超过公司资本净额的5%； （六）公司上一年度净资产收益率不低于8%； （七）公司近四个季度末不良贷款率均不高于3%； （八）符合交易场所规定的其他审慎性条件。	（一）发行人是在浙江省内注册的小额贷款公司，成立时间满24个月以上； （二）发行人在浙江省金融办的年度考核评级中连续2年保持在A（含）以上，上一年度的信用等级符合一定的信用评级标准； （三）发行人对还本付息的资金安排有明确方案； （四）发行人发行小贷债的规模，不得超过发行人资本净额扣减银行融资、法人股东借款、同业拆借后的额度，即通过前述四种融资方式的总额度不得超过发行人资本净额的100%； （五）发行人经营情况良好，无重大违法违规行为，无重大风险事项。	（一）公司治理规范，内控制度完善，无重大违法违规行为，财务会计报告无虚假记载； （二）公司注册资本不低于人民币3 000万元； （三）公司存续期一年以上； （四）公司债券融资、银行业金融机构融资与回购方式的资产转让融资总余额不超过公司资本净额的100%； （五）公司对借款人的平均贷款余额不得超过公司资本净额的10%； （六）公司上一年度净资产收益率不低于10%； （七）公司近两个季度末不良贷款率均不高于3%； （八）符合自治区金融服务办公室规定的其他审慎性条件。	设立满2年，注册资本不低于1亿元；经营状况良好，具有比较完善的投资决策机制、风险控制制度、操作流程，具有相应的合格专业人员，支农、支小贷款比重达70%，不良贷款率低于2%，年审合格，监管评价较高的小额贷款公司。

资料来源：相关省份关于小额贷款公司发行私募债的有关规定。

（4）信贷资产转让。

广义的信贷资产转让实际上包括三种模式，既包括小额贷款公司与金融机构间“一对一”转让信贷的模式，又包括信贷资产收益权转让这种“类资产证券化”模式，以及资产证券化。

其一，“一对一”信贷资产转让。正统意义上的信贷资产转让是指金融机构之间根据协议约定转让在其经营范围内的、自主、合规发放尚未到期信贷资产的融资业务。银监会针对信贷资产转让业务，先后下发了《关于规范信贷资产转让及信贷资产类理财业务有关事项的通知》（银监发〔2009〕113号）、《中国银监会关于进一步规范银行业金融机构信贷资产转让业务的通知》（银监发〔2010〕102 号）等规范性文件。虽然小额贷款公司在严格意义上并不属于金融机构的范畴，但这些规定对于小额贷款公司开展信贷资产转让业务仍仅具有一定的指导意义。

根据《重庆市小额贷款公司资产转让工作指引（试行）》，小额贷款公司的资产转让指的是小额贷款公司与其他投资者之间根据协议约定合规转让其经营范围内的、尚未到期资产的融资业务。具体的方式有买断、回购和代理买卖。开展此业务的条件为“具有一定的经营规模、较好的公司治理、较强的风控能力和良好的经营业绩，无重大违法违规行为，并已经取得业务准入资格”。《浙江省小额贷款公司融资监管暂行办法》规定，“以回购方式进行资产转让业务的，其交易规模不得超过当时公司资本净额的 50%”。

小额贷款公司信贷资产转让的比较典型的一种模式是银行和小额贷款公司之间“一对一”进行的回购型信贷资产转让。由于在转让时，小额贷款公司会与银行商定利率，且银行的利率相对较低，这使得小额贷款公司在拓宽资金来源的同时，还能从中获得利息的差额。为了防范风险，小额贷款公司引入了第三方担保，出现风险时，将由第三方回购。最早开展小额贷款公司信贷资产转让的是深圳市中恒泰小额贷款有限公司。其通常的模式为：借款人通过小额贷款公司申请“信贷资产转让”类贷款时，小额贷款公司会事先告知其贷款在未来会进行转让，银行向小额贷款公司支付等值资金买断贷款后，到期由企业向银行归还贷款。贷款转让后，企业从小额贷款公司贷款时的利率并不发生改变，且企业支付给银行的利息也是通过委托小额贷款公司代付的形式完成。

其二，小额贷款资产收益权转让。重庆金融资产交易所的小额贷款收益权凭证转让是小额贷款公司资产证券化的首创，但是严格意义上来讲，这并不是一种真正的资产证券化产品。与规范的信贷资产证券化产品相比，小额贷款资产受益权凭证业务正规程度较低。小额贷款公司的资产收益权凭证业务（小贷凭证业务）的流程是：在资产流方向，小额贷款公司首先需要选择合格的承销商、律师以及会计师将借款人的债权资产打包，此基础资产会据其现金流状况被划分为优先级和普通级，其中优先级面向公众发售，受偿权优先于普通级，且由外部担保公司（AA 级担保公司，如三峡担保集团）对其到期兑付提供连带责任担保，而普通级由小额贷款公司自持，产品存续期内不得向公众转让；重庆金融办对小额贷款公司是否具备从事资产转让的资格进行门槛审查，符合要求的小贷公司才有资格以锁定并实施了资产增信的资产包为基础在重庆金融资产交易所发行收益权凭证。承销商不仅负责在金交所交易平台销售此证券化产品，而且会履行做市义务，按照规定进行双边报价和买卖，投资者多为当地的银行、信托和保险机构等。

在凭证兑付现金流方向，小额贷款公司的借款人还本付息至小额贷款公司，然后小额贷款公司再将这部分现金流按照合同归集至交易所平台，购买了收益权凭证的投资者（多为当地的银行、信托和保险机构等）在到期日得到本金和利息。小贷公司无法还本付息时，担保公司就将承担赔付的义务，从而保障了投资者的利益。其具体的交易结构如图 3－7 所示。

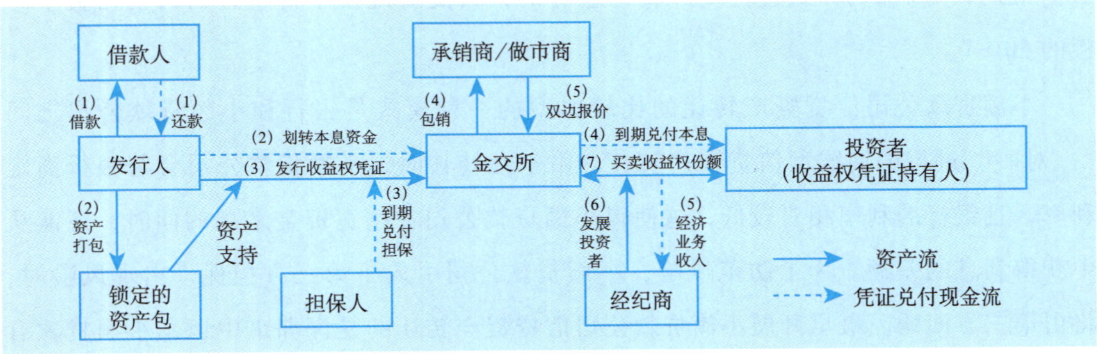

图 3－7 小额贷款资产受益权凭证业务示意图

资料来源：中国资本联盟。

之所以业界也称这种“重庆模式”为“类资产证券化模式”，主要是因为小额贷款公司并未实现资产出表，当原始资产包的资产出现亏损，担保公司首先承担支付责任，发行人仍承担回购义务。而对于规范资产证券化来说，资产被原始权益人打包卖给 SPV（特殊目的载体）之后，该资产就实现了风险隔离。

2011 年 9 月银监会发布的《中国银监会办公厅关于“小贷”资产证券化有关风险提示的通知》中提示了部分地区的小额贷款公司在开展小贷凭证业务中存在的风险：

第一种风险，风险隔离系统脆弱。从发行人的角度来看，上文所述模式的证券化并非严格意义上的 ABS，因为并未通过真正意义上的 SPV（特殊目的载体）实现风险隔离，大多数情况下，发行人都会利用诸如到期回购等方式进行对受益权承担着保障责任，即资产并未实现真正出表；从监管机构的角度看，金交所承担着发行审核和交易场所等多重角色，且小额贷款公司极强的地域属性也导致其受地方经济掌控的程度极高，在这种情况下，发行的公平性很难得到保证；从承销商方面来看，部分资产证券化聘请的是当地城投公司或担保公司等缺乏承销资质的企业，甚至出现集担保与承销于一体的情况，且小额贷款公司极强的地域属性也导致其受地方经济掌控的程度极高，这不仅很难保证尽职调查的专业度，而且这种利益的关联使投资人的利益很难得到保障。

第二种风险，监管主体和监管边界不明晰。目前该种类型的资产证券化由当地政府组织的联合监管委员会负责进行监管，但是由于该机制为联席会议，并非是独立的监管主体，其成员单位也缺乏上级机构赋予的监管权限，因此其监管合规性较难得到保证。

第三种风险，小额贷款公司的信贷资产风险较高，且结构分散，单笔信贷资金金额小、期限短且差异大，难以准确且有效地测算资产包的现金流，再加上证券化把一部分风险通过以银行业金融机构为代表的机构投资者转嫁给了公众，诱发系统性金融风险的概率就会随之加大。

其三，小额贷款资产证券化。2013 年 2 月，证监会发布的《证券公司资产证券化业务管理规定（征求意见稿）》对证券公司进行资产证券化做出了相关规定，为小额贷款公司通过证券公司发行 ABS 产品提供了借鉴。部分省份出台了关于小额贷款公司资产证券化的细则，例如四川省于 2016 年 2 月发布的《四川省人民政府金融办公室关于开展优秀小额贷款公司资产证券化融资试点的通知》中对小额贷款公司发行资产证券化产品的准入条件规定如表 3－16 所示。

表 3－16　四川省小额贷款公司发行资产证券化产品的准入条件

（一）小额贷款公司注册资本 1 亿元（含）以上，且经营满 2 年；
（二）公司管理规范、经营良好，不良贷款率低于 5%；无重大违法违规情况，且最近 1 期监管评级达 2 级以上［由市（州）金融办核实］；
（三）坚持小额分散原则和服务小微、“三农”的行业宗旨，公司最近 1 期年末或月末小微企业、涉农贷款（剔除重叠部分）余额占比不低于 60%［由市（州）金融办核实］；
（四）“符合监管部门要求的其他审慎性条件”，同时规定资产证券化产品发行规模纳入小额贷款公司对外融资额度管理，公司对外融资总金额不得超过公司资本净额的 100%（经监管部门批准除外）；
（五）小额贷款公司资产证券化募集的资金只能用于自身小额贷款发放。

资料来源：《四川省人民政府金融办公室关于开展优秀小额贷款公司资产证券化融资试点的通知》。

从以上规定可以看出，小额贷款公司资产证券化融资的核心条件在于其基础资产是否优质，风险水平是否在合理范围内。

截至 2020 年 4 月 20 日，小额贷款公司共发行 ABS 累计为 7 209.89 亿元，目前仍处于存续期的有 347 只，已经清算的有 45 只，且以 2017 年发行产品数量与发行金额合计为最高①。2013～2019 年小贷 ABS 的发行情况如图 3－8 所示。

① 数据来源：Wind 数据库。

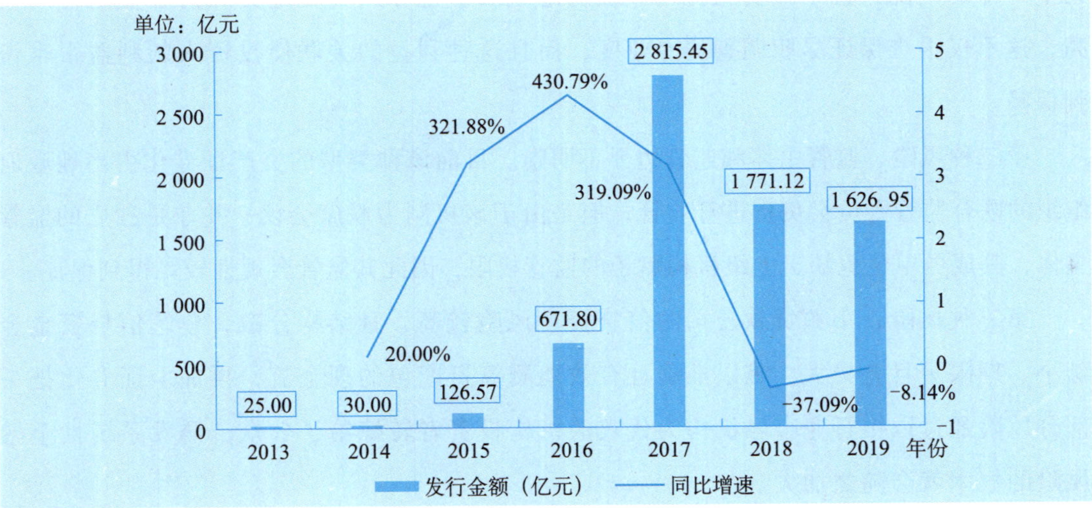

图 3-8　2013~2019 年小贷 ABS 发行总量及同比增速

资料来源：Wind 数据库。

2013 年底，东证资管与阿里小贷发行了业内首个小额贷款公司资产支持专项计划，拉开了小贷 ABS 正规化的大幕。2013~2017 年，小贷 ABS 产品发行量都一直保持着高速增长，2015~2017 年的同比增速甚至高达 321.88%、430.79% 和 319.09%，在 2017 年发行总额达到 2 815.45 亿元的峰值后，全国小贷 ABS 发行数量和规模骤降。

2017 年后小贷 ABS 骤降的原因主要是监管的趋严。一方面，从供给端来说，受 2017 年底发布的《关于规范整顿“现金贷”业务的通知》《小额贷款公司网络小额贷款业务风险专项整治实施方案》等新政的影响，监管部门对小额贷款公司的资金来源管理更加审慎，以信贷资产转让、资产证券化等名义融入的资金应与表内融资合并计算。该举措严格限制了消费金融 ABS 的扩张，对于超过规定比例的小贷公司应制定方案主动压缩规模。因此，很多小贷公司通过主动降低新增 ABS 规模和增资以符合监管要求；另一方面，从投资端来说，2018 年 1 月 13 日，银监会发布《关于进一步深化整治银行业市场乱象的通知》（银监发〔2018〕4 号），明确禁止商业银行投资场外类 ABS 和以“现金贷、校园贷、首付贷”等为基础资产的 ABS 产品。

通过比较小贷 ABS 与全市场的优先级 ABS 利率可以发现（见表 3-17），总体来看，二者变化趋势基本能保持同频共振，但是在 2017 年以前，小贷 ABS 的优先级平均利率均高于全 ABS 市场的平均利率，但在 2018 年和 2019 年，小贷 ABS 的优先级平均利率低于全市场 ABS 的优先级平均利率。

表 3－17　　2013～2019 年小贷 ABS 与全市场 ABS 优先级平均利率

年份	小贷 ABS 优先级平均利率	ABS 优先级平均利率
2013	6.12%	5.91%
2014	6.65%	5.36%
2015	6.08%	5.04%
2016	4.43%	4.40%
2017	5.53%	5.45%
2018	5.15%	5.53%
2019	4.05%	4.66%

资料来源：Wind 数据库。

规范的小贷 ABS 产品与上文中提到的资产收益权转让模式相比，能够实现资产的风险隔离，同时在深交所或者上交所交易，赋予了产品更多的流动性，为小额贷款公司的融资提供了新渠道和新方向。以东证资管—阿里巴巴 1 号专项资产管理计划为例，在资产流方面，阿里小贷作为原始权益人将基础资产转让给资管计划的管理人设立的 SPV，在 SPV 中多种内部增信措施将该基础资产进行分层，信用评级机构针对不同层级的资产进行评级，最后计划管理人将不同层级的资产在深交所出售给相应的认购方。而在现金流方面，阿里小贷已经在前期把基础资产转让给 SPV 时收回了债权的账面价值，后期阿里小贷将资管计划中的债权资产所产生的本息现金流偿还到 SPV 计划在银行开设的托管账户。计划管理人向托管银行下发支付命令后，每期的本金和利息将会被汇至中国证券登记结算有限公司的账户。最后由中国证券登记结算有限公司在每期的权益分配日将这部分本息现金流划转至各个投资者的账户。具体交易结构如图 3－9 所示。

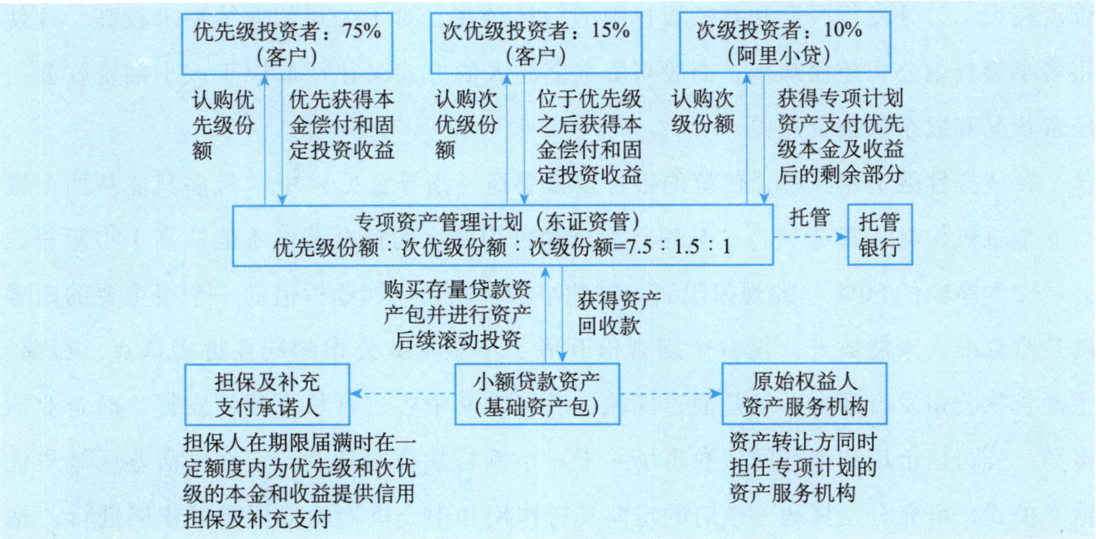

图 3－9　东证资管—阿里巴巴 1 号专项资产管理计划交易结构

资料来源：产品公告。

（三）小额贷款公司融资渠道总结

总体来看，我国小额贷款公司的融资方式主要可分为权益性融资方式和债务性融资方式，图 3 - 10 具体列式了不同的形式。

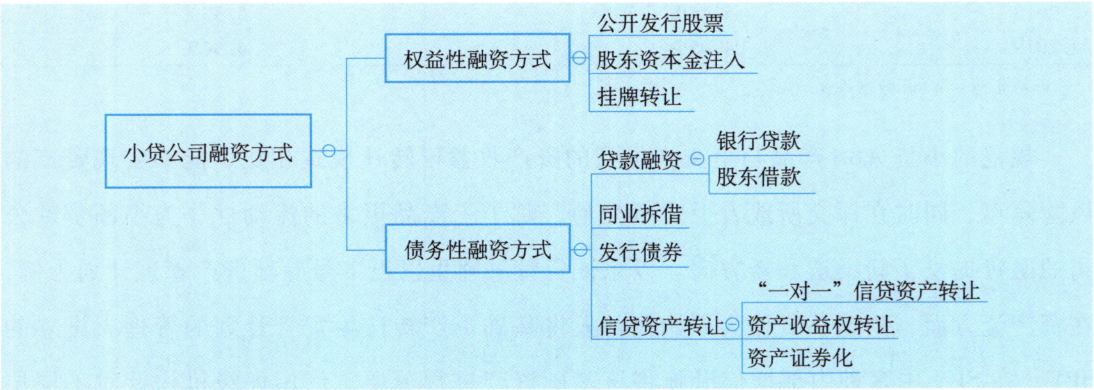

图 3 - 10　我国小额贷款公司主要融资方式

综合以上分析，小额贷款公司的融资渠道因受到行业监管的严格限制而十分有限。此外，大多数省份关于小额贷款公司的融资渠道规定较为宏观，侧重的是大方向的鼓励和支持，但并未出台每种融资渠道的详细操作细则，在实际业务开展的过程中只能参照适用或者不断摸索。

虽然股权融资能够带给小额贷款公司更为稳定的资金，但是在实际操作中，往往难度较大。公开发行股票和新三板挂牌的门槛较高，对于公司的业绩要求较高，这使很多小额贷款公司望而却步；而股东资本金注入的方式又往往取决于该小额贷款公司经营状况和股东的投资意愿。

在债务性融资模式中，传统的银行贷款受到《指导意见》中"最多只能从两个银行业金融机构融入资金"且"从银行业金融机构融入的资金余额不能够高于小额贷款公司资本净额的 50%"的规模限制。制约小额贷款公司同业拆借的一个很重要的因素就是监管准入未能放开，仅有个别省份开展了小额贷款公司的同业拆借试点。目前，小额贷款公司发行债券一般是通过区域性股权交易中心进行私募债的发行，而企业债市场、公司债市场和银行间债券市场并未对小额贷款公司开放。未来可借鉴区域集优债券模式，可充分发挥地方政府的定向支持作用和中介机构的信用增进作用进行"抱团融资"。

在传统债务融资模式受到限制较大的情况下，信贷资产转让为小额贷款公司的融资开创了新的渠道。其中，“一对一”的模式主要是回购型，小额贷款公司通过将信贷资产打包转让给银行可实现息差的套利，而信贷资产收益权转让是一种类资产证券化的模式，可公开发售，扩大了投资者范围，但缺陷在于未实现资产的真正出表，而小贷 ABS 是标准意义上的资产证券化，可以实现资产的出表和风险隔离，从目前来看是一种比较理想的融资方式。小额贷款公司债务性融资方式对比的具体情况如表 3 - 18 所示。

表 3 - 18　小额贷款公司债务性融资方式的对比

融资方式		融资成本	监管限制/弊端
贷款融资		从银行类金融机构取得贷款利率大部分位于 6% ~15% 之间①	小额贷款公司可从不超过两家的合作银行融入不超过资本净额的 50% 的贷款
同业拆借		可由交易双方自行商定，在基准利率上下规定浮动区间，浙江规定最高不超过同期银行基准利率上浮 30%	由于小额贷款公司不属于金融机构，不能进入银行间同业拆借市场
发行债券		视市场情况而定（2013 年浙江华峰小贷年化资金成本 8.5%，16 佐力小贷票面利率为 6%）	只能在区域性股权交易中心发行私募债，不能进入银行间债券市场等其他债券市场，且发行债券极易导致小额贷款公司的融资杠杆触及 1.5 倍的红线
信贷资产转让	“一对一”信贷资产转让	基准利率上浮 40% 左右②	1. 银行业金融机构买入、卖出或转移信贷资产业务应严格遵守资产转让真实性原则，在进行信贷资产转让时，转出方自身不得安排任何显性或隐性的回购条件；禁止资产转让双方采取签订回购协议、即期买断加远期回购协议等方式规避监管③ 2. 银行业金融机构不得购买、宣传、代销小贷资产证券化产品，必须审慎合规从事和参与资产证券化业务。
	资产收益权转让	与小额贷款公司的放贷利率可产生 10% 左右的利差	未能完全实现资产出表和风险隔离
	小贷 ABS	优先级利率为 4% ~6%，但年利率也在 12% ~18%	以信贷资产转让、资产证券化等名义融入的资金应与表内融资合并计算，合并计算杠杆率；明确禁止商业银行投资场外类 ABS 和以“现金贷、校园贷、首付贷”等为基础资产的 ABS 产品等

资料来源：根据相关资料整理。

① 以 2018 年《广东省小额贷款公司融资情况调查报告》中的数据为例。

② 以 2011 年深圳中恒泰小额贷款有限公司与银行开展“一对一”信贷资产转让的利率为例，资料来源：庞华玮. 小额贷款公司：巧用信贷资产转让［EB/OL］. 2012 - 11 - 09/2020. 04. 20.

③ 但由于该限制针对的是双方均为银行业金融机构之间的信贷资产转让，而小额贷款公司不在此监管范围之内。

二、我国小额贷款公司的运营收益

小额贷款公司的主要营利模式是从贷款中获取利差，在融资端运用一定的杠杆尽可能获得较低成本的资金，然后通过放贷利差赚取收益。小额贷款公司受法律保护的借款利率为24%以内，具体的利率应兼顾小额贷款公司正常盈利、风险覆盖和借款人承受能力合理确定，当前小额贷款公司的主流利率区间大约为15% ~20%。

通过对33家挂牌小额贷款公司的2017 ~2018年的财务数据进行统计（见表3 -19），可以发现，从净利润角度来看，在33家挂牌的小额贷款公司中，有28家小额贷款公司净利润为正，其平均销售净利润率为51.29%，平均ROE为7.42%。

表3 -19　2017 ~2018年33家挂牌小额贷款公司利息收入与中间业务收入情况

（单位：万元）

公司	利息收入			手续费及佣金收入	
	2017年	2018年	较上年增长/减少	2017年	2018年
宏达小贷	15 644.24	17 889.69	14.35%	468.15	200.91
通利农贷	12 786.81	11 463.65	-10.35%	—	—
海博小贷	9 712.75	10 171.53	4.72%	12.22	12.44
鸿丰小贷	7 307.33	8 378.93	14.66%	—	—
黔中泉	7 738.15	7 878.72	1.82%	4.74	—
鑫鑫农贷	5 002.57	6 852.65	36.98%	254.94	24.31
兆丰小贷	5 469.82	5 014.86	-8.32%	251.80	44.86
国鑫农贷	4 717.90	4 923.73	4.36%	—	—
商汇小贷	20 802.52	4 309.90	-79.28%	36.23	159.69
滨江科贷	4 096.42	4 186.50	2.20%	—	—
信源小贷	3 384.13	4 185.91	23.69%	—	—
鑫庄农贷	5 408.33	4 094.41	-24.29%	260.59	125.40
广顺小贷	4 674.15	4 031.98	-13.74%	—	139.62
文广农贷	3 376.97	3 484.64	3.19%	—	—
正新农贷	2 932.69	3 293.33	12.30%	3.73	—
天元小贷	3 686.64	3 283.59	-10.93%	1.81	0.75
银信农贷	2 682.11	2 701.03	0.71%	—	—
恒晟农贷	2 544.63	2 555.82	0.44%	260.81	323.17
东方贷款	1 125.82	1 903.00	69.03%	-0.48	-0.62
诚信小贷	1 706.89	1 756.38	2.90%	—	—

续表

公司	利息收入			手续费及佣金收入	
	2017 年	2018 年	较上年增长/减少	2017 年	2018 年
恒沣农贷	1 871.52	1 628.64	-12.98%	—	—
国汇小贷	3 757.76	1 571.00	-58.19%	—	—
广盛小贷	1 329.91	1 355.42	1.92%	—	—
龙腾农贷	1 476.48	1 323.50	-10.36%	—	—
中祥和	1 424.23	1 308.99	-8.09%	1.64	—
滨江小贷	1 094.46	1 178.49	7.68%	1.06	2.45
宝利小贷	938.08	1 159.39	23.59%	2 000.95	882.74
棒杰小贷	1 478.59	1 131.44	-23.48%	53.53	70.68
天秦股份	1 088.84	1 128.23	3.62%	—	16.52
日升昌	1 326.51	1 004.92	-24.24%	—	—
阳光小贷	2 466.82	837.11	-66.07%	—	—
汇丰小贷	1 094.22	780.56	-28.67%	51.82	59.67
晶都农贷	874.34	593.58	-32.11%	110.37	65.25
均值	4 394.62	3 859.44	-5.54%	117.93	66.50
最大值	20 802.52	17 889.69	69.03%	2 000.95	882.74
最小值	874.34	593.58	-79.28%	-0.48	-0.62

从表 3-19 可以看出，2017~2018 年这 33 家挂牌小额贷款公司的营业收入增长较为有限。从收入结构来看，目前小额贷款公司的主营业务集中，中间业务收入相对占比较低。绝大部分的挂牌小额贷款公司以净利息收入为主（均在 95% 以上），除 5 家挂牌公司的收入结构中还包括其他收入外，其他 28 家挂牌小额贷款公司的收入结构均只包含利息收入、手续费及佣金收入。

除了收入层面，小额贷款公司在成本费用层面的劣势也是造成小额贷款公司收益波动较大的原因。小额贷款公司由于被划分为非金融机构，所以不能享受金融机构的国家财政补贴和税收政策优惠，税收负担较重。此外，小额贷款公司的规模受地域上的限制严重，且单笔贷款额小、发生频率高、涉及面广等特点使小额贷款公司需要付出更多的管理成本和费用，难以形成规模效应。

专栏 3－2

知识链接：重庆小额贷款公司 ABS

2017～2019 年全国小额贷款 ABS 共发行 6 279 亿元，重庆地区 6 165 亿元，占比 96%，非重庆地区仅发行 114 亿元。重庆地区中，蚂蚁小贷发行 5 944 亿元，占到了整个市场九成以上。但即使除去蚂蚁小贷，重庆地区的其他小额贷款公司也发行了 221 亿元，约为全国其他地区小贷 ABS 总和的两倍，具有较大的领先优势。

2017 年 12 月，监管层对小额贷款公司进行整治后，网络小额贷款公司审批处于停滞状态。全国存量约有 250 家网络小额贷款公司。其中广东省最多，约 60 家，重庆市 45 家左右。理论上来讲，广东作为沿海发达地区，小贷 ABS 发行应该更多，但实际并不如此，重庆市的小额贷款公司资质远远优于广东省。重庆既有互联网的蚂蚁、百度、小米，也有实体行业的海尔、苏宁。

为什么大企业愿意将小额贷款公司注册在重庆呢？主要是因为其他省份对于小额贷款公司网贷范围没有明确的规定，而重庆市相关监管对此一直保持相对开放的态度。

根据重庆金融资产交易所关于小贷资产收益权产品发行流程的规定，发行过程基本需要经过以下九步（如图 3－11 所示）：

2015 年 10 月，重庆市金融办印发了《关于进一步做好小额贷款公司服务实体经济防范风险工作的通知》，在放贷范围方面，重庆市完全放开了经营区域限制，小额贷款公司可以在全市范围内发放自营贷款、委托贷款和从事股权投资，而经批准开办网络贷款业务的小额贷款公司则可以在线上向全国范围内的客户发放自营贷款。至此，各互联网巨头更坚定地通过重庆小额贷款公司向全国市场拓展业务。

重庆对小额贷款公司开放的态度，成就了重庆地区小额贷款公司的业务规模，也影响了小贷 ABS 的发展。重庆小贷 ABS 在市场上的独树一帜，也直接推动重庆地区 ABS 发行体量跃居至全国第二。

步骤	具体内容
加入会员	**入会需提交材料** •《企业法人营业执照》副本或其他合法主体资格证明（一式两份） •《组织机构代码证》副本、《税务登记证》副本（一式两份） • 最近两年企业财务报表审计报告、企业章程、管理团队简历 • 法定代表人物身份证明、法人授权委托书等
向重庆市金融办提交申请	**申请所需材料** • 小贷公司资产转让业务备案表、资产转让方案 • 公司基本情况 • 上月度财务报表和经审计确认的上年度财务报表
尽职调查	**担保公司+承销商尽调** • 担保公司：整体授信、出具担保意向函 • 承销商：出具尽调报告
产品注册申请	**注册申请步骤** • 金交所审核产品转让规模、期限 • 承销商筛选确定资产包并完成相关文本 • 提交金交所发行注册办公室初审
发行注册会议审核	**发行注册会议审核步骤** • 发行注册委员会的专家审阅小贷公司的注册申请材料 • 小贷公司和承销商负责人出席会议并接受问询 • 出具会议评议结果
产品转让申请	**产品转让申请步骤** • 承销商准备产品转让的相关文本 • 担保公司落实反担保条款，出具正式担保函 • 小贷公司向金交所发行注册办公室提交转让申请材料审核
产品上市	**产品上市** • 产品登记 • 承销商包销 • 投资者购买 • 小贷公司获得资金
发行后事宜	**发行后事宜** • 小贷公司对资产包日常管理，按要求定期进行信息披露 • 担保公司和承销商定期对小贷公司回访调查 • 投资者可与承销商协商议价交易
产品兑付	**产品兑付** • 小贷公司在T-4日将兑付资金划转至其在金交所开立的专户 • 若小贷公司未能按要求划转兑付资金，担保公司启动代偿 • 担保公司在T-1日将兑付资金划转至其在金交所开立的专户 • 产品在T-0日兑付

图 3-11　重庆金交所小贷资产收益权产品发行流程

资料来源：金融监管研究院，https://www.sohu.com/a/383126770_100086111，重庆金融资产交易所。

本章小结

1. 小额贷款公司的经营范围主要包括各项小额贷款、票据贴现、贷款转让、贷款项下的结算等。由于小额贷款公司发放贷款具有“小额、分散”的特点，因此其客户群体普遍以个人客户和小微企业居多，且以生产经营贷款居多。

2. 小额贷款公司的贷款模式主要包括抵押/担保模式、信用模式、联保/商圈模式、大数据模式、信贷员模式（IPC）、信贷工厂模式（淡马锡模式）、打分卡模式（FIOC）。

3. 传统小额贷款公司发放一笔小额贷款通常需经过贷款营销、客户申请、贷前评估、贷前复审、整理并填写材料、贷款审批、合规审核、合同签署、回访管理、客户关系维护以及贷款回收等流程；而网络小贷的贷款业务流程基于强大的数据分析模型可做到更为高效地审批与放款。

4. 小额贷款公司的资金来源主要有权益性融资方式、债务性融资方式。但是受股东注资意愿和实力、资本市场准入门槛的限制等因素影响，目前小额贷款公司主要依靠债务性融资方式进行融资，这其中不但包括传统的银行借款、股东借款方式，还包括资产证券化、发行债券等新型方式，但由于各地政府的规定不一，且监管较为严格，目前新型债务融资方式还有待进一步完善。

5. 我国小额贷款公司的经营能力和盈利能力差距较大，收入结构单一、成本费用居高不下等都是其中的原因所在。未来仍需政府对小额贷款公司的业务进行规范化，使小额贷款公司的业务经营能够做到有“规”可依。

本章重要概念

抵押担保模式　联保/商圈模式　供应链模式　大数据模式　信贷员模式（IPC）　淡马锡模式　打分卡模式　应付款保函业务　小微企业私募债　保险代理业务

本章思考题

1. 我国小额贷款公司的客户定位是怎样的？

2. 我国小额贷款公司的放贷流程包括哪些环节？

3. 我国小额贷款公司主要采用哪几种业务模式？

4. 目前我国小额贷款公司可以采取哪几种融资方式？

5. 你认为我国小额贷款公司应如何提升盈利能力？

本章参考文献

[1] 贝多广等. 小额贷款公司的现状和政策建议 [R]. 北京，2019.

[2] 范鑫豪. 小额贷款：公司·实战·疑难 [M]. 北京：法律出版社，2017.

[3] 高丽攀. 浅析小额贷款公司信贷资产转让 [J]. 中国投资，2013 (S2)：145.

[4] 何良刚，黄武. 小额贷款业务管理 [M]. 北京：中国金融出版社，2018.

[5] 马旭格. 小额贷款公司运营现状及问题 [J]. 商场现代化，2015 (8)：155.

[6] 马新文. 小额贷款公司开展委托贷款业务的可行性分析及业务模式探讨 [J]. 内蒙古金融研究，2011 (2)：47-50.

[7] 秦颐. 小额贷款公司融资方式研究 [D]. 中国农业大学，2014.

[8] 王瑞夏. 小额贷款公司信托融资研究 [J]. 法制与社会，2011 (29)：99-100.

[9] 许丞. 小额贷款公司资金来源的可持续性问题研究 [D]. 沈阳航空航天大学，2014.

[10] 曾妍琪，张婕，蒋逸. 我国小额贷款公司资金运营研究 [J]. 企业经济，2015 (3)：41-45.

[11] 杨博俊. 小额贷款公司资产证券化模式之初探 [J]. 时代金融，2016，No. 618 (08)：29+34.

[12] 张昊. 中国小额贷款公司资金来源和经营风险问题的制度优化思考 [J]. 江西财经大学学报 (5)：30-36.

[13] 周迟. 小额贷款国内外研究现状及发展动态 [J]. 生产力研究，2012 (5).

第四章　我国典当行的业务运作

本章导读

对大多数人而言，典当行并不是一个陌生的概念。在中外许多的文学作品、影片和剧作中，对典当行时有提起。近十年来在我国的许多城市中，典当行的店铺或临街设立，或在大型购物中心设立，典当行流光溢彩的店面柜台里摆满了名贵手表、金银首饰、钻石珠宝，不少人在柜台前流连忘返，成为城市商业一景。但是典当行具体经营哪些业务？与一般商场和金融机构的经营活动有哪些区别？我国典当行与国外典当行经营的业务是否相同？对于这些问题，很多人可能会有许多的疑惑。本章将对我国典当行的业务领域进行介绍，梳理我国典当行与传统典当行的区别；分析我国典当行的业务类型和经营模式，解析典当行业务操作流程和业务环节，介绍典当行的资金来源，分析典当行运营收益结构，从业务层面对典当行进行了全面的介绍。

本章学习目标

1. 了解传统典当行的业务领域和特点；
2. 认识、了解我国典当行的业务领域和特点；
3. 了解、掌握我国典当行业务类型和经营模式；
4. 了解、掌握我国典当行业务操作流程和业务环节；

5. 认识、了解我国典当行资金来源途径；

6. 认识、掌握我国典当行运营收益结构。

第一节　我国典当行的业务领域

一、典当行的传统业务领域

典当行是一种古老而原始的放贷行业，主要业务是向消费者提供用于满足消费需求的资金。在许多国家的历史上，典当行曾经是向社会提供消费信用的最主要的行业。随着世界各国现代金融体系的建立，能够提供消费信用的金融机构不断增多、消费信用形式也日益多样化，因此典当行在许多国家的行业地位和社会影响不断变化。典当行通过恪守传统的业务模式和业务对象，成为现代社会中极具特色的消费信用提供机构。与商业银行、财务公司、消费信用公司等现代消费信用机构相比，典当行的传统业务特色突出表现在它所提供的消费信用主要是为了解决客户即刻、小额的消费支出，放款基于可评估的当物的价值，当物由典当行保管作为收回投资的保障，放款期限短，手续简便快捷。

以香港典当行为例。早在香港开埠时，典当行就出现了。1926 年港英政府颁布了香港典当法例，同年香港第一家合法的典当行产生。第二次世界大战爆发后，由于受到战争影响，香港许多典当行关闭。1945 年战争结束后，港英政府采取了各种措施促进香港金融业的复兴，其中就包括对香港典当业的支持。在此背景下，1947 年香港典当业的行业协会——香港九龙押业商会正式成立。成立初期，商会仅有十余家会员，1960 年后会员增加到 90 多家，1994 年增加到 138 家，2000 年以后达到 160 多家，若将非会员典当行也包括在内，香港的典当行可以达到 250 多家。

从 20 世纪 70 年代开始，香港经济和金融进入了飞速发展时期，逐步成为国际大都市和世界金融中心，与此同时香港的典当业也在不断地改变。首先是典当行收取的当物类型变了，以前的当物大多是生活用品，例如衣服、棉被、毛毯等，现在的当物则是黄金首饰、名贵手表等奢侈品。其次是典当行店铺面积的变化，以前的旧式当铺大多设立在商业旺区的一角，店铺面积比较大，通常为 3 ~ 4 层高的独立唐楼。因为过去许多当物都是大件生活物品，当物价值低但占用空间较大；现在的当物大多数是黄金首饰和名贵手表等，典当行大多只需一个大保险箱放置贵重物品，当铺面积大为缩小，因此现在的当铺大多设立在大厦底层，和普通商铺面积没有太大差异。此外，典当行的业务处理和管理方式也发生了改变，典当行的管理实现了电子化和计算机化。

但是香港典当行也有不变的地方，主要体现在以下几点：一是典当行的经营原则仍然是“救急不救穷”，同时当物最高出价有限制，利率也比较高。从当期来看，典当行的当期一般为4个月，到期后若客户提出续当，续当期限仍然是4个月，香港典当业曾经规定当期最长不能超过9个月，后来取消了这个限制，客户可以持续续当，但是每次续当期限都不能超过4个月，实际上大部分典当业务的当期都没有超过8个月。从当物出价来看，典当行业法律规定每件当物的最高出价不能超过5万元，即便是一只价格高达几十万元的翡翠镯子。从利率来看，典当行的利率水平较高，按月计息。二是客户典当的用途仍然是小额消费支出。香港典当行的客户既有低收入阶层也有富人，低收入阶层抵御经济波动和意外支出冲击的经济能力弱，一旦遭遇天灾人祸等意外事件，便会捉襟见肘，需要通过典当解决支出急需。富人典当主要是用于解决临时性的手头拮据，如澳门赌场旁边通常都集中了大量的典当行，其客户大多是赌场客户，当金用于赌博支出。由于典当行的这种融资特点，在经济波动和萧条时期，典当行的生意反而更加旺盛。三是典当行的经营规模一般比较小，小典当行员工人数一般在3~5人，大典当行也就是十几人。

在美国、英国、日本等国家，金融体系完善，消费信用机构发达，但是典当行依然在消费信用领域占有一席之地，并且保持着动产质押的传统业务模式。

专栏4-1

美国典当行介绍

美国洛杉矶市CASA DE EMPENO PAWN典当行拥有40年的经营历史，是加州典当行的一个缩影。典当行收进的质押物品多为消费品和小型生产工具，政府法律并没有禁止典当行经营车辆、房地产业务，但加州的典当行大多不经营车辆、房地产业务。美国典当业的法律法规比较健全，个人信用制度完善，同时由于市场上的假货较少，因此典当物鉴定规范、手续简便，风险预估与控制易于实施。当户进入典当行，从拿出物品到拿到当金，整个典当业务的办理非常迅捷。美国典当质押率大约在物品价值的10%~30%，典当行和当户可以协商定价，典当行也可以直接回收当物，回收的价格高于当价；加州月息 1.3%（各州费率不一样），典当期限至少 4 个月，不满 4 个月的按 4 个月收息。例如一部八成新的 iPhone X 手机，二手市场参考价是 400 美元，如果办理典当可以给到 125 美元，4 个月典当息费 65 美元，典当行回收价格为 200 美元，手机绝当后典当行卖出的价格大约为 250 美元。从业务量来看，典当行经营的典当业务和绝当品销售业务各占 50%。

拉斯维加斯的 GOLD SILVER PAWN 典当行，属于一家规模较大的连锁典当企业的分店，24 小时营业，店面面积约有 400 多平方米，在店员工 15 人左右，店内各色物件琳琅满目，有电器、乐器、名表、名包、金银首饰、珠宝、原石、陶瓷古董、工具、服装、工艺品等，这些都属于民品。这家典当行名为当铺，看似更像精品商店。店内陈列的物品均明码标价，既有价格昂贵的珠宝首饰，也有价格低廉的工艺品，且款式多样、品类齐全、品相较佳，价格是市场价格的 70% 左右，因此到典当行购买绝当品已经成为很多人的选择。

美国典当行的盈利途径有两条：一是通过收取典当利息和相关费用获得直接收入，二是通过销售绝当物获取间接收益（当物价差收入）。美国典当行的运作方式灵活多样，既经营典当，也经营当物的变卖、拍卖，以及物品的寄售和零售，因此能够吸引更多的客户。此外，美国典当行也可以连锁经营，各连锁店在典当、寄售、拍卖等领域实现资源的优化配置和经营网络资源共享，实现错位经营和差别化管理，并在评估、销售、管理等方面实行统一的管理标准和操作流程。

资料来源：《郑州市典当协会赴美国考察学习有感——典当行业发展的方向在哪里?》，2018 年 9 月 29 日，郑州市典当行业协会网站：http://www.zzddxh.com/Item/450.aspx。

二、改革开放以来我国典当行的业务领域及其特点

目前我国典当行的业务领域与传统的典当行有着较大的差别，与其他国家典当行相比，业务领域更加广泛，不仅服务于消费信用领域，而且成为中小微企业生产性融资的重要提供者，这是改革开放以后我国典当行在恢复发展过程中不断演变的结果。

在历史上，我国典当行的业务与其他国家典当行一样，是提供短期小额消费信用的专业机构。20 世纪 50 年代以后，在我国“大一统”的金融体系中已经没有传统典

当行生存的空间。改革开放后的80年代末，我国典当业重新出现，当时的典当行不仅提供消费信用，而且大部分业务是面向企业，通过变相吸收存款、违规发放贷款，为企业提供生产性的资金来源。1993年中国人民银行对典当行实施监管，指出“典当行是以实物质押的形式，为个体工商户和城乡居民提供临时性贷款的非银行金融机构”。“实物质押”明确了典当行的业务方式，但是“为个体工商户和城乡居民提供临时性贷款”却使得典当行的活动可以超出传统的消费信用的业务领域。

2000年以后，我国典当行的管理机构改为国家经贸委，典当行从原来的非银行金融机构转变为特殊的工商企业，在已有的实物质押的业务方式之外，典当行还可以采用财产权利质押和房地产抵押等业务方式，客户群体从城乡居民个人和个体工商户扩展到私营企业主和中小微企业，贷放的资金不仅用于消费支出，而且可以用于企业调剂头寸、发放工资、支付货款等生产性支出。同时典当行质押和抵押的实物中不仅包含了传统的生活用品、奢侈品等，还扩展到了企业的生产资料，如生产原材料、存货和机器设备等等。2003年典当行管理机构由商务部承担，典当行的业务领域依然保持之前的范围，并且为中小微企业服务的功能被不断的强化。

2011年12月，商务部发布《关于“十二五”期间促进典当业发展的指导意见》，明确典当行要以为中小微企业和居民融资服务为宗旨；2014年12月，商务部、银监会联合发布了《关于完善融资环境加强小微商贸流通企业融资服务的指导意见》，指出：要发挥典当的短期应急融资服务功能，满足小微商贸流通企业短期应急资金需求。2015年1月，商务部在《关于进一步引导和支持典当行做好中小微企业融资服务的通知》中强调：要充分发挥典当行在中小微企业融资方面所拥有的“短期、小额、快捷、灵活”的优势，做好中小微企业融资服务。2016年国务院发布《推进普惠金融发展规划（2016—2020）》，将典当行与小额贷款公司和融资租赁公司等并列，提出拓宽小额贷款公司和典当行的融资渠道，努力提升小微企业融资服务水平。

由此可以看出，我国典当行在国家经济和金融发展中的地位和作用都已远超过其他国家和地区的典当行，不仅办理消费品的质押贷款，而且生产性融资的功能更加突出。

第二节　我国典当行的业务类型和经营模式

根据目前我国典当行业的相关管理规定，我国典当行的客户范围、业务方式和融资目的都远远超出了传统的典当行业，因此我国典当行的业务类型以及在此基础上形成的典当行的经营模式也比较复杂。按照不同的标准，我国典当行的业务可以划分为多种业务类型，就一项典当业务而言，从不同的视角分析，它可能具有多种业务类型的特点。各个地区和不同经营规模的典当行由于所处经济区域和经济环境的差别、内在经营能力的差别，形成了多种不同的经营模式。

一、我国典当行的业务类型

（一）根据当户典当目的划分的业务类型

传统典当行的客户主要是为了支付即刻需要的消费支出而办理典当，因此当户的典当目的都是消费性的。目前我国典当行业务领域和业务对象已经超出传统的消费领域，客户的典当目的也日趋多样化，总体上看，客户典当的目的大致可以划分为：消费目的、投资或经营目的、保管目的和变卖目的，由此可以把典当行的业务划分为以下四种类型：

1. 消费型典当

消费型典当是指当户融资目的是为了应对突发事件，如天灾人祸、生老病死等引发的消费性支出，这类业务的当户以普通社会公众居多。当户通常以自己的金银首饰、家用电器等家庭资产作为当物向典当行借款。由于典当行融资快且门槛相对较低，因此在消费信用领域是颇具特色的快捷融资方式。消费型典当也是最传统的典当业务类型。

2. 投资型典当

投资型典当也称为经营型典当，是指当户融资的目的是从事生产或经营活动。这类当户大多是个体工商户或中小微企业，通常以闲置的物资、设备以及股权、仓单等财产权利作为当物，采用质押或抵押方式从典当行押取一定的资金，然后投入生产或经营活动中。

3. 保管型典当

保管型典当是指当户融资的目的既不为应急也不为生产经营，纯粹是为了满足物品的保管需要。这类当户通常是小数富裕阶层，他们并不缺钱，但却十分看好典当行对当物的保管功能，故在外出之前将贵重物品送至典当行，索要资金不多，只求典当行贮物安全。这种典当业务类型是在典当行质押保管典当物品的基础上衍生出来的，对客户来说，实现了资产安全保管的目的；对典当行来说，业务风险低，典当行的保管设施也得到了充分利用，增加了典当行的收入。

4. 变卖型典当

这类典当一般有当无赎，当户典当的目的不是为了融资，而是要利用典当方式将物品卖掉，因此在典当期限届满时，当户通常不会还本付息，清偿债务，赎回当物。当户采用这种方式变卖物品，能够更快地得到销货收入。在有些情况下，当户也有可能确实因无力偿还当金及其息费而被迫绝当，从而造成事实上的变卖性典当。

专栏 4－2

吴中典当行的三个典当业务案例

吴中典当行是在 1995 年成立的苏州市第一家有门店的典当公司，成立至今，吴中典当行开办了传统典当质押、房地产抵押、机动车质押、股权质押、绝当品销售等多种类型的典当业务，有效地帮助中小微企业和城乡居民解决了资金周转困难和消费支出难题。以下是吴中典当行经办的三个比较典型的业务案例。

业务一：消费型典当。距吴中典当行总店两百米处是“吴中区医院”，乡镇上前来看病的民众很多。有一次一位农民带了得急病的儿子从乡下来看病，医院进行初步检查后，马上要求病人住院治疗，需要交纳 3 000 元住院费。如果回家取钱就会耽误治疗影响病情，情急之下，这位父亲跑到吴中典当行把随身佩戴的金项链当了 3 200 元钱，及时交纳了住院费。半个月后，这位客户来到典当行赎回项链，并表达了对吴中典当的感谢之情：“你们典当行救了我儿子”。

业务二：经营型典当。吴中典当行还经常帮助企业解决资金急需。有一年在过年前的几天，一位建筑公司老板来到吴中典当行，身后还跟了 6 个人。这位老板把自己的高档轿车当了 20 万元，然后分给了跟在后面的民工。这位老板说：“这些民工要回家过年，等着发工资。但是甲方要在年后才能结账，多亏典当行帮了我的忙，不然我这个年没法过了”。

业务三：投资型典当。苏州工业园区有一家做食品调料的民营企业，有一年他们研发了一个新产品，市场前景很好，需要新上一条生产流水线，但是短缺资金，于是来到吴中典当行融资。吴中典当行经过调研和审核，为这家企业办理了股权质押典当，提供了 200 万元的融资。三个月后，企业的产品投放市场，获得了可观的利润，及时全额偿还了典当行的借款，他们表示：“民营企业的发展离不开典当行，典当行快速、简便的融资服务，正是民营企业所需要的”。

资料来源：《典当行发展战略探讨》，2016 年 1 月 25 日，江苏省典当行业协会网站，http://www.jsddxh.com/?xyzx/148.html。

（二）根据当物性质划分的业务类型

典当总是与物相联系的，按照典当业务中涉及的当物不同，可以将典当业务划分为动产典当、财产权利典当和房地产典当等不同类型。

1. 动产典当

动产典当即以动产作为当物向典当行进行质押融资的行为，属于常见的传统典当业务类型。动产包括的财产形式很多，大体上可以把动产划分为三大类：民品、机动车和生产资料，因此动产典当业务又细分为民品典当、机动车典当和生产资料典当。

民品又包括诸多种类：金银珠宝、首饰、名表、翡翠玉石、古玩字画、艺术品、木器家具、家用电器、照相器材等。根据民品所有人拥有民品的目的，可以把民品再划分为收藏品和日常生活用品，与日常生活用品相比，人们拥有收藏品的目的主要在于实现资产的保值和增值而不是其实用性。由于民品种类繁多，不同民品的价格变动影响因素复杂，民品的估值需要专业知识和深厚的市场经验，因此民品典当对从业人员的素质和能力要求比较高。民品典当一般采用质押方式，典当行需要配备专门的储藏设施。

生产资料主要指企业拥有的机器设备、生产原料和存货等，具体种类繁多，我国典当行曾经办理过的生产原料和存货典当包括：建材市场的建材、钢材典当，原煤、焦炭典当，大豆、蚕茧典当，以及棉花、生丝、瓷土典当等。生产资料典当可以采用质押和抵押两种方式，一般来说生产原料和存货采用质押方式，通常放置于当户仓库监管，典当行持有仓单和提货单，生产性机器设备通常不能封存质押，因此对于生产资料类的典当品，典当行必须定期定时上门查看当物。

总体来看，动产典当的交易流程较为便捷，大部分采用动产质押方式，典当合同的成立以当物交付典当行占有为要件而无须登记公示，因此动产典当业务交易速度快，融资迅捷。但是动产典当的交易成本相对较高，一般包括当金利息和综合费用。根据商务部《典当行管理办法》规定：动产典当的月综合费率不得超过当金的 42‰；

财产权利典当的月综合费率上限为24‰；而房地产抵押典当则为27‰。

2. 财产权利典当

财产权利典当是指以财产权利作为当物向典当行质押融资的行为，是2003年以来我国典当行业开办的新兴典当业务类型。财产权利主要包括股权、债权和其他财产权利。其中债权资产主要包括汇票、债券、存款单、仓单、提单，股权资产主要指股票和股权，其他财产权利主要指知识产权等。股权质押是在我国财产权利典当中占比最高的典当业务，大部分财产权利典当业务是股权质押，其他的财产权利典当业务包括仓单质押等。

财产权利典当的交易成本较低，通常低于动产典当和房地产典当的交易成本，其主要原因在于：一方面是由于我国商务部在《典当管理办法》中规定的综合费率的上限就比较低；另一方面是由于财产权利典当业务交易中一般当金数额较大，通常而言当金数额越大，典当行向当户收取的费用就越低。

3. 房地产典当

房地产典当业务交易类型较为单一，通常采用房地产抵押方式。抵押人向典当行融资通常是为了应急，如居民因急事需要用钱，若采用动产典当方式则融资金额有限，因此转而利用房地产抵押方式融资。中小企业因拓展业务或其他项目急需流动资金，但银行没有授信额度，也会利用房地产抵押方式从典当行融资。

近十几年来伴随着我国房地产市场的爆发式增长，以及房地产价格的不断攀升，加之房地产估价简便，因此房地产典当业务已经成为我国典当行普遍开展的业务，在典当行业务中的占比较大，在一些城市，典当行经营的房地产抵押业务所占的比例甚至达到典当行业务规模的50%以上。

典当行究竟开展哪些类型的业务，一方面取决于典当行自身的选择，另一方面也受制于典当管理办法的规定。我国商务部《典当管理办法》就明确规定了典当行从事的财产权利典当和房地产典当的业务规模：典当行如果从事财产权利质押典当，其典当余额不得超过注册资本的50%。如果从事房地产抵押典当，其典当余额不得超过注册资本。注册资本不足1 000万元的，房地产抵押典当单笔当金数额不得超过100万元；注册资本在1 000万元以上的，房地产抵押典当单笔当金数额不得超过注册资本的10%。这种管理规定，在一定程度上决定了财产权利典当和房地产典当的总体规模。

由于我国典当行业统计条件的局限，难以获得全国典当行业业务的准确数据，下面以上海典当行业务统计数据为例，对典当行各项业务占比状况和发展趋势进行分析（见表4-1）。

表4-1　2011～2018年上海典当行业务结构变动情况　（单位：%）

年份	房地产典当	机动车典当	生产资料典当	财产权利典当	民品典当
2011	54.2	1.3	25.5	12.9	6.1
2012	54.1	1.4	22.1	10.6	11.8
2013	59.3	1.9	11.4	11.5	15.9
2014	57.7	2.1	6.9	12.4	20.9
2015	58.3	2.0	5.6	10.4	23.7
2016	60.6	1.9	3.6	11.5	22.4
2017	65.0	1.2	1.9	11.9	20.0
2018	65.3	2.2	1.3	11.5	19.7

资料来源：《2016～2017上海典当业发展报告》，《上海典当2019年3月号》。

从表4-1可以看出，2011～2018年，上海典当行业中房地产典当业务的占比一直保持在50%以上，并且持续上升，2011年是54.2%，2018年已经上升到65.3%，是典当行最重要的业务。财产权利典当的占比相对稳定，基本保持在10%～12%左右。动产典当业务细分为民品典当、生产资料典当和机动车典当，其中，机动车典当的占比比较稳定，维持在1%～2%左右。生产资料典当和民品典当则呈现出此消彼长的状态。2011年生产资料典当业务占比达到了总业务规模的1/4，2012年开始下降，与2012年相比，2013年的业务占比下降了50%，从22%降为11%，2014年降到6%，基本上每年的降幅都较大，2018年生产资料典当在整体业务中的占比只有1.3%。与此相反，民品典当则在不断增长，2011年民品典当的占比只有6.1%，2012年提高到11.8%，此后每年都不断提升，2015年达到最高的23.7%，2016年以后缓慢降低，但是2018年仍然保持在19.7%。按照各项业务占比的高低进行排列来显示各项业务对与典当行的重要性，上海典当行整体业务依次是：房地产典当、动产典当和财产权利典当。

二、我国典当行的经营模式①

典当业务都是以当物为中心展开的，当物的鉴定、估价和管理决定了典当业务的

① 典当业经营模式根据《2016～2017上海典当业发展报告》专题：典当业务发展模式的比较研究撰写。

支出、收益和风险，对典当行从业人员的专业素质也提出了比较高的要求。由于我国单个典当行的规模都不大，很难具有充足的实力去经营所有类型的典当业务，因此典当行通常会将业务重点集中于其中几类业务上，由此形成了典当行不同的经营模式。大体来看，典当行经营模式划分为：房地产模式、动产经营模式、民品模式和跨界模式等。这四类模式的区别主要体现在：当物、资金投入方式、经营风险和风控能力、经营收益和经营管理能力等方面。

（一）房地产模式

这种经营模式是指典当行以房地产抵押业务为主要经营业务，以自有资金投入为主，以房地产当物的足值性和变现能力作为风险管理的主要手段，产品收益较高，对典当行融资能力、风控能力、产品开发能力和市场拓展能力的要求比较低。全国绝大多数典当行曾经以此作为主流业务模式，北京、上海、广州、深圳等一线城市的典当行大多数采用这种业务模式。这种模式的主要内容具体如表 4－2 所示。

表 4－2 房地产模式

当物		资金杠杆		风控手段		业务风险		收益水平		市场竞争	
		低	高	当物	现金流	低	高	低	高	弱	强
不动产	住宅	√		√	√		√		√		√
	商业地产	√		√	√		√		√	√	
能力匹配		√		√		√				√	
		融资能力		风控能力		风险偏好				市场拓展	

资料来源：《2016～2017 上海典当业发展报告》。

这种模式在 2014 年之前的十年间是中国典当行最主要的业务模式，但是受宏观经济环境变化影响最大。在房地产市场快速发展，房地产价格不断攀升的背景下，这种模式具有“低风险、高收益”的特点，对典当行的营运能力要求不高。2014 年以后我国经济增长降速，房地产市场调控力度加大，限购等措施影响了房地产价格的上涨和流动性，这种模式的经营风险凸显，特别是在房地产价格跌幅较大的地区和城市，典当行的不良资产增加。同时其他业态的房地产金融机构兴起，同业竞争加剧，采用这种经营模式的不少典当行陷入较大的经营困境。

（二）动产经营模式

在动产经营模式中（见表 4－3），典当行投放的资金主要是自有资金，当户主要是中小微企业，选择的当物与中小微企业的经营活动密切相关，包括中小微企业经营中的存货、股权、债权以及其他的财产权利等，以质押形式为主，资金主要用于生产经营活动，属于投资型典当业务。在这种模式中，典当行非常重视当户的净现金流状况，资金收回主要通过到期当户赎当实现。

表 4－3　动产经营模式

当物		资金杠杆		风控手段		业务风险		收益水平		市场竞争	
		低	高	当物	现金流	低	高	低	高	弱	强
动产、财产权利	存货	√		√	√		√		√	√	
	股权	√			√		√		√	√	
	债券	√			√		√		√	√	
	其他	√			√		√		√	√	
能力匹配		√			√		√				√
		融资能力		风控能力		风险偏好				市场拓展	

资料来源：《2016～2017 上海典当业发展报告》。

由于动产经营模式中贷放的资金主要用于企业生产经营活动，因此这种业务模式的系统性风险较高，对典当行的市场需求分析能力、产品开发能力、风险识别、风险评估、风险控制能力和市场拓展能力有较高的要求，具有“高风险、高能力、高收益”的特点。近年来，动产经营模式还在不断改进发展，典当行通过利用核心企业在交易链条中的资金、信息、物流优势，针对供应链交易特点，对风险采用结构化设计，从而有效降低系统性风险，扩大当户范围，展现出这种业务模式强大的生命力。

（三）民品模式

民品模式面对的客户主要是居民消费者，当物以贵金属、珠宝玉器等动产为主，业务形式为动产质押，单笔典当金额校小，当金主要用于生活消费。由于民品种类繁多，要求从业者具备较高的当物鉴定能力、估值能力和绝当物处置能力，属于“高风险、高能力、高收益”的典当经营模式（见表 4－4）。

表 4－4　民品模式

当物		资金杠杆		风控手段		业务风险		收益水平		市场竞争	
		低	高	当物	现金流	低	高	低	高	弱	强
动产	民品	√		√			√		√		
能力匹配		√			√	√				√	
		融资能力		风控能力		风险偏好				市场拓展	

资料来源：《2016～2017 上海典当业发展报告》。

近年来，民品模式面临的市场竞争越来越激烈。目前各种消费信用业务模式层出不穷，除了传统的信用卡的普及与发展，互联网消费信用形式后来居上成为大众化的消费信用，如支付宝的“花呗”、蚂蚁“借呗”、京东“白条”、微信“微粒贷”等，都对民品模式形成了很大的冲击，同时“闲鱼”“胖虎”等二手流通平台业务的发展也对民品典当业务构成了不小的压力。同时采用这种经营模式的典当行专业人才短缺对此类业务的发展也造成了很大的影响。

（四）跨界模式

跨界模式是在房地产模式的基础上演化而来的（见表4－5）。在这种经营模式中，典当行借助保险、信托、金融交易所等机构，参与交易结构设计，对接外部各种机构资金，提高资金杠杆，降低资金成本，以低廉的资金吸引优质标准房贷资产，同时积极利用线上、线下营销手段，提升市场拓展能力，扩大业务规模，从而形成了“低风险、低收益、大规模、高回报”的盈利模式。

表4－5 跨界模式

当物		资金杠杆		风控手段		业务风险		收益水平		市场竞争	
		低	高	当物	现金流	低	高	低	高	弱	强
不动产	住宅		√	√		√		√			
能力匹配			√	√		√					√
		融资能力		风控能力		风险偏好				市场拓展	

资料来源：《2016～2017上海典当业发展报告》。

跨界模式实际上已经不再是单纯的典当业务。该模式借助保险、信托、金融交易所等机构，在融资能力或市场拓展能力上实现突破，这种模式在财务杠杆作用下，投资回报率较高。但是由于资金杠杆率过高，因此这种模式的信用风险和流动性风险也较大。目前，这种模式正在向金融服务外包方向演化，典当行利用风险控制能力和市场获客能力，为银行等金融机构提供市场营销、贷前业务调查、贷中、贷后客户管理、清收以及资产处置服务，不再承担主要业务风险，成为贷款业务流程中的“助贷者”。

典当行选择哪种经营模式主要取决于典当行所处的地区、当时的经济发展状况，同时典当行自身的资金实力、人才与经营管理水平也是决定典当行经营模式的重要因素。

表4－6展示了2015～2018年上海典当行业务类型分布状况，从中也反映出上海典当行经营模式的分布情况。2015年上海从事房地产典当业务的典当行占比为81.6%，排列第二的是民品典当，占比为75%，以下依次是财产权利典当、机动车典当和生产资料典当（只有30.5%的典当行从事财产权利典当业务，10.2%的典当行从事生产资料典当业务），因此可以看出2015年上海典当行主要的经营模式是房地产模

式和民品模式。2016 年从事民品典当业务的典当行家数和占比都超过了房地产典当，同时从事财产权利典当、机动车典当和生产资料典当业务的典当行家数在减少，上海典当行主流经营模式仍然是民品模式和房地产模式。2017 年和 2018 年，房地产典当又重新成为从业机构占比最大的业务，民品典当从业机构占比排在第二位，财产权利典当、机动车典当和生产资料典当从业机构的占比持续下降，例如从事生产资料典当业务的典当行占比在 2015 年为 10.2%，而在 2016 年有 7.9% 的典当行从事生产资料典当业务，2017 年降低到 5%，2018 年只有 3.3% 的典当行还在从事生产资料典当业务。

表 4－6　2015～2018 年上海典当行业务类型分布状况

	2015 年（256 家）		2016 年（253 家）		2017 年（244 家）		2018 年（242 家）	
	企业（家）	占比（%）	企业（家）	占比（%）	企业（家）	占比（%）	企业（家）	占比（%）
房地产	209	81.6	186	73.5	169	69.3	163	67.4
财产权利	78	30.5	68	26.9	61	25	59	24.4
机动车	74	28.9	55	21.7	43	17.6	43	17.8
民品	192	75.0	191	75.5	168	68.9	150	62.0
生产资料	26	10.2	20	7.9	13	5.3	8	3.3

资料来源：《2016～2017 上海典当业发展报告》，《上海典当》，2019 年 3 月。

2015～2018 年，从事房地产、民品、财产权利、机动车、生产资料典当业务的典当行家数和占比都在持续下降，即便是占比最大的房地产典当业务，2015 年曾经有 81.6% 的典当行选择经营这项业务，但是在 2018 年只有 67.4% 的典当行还在从事房地产典当业务。这也说明上海典当行专业化经营程度在提高，典当行更加聚焦于自身擅长的领域开展业务。

第三节　我国典当行业务操作流程

典当行的业务是以典当物为中心而展开的，无论典当物品是何种类型，所采用的一般操作流程是基本相同的。

一、典当业务的一般操作流程

典当行的业务操作流程一般分为五个阶段：收当、存当、续当、赎当、绝当（见

图 4－1）。

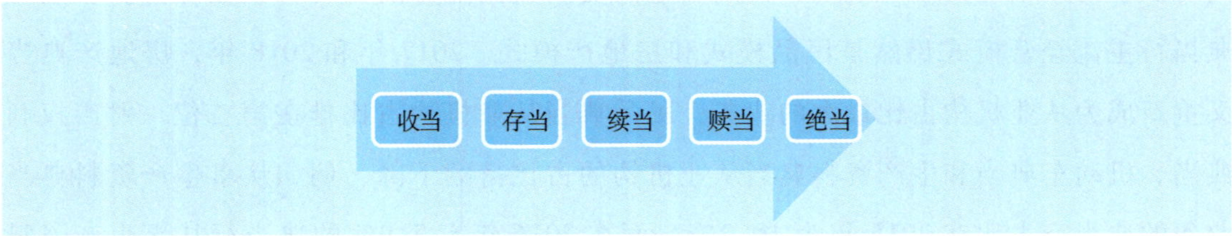

图 4－1　典当业务流程

（一）收当

收当是典当业务的第一步，是典当行与客户确定并建立典当业务关系的环节。收当包含的业务最为复杂，主要包括交当、验当、估当、折当、写当等环节（见图 4－2）。

图 4－2　收当业务流程

1. 交当

就是当户审核。当户审核需要提交当户个人身份证明材料和当物及当物所有权证明给典当行。公安部《典当业治安管理办法》第 9 条规定："典当物品，属于个人典当的，应当出具本人的居民身份证；属于单位典当的，应当出具单位证明和经办人的居民身份证；属于委托典当的，应当出具典当委托书和被委托人、委托人的居民身份证。"

2. 验当

也即当物鉴定。主要包括对当物的自然属性、经济属性和法律属性进行鉴定。其中自然属性是指当物的真伪如何、品质是否完好、当物是否适于保存等；经济属性是指当物应具有使用价值和流通价值，且当物价值相对稳定；法律属性是指当物的权属问题，是否属于当户，来源是否合法，他人财产、非法财产和争议财产禁止进入典当市场。

2020 年 5 月，中国银保监会《关于加强典当行监督管理的通知》中从典当行合规经营的角度，专门就典当业务的这个环节进行了强调，要求典当行须核对当户的有效身份证件、查验当物并予以登记，当户应当提供当物来源的相关证明材料。如果当户有正当理由不能提供的，应当作出书面说明，并对当物的合法性作出书面承诺。

3. 估当

估当就是对当物进行价格评估，是典当行发放当金的前提和基础。估当的重点是对当物价格进行合理评估，评估结果一般要取得双方认可，必要时需要聘请第三方机构进行评估。

4. 折当

折当就是确定折当率、典当金额、典当期限和典当息费率等。

折当率是指当金数额与当物估价数额的比率，典当行通常通过设定一定的折当率来防范当物价格波动或出现绝当风险。典当期限是当户按约定当息率使用当金的时间界限，同时也是典当行按约定占有当物的时间界限。典当期限通常有一定的法定上限，一般以日或月为单位。我国商务部《典当管理办法》规定，典当期限不能超过 6 个月。典当息费一般包括鉴定、评估、保管、保险等费用以及当金利息。

5. 写当与放当

典当行与当户签订典当合同，并依据合同约定向当户发放相应当金。

通常而言，典当合同专指当票，根据我国《典当管理办法》的规定，“当票是典当行与当户之间的借贷契约，是典当行向当户支付当金的付款凭证。……当票应当明确记载以下内容：（1）典当行机构名称及住所；（2）当户姓名（名称）、住所（址）、有效证件（照）及号码；（3）当物名称、数量、质量、状况；（4）估价金额、当金数额；（5）利率、综合费率；（6）典当日期、典当期、续当期；（7）当户须知。……如果典当行和当户需要对当票以外事项进行约定，可以补充订立书面合同，作为典当合同的构成部分。”

我国典当行的当票内容及其格式由典当管理部门统一规定，表 4－7 即为我国当票的规范格式。

表 4－7　当票（全国统一）

NO：　　××省经贸委监制

<table>
<tr><td rowspan="2">典当行</td><td>名称</td><td colspan="2"></td><td>电话</td><td colspan="2"></td></tr>
<tr><td>地址</td><td colspan="2"></td><td>经营许可证编码</td><td colspan="2"></td></tr>
<tr><td rowspan="3">当户</td><td>名称</td><td colspan="2"></td><td>电话</td><td colspan="2"></td></tr>
<tr><td>地址</td><td colspan="2"></td><td>联系人</td><td colspan="2"></td></tr>
<tr><td>证件名称</td><td colspan="2"></td><td>证件号码</td><td colspan="2"></td></tr>
<tr><td>序号</td><td>当物名称</td><td>规格和状况</td><td>数量</td><td>估价</td><td>折当率</td><td>典当金额</td></tr>
<tr><td></td><td></td><td></td><td></td><td></td><td></td><td></td></tr>
<tr><td></td><td></td><td></td><td></td><td></td><td></td><td></td></tr>
<tr><td></td><td></td><td></td><td></td><td></td><td></td><td></td></tr>
</table>

续表

<table>
<tr><td colspan="2">典当金额（大写）</td><td colspan="3">合计</td></tr>
<tr><td colspan="2">综合费用（大写）</td><td>小写金额￥</td><td>月费率%</td><td>月利率%</td></tr>
<tr><td colspan="2">实付金额（大写）</td><td>小写金额￥</td><td rowspan="3">当户签章</td><td rowspan="3">典当行签章</td></tr>
<tr><td colspan="3">典当期限：由____年__月__日起至____年__月__日止</td></tr>
<tr><td colspan="2">备注：</td><td>除当票外双方其他约定</td></tr>
<tr><td colspan="5">复核：　　经办：　　保管：　　制单时间：　　年　月　日</td></tr>
</table>

典当须知

一、当票是典当行与当户之间的借贷契约，也是典当行收妥当物后开给当户的收据。当票不得涂改、伪造和转让。典当双方就当票以外事项进行约定的，应当补充订立书面合同。

二、当户凭有效证件办理典当，典当行有权要求当户初始当物来源等证明。

三、当物估价和当金数额由典当双方协商确定。

四、当物经双方当面清点、签封后，交典当行保管。当物在典当期内发生遗失或者损毁的，典当行应当按照估价金额进行赔偿。遇有不可抗力导致当物毁损的，典当行不承担赔偿责任。

五、综合费用包括服务、保管等费用，典当时可以预扣。赎当时发还当物，收回当金并记收利息，利息不得预扣。当期不足5日按5日收取利息和费用。

六、典当期内及典当期限届满后5日内，经双方同意可以续当。续当时当户应结清前期利息和当期费用。

七、当期届满5日后，当户不赎当也不续当的，即为绝当。典当行应按照有关规定处理绝当物品。

八、当户于典当期限或者续当期限届满至绝当前赎回的，属逾期赎当，应当根据当期内的息费标准和实际逾期天数，补交当期利息和综合费用。

九、绝当后，当户于典当行协议赎当的，逾期费用由双方协商确定。

十、当票遗失凭有效证件及时办理挂失手续，交纳一定手续费后可以补办当票。未挂失或挂失前被他人赎当的，典当行不负赔偿责任。

资料来源：李沙．《走进典当行：独特快捷的融资方式》．学苑出版社，2006.

（二）存当

存当即当物保管，也称为管当。存当是典当业务的一个特殊环节，传统的典当业务都采用当物质押的方式，因此在典当业务中，典当行与当户双方共同清点封存当物由典当行保管。当物保管对典当行来说至关重要，如若当期结束当户按约赎当，典当行有按原物返还当物的义务；如若当户绝当，典当行也要争取以良好的形态对当物进行变现，否则典当行将承担当物保管不善的损失。

（三）续当

续当是指当期届满之后，当户不对当物进行赎回，而以原当物在同一典当行进行继续典当的行为。续当可以看做是前一个典当合同的结束，新的一个典当合同的开始。商务部《典当管理办法》规定："典当期内或典当期届满5日内，经双方同意可以续当。"

关于续当期限和次数，无论是中国人民银行监管期间还是商务部监管期间，都对典当期限和续当期限的上限进行了规定。人民银行《典当行管理暂行办法》第三十条规定："典当期限最长为3个月""可以续当，但只能续当一次，其期限最长不得超过原当期。"而商务部《典当管理办法》第三十六条和第三十九条分别规定："典当期限由双方约定，最长不得超过6个月""经双方同意可以续当，续当一次的期限最长为6个月。"

续当的当期届满时，可能会发生两种情况结束典当行与当户的典当关系：一是客户赎当，二是绝当。

（四）赎当

赎当是指在典当期届满时，当户向典当行偿还当金本息和相关费用，同时典当行向当户返还当物的行为，是典当业务完成的标志。赎当通常是按照典当合同的规定进行的，大部分是典当合同期满时赎当。也有双方约定典当期未满，当户也可以通过提前赎当结束典当行为；或者当期已满，当户在一定宽限期之后才进行延期赎当。通常情况下，延期赎当会收取一定的罚息，而提前赎当费用则根据双方约定是否扣减提前赎回日期间的息费。

（五）绝当

绝当又称死当，指当户既不赎回也不续当的行为。绝当也是典当合同结束的标志，与赎当和续当不同的是，绝当意味着典当行无法从客户处收回资金，只能通过变卖典当品收回资金。商务部《典当管理办法》第四十条规定："典当期限或续当期限届满后，当户应当在5日内进行赎当或者续当。逾期不赎当也不续当的，视为绝当。"

绝当行为发生后，典当行需要对绝当物进行处置。2005年商务部《典当管理办法》规定绝当物的变现主要有折价变卖和拍卖两种方式，并且"估价金额3万元以下的，不必进行拍卖；估价金额3万元以上的，必须拍卖。"2020年5月中国银保监会发布《关于加强典当行监督管理的通知》，对绝当物的处置做出新的规定，不再区分绝当物估价金额大小要求，统一要求典当行对绝当物采取协议折价或协议拍卖、变卖的处理方式。

二、典当业务操作的特殊处理

虽然典当业务的操作流程包含的基本环节是相同的，但是由于典当业务类型不同，典当物也千差万别，有的采用质押，有的采用抵押方式，合同责任和风险具有较大差别，因此在操作流程中的各个不同环节，具体做法会有较大的差异，有的需要根据典当品的特点做特殊处理，交当和验当的方式完全不同。

例如对于民品典当，典当行可以要求当户出具本人居民身份证，有些当物还需附带购物发票等。对于机动车等当物，典当行则会要求当户交验车主身份证、发票、机动车登记本、车辆购买附加费凭证、车辆有效期内保单、养路费、交税凭证等；如果是进口车辆，还应当提供车辆商检单、海关关税单、进口汽车准运证等，防止当户用违法和问题车辆作为当物，防范业务风险；最后还应当到车辆管理部门办理机动车质押登记手续。对于房地产典当业务，业务程序会更复杂，需要的时间也更长。典当行除了要求客户交验身份证、户口簿、房屋所有权证、土地使用权证、购房合同、购房发票、契税完税凭证等，还会要求当户在相关部门先行办理房地产抵押登记手续，然后再办理典当抵押贷款手续。

在典当行的各类典当业务类型中，房地产典当的业务操作内容相对而言是比较复杂的，图 4－3 显示了房地产典当业务的基本流程和各个环节的具体操作内容。

第四节　我国典当行的资金运作

一、我国典当行的资金来源

根据 2005 年商务部《典当管理办法》的规定，我国典当行的资金来源是极其有限的：一是典当行自有资金，二是向银行贷款。2012 年商务部颁布《典当行业监管规定》，进一步强调禁止典当行向股东借款。2020 年 5 月，中国银保监会发布的《关于加强典当行监督管理的通知》，再次强调了典当行融资禁止事项，规定典当行不得有下列行为：一是集资、吸收存款或变相吸收存款；二是与其他典当行拆借或变相拆借资金；三是超过规定限额从商业银行贷款；四是通过网络借贷信息中介机构、私募投

环节	内容
洽谈	•业务部工作人员将“典当须知”相关要求告之客户 •接待人员回答客户提出的问题
证件查验	•个人：身份证、户口本、婚姻状况证明、不动产权属证书等 •公司：营业执照、代码证、税务登记证、章程及修正案、不动产权属证书等
现场查看抵押物	•双方到场 •抵押物状况是否与权属证书记载一致 •工作人员查看个人/公司资料并调查核实 •填写勘察登记表
上会研究	•与会人员讨论达成共识 •评估确定当金，填写抵押典当讨论意见表（评估资产质量、分析用款事由、还款能力、评价客户资信及实力）
上报审批	•当金50万元以下，经业务讨论决定能否办理抵押登记；当金50万元以上，填写大宗业务申报表，报董事长审批 •确定业务办理责任人、协助人、审核人等
签合同办公证	•签订借款合同、抵押合同、当票等 •个人需财产共有人签字抵押，公司需股东会决议同意抵押借款 •填写他项权利登记申请书、委托书 •填写公证表格，交纳公证费，办理公证
办理他项权证	•双方当事人（产权人或委托人）到场 •他项权利登记申请书、委托书、受托人证件、借款合同、抵押合同、当票复印件、双方证件复印件及其他材料 •当户交纳抵押登记费用，领取受理单 •领取不动产权属证书、他项权证
当金发放	•填写当金发放申请表，财务及领导审核 •当户填写当金收据，典当行发放当金 •公证书、当票当户联交予客户
材料归档	•总经理保管：不动产权属证书、他项权利证书原件 •业务部保管：公证书，当票保管联，当金收据第二联，不动产权属、证书、他项权证、当金发放申请表、当户资料等复印件，以及其他相关材料原件及复印件 •财务部保管：当票财务联、当金收据第一联、当金发放申请表
业务跟踪	•确定客户经理，收取费用，维护客户关系，不定期回访
续当	•收回当票，结清前期费息 •签订续当凭证或续借合同或还款协议，续当凭证当户联交予当户
赎当	•当户结清当金及相关费息，出示当票或续当凭证当户联，填写赎当登记表（退费单） •典当行交予当户不动产权属证书、他项权证、注销函
绝当	•抵押物估价3万元以上，通过诉讼或法院强制执行收回当金及费息 •抵押物估价3万元以下，典当行自行处置，损溢自负

图4－3　不动产典当业务流程

资料来源：合肥市典当行业协会网站，http://www.hfddxh.com/InstitShow.asp?ID=228。

资基金等机构或渠道融资等。

（一）典当行自有资金

典当行的自有资金是我国典当行经营资金的主要来源，但是大部分典当行自有资金规模小，因此对典当行经营规模具有较大的限制。以上海典当行注册资本金规模状况来看（见表4－8），1 000万～2 000万元占比为40%左右，2 000万～5 000万元的占比45%左右，超过1亿元以上的典当行占比不到4%，从自有资金规模看绝大部分典当行属于小微企业范围。

表4－8　　2016年、2018年上海典当行注册资本金规模结构

注册资本金分类	2016年		2018年	
	企业（家）	占比（%）	企业（家）	占比（%）
1 000万元以下（不含1 000万元）	9	3.56	9	3.72
1 000万元～2 000万元（不含2 000万元）	104	41.10	98	40.50
2 000万元～5 000万元（不含5 000万元）	116	45.85	108	44.62
5 000万元～1亿元（不含1亿元）	18	7.11	18	7.44
1亿元～2亿元（不含2亿元）	5	1.98	7	2.89
2亿元以上	1	0.40	2	0.83
共计	253		242	

资料来源：《2016—2017年上海典当业发展报告》，《上海典当》，2019年3月。

近年来，我国典当行上市融资不断增加，上市方式主要分为两种情形：一是典当行直接上市融资，二是典当行作为上市公司的控股子公司。上市地点包括港交所、上交所、深交所和新三板等。

2016年11月8日，中国艺术金融控股有限公司（1572 HK）（以下简称中艺金融）在港交所上市，发行4亿新股，中艺金融主要经营两大类业务，分别为艺术品及资产典当业务和艺术品及资产拍卖业务。艺术品及资产典当业务由江苏和信典当有限公司运营，此次上市筹集的资金中有50% 计划用于增加和信典当的注册资本。公司2019年年度报告披露，截至2019年12月31日，已有1.06亿元实际用于增加和信典当的注册资本。

2020年5月22日，在河北省和北京市经营典当业务的中国同祥金融集团有限公司（以下简称“同祥金融”）向港交所提交上市申请。同祥金融经营房地产、财产权利（即股权）和动产（包括机动车、物资和个人财产）典当贷款业务，其收入主要来源于典当贷款利息收入和综合管理费。截至2019年12月31日，同祥金融在河北省的

石家庄典当公司和保定典当公司的注册资本合计为人民币 2.6 亿元，占同地区典当行总注册资本的约 2.9%，名列河北省第一，北京典当公司的注册资本为人民币 0.8 亿元，占同地区典当行总注册资本的约 0.3%，名列北京市第六。

廊坊鼎润投资股份有限公司曾经在 2015 年 11 月 12 日挂牌新三板，控股金鼎典当和润成典当两家典当公司，另外参股一家小额贷款公司，公司的主营业务为典当业务。但是目前已经摘牌退市。

在上交所上市的香溢融通控股集团股份有限公司（以下简称香溢融通）通过直接控股和控股子公司控股的方式成为上海香溢典当有限公司、浙江香溢元泰典当有限责任公司和浙江香溢德旗典当有限责任公司三家典当行的大股东。上海香溢典当注册资本 13 000 万元，香溢融通直接和间接持有其 99% 股份，2019 年实现营业收入 2 331.80 万元，净利润 1 319.08 万元。元泰典当注册资本 40 000 万元，香溢融通直接和间接持有其 82% 股份，2019 年实现营业收入 2 947.21 万元，由于典当业务规模下降导致净利润为 -5.92 万元，净利润同比下降 100.48%；德旗典当注册资本 10 000 万元，香溢融通直接和间接持有其 78.70% 股份，2019 年实现营业收入 2 705.19 万元，净利润 1 168.23 万元。

在深交所上市的民生控股股份有限公司（以下简称民生控股）的控股子公司北京民生典当有限责任公司成立于 2003 年，注册资本 3 亿元，在北京、成都设有经营场所。民生典当的主营业务包括房产典当、汽车典当、民品典当和股权典当，房产典当业务量占全部典当资产的比例较大。2019 年民生控股加大对典当业务扶持力度，为民生典当提供财务资助 8 000 万元。2019 年民生典当总资产为 5.56 亿元，营业收入 0.76 亿元，营业利润 0.46 亿元。在民生控股营业收入中，典当业务的营业收入占比为 91.63%，比 2018 年的 87.43% 增长了 7.34%。

（二）银行贷款

商务部制定的《典当管理办法》规定，典当行可以向商业银行贷款，但是贷款规模限制较多：如果典当行自初始营业起至第一次向省级商务主管部门及所在地商务主管部门报送年度财务会计报告的时期内从商业银行贷款的，贷款余额不得超过其注册资本。典当行在此之后从商业银行贷款的，贷款余额不得超过上一年度向主管部门报送的财务会计报告中的所有者权益。同时典当行不得从本市（地、州、盟）以外的商业银行贷款。典当行分支机构不得从商业银行贷款。即便是这样，实际上只有极少数典当行能从银行获得贷款，大部分典当行很难从商业银行获得贷款。2013 年 5 月，银监会颁布《关于防范外部风险传染的通知》，规定商业银行“严禁向典当行以及非融资性担保机构提供授信”，基本上堵死了典当行从商业银行融资的途径，进一步加剧了典当行的融资难度。根据商务部《2018 年 1 ~ 2 月全国典当行业运行情况》统计，2018 年 1 ~ 2 月全行业银行贷款余额 33.3 亿元，比 2017 年降低了 9%，贷款余额只占典当企业资产总额的 2%，典当行依然主要利用自有资金进行经营。

由此从总体上看，我国典当行的资金来源主要依赖于典当行的自有资金，唯一的外源融资途径是银行贷款，但是银行贷款能够提供给典当行的资金规模十分有限。

二、我国典当行的运营收益

典当行既有金融属性又有商业属性，其收益来源主要有两条渠道：一是典当放款收取的息费收入，二是绝当品变卖获得的价差收入。

（一）典当息费收益

典当息费由典当综合费用和当金利息两部分构成。

1. 典当综合费用

典当综合费用是典当行收取的特殊费用，也是对典当行较高的业务经营支出的一种补偿。典当作为一种融资业务，具有两个特点：一是典当融资便利快捷，单笔业务数额小，业务成本高；二是典当主要采用质押和抵押两种方式，典当行需要对当物进行评估和鉴定，经营支出大；典当期间典当行还需要承担当物的保管职责。即便在绝当后至当物处置前，典当行还要持续支付保管成本和当金占用成本。因此世界各国和地区都认可典当行收取综合费用以补偿典当业务中的高成本支出。而且，相较于利息而言，综合费用为典当行目前最为主要的收益来源。

2005 年商务部《典当管理办法》规定：“典当综合费用包括各种服务及管理费用”，并对不同财产种类的月综合费率进行了规定：“动产质押典当的月综合费率不得超过当金的 42‰；房地产抵押典当的月综合费率不得超过当金的 27‰；财产权利质押典当的月综合费率不得超过当金的 24‰。当期不足 5 日的，按 5 日收取有关费用。”《典当管理办法》还规定：当户应当“交付一定比例费用，取得当金”，也就是说典当综合费用是可以提前预扣的。另外在商务部批准实行的全国统一当票的《典当须知》

中也载明："综合费用包括服务、保管等费用，典当时可以预扣。"

2. 当金利息

当金利息是指在典当业务中典当行根据贷放给客户的资金在当期内相应收取的利息。2005 年商务部《典当管理办法》第三十七条中规定"典当当金利率，按中国人民银行公布的银行机构 6 个月期法定贷款利率及典当期限折算后执行。"与典当综合费用可以预扣的规定不同，《典当管理办法》规定"典当当金利息不得预扣"，应付当金利息在当期届满时，由当户向典当行一次性支付。表 4－9 介绍了房地产抵押与动产抵押典当收费参考。

表 4－9　典当行房地产抵押与动产抵押典当收费参考表

期限/费率	综合费		利息（月）
	房地产抵押典当	动产抵押典当	
5 天	1.00%	2.50%	0.50%
10 天	1.25%	3.00%	0.50%
15 天	1.50%	3.50%	0.50%
20 天	2.00%	4.00%	0.50%
1 个月	3.00%	4.50%	0.50%
2 个月	6.00%	9.00%	0.50%
3 个月	9.00%	13.50%	0.50%
4 个月	12.00%	18.00%	0.50%
5 个月	15.00%	22.50%	0.50%
6 个月	18.00%	27.00%	0.50%

注：综合费用在当金发放时预扣，提前还赎不予退还；利息在赎当或续当时缴纳。

资料来源：长城证券研究所。

2020 年 5 月，中国银保监会发布的《关于加强典当行监督管理的通知》，对典当当金利率的确定做出了新的规定，不再按中国人民银行公布的银行机构 6 个月期法定贷款利率及典当期限折算后执行，而是适应贷款市场报价利率（LPR）改革，规定："典当当金利率按贷款市场报价利率（LPR）及浮动范围执行，当金利息不得预扣。"

在不少国家，典当行的通例是将利息和综合费用合计为月费率来计算典当融资的成本。例如在美国各个州典当行的月费率并不一致，一般在 5%～25% 之间浮动，其中俄亥俄州月费率为 4%，加收 4 美元占仓费；纽约州月费率为 4%，加收 10 美元服务费；英国月费率为 4%～6%；日本月费率为 4%；香港地区月费率为 3.5%；中国台湾地区最高月费率不超过 4%，另外收取不超过当金金额 5% 的保管费。

（二）绝当品变卖的价差收入

当户不赎当或者不续当造成绝当后，典当行需要处置绝当物品，如果绝当品的变卖价格超过当金，典当行就可以获得价差收益。

我国商务部在2005年的《典当管理办法》中对典当行的绝当物品处置作出以下规定：“（1）当物估价金额在3万元以上的，可以按照《中华人民共和国担保法》的有关规定处理，也可以双方事先约定绝当后由典当行委托拍卖行公开拍卖。拍卖收入在扣除拍卖费用及当金本息后，剩余部分应当退还当户，不足部分向当户追索。（2）绝当物估价金额不足3万元的，典当行可以自行变卖或者折价处理，损溢自负。”

2020年5月，中国银保监会《关于加强典当行监督管理的通知》中就绝当物处理做出了新的规定，与2005年的《典当管理办法》主要区别体现在：不再根据绝当物估价金额大小确定绝当物处理方式，取消了《典当管理办法》中关于“绝当物估价金额不足3万元的，典当行可以自行变卖或者折价处理，损溢自负”的规定，而是统一要求典当行对绝当物采取协议折价或协议拍卖、变卖的处理方式，并就拍卖、变卖所得价款优先受偿，“多退少补”。即拍卖、变卖收入在扣除拍卖、变卖费用及当金本息后，剩余部分应当退还当户，不足部分应当继续向当户追偿。

本章小结

1. 典当行的传统业务特色突出表现在它所提供的消费信用主要是为了解决客户即刻、小额的消费支出，放款基于可评估的当物的价值，当物由典当行保管作为收回投资的保障，放款期限短，手续简便快捷。

2. 目前我国典当行的业务领域与传统的典当行有着较大的差别，与其他国家典当行相比，业务领域更加广泛，不仅服务于消费信用领域，而且成为中小微企业生产性融资的提供者。

3. 按照不同的标准，我国典当行的业务可以划分为多种业务类型。根据当户典当目的划分为消费性典当、投资型典当、保管型典当和变卖型典当；按照典当业务中涉及的当物不同，典当业务划分为动产典当、财产权利典当和房地产典当。

4. 动产典当是指当户以动产作为当物从典当行获得质押融资，属于传统典当业务类型。动产典当业务又细分为民品典当、机动车典当和生产资料典当；财产权利典当是指当户以财产权利作为当物从典当行获得质押融资，是2003以来我国典当行业开办的新兴典当业务类型；房地产典当是指当户以房地产抵押方式从典当行获得融资。

5. 我国典当行经营模式划分为房地产模式、动产经营模式、民品模式和跨界模式等。这四类模式的区别主要体现在：当物、资金投入方式、经营风险和风控能力、经营收益和经营管理能力等方面。

6. 典当行的业务操作流程一般要经过收当、存当、续当、赎当、绝当等程序，其中收当包含的业务最为复杂，包括交当、验当、估当、折当、写当等环节。由于典当业务类型不同，当物千差万别，因此在操作流程中的各个环节，不同当物的具体做法会有较大的差异。

7. 按照目前我国典当行管理办法规定，我国典当行的资金来源极其有限，主要包括典当行自有资金和向银行贷款两种途径。

8. 典当行既有金融属性又有商业属性，其收益来源主要有两条渠道：一是典当放款收取的息费收入，二是绝当品变卖获得的价差收入。

9. 典当息费包括典当综合费用和当金利息。典当综合费用是典当行收取的特殊费用，包括各种服务及管理费用，是对典当行较高的业务经营支出的一种补偿。当金利息是典当行根据贷放给客户的资金在当期内相应收取的利息。

本章重要概念

消费性典当　投资型典当　动产典当　财产权利典当　房地产典当　收当　存当　赎当　续当　绝当　折当率　典当综合费用　当金利息

本章思考题

1. 简述我国典当行的业务领域和特点？
2. 我国典当行的业务分为哪些类型？
3. 典当业务流程包括哪些业务环节？
4. 我国典当行的资金来源有哪些途径？
5. 我国典当行的运营收益来源于哪些方面？
6. 我国典当行收取的典当综合费用与当金利息有哪些区别？

本章参考文献

[1] 长城证券研究所．典当行业涅槃重生，助力小额融资需求，2013.

[2] 李沙．走进典当行：独特快捷的融资方式［M］．学苑出版社，2006.

[3] 韩汉君，吴贤达．2016—2017 上海典当业发展报告［M］．上海社会科学院出版社，2018.

[4] 香港当铺何以经久不衰："押"字招牌后有乾坤．合肥市典当行业协会网站，http：//www. hfddxh. com/InstitShow. asp？ID = 262.

[5] 商务部．2018 年 1—2 月全国典当行业运行情况，2018.

第五章　我国融资租赁公司的业务运作

本章导读

2020年5月26日中国银保监会发布《融资租赁公司监督管理暂行办法》，规定融资租赁公司可以经营的业务包括：（1）融资租赁业务；（2）租赁业务；（3）与融资租赁和租赁业务相关的租赁物购买、残值处理与维修、租赁交易咨询、接受租赁保证金；（4）转让与受让融资租赁或租赁资产；（5）固定收益类证券投资业务等。办法还专门针对售后回租和转租赁等业务提出了具体要求，并规定“融资租赁公司融资租赁和其他租赁资产比重不得低于总资产的60%。”从中可以看出在暂行办法中，融资租赁和租赁是两种不同的业务，那么它们之间有何区别？售后回租和转租赁又是什么业务？融资租赁公司经营的融资租赁业务还有哪些类型？本章将从上述内容入手，对融资租赁公司的业务运作的诸多方面进行阐述。

本章学习目标

1. 认识、理解融资租赁公司业务经营涉及的领域与特点；
2. 认识、理解融资租赁业务的不同类型及其特点；
3. 了解融资租赁公司融资租赁业务操作流程；
4. 认识、理解融资租赁公司多样化的资金来源途径；

5. 认识、了解融资租赁公司的收益结构。

第一节　我国融资租赁公司的业务领域

按照融资租赁公司监管机构的相关管理规定，我国融资租赁公司的主营业务是融资租赁业务和租赁业务，那么融资租赁业务与租赁业务有何区别呢？融资租赁是指出租人根据承租人对出卖人、租赁物的选择，向出卖人购买租赁物然后提供给承租人使用，承租人向出租人支付租金以偿还出租人的相关支出的一种交易，实际上是以“融物”的形式进行的“融资”交易，租赁物是融资的载体。租赁业务也是出租人向承租人出租物品，收取租金，租赁期满后承租人归还租赁物。与融资租赁业务相比，租赁业务具有以下特点，首先租赁物由出租人根据自己的意愿选择购买，承租人只能在出租人已有的租赁物中选择租用；其次租用期间较短，承租人只是为了短期使用而租用物品，并不是为了进行融资。例如近年来风行一时的共享单车，其实质就是租赁业务。对融资租赁公司而言，融资租赁业务是其最主要的业务。

融资租赁公司的业务领域在很大程度上取决于融资租赁和租赁业务的特点。具体而言，融资租赁公司的业务领域具有以下几个特性。

一、固定资产融资和租用领域

无论是在融资租赁业务还是租赁业务经营中，租赁物都十分重要。那么什么样的“物”可以作为租赁物？关于租赁物的性质，在各种关于融资租赁公司和业务的规定中都有所涉及。

例如国际货币基金组织对融资租赁公司的界定是：融资租赁公司从事的是与购买有形资产有关的融资活动，有形资产主要包括飞机、汽车、机床和计算机设备等。《国际融资租赁公约》中规定：可以作为国际融资租赁交易对象的租赁物包括工厂、资本货物和其他设备三大项资产。

我国融资租赁公司相关监管规定对“租赁物”的种类和范围进行了各种不同的界定。2005 年商务部颁布的《外商投资租赁业管理办法》规定租赁物包括：生产设备、通信设备、医疗设备、科研设备、检验检测设备、工程机械设备、办公设备等各类动产；飞机、汽车、船舶等各类交通工具；以及上述动产和交通工具附带的软件、技术等无形资产，但附带的无形资产价值不得超过租赁财产价值的二分之一。2013 年商务部印发的《融资租赁企业监督管理办法》规定："融资租赁业务应当以权属清晰、真实存在且能够产生收益权的租赁物为载体。"2014 年《金融租赁公司管理办法》规定："适用于融资租赁交易的租赁物为固定资产。"2018 年以后我国融资租赁公司全部由银保监会监管，2020 年中国银保监会发布了《融资租赁公司监督管理暂行办法》，办法规定"适用于融资租赁交易的租赁物为固定资产。融资租赁公司开展融资租赁业务应当以权属清晰、真实存在且能够产生收益的租赁物为载体"。

从上述各种规定可以看出，虽然具体表述不同，但是融资租赁业务中的租赁物应该具有以下共同的特点：第一，租赁物是一种客观存在的物，具有实物形态，其所有权和使用权可以分离，在租赁期内出租人向承租人让渡了租赁物的使用权，但是一直拥有租赁物的所有权，承租人偿债的主要来源是对租赁物使用所产生的收益以及在租赁期间提取的折旧费用。第二，租赁物在租赁期内的实物形态不发生改变，属于固定资产。不具备实物形态的其他资产类型则不适合融资租赁，例如技术和软件等专利权，除非这些权利是附加在固定资产上密不可分的。此外消耗性的资产也不适合融资租赁，例如原材料、消耗品等。因为这些物品在使用过程中，实物形态会发生改变，难以确定出租人的所有权，因此被排除在融资租赁物的范围以外。

租赁物的特点也就决定了融资租赁公司的业务范围，即属于固定资产融资和租用领域的活动，业务对象遍布国民经济中的各个行业（见表 5－1）。

表 5－1　融资租赁业务涉及的行业及租赁标的物

涉及行业	租赁标的物
航空	飞机、发动机、机场大型设备
船舶	船舶、船厂、船坞设备
港口码头	港口大型设备、集装箱
铁路及轨道运输	机车、动车组
汽车与公路运输	公路维护保养设备、汽车
医疗行业	医疗设备与制药设备
通信行业	电信设备
公用事业	供暖设备、供气设备、供水设备、管网设施
石油石化	石油石化开采和炼制设备、化工品生产设备
电力生产与供应	变压器、变电站、汽轮机组、锅炉设备、水轮机、核岛、风力发电机组、太阳能发电机组、光伏发电机组
节能环保	节能环保设备、污水处理及水环境治理设备

续表

涉及行业	租赁标的物
通用机械设备	工程机械、冶金设备、矿山设备、农机设备、印刷设备、纺织设备、服装设备
教育行业	网络设备、多媒体设备、教学仪器
农业与种植业	农业机械、农产品加工设备

资料来源：根据相关资料自行整理。

二、生产投资领域和消费领域

融资租赁公司的客户既有企业、公司、各类机构，也有消费者个人。在国外公共管理领域也是融资租赁公司的重要业务领域。

（一）融资租赁与生产投资活动

融资租赁发端于企业在生产投资活动中对机器设备的融资需求，企业一直是融资租赁公司的重要业务对象。与小额贷款公司、典当行不同的是，融资租赁公司的业务对象非常广泛，既有中小微企业，也有大型企业。

对所有类型的企业来说，融资租赁具有不同于银行贷款的融资优势，主要表现在融资租赁可以让承租人得到100%的完全融资，节省了运营资本，降低了设备老化过时带来的风险，而且租金可以根据租赁资产所带来的收入确定，租金支出和运营收入能够较好地相互匹配。此外在相关的国际会计准则和我国会计准则修订之前，表外融资也是承租人可以获得的好处之一。因为如果融资租赁是采用非全额偿付的租金支付方式，也就是采用经营租赁的形式，承租人可以不必在资产负债表中记为负债，起到优化资产负债表的作用。目前相关国际会计准则和我国会计准则已经修改了以前的做法，出租企业所有一年期以上的长期租赁都必须计入资产负债表，作为企业的负债，因此目前这个曾经吸引承租人的重要优势已经不复存在。

除了这些共同的优势之外，大企业和中小企业对融资租赁的需求也有不同的特点。

1. 融资租赁与大企业融资需求

一般来说，大企业在获得银行贷款时具有明显的优势，但是不少大企业仍然会选择融资租赁，除了上面所提到的融资租赁的优势之外，大企业采用融资租赁主要是出于税收方面的考虑。因为许多国家对固定资产投资都有税收鼓励政策，固定资产投资达到一定的规模以上就可以获得税收豁免。但是如果企业本身纳税能力不足，即公司税缴纳额度很小，或者不缴纳公司税，那么企业就无法享受相应的税收豁免。由于融资租赁公司采购大量的租赁物，通常会具备足够的纳税能力，因此可以享受相应的税收优惠，融资租赁公司就可以合理降低承租人的租赁支出，将税收豁免转让给承租人，使承租人通过减少租金等支出的方式获得更多的盈利，提升了企业的盈利能力。因此大企业利用融资租赁的原因通常不仅仅是单纯的融资，而是出于税收和盈利的考虑。这一点在欧美等融资租赁业发达国家通过大量的案例和数据得到了证实。

2. 融资租赁与中小微企业融资需求

而对于中小微企业来说，融资租赁可能是它们获得固定资产融资的唯一途径。因为通过融资租赁方式融资，可以有效地减少出租人的委托成本和交易成本，降低融资风险。在银行贷款等融资方式中，由于贷放给债务人的是货币资金，债务人可以使用货币资金去从事所有的活动，甚至完全与申请贷款的用途无关，使债权人很难监控资金的实际用途。在融资租赁业务中，由融资租赁公司购买和控制租赁物，使租赁公司的投资固化在租赁物上，融资租赁公司可以明确地控制资金的投向，如果企业不能按时支付租金，融资租赁公司可以收回租赁物，保证投资安全，租赁物就是投资的担保，同时也降低了承租企业破产带来的风险和损失。因此相对而言，融资租赁具有融资成本低、简便灵活的特点，能够更好地满足中小企业的融资需求。

根据英国的相关数据显示，在 1988 ~ 1995 年，英国中小企业中资产额不足 100 万英镑的公司融资租赁融资占债务的比例为 55%，而在大公司里租赁与分期购买占债务的比例不足 7%。从融资失败率的角度看，也就是资金提供方拒绝的融资占所有同种类型融资申请的比例来看，企业向银行借款遭到拒绝的比率为 9.8%，而分期付款与租赁协议的失败率只有 3%。

我国融资租赁公司在中小企业融资中同样可以发挥积极的作用。2015 年《国务院办公厅关于加快融资租赁业发展的指导意见》中明确提出：要加快发展中小微企业融资租赁服务。鼓励融资租赁公司发挥融资便利、期限灵活、财务优化等优势，提供适合中小微企业特点的产品和服务，拓宽中小微企业融资渠道。

（二）融资租赁与个人消费

融资租赁也是个人消费信用的一种方式。在国外，家用大额耐用消费品也可以作为租赁物，通过融资租赁的形式获得。在消费领域，家用车辆租赁是最大的市场。我国部分融资租赁公司也开发了针对消费者的融资租赁产品，2015 年《国务院办公厅关于加快融资租赁业发展的指导意见》中提出：融资租赁公司要积极稳妥地发展居民家庭消费品租赁市场，发展家用轿车、家用信息设备、耐用消费品等融资租赁，扩大国内消费。在租赁业务中消费所占的比例更大，例如共享单车、共享充电宝等各类共享类产品都是面向消费者的业务。

三、长期融资领域

融资租赁是一种长期性的资产融资方式，期限最短在 1 年以上，主要用于满足客户对固定资产投资的长期资金需要，一般来说客户的短期应急型资金需求不适合采用融资租赁的方式。目前我国融资租赁公司融资租赁业务的期限基本上在 3 年期以上。租赁业务并没有融资功能，仅仅涉及短期租用。

综上所述，融资租赁公司的业务领域既广泛也有局限性。从广泛性上看，融资租赁公司服务的客户既有大客户也有中小微企业，还有消费者个人，涉及的领域既有生产投资领域，也有消费领域，在国外政府机构等公共管理部门也是融资租赁公司的重要业务对象。从局限性上看，融资租赁公司的业务领域限制于固定资产融资，是以有形资产为基础进行的融资，与实体经济运行联系紧密。同时，融资租赁公司主要提供长期融资产品。

第二节　我国融资租赁公司的业务与操作

一、我国融资租赁公司的主要业务

融资租赁业务是我国融资租赁公司的主营业务，在此基础上，融资租赁公司可以开展与融资租赁业务相关的租赁财产购买、租赁财产残值处理与维修、租赁交易咨询和担保、向第三方机构转让应收账款、接受租赁保证金等业务。

融资租赁的具体业务类型包括多种形式。我国融资租赁公司的相关监管机构在各类管理办法中，对融资租赁公司经营的业务类型进行过不同的规定。2005 年商务部在《外商投资租赁业管理办法》中规定：外商投资融资租赁公司可以经营融资租赁业务和租赁业务。对融资租赁业务来说，外商投资融资租赁公司可以采取直接租赁、转租赁、回租赁、杠杆租赁、委托租赁、联合租赁等不同形式开展融资租赁业务。2013 年商务部在《融资租赁企业监督管理办法》中规定：融资租赁企业可以在符合有关法律、法规及规章规定的条件下采取直接租赁、转租赁、售后回租、杠杆租赁、委托租赁、联合租赁等形式开展融资租赁业务。相比较而言，2014 年银监会《金融租赁公司管理办法》对金融租赁公司的融资租赁业务形式没有直接给出具体种类。但是专门对售后回租业务进行了详细规定，指出：售后回租是承租人将自有物件出卖给出租人，同时与出租人签订融资租赁合同，再将该物件从出租人处租回的融资租赁形式，售后回租业务是承租人和供货人为同一人的融资租赁方式。而对其他类型的融资租赁业务则没有进行规定。2018 年银保监会承担了制定融资租赁公司业务经营和监管规则的职责，在 2020 年发布了《融资租赁公司监督管理暂行办法》，其规定：融资租赁公司可以经营融资租赁业务和租赁业务，并在相关条文中专门对售后回租和转租赁进行了规定，要求融资租赁公司对转租赁等形式的融资租赁资产应当分别管理，单独建账，转租赁应当经出租人同意；售后回租业务中，融资租赁公司对租赁物的买入价格应当有合理的、不违反会计准则的定价依据作为参考，不得低值高买等。

在我国融资租赁业务实践中，除了上述管理规定中提到对融资租赁业务的类型以外，还有其他类型的分类。综合而言，融资租赁业务类型主要可以划分为以下类型（见表 5－2）。根据租金偿付方式和租赁风险承担程度，可以划分为融资租赁和经营租赁；根据租赁物的来源，可以划分为直接租赁、售后回租、转租赁和委托租赁；根据租赁物货款的出资方式，可以划分为联合租赁和其他租赁；根据出租人的背景，可以划分为厂商租赁和第三方租赁；根据租赁物的类型，可以划分为飞机租赁、船舶租赁、汽车租赁、医疗租赁等；根据租赁业务中是否提供与租赁物使用相关的服务，可以划分为干租和湿租；按照其他的分类标准，还可以将融资租赁业务划分为跨境租赁、离岸租赁、出口租赁、进口租赁等。这些类型大部分是国际上通用的融资租赁业务分类，有的是我国融资租赁业务中的特殊分类。

表 5－2　融资租赁业务类型

分类标准	类型
租金偿付和风险承担	融资租赁　经营租赁
租赁物的来源	直接租赁　售后回租　转租赁　委托租赁
出资方式	联合租赁
出租人背景	厂商租赁　第三方租赁
出租人与承租人关系	跨境租赁　出口租赁　进口租赁　离岸租赁

续表

分类标准	类型
租赁物的性质	飞机租赁　船舶租赁　汽车租赁　医疗租赁等
租赁服务	干租　湿租

资料来源：自行整理。

与此同时，融资租赁业务的类型也在不断地发展变化，有的业务类型失去了当时产生的环境和条件，逐步消失。例如杠杆租赁，最早在日本产生，曾经是交易结构极为复杂的跨国租赁业务类型，主要发挥着避税功能，目前杠杆租赁交易形式已经消失。

（一）融资租赁与经营租赁

融资租赁与经营租赁的概念特别容易让人产生误解，以为融资租赁与经营租赁是两个完全平行的、不同的租赁业务。实际上融资租赁与经营租赁都属于广义的融资租赁业务。

首先，它们都具有以下的共同点：一是用于租赁的固定资产和其供货商都是由承租人选定的，由出租人出资购买，然后出租给承租人使用；二是租赁期限比较长，都属于1年期以上的长期融资；三是出租人购买租赁物的投资，都主要依赖于一个承租人支付的租金来回收。

其次，两者也存在着较大的区别，主要体现在租金偿付方式和租赁风险承担方式等方面。

融资租赁在其他国家也被称为资本租赁。在这种租赁交易中，出租人实际上已经把与租赁物的所有权及设备的使用权相关的经济收益和风险全部转移给了承租人，出租人承担的是纯粹的融资风险和收益。整个租期是按照设备的预期经济寿命确定的，从租金支付的视角看，融资租赁属于全额偿付的租赁业务，承租人支付的租金足以弥补出租人购买设备的投资再加上预期的经济回报。对承租人来说，需要承担设备灭失、损坏和设备技术与性能过时等所有的风险，同时承租人也将获得资产的保险收益。租赁期结束时，承租人可以通过运用设备的廉价购买权，以低于市场的价格从出租人处购买设备；承租人也可以选择另一种方式，即代表出租人以市场价格销售设备，出售设备获得的所有收益都由承租人拥有。出租人因拥有设备所获得的经济利益会转移给承租人。承租人在租赁期内有义务维持固定资产的原貌，保证设备的价值，但是对出租人来说，对承租人的这些要求只是为了让设备能够维持在一个合适的价值水平，保护出租人利益，一旦承租人不能支付租金，出租人可以通过设备变卖来收回余下的投资，对出租人来说租赁设备只是作为一个担保品，发挥冲销风险的功能。

经营租赁在国外也被称为真实租赁。经营租赁和融资租赁的主要区别在于租赁租期内设备价值变化的风险是由出租人而不是承租人承担，并且设备的租期小于设备的整个预期经济寿命的期限，例如租期只是设备预期经济使用寿命的70%左右，承租人支付的租金并不能覆盖出租人购买设备的全部投资，承租人支付给出租人的租金小于出租人在设备上的投资额，因此从租金支付的视角看，经营租赁也属于非全额偿付的租赁业务。在租期结束时，承租人有义务归还设备，也可以继续租用这些设备。出租人会估计租赁期限届满时的设备残值，假设设备能够按照残值出售，并以此为依据设定租金水平。设备残值的风险或者收益都由出租人承担，如果租期结束后，出租人出售设备的收入能够大于出租人未能通过租金收回的投资，出租人就可以获得收益；但是如果因为市场上此类设备价格下跌，出租人未能获得足够的销售收入，就会给出租人造成严重的损失。因此在经营租赁业务中，出租人不仅要承担融资的风险，同时还要承担设备残值的风险。在租赁期内，承租人依然有义务维护设备的原貌并且保持设备的价值，设备不仅仅只是一个担保品，对出租人来说，设备的残值直接影响出租人的收益。因此，在经营租赁业务中，出租人在设定租金时，会把租金的支付与设备的使用状况联系起来，例如在国外，出租人会按照设备的使用次数收取租金，比如，大楼入口处的旋转门的租金根据人员出入的流量收取，医疗设备的租金根据设备运行和实施治疗的次数收取等。

融资租赁与经营租赁的共同点和区别如图5－1所示。

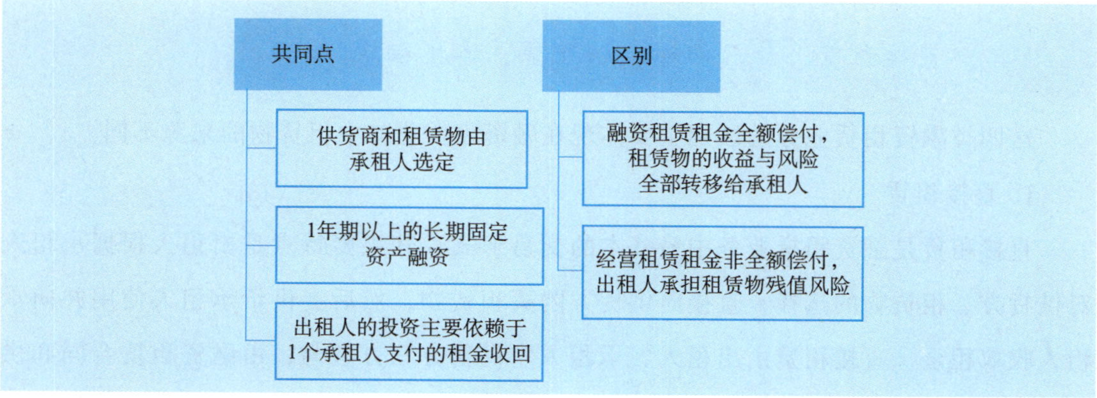

图5－1　融资租赁与经营租赁的异同

资料来源：自行整理。

经营租赁是融资租赁发展到一定阶段出现的，由于租赁期限相对短于设备的预期经济使用寿命，对于一些技术进步比较快的领域来说，经营租赁可以使承租人总是能够有机会使用最新的设备，因此承租人的需求是促进经营租赁发展的一个重要因素。除此之外，经营租赁的发展也在很大程度上得益于早期租赁会计准则带给承租人另一个好处：优化资产负债表。在早期的租赁会计准则中，融资租赁需要计入承租人的资产负债表，并作为承租人的长期负债。但是经营租赁与融资租赁不同，既不计入资产负债表，也不明确作为负债。经营租赁既可以使承租人获得长期融资来源，同时又不增加资产负债率，这是促进经营租赁快速发展的一个重要原因。目前无论国际会计准则还是我国的租赁会计准则，已经不再从承租人的角度划分融资租赁和经营租赁，除了一年期以内的短期租赁，所有长期租赁都属于融资租赁，经营租赁的分类已经不复存在，承租人获得的所有长期租赁都要资本化，计入承租人的负债，并影响承租人的资产负债率。

虽然如此，经营租赁还是保持了快速的发展，因为它仍然可以给承租人提供100%的融资，并使承租人能够使用到最新的设备。对出租人来说，租赁会计并没有任何变化，依旧根据租赁期末租赁物是否留有残值划分为融资租赁和经营租赁，以此显示两种不同的业务给出租人带来的风险和收益的差别。对出租人来说，经营租赁与融资租赁还是出租人经营管理能力差别的体现，融资租赁非常接近于一般的融资活动，出租人基本上只承担信用风险，经营租赁要求出租人对租赁物残值具有较高的预测和控制能力，对租赁物有较高的运营能力，目前我国融资租赁公司的业务几乎全部是融资租赁，经营租赁业务占比非常小，这也是由目前我国融资租赁公司对租赁物残值的预测和经营能力的局限性决定的。

（二）直接租赁、售后回租、转租赁、委托租赁

这四类融资租赁业务的区别主要体现在融资租赁业务中租赁物的来源不同。

1. 直接租赁

直接租赁是融资租赁业务中最基本的交易形式，其主要特点是出租人根据承租人对供货方、租赁物的选择，直接向供货方购买租赁物，然后提供给承租人使用并向承租人收取租金。直接租赁由出租人、承租人、供货方三方参与，由融资租赁合同和供货合同两个合同构成。直接租赁适用于固定资产、大型设备购置及企业技术升级改造和设备升级，经济发达国家的绝大部分租赁公司普遍采用直接租赁的方式，但在国内直接租赁业务占比相对较低，一般只有资金力量雄厚的大租赁公司采用这一方式。

直接租赁的操作流程：承租人自行选择供货方和租赁物；承租人向融资租赁公司

提出融资租赁意向；融资租赁公司与承租人进行商务谈判，并就租赁物与供货商进行技术讨论；融资租赁公司与供货商签订《买卖合同》，并与承租人签订《融资租赁合同》；融资租赁公司向供货商支付货款；供货商交付租赁物给承租人；承租人按约定向租赁公司支付租金；租赁期满之后，承租人与融资租赁公司根据合同约定确定租赁物的所有权。

2. 售后回租

售后回租是指出租人从承租人处买入租赁物，再返租给承租人并收取租金。其特点是租赁物是承租人提供的，售后回租实际上是购买和租赁的一体化，参与方只有出租人和承租人两方，承租人也是设备的出售方，涉及的合同也只有售后回租一个合同。售后回租一般适用于短期流动资金不足的企业，其融资性质更强，是目前国内融资租赁公司的主要业务模式。

售后回租的特点：第一，租金与租赁物的售价是相互对等的；第二，在售后回租的业务合同期内，承租人可以继续使用租赁物，但承租人需承担与租赁物相关的修理费、税金、保险费等。

售后回租的操作流程：承租人与融资租赁公司签订《售后回租合同》；承租人将设备出售给融资租赁公司，融资租赁公司向承租人支付货款，并将设备租赁给承租人；承租人按约定向融资租赁公司支付租金；租赁期满，融资租赁公司以名义价格将租赁物转让给承租人。

针对我国近年来售后回租业务中存在的突出问题，2019 年中国银行保险监督管理委员会制定的《融资租赁公司监督管理暂行办法（征求意见稿）》专门就售后回租业务进行了相关规定："售后回租业务中，融资租赁公司对租赁物的买入价格应当有合理的、不违反会计准则的定价依据作为参考，不得低值高买。"

专栏 5 - 1

我国融资租赁公司"回租业务"亟待转型

近日，《中国经营报》记者在中国裁判文书网看到，不少汽车融资租赁公司从事的"回租"业务在法院诉讼时被判定为以融资租赁之名行借贷之实，而依据融资租赁公司监管规定，融资租赁公司不得从事贷款业务，目前很多公司的汽车回租业务则会因此而涉嫌非法放贷。

汽车回租业务的规范模式应该是承租人将车辆所有权转移给融资租赁公司，获得相应的款项。同时，融资租赁公司再将车辆租给承租人使用并收取租金，承租人则继续保留车辆的使用权。但是在实际操作中，汽车回租业务中的承租人很少会将车辆过户给融资租赁公司。车咖院创始人兼 CEO 黄成伟解释说，如果一辆普通私家车，因为回租业务过户到融资租赁公司，到期再过户给承租人。那么，承租人的一手车就变成了三手车，在旧车市场的贬值会很严重。承租人不但要承担回租业务的费用，还要承担车辆的贬值损失。因此，在实际操作过程中，虽然承租人和融资租赁公司签订的是回租合同，需要把车辆所有权转移给融资租赁公司，但是双方并不不进行过户登记而进行抵押登记。这种伪装成车抵贷的形式，并不是真正的回租，一旦发生纠纷法院可能会据此认定双方之间为借贷关系而不是租赁关系。

2019 年 1 月，在一起涉及上海鑫钰融资租赁有限公司的判决中，法院认定被告芦某以自己拥有所有权的车辆向鑫钰租赁申请资金，被告的真实意思并非售后回租，而是借款，不符合承租人为行使对租赁物的占有和使用权利的法律特征。鑫钰租赁与被告双方意思表示以融资为目的而非融资租赁，双方之间实为民间借贷的法律关系。双方签署的合同名为融资租赁，实为民间借贷合同。

资料来源：2020 年 2 月 22 日，《中国经营报》，刘颖/张荣旺，https://finance.sina.com.cn/roll/2020-02-22/doc-iimxyqvz4862396.shtml。

3. 转租赁

转租赁是指以同一物件为标的物进行两次出租的融资租赁业务，包括两个出租人和两个承租人，两个租赁合同，转租赁中的租赁物是通过租赁方式获得的。在转租赁业务中，第一个租赁合同的承租人（转租人）向第一出租人租入租赁物后再转租给第二承租人。转租人获取租金价差，第一出租人仍享有租赁物的所有权。

2019 年银保监会在《融资租赁公司监督管理暂行办法（征求意见稿）》中指出：融资租赁公司可以经营转租赁业务，融资租赁公司对通过转租赁等形式获得的融资租赁资产应当分别管理，单独建账；对租赁物进行转租赁应当经第一出租人的同意。

4. 委托租赁

委托租赁一般适用于拥有资金或设备但不具有租赁经营权的企业，该类企业可以委托融资租赁公司办理融资租赁业务，融资租赁公司作为受托人，接受委托人的资金或设备，向委托人指定的承租人办理融资租赁业务。在租赁合同期内，委托人仍享有租赁物的所有权，融资租赁公司作为受托人只收取手续费，承租人通过融资租赁公司向委托人支付租金。

（三）联合租赁

联合租赁通常适用于大型设备或大型交通运输工具租赁（如船舶、飞机），通常由多家融资租赁公司共同参与出资，其中一家租赁公司作为牵头人出面订立融资租赁合同、租赁物买卖合同。联合租赁类似于银行贷款中的银团贷款，主要针对资金规模较大的融资租赁业务需求。

专栏5－2

船舶联合租赁

船舶联合租赁，是由多家融资租赁公司共同对一个船舶资产提供租赁融资，由其中一家融资租赁公司作为牵头人及出租人，与承租人及船东订立融资租赁合同和买卖合同，从船厂购入船舶并租赁给承租人使用。各家租赁公司按照所提供的租赁融资额的比例承担该融资租赁项目的风险和享有该融资租赁项目的收益。各家租赁公司与作为牵头人的租赁公司订立体现资金信托关系的联合租赁协议。该种模式是融资程赁公司之间的一种利益分享、风险分担的合作方式，有利于单家租赁企业控制交易风险、减少资金占用同时充分发挥各自的专业优势。2015年5月，农银金融租赁有限公司与汇众（天津）融资租赁有限公司共同出资从境内船厂处购买了一艘301起重铺管船，资产总额近1.8亿美元，以融资租赁方式交付于境外同一承租人使用，双方按照所持船舶的股权比例收取租金，充分利用了农银租赁强大的资金实力以及汇众（天津）租赁专业的技术背景。该业务成为国内首单船舶跨境联合租赁业务，同时也是金融租赁公司与外资租赁公司联合开展的首笔租赁业务。此外，我国融资租赁公司也在探索创新联合租赁模式，将融资租赁公司的资金及融资优势，与航运企业的技术、市场及管理优势相结合，充分利用航线及船舶资源，实现租赁公司、航运企业、船舶管理公司等多方合作，使各方均可享受市场机会，同时风险分担、收益共享。

资料来源：《中国融资租赁行业2018年度报告》。

（四）厂商租赁与第三方租赁

这种分类主要是根据融资租赁公司经营的融资租赁业务是否与设备产品的生产和促销有关进行的。

厂商租赁是指为推动特定生产企业的产品销售而开展的融资租赁业务。通常由生产企业提供客户资源，然后由融资租赁公司针对其客户开展融资租赁业务。厂商租赁既是一种业务形式也是融资租赁公司的一种经营模式。厂商租赁通常有两种：厂商附属模式和厂商合作模式。无论是哪一种模式，都由厂商、供应商及代理商推荐客户，租赁公司对其客户提供融资租赁的服务，从而促进厂商产品的销售，最终实现为厂商融资的目的。

专栏 5－3

厂商租赁——卡特彼勒

卡特彼勒是全球工程机械、矿山设备、燃气发动机和工业燃气轮机制造集团，在融资租赁领域也占有重要地位。通过融资租赁，卡特彼勒驱动基于存量资产的后市场服务业务，实现企业产业链的深化，融资租赁业务提高了卡特彼勒产品市场份额，保障了其设备价格的稳定性。同时作为设备生产厂商，卡特彼勒能够更好地控制设备二手市场的价格与设备残值，又促进了融资租赁业务的创新与发展。产融结合的设备融资成为卡特彼勒实现市场竞争制胜的关键要素。

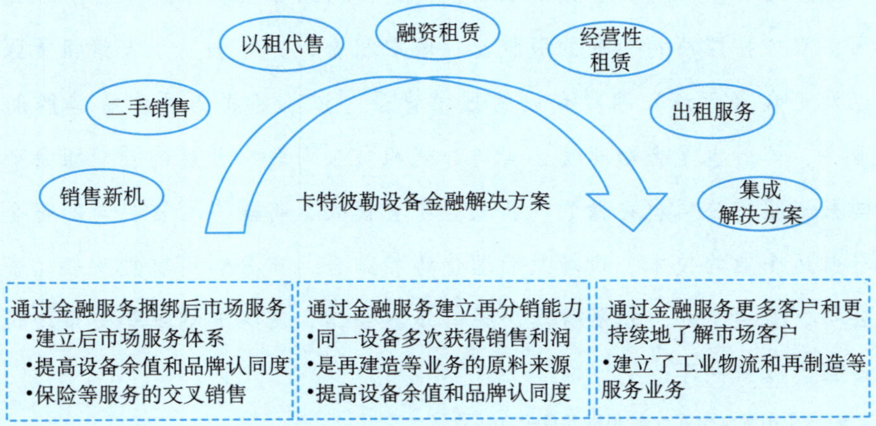

一定程度上，设备金融已成为卡特彼勒市场竞争致胜的关键要素

资料来源：王志武：产融协同——制造企业转型升级制胜之道，《中国融资租赁行业 2018 年度报告》。

第三方租赁则是指由租赁物生产厂商之外的融资租赁公司经营的融资租赁业务，也指与租赁物生产厂商无关的机构发起设立融资租赁公司，其业务经营并不与特定的企业和产品挂钩。

（五）跨境租赁、出口租赁、进口租赁、离岸租赁

跨境租赁是指分别处于不同法律体制或不同国家的出租人与承租人之间进行的融资租赁业务。按照租赁标的物的流向不同，跨境租赁可以分为出口租赁和进口租赁。出口租赁是指出租人在国内，承租人在国外；进口租赁是指出租人在国外，承租人在国内。跨境租赁的标的物主要是大型运输工具和设备，国内民航业中使用的飞机90%是通过跨境租赁引进的。

离岸租赁模式是指融资租赁公司通过其在保税区设立的SPV公司开展融资租赁业务，由SPV公司从境外买入租赁资产，然后租赁给境外承租方。每一个SPV公司对应一笔租赁合同，实行单独管理、单独核算，从而与母公司之间实现有效的风险隔离，同时该模式下交易各方也能获得一定的税收优惠。

专栏5-4

船舶离岸租赁与出口租赁

船舶离岸租赁是指融资租赁公司通过其在保税区设立的SPV公司开展船舶融资租赁业务，由SPV公司从境外买入船舶资产，然后租赁给境外承租方。每一个SPV公司对应一笔租赁合同，实行单独管理、单独核算，从而与母公司之间实现有效的风险隔离，同时该模式下交易各方也能获得一定的税收优惠。2015年12月，华融金融租赁股份有限公司通过东疆的SPV公司华融华稳（天津）船舶租赁有限公司与香港瑞海航运发展有限公司完成了一艘价值2 100万美元的47万载重吨国际远洋成品油船离岸直租业务。该业务采用售后直租模式，华融金租的东疆SPV公司以委托购买形式由承租人香港瑞海航运从国外船东处购入标的船舶后，再直租给承租人。船舶融资方面，使用境内美元由银行直接向保税区项目进行放款；船舶登记方面，出租人与承租人选择离岸登记。在该笔纯离岸结构模式下，不涉及增值税，租赁公司只需缴纳企业所得税。该单业务标志着我国首单船舶离岸售后直租业务顺利完成。

船舶出口租赁。船舶出口租赁是由融资租赁的SPV公司从境内船厂购入船舶

资产，以融资租赁形式出租给境外承租人。2013 年 9 月，民生金融租赁设立在东疆的 SPV 公司从江苏熔盛重工有限公司购入一艘载重量为 76 000 吨的散货船“华洋先锋”号，并出租给香港海洋之城航运有限公司。该艘散货船在东疆海关申报出口，在如皋海关查验放行顺利交付离境，采用了“属地申报，口岸验放”的创新通关模式，节省了企业通关时间及物流成本，成为全国首单船舶出口融资租赁业务，也是国内首单跨境跨关区海关异地监管船舶出口租赁业务。

资料来源：《中国融资租赁行业 2018 年度报告》。

（六）干租、湿租与附加服务租赁

干租一般指融资租赁公司只给承租人提供租赁设备，不提供与设备使用有关的保险、维修和操作人员等。干租可以采用经营租赁也可以采用融资租赁。湿租是指融资租赁公司不仅给承租人提供租赁设备，同时也提供与设备使用相关的配套项目，包括设备的保险、维修以及设备的操作人员等。干租和湿租通常是针对飞机租赁而言的。

在其他设备和租赁物的融资租赁业务中，融资租赁公司也可以提供相似的业务，通常称为附加服务租赁，例如融资租赁公司提供医疗设备租赁时也负责对设备进行维护，经营运输卡车租赁时附带提供卡车司机，并提供车辆维修、燃料管理、保险、故障排查等方面的服务。

（七）飞机租赁、船舶租赁、汽车租赁、医疗租赁

在我国融资租赁公司的业务中，飞机租赁是融资租赁规模最大的板块，从事飞机租赁业务的融资租赁公司通常资金实力也较为雄厚。飞机租赁主要业务模式包括：（1）跨境租赁。跨境租赁是指航空公司和融资租赁公司是在不同国家注册的。采用这种方式主要是由于不同国家对飞机租赁业务过程中的会计处理及税收制度有所不同，尤其是在爱尔兰、新加坡、中国香港等国家和地区，以及部分国家的保税港区有税收优惠政策。跨境租赁可能使飞机租赁业务享受到部分税收优惠。（2）售后回租。即航空公司先将飞机出售给融资租赁公司，然后再重新租回使用。（3）干租和湿租。干租一般指租赁飞机，不含保险、机组成员以及维修；湿租为航空公司提供飞机及相关配套项目，例如保险、机组成员以及维修。

船舶租赁也是我国融资租赁公司的一项比较大的业务板块。现阶段，我国船舶租

赁的业务模式主要包括直租、售后回租、经营租赁、联合租赁、离岸租赁、出口租赁、进口租赁等，其中又以售后回租模式为主。船舶的船龄一般为 10 ~ 20 年，船舶融资租赁合同期限一般在 5 年左右，大大低于船舶使用年限。租赁的主要船型包括散货船、液化气船、集装箱船、油轮、游轮、化学品船以及工程船舶等。

汽车租赁属于汽车金融产品中的一种类型，实际上是通过“以租代售”促进汽车销售。我国汽车租赁主要采用的业务模式包括直接租赁、售后回租和经营租赁等，从经营汽车租赁的融资租赁公司的背景来看，主要分为：厂商租赁和第三方租赁，厂商租赁主要由汽车制造商或者经销商设立的融资租赁公司提供，第三方租赁则是由其他与厂商无关的股东设立的融资租赁公司提供。

医疗租赁是融资租赁公司为医院提供医疗器械融资的一种业务。我国医疗租赁的主要业务对象是公共事业单位性质的医院，采用的租赁业务模式包括直接租赁、经营租赁、售后回租、厂商租赁和联合租赁等。

（八）风险租赁

风险租赁是指，出租人将设备出租给承租人，要求承租人支付一定比例的租金，同时要求获得一定比例的普通股权益作为回报。在风险租赁中，租金回报和设备残值回报占比通常分别为 50% 与 25%，其余部分按双方约定的价格折算成承租人的普通股股权。这种新型融资租赁业务形式主要适用于为高科技、高风险产业，在这类业务过程中，出租人即享有了一定比例的安全收益（租金和残值收入），同时又有机会像其他普通股股东一样参与承租人的经营决策、分享承租人的投资收益，但由于这部分投资收益具有不确定性，因为承租人也有经营失败或亏损的风险，因此称之为风险租赁。与普通融资租赁相比，风险租赁满足了部分风险偏好较高的出租人的需求，同时由于具有一定的权益融资属性，其在一定程度上也间接降低了承租人的资产负债率。

（九）项目融资租赁

项目融资租赁是指出租人与承租人就特定项目签订融资租赁合同，承租人以项目未来即将产生的现金流为保证，向出租人支付租金的业务模式。但较为特殊的是，出租人对租金的收取也只能以项目自身现金流量和效益为限，对项目以外的其他财产和收益无追索权。项目融资租赁通常适用于通信设备、大型医疗设备、运输设备等领域的融资租赁，其参与主体除了出租人和承租人外，通常还包括参与项目建设各阶段的承包商（设计、施工、监理等）、设备供应商等第三方机构。

在项目融资租赁中，由于项目存在经营失败的风险，而出租人的租金只能以项目本身为保证，因此出租人可能面临租金不能收回的风险。为了防范风险，出租人可以采取以下措施：（1）做好项目尽调与评估；（2）灵活的租金设计；（3）对项目经营期财务状况进行监控。

二、我国融资租赁公司业务操作流程

虽然融资租赁业务分为多种不同类型，但是从业务操作流程来看，基本上差别不大。融资租赁业务的操作流程主要包括项目启动、尽职调查、项目评审、合同签订、购买设备验收交付、租后管理六个环节。

（一）项目启动

项目启动是指融资租赁业务人员寻找租赁项目和承租人，并对项目可行性进行初步判断、确立并启动相关程序。项目启动阶段一般由业务人员对承租人的基本情况、融资租赁初步方案及投资收益情况等相关内容进行整理，形成书面材料报送给业务部门负责人，业务部门负责人对项目可行性进行判断，如有开展价值则启动尽职调查程序。

（二）尽职调查

尽职调查是指融资租赁公司业务部门按照一定的要求和标准，对租赁项目所涉及的主要信息和资料进行调查核实，以确保其真实性和完善性，并对租赁项目的可行性做出客观评价的一种手段。尽职调查可采取项目组调查和聘请外部专家，也可委托外部专业机构开展特定尽职调查，调查可采取现场调查或现场与非现场调查相结合的方式进行。聘请外部专家或委托专业机构，由租赁公司相关主管部门牵头组织，可分别建立法律事务所、资产评估、会计事务所、行业专家等专业库，为业务人员开展尽职调查提供技术援助。

尽职调查的主要内容包括：

1. 承租人基本情况调查

承租人基本情况包括：企业主体资格、控股股东及实际控制人情况；企业征信状况及信用评级；企业关联关系；企业重大事项调查，例如是否涉及诉讼、纠纷、行政处罚或负面新闻等。

2. 行业调查

根据企业的主营业务及主要产品情况，确认企业所属行业及细分行业。通过搜集并查阅行业统计资料和研究报告，调查企业所处行业现状与发展前景、竞争态势，了解企业在所处行业中的地位及排名情况。

3. 承租人财务状况调查

首先，通过企业盈利能力、偿债能力、运营能力比例分析，与同行业指标比较，综合分析企业的财务风险和经营风险，判断企业财务状况是否良好，是否具备偿债能力。其次，综合考虑企业的行业特点、规模特征、销售模式等，对企业经营活动、投资活动和筹资活动产生的现金流量进行全面分析，结合企业前三年的现金流量状况和新建、改建扩建租赁项目投入生产后的情况，测算未来租赁期内的现金流量情况。此外，还要关注承租人相关重要或异常的财务事项进行重点调查，如主营业务收入变动异常、应收账款数额变动异常、主营产品销售毛利、净利或变化与行业水平差异较大、短期负债比例变动异常、大股东占压资金、对外担保及资产抵押事项等。

4. 租赁物评估

如果采用售后回租的方式，融资租赁公司还要对租赁物进行调查评估，主要关注租赁物基本情况、权属是否清晰、租赁物的价值评估、租赁物风险评估等信息（见表5－3）。

表5－3 租赁物调查要点

租赁物调查	调查重点
租赁物基本情况	名称、数量；是否属生产核心设备；租赁物形成方式（购买、自建、投资等）、形成时间、经济使用年限、折旧年限、原值、净值、存放地点等
租赁物产权是否清晰	是否已被抵（质）押；是否存在瑕疵；是否存在被查封、海关监管等受限现象；查阅相关发票，取得产权证明复印件等
租赁物价值评估	价值认定标准及依据；评估基准日、评估价格、评估机构；租赁物技术先进性、通用性及未来租赁期内的保值状况等
租赁物风险评估	是否已投险，投险险种、期限、金额、保险公司名称；未投险的原因；拟投险的险种、期限、金额、保险公司名称等

资料来源：陈稳．《融资租赁实务操作指引：案例解析与风险防控》．中国法制出版社，2017.

5. 担保措施调查

根据担保方式不同，进行有针对性的调查：法人担保重点关注其主体资格和偿债能力，自然人担保重点关注其民事行为能力和个人财务状况，抵质押担保重点关注抵质押物的完整性及权属是否清晰、是否容易变现（见表 5－4）。

表 5－4 担保措施调查要点

担保方式	调查重点
法人担保	企业法人主体资格、经营范围、注册资本、行业属性及地位等企业基本情况，是否属于《担保法》禁止担保的主体。企业资信评级、重大事项、与承租人的关联关系、对外担保。结合资产负债率、流动比率、速动比率、营业利润率等财务指标对其担保能力进行分析。
自然人担保	担保人应具有民事行为能力。查询个人及配偶的身份证，查询个人征信系统，并与担保人出具的个人财产清单进行核对。取得个人房产证、行驶证、土地证及购买合同复印件，查阅相关发票，调查其购买时间及总价，已支付金额；取得个人持有的股权、股票和其他有价证券的相关资产证明以及对外出具的担保函件，合理估算持有有价证券的价值、对外担保风险程度，分析个人担保能力及上述资产的可变现性和可变现价值。
抵质押担保	抵质押物是否可办理抵质押登记手续；取得抵质押物权属证明材料，判断抵质押人是否对抵质押享有处分权；属于非第一抵质押权人时，是否超出抵质押物合理价值；通过实地考察、咨询专家，取得抵质押物评估报告，调查抵质押物形成时间、所处地点、持有价值、使用或尚可使用年限及现状；结合市场或交易平台状况，合理判断其价值，综合分析实现抵质押权的可行性。

资料来源：陈稳．《融资租赁实务操作指引：案例解析与风险防控》．中国法制出版社，2017.

（三）项目评审

实际操作中，融资租赁项目的评审包括两个环节，即部门审核和会议评审。同时由于租赁项目涉及很多专业知识，必要时可聘请外部独立专家委员会就专业问题发表意见，如外部会计师、评估师、税务师、律师及行业专家等。

1. 部门审核

部门审核一般由风险控制部门和合规部门负责。项目初审工作结束后，项目负责人将项目尽职调查报告和企业提供的其他材料提交风险控制部门，由风险控制部门对上述资料的真实性和完整性进行审核并对项目的风险程度进行评价，由合规部门对业务合规性进行审查，形成《融资租赁项目评审书》。

2. 会议评审

部门审核通过后，将《融资租赁项目评审书》连同其他资料一并提交会议评审。会议评审的组织架构是公司项目评审委员会，一般由由公司董事长、总经理、副总经理、业务总监、法务总监、资管总监、财务负责人、合规负责人等组成。

项目评审委员会成员从合法性、合规性、效益性、安全性等方面进行综合讨论并提出具体意见，一般须由三分之二以上的评审人员同意才能通过评审。

（四）合同签订

融资租赁项目通过评审后，租赁各方将聘请律师启动融资租赁文件的撰写工作。融资租赁文件涉及租赁物买卖合同、租赁合同、担保合同、内部合规文件等。融资租赁合同的重要条款具体如表 5－5 所示。

表 5－5 融资租赁合同重要条款

条款	基本内容
主体条款	根据融资租赁结构，确定各方主体，并将各主体相关信息在租赁协议中予以描述。
资金用途条款	出租人为保证租赁资金用于指定项目，要求承租人承诺资金使用用途及禁止使用用途。
税收条款	在融资租赁协议中约定相关税种、税率，并约定相关税费由哪一方承担。
保险条款	出租人和承租人双方约定保险险种、费率、期限、续保、受益人及保费支付方、出险理赔方式等内容。
租赁物条款	约定租赁物所有权、维修、保养和质量问题处理等内容。
租金及租金支付条款	出租人向承租人支付租赁物买卖价款并取得租赁物所有权后，按协议规定出租，承租人向出租人定期支付的租金，租金主要由本金和租息构成。本金即出租人向承租人支付的租赁物购买价款，租息即本金所产生的贷款利息，美元利率基本模式为 LIBOR＋［＊］bp；人民币利率一般参照贷款基准利率浮动。
租赁期限条款	出租人和承租人双方按照一定时间期限和一定还款方式支付租金；中长期租赁一般偏向于按季支付，短期租赁一般偏向于按月支付。
提前终止条款	约定发生融资租赁项目提前终止的情形，并约定承租人在提前终止发生时向承租人支付一定损失金。
提款前提条款	融资租赁协议的签署并不代表承租人可以立即提款，租赁本金的发放受限于提款前提条件是否完全得到满足，或未满足但得到了出租人的豁免。
违约救济条款	违约情形的界定及违约处置手段，可用列举情况方式约定。
法律适用和争议解决	法律适用主要针对不同国家和地区的主体的情况，争议解决方案一般会由双方约定。

资料来源：陈稔．《融资租赁实务操作指引：案例解析与风险防控》．中国法制出版社，2017.

（五）购买设备验收并交付承租人

出租人按照已签订的租赁合同和买卖合同，购买租赁物，并要求供货方将租赁物运至承租人指定的地点，确认租赁物运转或使用情况正常，由承租人签收租赁物。

（六）租后管理

由于融资租赁一般都是中长期项目，因此，租后管理工作对融资租赁公司来说非常重要。租后管理的主要目的是及时发现潜在风险，保障租赁资产安全，提高租赁业务投资效益。租后管理主要涉及承租人经营状况和财务状况的跟踪，定期或者不定期地对租赁物、担保人和抵质押物进行检查。

1. 租金收取

出租人向承租人发送租金支付通知书，并跟踪租金到账情况。如出现租金延期交付或未能交付的情况，则按合同约定采取相应的法律措施进行资产保全。

2. 跟踪承租人经营状况和财务状况

实地走访客户生产、经营和主要办公场所，现场查看租赁项目建设工地，直接接触客户主要负责人、财务主管及一线工作人员，了解客户财务状况、经营状况、仓库存货等，并将上述第一手信息，与客户提供的信息进行交叉验证。

3. 租赁物的检查

对租赁物的检查包括但不限于：租赁物是否完整无损；租赁物是否正常使用；实际使用人是否为承租人；是否正常维护保养；租赁物的保险是否有效；租赁物的登记状态是否正常等。

4. 担保人的检查

对担保人的检查包括但不限于：是否存在财务恶化、发生不履行担保义务记录或涉及重大经济纠纷等；是否存在经营机制或组织结构变化等；是否存在发行债券或利用其他融资方式增加负债水平；是否存在歇业、解散、清算、停业整顿、被吊销营业执照或被申请破产等；公司章程、经营范围、注册资本、法定代表人变更或股权变动等；担保人为自然人的，是否存在住所、工作单位、联系方式变更，生活和工作状况是否正常，是否涉嫌经济或刑事犯罪等；是否存在发生其他大额借款或对外担保等。

5. 抵质押物的检查

对抵质押物的检查包括但不限于：抵押物或质押权利是否完好，抵押或质押状态是否出现瑕疵或错误；抵押物或质押权利是否存在明显贬值，贬值程度是否严重影响到项目安全；抵质押物的财产是否投保，保险是否持续有效；抵押人或出质人是否涉及重大经济纠纷、诉讼、仲裁等；抵押人或出质人经营机制或组织结构是否发生变化；是否存在抵押人或出质人章程、经营范围、注册资本、法定代表人或股权变更；抵押人或出质人是否存在歇业、解散、清算、停业整顿、被吊销营业执照或被申请破产等情形；抵质押物是否被有关机构依法冻结、查封、扣押等；抵质押物是否被再设立抵质押，或被出租、转让、馈赠等。

第三节　我国融资租赁公司的资金运作

一、我国融资租赁公司的资金来源

目前我国融资租赁公司的资金来源方式是比较多元化的（见图5－2）。一般而言，融资租赁公司的资金来源主要分为两类：债权融资和股权融资。债权融资主要包括银行借款、股东借款、发行债券、资产支持证券化、信托融资以及转租赁/联合租赁等方式。股权融资主要包括股本金、股东增资、上市融资、引入战略投资者等。

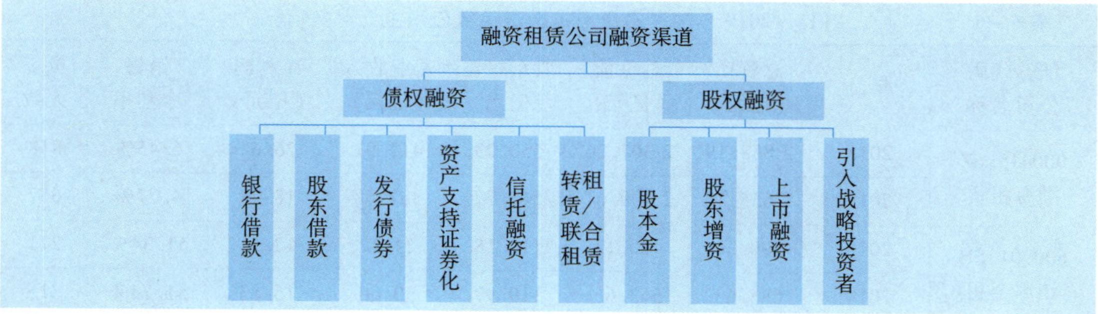

图5－2　融资租赁企业融资渠道

资料来源：作者自行编制。

目前，我国融资租赁公司主要资金来源是股本金、银行借款或股东借款，银行借款约占融资租赁企业资金来源的50%～80%。银行借款及发行债券对发行人信用资质要求最高，融资成本最低；融资成本次之的是资产证券化融资方式，其对基础资产产生稳定现金流的要求较高；融资成本最高的是非标融资和互联网融资。自2018年以来，随着国内金融去杠杆政策的深入推进，企业债券违约数量不断增加，银行坏账率也不断攀升，传统的发行债券和银行借款等融资方式开始受到较多限制，很多融资租赁公司只能寻求融资成本更高的非标融资、互联网金融等融资方式。

（一）股权融资

融资租赁公司可以依靠股东增资、上市发行股票和引入战略投资者获得股权融资。上市发行股票是融资租赁公司股权融资的重要手段，是租赁公司实力的体现。

国内融资租赁公司上市的途径主要是三大类：上海证券交易所和深圳证券交易所

（“沪深主板”）、全国中小企业股份转让系统（“新三板”）[①] 和香港证券交易所（“港交所”）。其中沪深主板上市门槛较高，新三板上市相对容易但流动性较差，港交所等境外上市融资难易程度介于两者之间，但估值相对较低。据公开信息显示，目前我国共有 26 家融资租赁公司已经实现独立上市融资，其中 2 家在沪深主板上市，6 家在新三板上市，18 家在港交所上市。此外，还有 32 家母公司上市的融资租赁子公司。

1. 沪深主板上市融资租赁公司

根据 Wind 显示，目前在沪深主板上市的两家融资租赁公司分别是渤海租赁和江苏租赁。渤海租赁是国内最早上市的融资租赁公司，第一大股东为海航资本集团有限公司；江苏租赁是 A 股最早上市的金融租赁公司，第一大股东为江苏交通控股有限公司。在沪深主板上市的两家融资租赁公司主要财务指标具体如表 5 – 6 所示。

表 5 – 6　2018 ~ 2019 年沪深主板上市融资租赁公司主要财务指标

证券代码 公司名称	年份	总资产（亿元）	总负债（亿元）	股东权益（亿元）	营业收入（亿元）	净利润（亿元）	销售净利率	员工人数
000415. SZ 渤海租赁	2018	2 858. 19	2 307. 26	550. 93	412. 91	26. 64	6. 45%	818
	2019	2 655. 37	2 109. 61	545. 77	387. 68	18. 48	4. 77%	652
600901. SH 江苏金租	2018	590. 30	480. 12	110. 18	24. 37	12. 51	51. 34%	271
	2019	683. 63	563. 66	119. 97	30. 60	15. 83	51. 74%	315

资料来源：Wind。

2. 香港上市融资租赁公司

根据 Wind 显示，2019 年在香港上市的融资租赁公司共有 18 家，国银金租为持有金融机构牌照的金融租赁公司，其余 17 家为地方政府监管的融资租赁公司，它们分别是远东宏信、中银航空租赁、海通恒信、环球医疗、中国飞机租赁、易鑫集团、中国船舶租赁、东正金融、中关村科技租赁、友联租赁、福道集团、恒嘉融资租赁、富银融资股份、百应租赁、紫元元、信都国际租赁、融众金融。其中远东宏信、国银租赁、中银航空租赁规模及经营业绩排名前三，对应的第一大股东分别为广柏有限公司[②]、国家开发银行、Sky Splendor Limited[③]。在香港上市的融资租赁公司主要财务指标见表 5 – 7。

① 2016 年 1 月 19 日，全国中小企业股份转让系统暂停类金融机构挂牌新三板，其中融资租赁企业也被暂停，故目前融资租赁企业上市融资的主要渠道是港交所和沪深主板。

② 广柏有限公司为中国中化集团公司的全资子公司。

③ Sky Splendor Limited 是中国银行的全资附属公司。

表 5－7　　2019 年香港上市融资租赁公司主要财务指标

证券代码	公司名称	总资产（亿元）	总负债（亿元）	股东权益（亿元）	营业收入（亿元）	净利润（亿元）	销售净利率	员工人数
1606. HK	国银金租	2 613. 01	2 356. 31	256. 69	167. 38	29. 38	17. 55%	425
3360. HK	远东宏信	2 605. 71	2 190. 36	415. 35	269. 13	43. 38	16. 12%	17 903
2588. HK	中银航空租赁	1 401. 64	1 151. 84	145. 81	121. 56	49. 69	40. 30%	176
01905. HK	海通恒信	990. 47	837. 57	153. 00	37. 28	13. 17	35. 33%	1 653
02666. HK	环球医疗	578. 53	444. 05	134. 47	68. 18	14. 89	21. 84%	8 761
1848. HK	中国飞机租赁	436. 51	396. 82	39. 70	30. 68	8. 03	26. 16%	169
2858. HK	易鑫集团	395. 47	238. 34	157. 13	58. 00	0. 31	0. 53%	4 177
03877. HK	中国船舶租赁	248. 10	172. 41	75. 69	20. 55	7. 91	38. 49%	72
02718. HK	东正金融	103. 28	63. 18	40. 10	5. 91	3. 89	65. 82%	303
01601. HK	中关村科技租赁	69. 89	55. 97	13. 92	5. 16	1. 38	26. 74%	110
01563. HK	友联租赁	30. 84	19. 01	11. 83	0. 79	－0. 85	－107. 59%	28
3848. HK	富道集团	17. 11	9. 16	7. 94	1. 97	0. 36	18. 42%	144
0379. HK	恒嘉融资租赁	15. 47	6. 86	8. 61	0. 64	－0. 31	－47. 92%	100
8452. HK	富银融资股份	14. 06	9. 32	4. 74	1. 54	0. 36	23. 37%	129
8525. HK	百应租赁	4. 41	1. 57	2. 84	0. 39	0. 19	48. 83%	27
8223. HK	紫元元	4. 27	1. 26	3. 00	0. 55	0. 17	30. 59%	56
08621. HK	信都国际租赁	2. 86	0. 90	1. 97	0. 27	－0. 50	－185. 19%	72
3963. HK	融众金融	0. 00	0. 00	0. 00	0. 00	0. 00	0. 00	27

注：融众金融未披露 2019 年财务指标。

资料来源：Wind。

3. 新三板挂牌融资租赁公司

根据 Wind 显示，目前在新三板挂牌的融资租赁公司共有 6 家，分别是中国康富、皖江金租、福能租赁、康安租赁、子西租赁和东海租赁。皖江金租是具有金融机构牌照的金融租赁公司，其余 5 家为地方监管的融资租赁公司。其中中国康富、皖江金租的总资产规模超过百亿元人民币，其第一大股东分别为国核资本控股有限公司、安徽省交通控股集团有限公司。在新三板挂牌的租赁公司主要财务指标具体如表 5－8 所示。

表 5－8　　2019 年新三板挂牌融资租赁公司主要财务指标

证券代码	公司名称	总资产（亿元）	总负债（亿元）	股东权益（亿元）	营业收入（亿元）	净利润（亿元）	销售净利率	员工人数
833499. OC	中国康富	315. 11	274. 47	40. 64	20. 57	3. 80	18. 49%	140
834237. OC	皖江金租	219. 41	154. 67	64. 73	17. 34	3. 58	20. 67%	138
832743. OC	福能租赁	26. 07	18. 76	7. 30	1. 10	－0. 16	－14. 90%	36

续表

证券代码	公司名称	总资产（亿元）	总负债（亿元）	股东权益（亿元）	营业收入（亿元）	净利润（亿元）	销售净利率	员工人数
835319. OC	康安租赁	7. 38	4. 18	3. 19	0. 66	0. 12	17. 44%	27
839174. OC	子西租赁	2. 67	0. 88	1. 79	0. 70	0. 01	1. 86%	75
835072. OC	东海租赁	0. 00	0. 00	0. 00	0. 00	0. 00	0. 00	29

注：2019 年东海租赁未公布财务数据。

资料来源：Wind。

4. 母公司上市的融资租赁子公司

我国除了独立上市的 26 家融资租赁公司以外，还有 32 家融资租赁公司属于上市公司的子公司，通过其母公司，间接获得股权融资的便利。这 32 家公司包括：平安租赁、中航国际租赁、中电投融和融资租赁、越秀租赁、中交建融资租赁、招商局通商租赁、中远海运租赁、华能天成租赁、国泰租赁、狮桥租赁、华润租赁、汇通信诚租赁、国电租赁、晨鸣租赁、中垠融资租赁、君创国际租赁、先锋国际融资租赁、奥克斯租赁、同煤漳泽（上海）融资租赁、上海中成租赁、山鹰（上海）融资租赁、广东融通融资租赁、汇海融资租赁、长荣华鑫融资租赁、上海微融融资租赁、厦门恒驰汇通租赁、赛象信诚国际融资租赁、上海大众融资租赁、上海爱建融资租赁。

（二）债权融资

1. 银行借款

银行贷款具有操作简单、成本较低、金额较大等优势，目前仍是国内融资租赁公司的主要融资渠道。常见的银行贷款有抵押贷款、信用贷款、担保贷款、综合授信、银团贷款等。近两年随着经济增速下滑，银行不良贷款率攀升，银行对租赁公司的信贷规模一直在控制，资质普通的融资租赁公司获得银行贷款的难度加大。

不同股东背景的融资租赁公司获取银行借款的难易程度不同。一般而言，银行系融资租赁公司具有较为强大的股东背景优势，银行借款或同业拆借在融资来源中的占比一般在 80% 左右；厂商系融资租赁公司获得的银行借款约占融资来源的 60%，第三方独立融资租赁公司，银行借款的占比最小，约为 50%。

2. 债券发行

发行债券也是融资租赁公司获得大量长期低成本资金的重要渠道。在现行政策下，融资租赁公司在我国境内发行的债券类型大体分为三类：一是传统的公司债，由境内上市融资租赁公司发行；二是传统的企业债，由境内未上市融资租赁公司发行；

三是近年来出现的定向工具（PPN）、中期票据、短期融资券和超短期融资券等。定向工具也即非公开定向债务融资工具，由融资租赁公司在银行间市场向特定机构投资人发行，并在特定机构投资人范围内流通转让。融资租赁公司发行的定向工具的期限包括1年期、2年期和3年期，其中3年期定向工具占比最大。中期票据是由融资租赁公司在银行间债券市场发行的债务融资工具，发行期限1年以上，大多为3年期，也有少量5年期。短期融资券是融资租赁公司在银行间债券市场发行的，约定在1年内还本付息的债务融资工具。超短期融资券是融资租赁公司在银行间债券市场发行的，期限在270天以内的债务融资工具。2018年债务融资工具发行规模前五的融资租赁公司如表5－9所示。

表5－9　2018年债务融资工具发行规模排名前五的融资租赁公司

品种	发行机构	发行金额（亿元）
短期、超短期融资券	平安国际融资租赁有限公司	165.00
	中航国际租赁有限公司	121.00
	中电投融和融资租赁有限公司	85.00
	远东国际租赁有限公司	75.00
	中国环球租赁有限公司	73.50
定向工具	平安国际融资租赁有限公司	95.00
	中航国际租赁有限公司	67.00
	远东国际租赁有限公司	35.00
	中电投融和融资租赁有限公司	20.00
	海通恒信国际租赁股份有限公司	19.00
公司债	平安国际融资租赁有限公司	105.08
	远东国际租赁有限公司	80.00
	中航国际租赁有限公司	76.70
	中建投租赁股份有限公司	35.00
	中国环球租赁有限公司	31.00

资料来源：《中国融资租赁行业2018年度报告》。

近年来融资租赁公司也开始利用发行绿色债券进行融资。与一般债券发行相比，绿色债券在发行时会获得一定的减税降费优惠，发行程序较为简便。因此，发行绿色债券可以在一定程度上降低融资租赁公司的运营成本，改善财务费用结构。2019年融资租赁公司绿色债券的发行数量和规模均创历史新高，共有3家金融租赁公司和2家地方监管的融资租赁公司发行了10只绿色债券，发行规模达103亿元，而在2018年仅有3家地方监管的融资租赁公司发行了25.8亿元的绿色债券。从债券品种来看，金融租赁公司发行了绿色金融债，融资租赁公司发行了4只公司债和2只定向工具，具体内容如表5－10所示。

表 5－10　2019 年融资租赁公司绿色债券发行情况

债券简称	发行规模（亿元）	期限（年）	主体评级	债券品种	票面利率（%）
19 江苏租赁债 01	5	3	AAA	金融债	3.70
19 江苏租赁债 02	5	5	AAA	金融债	4.12
19 农银租赁绿色债	30	3	AAA	金融债	3.68
19 长城国兴租赁绿色 01	20	3	AAA	金融债	4.05
19 天成租赁 GN001	5	3	AAA	定向工具	4.70
19 天成租赁 GN002	10	3	AAA	定向工具	4.30
G19 天成 1	5	3	AAA	公司债	4.15
G19 天成 2	5	3	AAA	公司债	3.77
G19 天成 3	10	3	AAA	公司债	4.37
G19 安租	8	4	AAA	公司债	4.53

资料来源：中央财经大学绿色金融研究院。

从表 5－10 可以看出，融资租赁公司绿色债券发行期限比较集中，10 只绿色债券中 8 只为 3 年期，4 年期和 5 年期各 1 只，都属于中期债券。债券评级较高，5 家发行主体均获得 AAA 级评级。融资租赁公司债券票面利率都高于金融租赁公司发行的债券。虽然 2019 年融资租赁业绿色债券发行规模大幅度增加，但是占绿色债券发行总额的比例仅为 4.19%，比重仍然较低。

总体来讲，近年来我国融资租赁公司债券融资方式比较多元化，融资品种比较丰富。

3. 资产证券化

资产证券化作为国际金融市场上的一种创新型融资工具，在发达国家已成为企业融资的重要手段之一。租赁资产证券化是租赁公司作为发起人/原始权益人，以租赁资产为基础资产，发行设立资产证券化产品进行融资。租赁资产证券化作为一种创新型的融资方式，不仅拓宽了租赁公司的融资渠道，同时也在提高资金流转速度、优化资产负债结构方面具有明显优势。自 2015 年起，我国租赁资产证券化开始进入高速发展时期。融资租赁公司在我国资产证券化市场上的影响力不断提升。

专栏 5－5

远东国际租赁公司的租赁证券化融资

在租赁证券化市场上，远东国际租赁公司创立了多个第一：2017 年，远东发行国内首个夹层外部增信租赁类 ABS 项目；2018 年 4 月，远东作为原始权益人，发行我国首单“一带一路”ABS；2019年初，远东发行了Pre-ABS资产证券化产品，实现了租赁业内首单“出表”。2019年8月，远东发行2019六期资产支持专项计划，发行金额为41.37亿元，创远东单笔发行金额记录，其中优先A级35.54亿元，优先B级3.56亿元，次级2.27亿元。2019年前7个月，我国融资租赁公司通过租赁ABS项目发行了112只产品，发行金额共计1 338.81亿元，比2018年同期增长了76.3%。其中远东国际租赁公司作为原始权益人，共发行了5只企业ABS和1只ABN产品，总规模达167.71亿元，约占2019年前7个月融资租赁公司融资租赁ABS和ABN产品发行总规模的12.5%，位居行业榜首。

资料来源：根据Wind资讯编写。

4. 信托融资

由于信托资金来源广泛，形式灵活且监管相对宽松，因此融资租赁公司与信托公司合作能够在一定程度上发挥各自优势。租赁公司与信托公司的合作主要有两种方式：一种是信托贷款的方式，另一种是应收租赁款转让的方式。应收租赁款转让，有助于租赁公司优化其债务结构，其转让方式主要有三种：无追索权的转让、有追索权的转让、售后回购。

二、我国融资租赁公司的运营收益

（一）融资租赁公司的收益来源

融资租赁公司的收益来源主要有债权收益、残值收益、服务收益、杠杆收益、节税收益及风险收益等。

1. 债权收益

债权收益主要是指融资租赁公司获得的租金收入与资金成本之间的差额收益。获取利差和租息收益是融资租赁公司开展全额偿付融资租赁业务的主要盈利模式。融资租赁的租金费率一般相当于或高于同期贷款利率，利差收益视风险的高低，一般在1%～5%不等。

2. 租赁物残值收益

提高租赁物的残值处置收益，不仅是融资租赁业务的风险控制手段，同时也是融资租赁公司的重要盈利来源之一。对于厂商系融资租赁公司，由于其在设备维修、再制造方面具有专业能力，同时又有一定的客户基础，租赁物的残值处置可能为其带来新的利润增长点。而在非全额偿付的租赁业务中，租赁物残值收益和租金利差共同构成租赁公司的收益。在融资租赁业务实践中，残值收益一般在5%～25%，具体视融资租赁合同的条款约定及设备回收后的处置情况而定。

3. 服务收益

（1）租赁手续费。租赁服务手续费是融资租赁公司针对融资租赁业务开展过程可能涉及的各项活动收取的业务服务费用。根据合同难易程度、金额大小、风险高低以及项目初期投入多少等差异，手续费收取的标准也有所不同，通常为0.5%～3%。

（2）财务咨询费。财务咨询费一般是融资租赁公司针对向客户提供融资解决方案收取的咨询费用，在大型项目或设备融资租赁业务中较为常见。咨询费用视项目金额大小和项目难以程度而定，通常在0.25～5%。

（3）贸易佣金。贸易佣金常见于厂商租赁模式，是厂商设立的专业化的融资租赁公司或是与厂商签订融资租赁外包服务的融资租赁公司的主要盈利来源。融资租赁公司通过开展融资租赁业务，促进了设备流通的同时改善了厂商销售回款能力，也在一定程度上促进其扩大了市场规模，因此融资租赁公司通常会与厂商约定一定的贸易佣金，如销售佣金、采购折扣或其他贸易环节的佣金。

（4）其他服务收费。厂商系融资租赁公司在开展融资租赁业务时可能会提供一定的考察或专业培训服务等，并针对这些专业服务收取一定的费用。

4. 杠杆收益

融资租赁公司营运资金的来源比较多元，既可以运用自有资金，也可以通过银行借款向承租人发放资金。如果只运用自有资金，融资租赁公司的业务规模和盈利水平都会受到局限；但如果通过银行借款或其他负债形式进行杠杆融资，融资租赁公司的业务规模和盈利水平都会成倍增长。实际操作中，由于融资租赁公司负债成本低于租金利息，租赁公司有获取利差收益的动力，因此杠杆经营和杠杆收益也是融资租赁公司的重要收益来源之一。

5. 节税收益

融资租赁公司作为租赁物的所有权人，可以享受与固定资产投资相关的税收优惠，节税或延迟纳税就构成了融资租赁公司的收益来源之一。

6. 风险收益

（1）或有租金。或有租金是出租人与承租人约定的固定租金以外的其他租金，这部分租金往往附有具体的参照条件，如根据销售占比、通货膨胀、汇率波动、租赁物的使用情况等设定不同的租金比例。换句话说，或有租金主要是出租人针对租赁物的使用效果或可能产生的风险收取的风险租金。

（2）可转换租赁债收益。融资租赁公司对某些高风险投资项目所需的设备，可以先采用融资租赁方式，同时约定在某些条件下，出租人可以将剩余的融资租赁债权按约定价格进行债转股。如果项目成功，融资租赁公司可以继续持股并获得股权分红，也可以将股权转让获取增值收益。

（二）融资租赁租金定价原理

1. 全额偿付的租金定价

全额偿付的融资租赁业务是指出租人向承租人发放租赁款时，将租赁物的评估价格或购置成本对等的价款全额支付给承租人，并获得租赁物的所有权；租赁期届满后，承租人支付一个象征性的价款再收回租赁物的所有权。由于租赁物残值基本没有实质价值，因此租金收入是全额偿付的租赁业务的主要收入来源。除此之外，全额偿付的租赁业务也涉及手续费、咨询费、贸易佣金等其他应收款。因此：融资租赁收入 = 租期内租金收入 + 各项租赁服务费用（手续费、咨询费、贸易佣金等）。其中，租金的计算方法是依据租赁物的购置成本、评估价格，或融资租赁公司愿意提供的融资额度，根据合同约定的租赁费率和租金偿还方式（如本金等额法、本息等额法或余额计息法），计算出承租人每期应付的租金额。租赁费率一般按同期银行贷款利率上增加一定比例的风险费率（0.5% ~5% 不等，视项目情况而定）。无追索的融资租赁债权或委托租赁业务，由于融资租赁公司不承担租赁风险，一般只按租赁金额的大小收取租赁一定服务，不额外增加风险费率。

2. 非全额偿付的租金定价

非全额偿付经营租赁业务是指出租人向承租人发放租赁款时，只将租赁物的评估价格或购置成本对应的部分价款支付给承租人，并获得租赁物的所有权；租赁期届满后，租赁物属于出租人。因此出租人的租赁收益，除了承租人支付的租金之外，还有很大一部分来源于租赁物的残值处理。即：融资租赁收入 = 租金收入 + 残值处置收入 + 租赁服务手续费。在非全额偿付租赁业务的实际操作中，一般先对租赁物的残值进行风险定价，然后再从实际融资额中扣除残值作为计算租金的对价，再在同期银行贷款利率上再加上一定比率的风险费率，根据融资租赁合同规定的租金偿还方式，计算出承租人每期应付的租金。

第四节　君创国际融资租赁有限公司案例[①]

一、公司背景与经营理念

君创国际融资租赁有限公司（以下简称“君创租赁”）成立于2015年11月，是联想控股股份有限公司的全资子公司。截至2018年年末，公司注册资本金为20.2亿元。公司总部位于上海，目前已在9个省市开设了11家办事机构，君创租赁致力于以职业化的管理和专业化的服务，打造引领中国融资租赁业发展的行业精品，为全国各类企业提供高品质、高价值的综合金融服务。君创租赁的核心管理团队均拥有丰富的海内外知名融资租赁公司的管理经验，行业平均从业时间超10年。同时公司团队也具有高度专业性，超过65%的雇员拥有金融、经济、法学、财会及管理专业背景，超过60%的员工具有5年以上租赁从业经验。

自创立伊始，君创租赁秉承“打造租赁行业精品、做精品租赁”的发展理念，围绕“十三五”规划的战略性新兴产业，为产业结构升级中具有发展潜力的优质企业提供职业化、专业化的租赁服务。

二、公司经营成果

2016~2018年，国内经济、金融形势经历了较大的变化，在经济结构转型及金融监管变化的大环境下，君创租赁坚持服务实体经济，服务结构转型的基本策略，凭借管理层多年租赁行业经验以及对实体经济产业的深入理解，建立起医疗健康、先进制造、节能环保、文旅消费、农牧食品等多个子行业。普惠金融方面，针对小微企业融资难问题，借助线上申请、审批、签约以及租后管理平台，为金属零部件加工、塑料塑胶、消费电子、通信、光电等行业的小微客户，提供符合数据化运营时代需求的标准化、快捷化的租赁服务。在互联网经济带动了物流业蓬勃发展的大背景下，重型卡

---

① 摘自《中国融资租赁行业2018年度报告》，第320~323页，中国融资租赁三十人论坛，中信出版集团。

车租赁业务作为君创租赁的核心业务之一，旨在为物流企业及物流司机提供从车辆租赁、管理、维护等全方位的租赁服务，结合物流业务区域化下沉的特色，通过互联网操作平台及线下服务网点并举的模式，为客户提供身边的卡车租赁服务，协助物流行业客户提升运营及盈利能力。同时，公司结合互联网技术工具提供租赁业务服务，使租赁业务的开展与最终用户快速建立联系，标准化特色方案、模块化快速审批为小微企业及物流行业客户提供更为便捷和快速的服务，加强客户黏性，真正为客户提供以客户为中心的专业租赁服务。

经过 2016 ~ 2018 年三个完整年度的发展，君创租赁实现累计近 200 亿元的租赁业务投放，存量租赁资产超百亿元。在高速发展的过程中，君创租赁坚持以资产安全为发展的前提，保持了优良的资产质量，构建了企业长期发展的稳健基石。同时君创租赁凭借良好的市场声誉、优秀的经营成果、完善的管理制度、成熟的专业团队，赢得投资人的关注与信任，自 2016 年起发行多支资产证券化、银行间债券产品，与众多国内外大型金融机构建立授信业务关系，累计获得银行授信超百亿元，并发行多只债券产品。

三、公司经营特色

在业务发展的过程中，君创租赁与其股东联想控股旗下的投资机构开展了充分的互动，各方就客户对于股权、债券等不同融资需求保持沟通，同时也对于投后及贷后管理的信息保持交流。企业的发展犹如小孩的成长，在不同阶段需要不同的关注与资源。控股成员投资机构在客户初创期投入资源支撑了企业的快速成长，君创租赁在客户进入成熟发展期间投入资源，支持企业健康稳健地持续发展。通过“三军联动”这种合作模式，君创租赁与联想控股其他成员企业形成了良好的互补，基于各自不同的风险偏好，服务于不同发阶段的企业，充分满足了企业间差异化的金融服务需求。在联动合作下，君创租赁不仅能获得大量优质的承租人客户，同时也为具有良好发展潜力的承租人客户进入资本市场创造了条件。

四、案例分析

某客户企业创始于 2003 年，是一家国际领先的生命科学研发服务企业，主营新药研发外包服务（CRO），在药物化学、生物等领域向美国、欧洲、日本等全球制药公司和研发机构提供一系列全方位的增值外包服务。客户在国内临床前 CRO 企业中排名前三，系行业内的标杆企业之一。企业拥有超过 80 000 平方米的实验室，研发技术、服务体系完善，为国内为数不多的可向国外大型制药公司提供全流程药物研发服务的 CRO 企业，同时也是目前国内少数可以完成 IND package（新药临床试验申报）的服务公司之一。

联想控股旗下的投资机构自 2007 年开始对客户进行股权投资，投资初始客户收入规模仅为千万元。随着客户的发展，控股成员投资机构在 2015 年继续加大投资，现客户收入规模已超 10 亿元，服务于全球医疗企业的新药研发业务。

该客户的主要业务形态决定了其需要根据客户的新药研发需求，不断新建实验室，因此每年的实验仪器设备等采购金额巨大。客户的业务发展除依赖其研发能力外，还需依赖大量的设备类投资，因此也构成了较大的资产规模。2016 年，在与成员企业 PE 机构沟通后，君创租赁主动与客户取得联系，并开展尽职调研工作。在尽职调研过程中，君创租赁的业务人员与企业的管理人员进行了充分的沟通，由于客户的融资需求较为急迫，君创租赁配合客户的需求入驻企业两周，以财务顾问式的服务对企业的情况进行了深度的分析。君创租赁了解到客户拥有大批的存量进口设备，同时新的采购需求也包含了大量进口的专业实验室设备。凭借细致入微的尽调与分析、过硬的进口设备租赁操作经验，君创租赁精准地将客户资产与资金需求相适配，为客户量身制定了租赁服务方案，并在 3 周内完成了所有的业务流程，及时满足了客户的融资需求。通过首次合作，君创租赁以专业、高效的财务顾问式服务赢得了客户信任，并在后期持续开展了合作。君创租赁对客户持续投放了约 2 亿元人民币，有力支持了客户的实验类设备的投资需求，支撑客户的业务规模在近两年保持了高速的增长。在不同资本的助力下，客户顺利在 2018 年登陆国内创业板。

本章小结

1. 融资租赁是指出租人根据承租人对出卖人、租赁物的选择，向出卖人购买租赁物然后提供给承租人使用，承租人向出租人支付租金以偿还出租人的相关支出的一种交易，实际上是以“融物”的形式进行的“融资”交易，租赁物是融资的载体。

2. 租赁物应具备的特点是：首先租赁物应是一种客观存在的物，具有实物形态，其所有权和使用权可以分离；其次租赁物在租赁期内的实物形态不发生改变，属于固定资产，其他的资产类型则不适合用于融资租赁。

3. 融资租赁公司融资租赁业务领域主要集中在：固定资产融资领域，生产投资和消费领域的融资，长期融资等。

4. 融资租赁业务是我国融资租赁公司的主营业务，在此基础上，融资租赁公司可以开展与融资租赁业务相关的租赁财产购买、租赁财产残值处理与维修、租赁交易咨询和担保、向第三方机构转让应收账款、接受租赁保证金等业务。

5. 融资租赁业务可以划分为多种类型。根据租金偿付方式和租赁风险承担程度，分为融资租赁和经营租赁；根据租赁物的来源，分为直接租赁、售后回租、转租赁和委托租赁；根据租赁物货款的出资方式，分为联合租赁和其他租赁；根据出租人的背景，分为厂商租赁和第三方租赁；根据租赁物的类型，分为飞机租赁、船舶租赁、汽车租赁、医疗租赁等；根据租赁业务中是否提供与租赁物使用相关的服务，分为干租和湿租；以及跨境租赁、离岸租赁、出口租赁、进口租赁等。

6. 融资租赁与经营租赁具有的共同点：一是用于租赁的固定资产和其供货商都是由承租人选定的，由出租人出资购买，出租给承租人使用；二是租赁期限比较长，都属于1年期以上的长期融资；三是出租人投入固定资产的投资，都主要依赖一个承租人支付的租金来回收。区别在于：融资租赁的出租人已将与租赁物的所有权及设备的使用权相关的经济收益和风险全部转移给了承租人，属于全额偿付的租赁业务；经营租赁的租期内设备价值变化的风险由出租人承担，属于非全额偿付的租赁业务。

7. 融资租赁业务的操作流程主要包括项目启动、尽职调查、项目评审、合同签订、购买设备验收交付、租后管理六个环节。

8. 我国融资租赁公司的资金来源多元化，分为债权融资和股权融资两大类。债权融资主要包括银行借款、股东借款、发行债券、资产支持证券化、信托融资以及转租赁/联合租赁等方式；股权融资主要包括股本金、股东增资、上市融资、引入战略投资者等。

9. 我国融资租赁公司的收益来源主要有债权收益、租赁物残值收益、服务收益、杠杆收益、节税收益及风险收益等。

本章重要概念

融资租赁　租赁　经营租赁　直接租赁　售后回租　转租赁　厂商租赁　委托租赁　联合租赁　跨境租赁　出口租赁　进口租赁　离岸租赁　干租　湿租　全额偿付

非全额偿付　租赁物残值

本章思考题

1. 融资租赁公司的业务经营涉及哪些领域，具有哪些特点？
2. 融资租赁与经营租赁有何异同？
3. 直接租赁、售后回租、转租赁与委托租赁有何区别？
4. 我国融资租赁的业务操作包括哪些环节？
5. 我国融资租赁公司的资金来源途径有哪些？
6. 我国融资租赁公司的经营收益包括哪些？

本章参考文献

[1] 陈稳．融资租赁操作实务指引［M］．中国法制出版社，2017.

[2] 商务部．中国融资租赁业发展报告2016—2017［M］，2017.

[3] 零壹融资租赁研究中心、中国融资租赁三十人论坛．中国融资租赁行业2018年度报告［M］．中信出版集团，2019.

第六章　我国农民专业合作社的业务运作

本章导读

随着我国农村金融改革的深入，农村金融供给能力有了显著提高。自2007年《中华人民共和国农民专业合作社法》实施以来，我国农民专业合作社迅速发展。农民合作社通过联合分散农户、增强抗风险能力、解决“三农”问题等方面的优势成为了农村新型经营主体，成为我国解决“三农”问题的重要载体。那么农民专业合作社是如何成为解决我国“三农”问题的重要载体？农民专业合作社为谁提供服务？提供哪些业务服务？其各项业务的操作流程是如何？资金作为农民专业合作社成立的必要前提，来源是哪些？如何运作这些资金？本章主要介绍农民专业合作社的业务运作，包括服务对象和所服务的领域、具体的业务和流程、资金来源和资金的运营。为更好地理解农民专业合作社的资金来源，为社员提供的资金业务提供更多的参考。

本章学习目标

1. 了解我国农民专业合作社所服务的行业和领域；
2. 了解我国农民专业合作社主要的运作模式和优缺点；
3. 重点掌握农民专业合作社所提供的资金相关的业务；
4. 了解我国农民专业合作社的资金来源、资金运营。

第一节　我国农民专业合作社的业务领域

一、我国农民专业合作社的服务对象

农民专业合作社主要围绕农户生产经营所需的农业生产资料购买、种植养殖技术推广、农产品销售和加工等服务而组织发展。依照《农民专业合作社法》第三条的规定，农民专业合作社应当遵循的基本原则有家庭经营的原则、自愿自主的原则、以服务成员为宗旨的原则和多元化发展的原则等，这些基本的原则体现了农民专业合作社的价值，既是农民合作社成立的主旨和基本准则，也是农民合作社的定性标准，体现了农民合作社与其他市场经济主体的区别。

以服务成员为宗旨的原则是指农民专业合作社是以成员自我服务为目的而成立的。由于单个农民自身存在资金短缺、经营规模小等局限性，会导致其没有大规模的生产和销售能力，单个农民完成大规模的生产经验活动也不合算。从事同类农产品生产经营或者提供同类服务的单独个体组成农民专业合作社，既能提高规模效益，又能增加总体收入，这种互助性特点，决定了它以成员为主要服务对象，决定了“对成员服务不以盈利为目的、谋求全体成员公共利益”的经营原则。①

因此，我国农民专业合作社的主要服务对象是农民专业合作社的成员。我国农民专业合作社是本着自愿的原则，由具有相同经济利益的农民相互组成的，具有非常强的专业性，反过来，农民专业合作社也为其成员提供一系列的服务，包括生产资料的购买、生产过程中的技术服务、生产后的销售、运输等。简而言之，合作社为其组成成员提供相应的一条龙服务，通过将分散的农户的农产品聚集起来，并提供产前、产中、产后的各项服务，以规模化的方式进入市场，来增加整个合作社的收入。通过农民专业合作社，成员联合进入市场，形成聚合的规模经济，以节省交易费用，增强市场竞争力，提高经济效率，增强成员收入。

农民专业合作社为农民提供的服务丰富和完善了统分结合的双层经营体制，可以有效地补充集体统一的不足。因此，农民专业合作社的客户是其成员，目的在于为其

---

① 资料来源：全国人大常委会农业委员会编《农民专业合作社法 50 问》，中国民主法制出版社，2007，第 9 ~ 11 页。

成员提供服务，这体现了合作社的拥有者与惠顾者的统一。同时，农民专业合作社的客户除了其成员以外，还有非成员，非成员主要是利用合作社提供的服务。农民专业合作社与其成员的交易和与非成员的交易，应分别核算，这是由合作社的互助性组织的属性所决定的。以成员为主要服务对象，是合作社区别于其他经济组织的根本特征。如果一个合作社主要为非成员服务，它就与一般的公司制企业没有什么区别，合作社也就失去了其作为一种独立经济组织形式存在的必要。比如一个西瓜合作社，它成立的主要目的是销售成员生产的西瓜，而一个西瓜销售公司的成立目的则是通过销售西瓜赚钱，为了赚钱公司可以销售任何人的西瓜。

在农民专业合作社的经营过程中，成员享受合作社服务的表现形式就是与合作社进行交易，这种交易可以是通过合作社共同购买生产资料、销售农产品，也可以是使用合作社的农业机械、享受合作社的技术、信息等方面的服务。因此，将合作社与成员的交易，同与非成员的交易分开核算，就可以使成员及有关部门清晰地了解合作社为成员提供服务的情况。只有确保合作社履行主要为成员服务的宗旨，才能充分发挥其作为弱者的互助性经济组织的作用。

此外，由于合作社是成员之间的互助性经济组织，因此作为合作社的实际拥有者，成员与合作社交易时的价格、交易方式往往与非成员不同，将两类交易分别核算也是合作社正常经营的需要。如一些农业生产资料购买合作社，成员购买生产资料时的价格要低于非成员，只有这两类交易分开核算，才能更准确地反映合作社的经营活动。为便于将合作社与成员和非成员的交易分别核算，《农民专业合作社法》规定了成员账户这种核算方式。成员账户是农民专业合作社用来记录成员与合作社交易情况，以确定其在合作社财产中所拥有份额的会计账户。合作社为每个成员设立单独账户进行核算，就可以清晰地反映出其与成员的交易情况。与非成员的交易则通过另外的账户进行核算。

二、我国农民专业合作社的活动领域

（一）我国农民专业合作社的生产性活动

农民专业合作社为社员提供的服务主要包括以下几种类型：农业生产资料购买服务；农产品销售服务；农产品加工服务；农产品运输及储藏服务；良种引进和推广服务；农业技术培训；购买农业保险和其他服务。以 2018 年为例，农民专业合作社为社员提供的服务类型，具体如表 6－1 所示。

表 6－1　2018 年农民专业合作社为社员提供的服务类型

服务类型	占比
农业生产资料购买服务	73.5%
农产品销售服务	80.6%
农产品加工服务	46.0%
农产品运输及储藏服务	48.2%
良种引进和推广服务	73.6%
农业技术培训	78.9%
购买农业保险	23.0%
其他服务	9.4%
未提供过任何服务项目	1.3%

资料来源：中国农网（http://www.farmer.com.cn/2019/02/23/99157412.html）。

根据《中国农民专业合作社发展研究报告（2019 年）》，农民专业合作社广泛分布在种植、畜牧、农机、渔业等行业与领域，提高了农业组织化程度，极大地推进了现代化农业的发展。截至 2018 年，种植业、畜牧业、服务业、林业、渔业和其他类合作社占合作社总数的比重依次为 54.1%、25.6%、8.4%、5.1%、3.6%、3.2%。其中，种植业和畜牧业合计占比超过 3/4，为 79.7%。占比如图 6－1 所示。

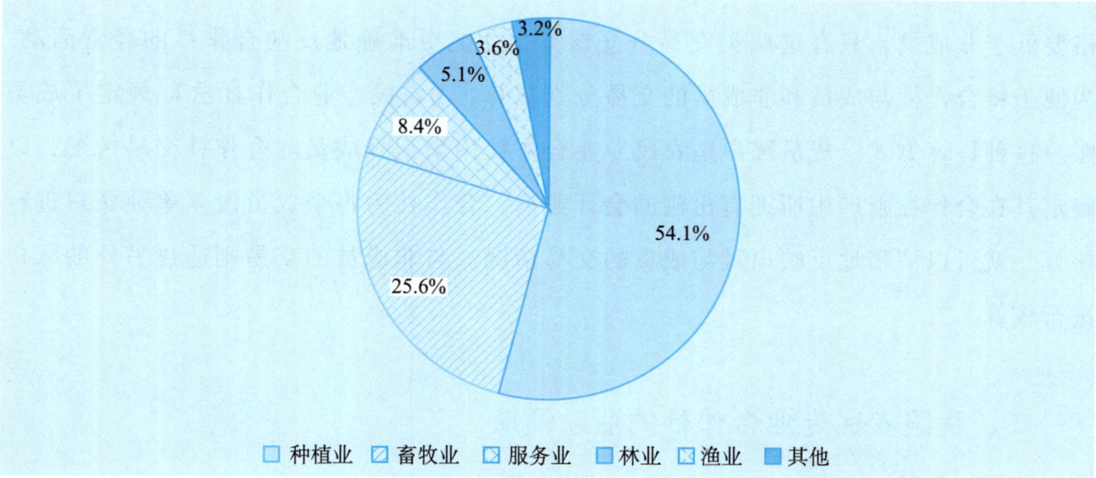

图 6－1　2018 年我国农民合作社行业分布

资料来源：农民专业合作社发展研究报告（2019 年）。

种植业：截至 2018 年 12 月，全国农民合作社在种植业中分布广泛，占比 54.1%。这也说明种植业的商品率较高，农户承担的市场风险较大，因而对合作的需求动机也更强，除此之外，也说明农民专业合作社种植业领域得到了更好的应用和推广。另外，值得注意的是，随着政府对粮食生产支持力度的加大，粮食类合作社快速发展。2007年，粮食合作社只有0.6万余家，到2018年增长到34万余家，增长态势明显。截至2018年，粮食类合作社占种植业合作社的比重已达39.8%，比“十一五”期末上升18.3个百分点。其中，粮食主产区粮食合作社分布多，山东、黑龙江、河南位居前三，粮食主产区成立的粮食类合作社占全国粮食类合作社的84.0%。

畜牧业：近几年来畜牧合作社发展平稳向前，2018年较2007年增长了近23倍。生猪产业和奶业与居民生活密切相关，畜牧合作社中在推进生猪产业发展和奶业发展中发挥着重要作用。

渔业：渔业合作社多集中在沿海、沿湖、沿河、沿江等水资源禀赋相对较好的省份，其中江苏省渔业合作社数量蝉联榜首。

服务业：农机服务是服务业合作社发展的典型代表，农民合作社从事的行业中，农机服务是一项较为重要的门类，关乎农业现代化的发展进程。近十年农机合作社增长近48倍。①

（二）我国农民专业合作社的信用活动

农民专业合作社参与农村金融服务具有明显的制度优势。首先，离农村金融需求最近，适合农村金融需求小额、分散所要求的近距离服务提供方式的特点。其次，可以克服正规金融机构信贷博弈过程中难以克服的信息不对称问题，极大地消除道德风险的不利影响，可以地减少不良资产的产生。最后，可以克服进人商业信贷市场的障碍，提高农户信贷的可得性。农户是小生产者，农户，特别是传统农区欠发达地区的农户，虽然不一定是自给自足的，劳动已经社会化，也参与商品交换，参与市场交易活动，但是，家庭劳动分工和家庭消费费用造就了农户特定的生存战略和资源使用方式，土地成为维持生计的基本保障手段，农户生产活动的分工和专业化水平一般较低。农户一般无经常性的、固定的收人来源，农户是生产与消费的综合体，资金概念常常不正确，生产资金与生活资金常常混合使用，缺乏必要的贷款抵押品或担保物，厌恶风险，对金融机构缺乏足够的了解，选择成功的项目较难，信贷需求特殊。农户收人有限、资产积累不足、加之农户居住分散、资金需求额度小，在商业信贷市场上难以获得信贷融资支持。综上所述，贷款难一直是农户经济发展中面临的主要问题。因此，

① 数据来源：《农民专业合作社发展研究报告（2019年）》，中国商业出版社。

农民专业合作社在农户信贷融资中扮演着重要的作用，一定程度上解决了农户的融资问题。农民专业合作社本着服务成员为主的原则，为成员提供各项资金相关业务，主要有如下：

1. 赊销农资业务

农民专业合作社考虑农民生产成本较大等因素，实行了统一组织农资商品进行赊销，再统一抵扣的制度。农民专业合作社为社员提供赊销农资服务，既有效缓解社员资金紧张问题，也促进了社员扩大生产规模。不同的合作社根据自身特点，选取的服务对象和提供的方式不同。有的合作社对全体社员提供赊销农资服务，而有的合作社仅为部分信誉良好或者有特殊困难的社员提供赊销农资服务。大部分合作社对赊销农资服务的提供方式都有最大额度限制，也有个别合作社根据耕地面积限制赊销额度。赊销农资业务的还款方式主要有三种：合作社收购产品时从收购款中扣除；合作社销售农产品时从销售款中扣除；农户现金偿还。

2. 为成员提供贷款业务

该业务是指，农民专业合作社为其有资金困难的社员直接提供贷款的业务。社员取得资金后资金用途不局限于社员农业生产方面，部分合作社发放社员生活贷款。农民专业合作社的贷款方式主要有三种：主要是以信用贷款为主，其次是小组联保贷款和第三方担保贷款。农民专业合作社的贷款利率主要依据同期信用社的贷款利率来设定。根据不同的信用社，其贷款额度也有所不同。

3. 为成员提供贷款担保业务

农民“贷款难”，一个重要的原因就是农民贷款担保难，实力较强的农民专业合作社建立专业合作社担保公司，把注册资金存入农信社并以此为担保金获得数倍于担保金的贷款，农信社对担保公司推荐的客户给予融资服务，缓解部分农民的融资难题。在抵押品不足的社员向金融机构申请商业贷款时，那些规范运作的、具有一定经济实力的农民专业合作社可以向社员提供担保以帮助社员获得贷款。合作社提供贷款担保业务时通常有担保额度限制，或者要求被担保社员提供反担保。

4. 内部资金互助业务

农民合作社内部资金互助业务是指经合作社全体或部分社员以自愿联合方式出资入股成立的，按照自愿、互助及民主的原则，为全体社员提供资金互助服务的活动。其以发展农村合作金融为方向，以服务社员为宗旨，保障社员发展多种经营和农业生产需要，有效地解决了社员资金短缺问题，体现出较大的发展潜力和强大的生命力。

第二节　我国农民专业合作社的经营运作

一、我国农民专业合作社的运作模式

由于我国农村各地经济发展水平和农业生产方式差异显著，农民专业合作社在不同地区呈现不同的运作模式，主要有“能人＋合作社＋农户”运作模式、“龙头企业＋合作社＋农户”模式、“基层组织＋合作社＋农户”运作模式、“供销社＋合作社＋农户”运作模式。

（一）“能人＋合作社＋农户”模式

主要是由懂技术、会经营，长期专门从事农产品种养、生产、运销等有威望的能人利用其现有的技术、生产能力和销售渠道，联合从事同类农业生产的农民自愿参与并牵头组建的专业合作社模式。该模式下，合作社主要依靠能人大户的投资开展各种生产经营活动，能人大户既是管理负责人又是决策者，因此能人的技术生产水平、经营组织能力、社会资源、市场开拓与奉献精神等各方面的能力对合作社的整体经营发展起着决定性作用。此外由于合作社的整个经营过程中决策权都由能人大户掌握，小户社员由于投入资金较少，发言权有限，因而不能激发其参与的积极性，也使他们不能有效行使监督权，加之合作社对大户过分依赖，一旦能人大户决策失误，就会造成合作社的重大损失。

（二）“龙头企业＋合作社＋农户”模式

主要是由龙头企业负责提供农资采购、技术指导、农产品加工、获取信息、市场销售等服务，农户负责农产品生产，作为在企业与农民之间起桥梁作用的专业合作社则侧重联系和服务，把农户与企业之间的直接交易转化为组织化的间接交易，将农户农业一线产品生产与龙头企业农产品专业化加工、销售联结起来，发挥企业的生产技术、市场营销等优势，以达到产、加、销一体化经营的目的。这种模式下，合作社负责农业一线生产，龙头企业则向合作社提供技术、市场信息等服务。联合经营中，合作社具有动员、组织和管理大量分散农业生产者的能力，产业化经营中能为龙头企业

降低人力管理成本和违约风险；龙头企业具备完善的产品生产、加工、营销机制，市场竞争力强。这种模式能实现双方优势互补，从而实现合作共赢，但是，因龙头企业通常处于强势地位，一旦发生市场变化，企业往往以其强势地位向农户转嫁风险。

（三）“基层组织 + 合作社 + 农户”模式

这里的基层组织主要指村级组织，一般为村民委员会、村党组织和政府基层部门。农村基层组织提供行使动员、组织农民群众的职能，将普通农民群众以利益为纽带组织起来，帮助引导农民从以独立个体劳动为主的分散小农生产方式向相互依存、资源共享、分工协作、共同创造财富的规模化经营方式转变。该模式特点有：第一，以集体所有的土地、农机、水源、房屋等要素作为经营基础，较多采用股份合作制的组织形式，对集体土地实行集中经营，提高了经营效率；第二，经营的综合性比较强；第三，村级行政组织与合作社管理合二为一，能够充分利用村集体组织的人力资源。但是这种模式仅限于本村，覆盖面窄，发展规模小，农副产品科技含量低，产品销路单一，辐射发展带动能力差。

（四）“供销社 + 合作社 + 农户”模式

由于供销社长期在大农村地区经营，可充分利用其销售网络、资金、地缘、人才、社会资源等优势，通过与合作社联合或者直接出资牵头创办合作社，实现与农户联合共赢的经营目的。合作社农户的农产品可借助供销社这个平台进行销售，实现农业生产与市场对接，解决农户的小生产与经营大市场的问题。但由于部分地区的供销社出现经营设施落后、更新停滞、人员老化、项目启动资金不足等问题，从而支持合作社发展的能力有限。

农民专业合作社不同的运作模式各有其特点和缺陷，但合作社的主要业务类型相似，不同运作模式的农民专业合作社确定自己的经营业务，并在符合国家产业政策和本社章程规定的前提下，根据各地经济发展水平，农业特色和成员生产发展的需要，结合本社实际发展情况，确定其业务类型。

二、我国农民专业合作社信用业务操作流程

农民专业合作社为提供赊销农资，直接提供贷款，贷款担保和开展内部资金互助

等业务，下面将主要介绍贷款担保业务和内部资金互助业务的操作流程：

（一）提供贷款担保业务的操作流程

农民专业合作社为社员提供担保贷款担保业务的具体操作流程如下：

第一，风险担保金的设立。农民专业合作社在农信社等金融机构开立基本存款账户，并保证存款账户内不少于一定比例的风险担保金。农信社向农民专业合作社提供的贷款总额控制在合作社存入农信社的风险担保金的十倍以内。

第二，反担保机制的设计。为了降低贷款风险，农信社通常在农户办理借款时要求追加农信社认可的合作社成员提供连带担保。农户与合作社签订抵押贷款反担保合同，农户将抵押品给合作社，直至把贷款本息还清，才能领回抵押品。为降低农户的违约风险，鼓励农户建立良好的信用，合作社决定单户贷款遵循一贷一还原则，农户只有归还上次贷款的本息后才能申请新贷款，合作社才为农户提供担保服务。

第三，农户出现违约的措施。若农户三个月内没有归还贷款本息，农信社就从合作社的账户里扣划担保金额的本息，同时合作社有权处置农户一开始提供的抵押品。

第四，风险保证金出资社员的获益安排。风险保证金出资社员的获益来源：一方面是风险担保金可按农信社规定的存款利率获得利息；另一方面是向社员收取的一定比例贷款担保费用。合作社每年所获得的担保费用和风险保证金利息收入在扣除合作社的开支后全部分配给出资社员。

（二）内部资金互助业务的操作流程

内部资金互助业务，其目的是解决农民专业合作社成员的资金短缺问题，内部资金互助业务的操作流程也包括资金的筹集、资金的借贷以及整个资金运作过程中的风险防范。内部资金互助业务的正常进行离不开资金的筹集环节，资金借贷环节以及整个风险防范环节之间的相互作用，例如，筹集资金为后面的借贷环节提供资金支持，风险防范对资金筹集和借贷环节进行管理与规范，通过这样才能实现内部资金互助业务的良性运转。

内部资金互助业务的资金筹集环节是基础，资金借贷环节是核心，风险防范环节是必要保证，内部资金互助业务的操作流程主要有：

第一，筹集资金：农民专业合作社通过吸收社员股金、金融机构贷款、向企业及个人借款以及财政补贴和捐赠资金等各种渠道来实现资金的筹集即获得互助资金，这是为下一步给成员提供资金服务做好必要的前期准备。

第二，社员提出贷款申请：首先，农民专业合作社社员根据自身资金需求提出贷款申请，然后，管理人员对其进行资格审核，最后合作社为其成员发放贷款。

第三，提供资金互助业务的管理人员对每一笔资金互助业务的贷前、贷中、贷后整个过程的资金风险、信用风险、市场风险、操作风险等进行风险管理。

内部资金互助业务的三个环节对业务的健康运行都起着至关重要的作用。下面将分别介绍资金筹集环节、借贷环节和风险防范环节的具体操作流程。

1. 资金筹集环节

资金筹集环节是内部资金互助业务的前期环节，在资金筹集方面离不开农民专业合作社社长的能力，社长带动社员及外部资金来筹集资金。资金筹集环节的具体操作流程如图 6－2 所示。

第一，社员以自愿方式缴纳股金入股资金互助部。

第二，政府对资金互助业务进行财政补贴、税收优惠等扶持政策，同时鼓励引导企业、个人对其进行捐赠。

第三，政府积极调节金融机构与合作社内部资金互助部建立合作关系，促使金融机构对资金互助部提供金融支持。

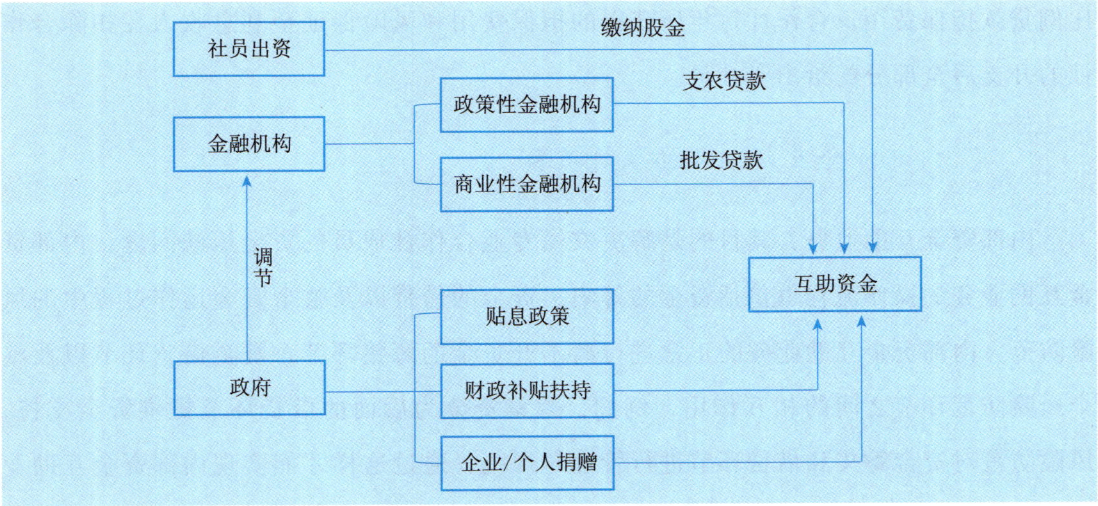

图 6－2　资金筹集环节操作流程

资料来源：王俊凤，闫文．农民合作社内部资金互助业务运行机理分析［J］. 农村金融研究，2016（9）：59－63.

2. 资金借贷环节

内部资金互助业务的核心环节是资金借贷环节，在这一环节中，内部治理机制起到至关重要的作用，内治理机制决定着这一环节的正常运行。这一环节的具体操作流程如下：

第一步，社员结合自身的资金需求向合作社提出内部互助资金贷款申请。

第二步，合作社内部互助资金业务部对贷款申请进行受理，并对其贷款金额、贷款用途及个人信用状况等进行审核。

第三步，审核通过后，与社员签订书面借款合同，立据担保，发放贷款。

第四步，内部资金互助业务管理人员做好对贷后资金的追踪管理，做好风险防范工作。

第五步，年末进行资金的结算，对年末资金提出风险准备金，对相关管理人员、工作人员支付费用，并对入股社员进行按股分红。具体如图 6－3 所示。

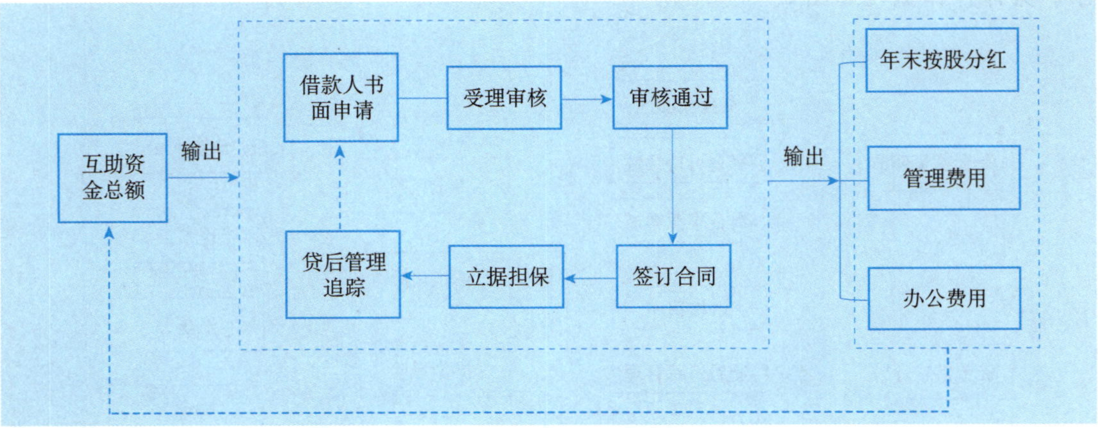

图 6－3　资金借贷环节操作流程

资料来源：王俊凤，闫文．农民合作社内部资金互助业务运行机理分析［J］．农村金融研究，2016（9）：59－63.

现阶段，农民合作社内部资金互助业务的资金借贷环节普遍存在借贷程序不规范、社员诚信度差、还款意识薄弱等问题，使得内部治理机制不规范现象严重。首先，农民专业合作社在办理内部资金互助业务时出现不按上述的操作流程办理的情况。由于合作社内部社员相互认识，资金借贷环节操作流程在他们看来只是走个形式，出现先发放贷款再补审批流程的现象。对社员的资质、信用状况等信息没能做到详细了解，缺乏制度意识和法律意识。其次，内部资金互助业务在办理过程中尤其是在借贷环节操作过程中没有制定统一的规范化的贷款标准，这会导致出现期限短、额度低、利率却偏高的现象。最后，这种不规范的放贷将会进一步出现，贷款用途不明确，取得贷款以后将资金用于非合作社相关生产销售活动中，由于风险防范意识薄弱，贷款追踪不到位，出现资金使用出现偏差，增加违约风险。而德国、美国、日本等发达国家，由于针对农村合作金融组织制定了相对完善的内部治理机制，为合作金融组织的持续发展创造了优越条件。因此，农民合作社内部资金互助业务资金借贷环节的关键点——内部治理机制不完善已成为资金借贷的严重障碍。

3. 风险防范环节

内部资金互助业务的风险防范环节是贯穿业务整个流程的确保资金安全的必要保证，对整个环节进行管理与防范的环节。风险防范环节贯穿内部互助资金业务整个过程，例如，在资金筹集阶段，由于资金筹集的对象众多，资金筹集的期限不一致将会导致资金风险，也会因市场风险等原因出现筹集资金面临困难的现象。在资金借贷环节，在审核环节出现操作风险，贷后追踪不及时不全面等现象引起信用风险。因此，风险防范环节中的关键点在于内部资金互助业务的管理人员指定严格的风险防空体系。具体操作流程如图 6 – 4 所示。

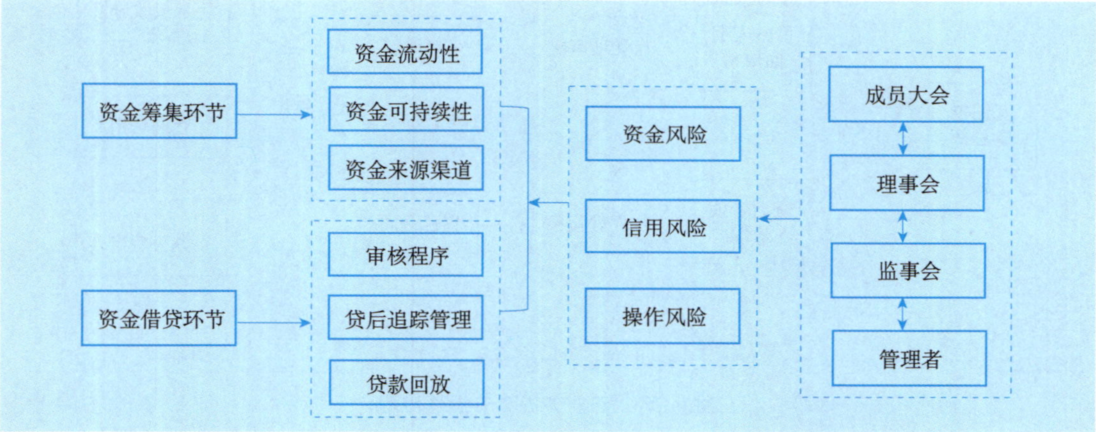

图 6 – 4　风险防范环节操作流程

资料来源：王俊凤，闫文．农民合作社内部资金互助业务运行机理分析［J］．农村金融研究，2016（9）：59 – 63.

农民专业合作社的内部资金互助业务在操作运行的实践中也存在一些问题，比如在资金筹集环节，资金来源有局限性，资金的来源几乎都是来自社员缴纳的股金，而社员的资金有限，外部吸收的资金不足等，另外，社员的资金具有周期性特点，这就导致资金的期限相对单一，某些时段出现不能满足有资金需求的社员等现象。在资金借贷环节中，由于“熟人社会”的原因，给社员办理贷款申请和审批过程中出现，流程混乱，有“先办业务再补程序”的现象。在审批贷款的过程中，对于借款人的个人信用记录不进行严格的筛选，有明知信用不好，但因关系发放贷款的现象。除此之外，对于每笔贷款的追踪不及时、不全面，导致贷款资金用途不明确，拿上资金跑路等情况。在风险防范环节，有些农民专业合作社没有设立专门的内部资金互助业务风范防范部门，风险防范体系不健全，这不仅会影响风险防范环节的正常运行，还会对资金筹集环节和资金借贷环节均产生影响。因此，未能对风险防范环节的风险防控体系进行有效管理与规范已成为风险防范环节关键点面临的重要问题。

专栏 6－1

农业专业合作社资金互助的运作

湖南锦绣千村农业专业合作社积极开展资金互助，专门制定了内部资金互助业务管理办法，规范资金互助活动。农户生产资金短缺是合作社在服务过程中遇到的突出问题，2016 年 1 月，合作社启动运营内部资金互助业务。采用“成员制、封闭性”的原则，实行独立核算、民主管理、利益共享、风险共担。目前，合作社已开设澧阳、城头山等 5 个互助服务网点，参加资金互助的成员有 1 625 户，占合作社成员总数的 24.2%，互助金存款余额 2 894 万元，互助金借款余额 2 599 万元，备付率 14.3%。为防控风险，合作社严把成员身份关、资金来源关、互助金存取关、借款关、业务监管关“五关”，借款全部用于农资采购配送、粮食收购、大宗农机具购置等项目。三年来，累计为互助成员借款8 300 多万元，无一笔挪作他用、无一笔逾期。内部资金互助有效缓解了成员融资难、融资贵问题，受到成员普遍欢迎。

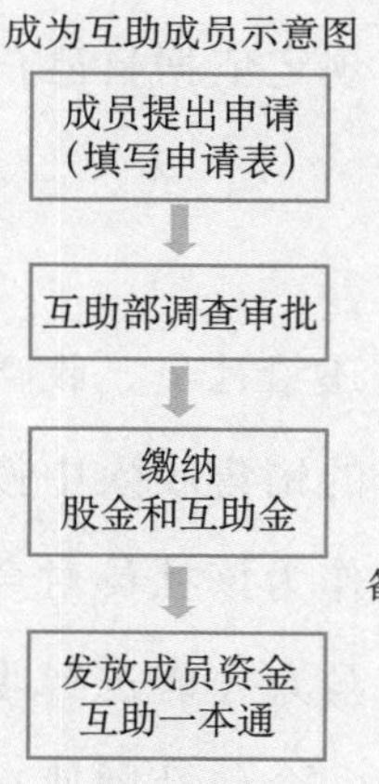

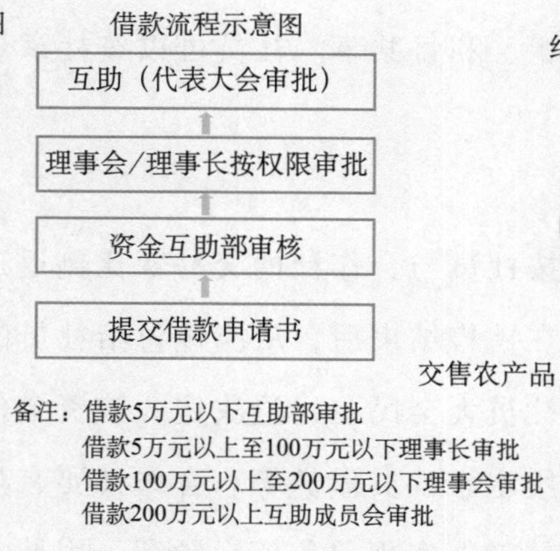

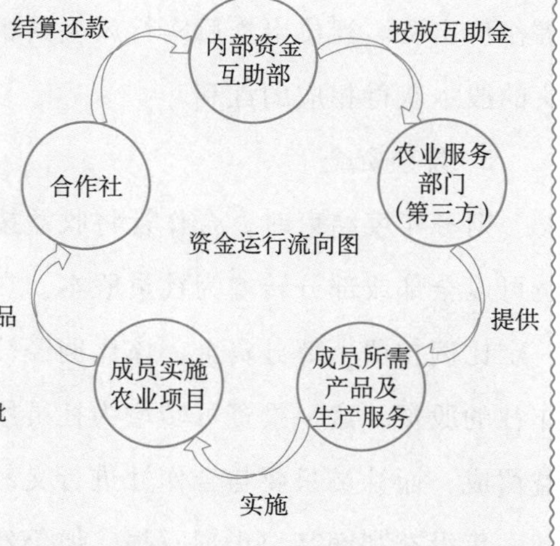

资料来源：2019 年全国农民合作社典型案例之十二：湖南锦绣千村农业专业合作社，2019 年 10 月 18 日，农业农村部。

第三节　我国农民专业合作社的资金运作

一、我国农民专业合作社的资金来源

资金是生产活动的黏合剂，是最重要的生产要素之一。农民专业合作社的运行、发展和壮大离不开资金的支撑，没有资金农民合作社就不能正常运行，更谈不上发展和壮大。

我国农民专业合作社运营资金的筹措途径主要有两个：一个是来自合作社的内部，另一个是来自合作社的外部。

（一）内部资金来源

1. 成员出资

每个加入合作社的成员都必须缴纳一定的股金，才能取得社员资格，这部分股金是合作社从事农业生产经营活动的主要资金来源。农民可以用货币出资，也可以用农机具、加工设备等实物或其他财产作价出资，但不得以劳务、信用、设备担保的财产等作价出资。社员出资后实行风险共担、利益共享。社员可以按社章规定依据自己户头的股本获得相应的红利。

2. 盈余资金

财务年度结束时，合作社将收益按社员与合作社的交易额比例返还给社员，收益也可以全部或部分转增为社员股本。在销售结束后，从应该付给社员的销售收入中按一定比例扣留一部分资金，该比例经社员大会民主讨论决定，该资金作为该社员对合作社的股资，这一投资可转增为社员股本、社员债券等。合作社要有盈余才能进行收益留成，而社员只要与合作社进行交易就能实现单位资金预留，因此，合作社即使在某一年没有利润甚至出现亏损，但仍然可以通过资金预留的方式获得经营资金。

3. 内部信用合作

农民合作社内部信用合作，是一种合作社成员的内部融资，是将成员的闲置资金，按照自愿有偿的原则，由合作社集中起来管理，在符合合作社成员大会通过的制度范围内，借给本社成员用于生产或者用于弥补合作社所需生产资金的不足，所谓的“用农民自己的钱办农民自己的事”。通过舍内资金互助，可以在一定程度上解决合作社成员融资难的问题，促进了生产发展，增加了成员收入。

合作社开展内部信用合作应坚持以下五个规定：第一，限于成员内部，禁止向自然人、法人等吸储，应该先有成员，后有信用合作，而不是交了钱就成为会员，即通过内部信用合作筹措的资金不能流出本合作社之外。第二，用于产业发展。合作社内部融资用于服务本社的主导产业，不能投向其他与主导产业相差甚远的产业如房地产等。第三，吸股不吸储。合作社吸收股金，不吸收储蓄，同时注意融资数量，不能有常年的吸收股金。第四，分红不分息，不设固定报酬。第五，风险可控。

（二）外部资金来源

1. 财政资金扶持

《农民专业合作社法》颁布实施后，中央和地方党委政府都加大了对农民专业合作社的支持力度，涉农部门的示范项目都通过有能力建设的合作社来承担；各级财政都安排了一定数量的合作社扶持发展资金。项目、资金的扶持对合作社的发展起到了至关重要的作用。例如，永清县鑫耕田果蔬专业合作社，于2009年承担了国家农业产业化经营项目，建成标准化安全蔬菜生产基地1 000亩。

2. 向金融机构融资

农民专业合作社可以向地方金融机构或者政府出资设立的信用担保机构按其贷款要求申请贷款。目前，农业发展银行、农业银行和农村信用社是农民专业合作社主要的资金供给。除此之外，其他金融机构都在进一步贯彻落实《国务院办公厅关于金融服务“三农”发展的若干意见》的指示精神，加速研发创新，适合农民、农业和农村发展经济的贷款产品，扩大“三农”信贷投放，引导降低社会融资成本，力求更快更好地解决广大农民、农业、农村的融资困难问题。

3. 社会捐赠

农民专业合作社接受的外部捐赠或无偿援助等也是合作社财产的一个来源。农民专业合作社可以通过各种渠道、多种形式宣传其作用，赢得社会的信任，取得社会单位团体及个人的支持。

（三）外部融资难与解决对策

1. 融资难的原因

农民专业合作社的融资困难，特别是正规信贷融资困难是制约农民专业合作社的重要问题。农民专业合作社的大部分正规信贷来自农村信用社，且多为抵押质押或者担保联保贷款，并呈现出额度小、期限短、利率高等特征。在外部融资中，制约金融机构开展农民专业合作社融资的主要因素有如下：

合作社融资主体不清。我国目前的农民专业合作社组织性质较为特殊，是在工商部门登记的互助性经济组织，社员投入合作社的资产究竟是属于合作社的财产还是社员个人的财产难以界定。部分合作社内部组织又较为松散，实际控制权掌握在少数发起人或大股东手里，以合作社为承贷主体的信贷可能是少数社员行为，能否以合作社全部资金来偿还还不确定。目前部分合作社存在农户社员通过联保方式获得贷款后将资金交由企业社员使用的现象，资金使用主体不清，金融机构难以监控资金流向，又容易引发债务纠纷。

盈利能力较弱。从我国农民专业合作社的发展来看，在国家的大力引导和补贴政策推动下，合作社防范农业生产风险的意识逐渐提高，普遍购买了农业保险，降低了自然灾害对合作社生产带来的风险和损失。当前合作社经营面临的主要风险是农产品市场价格波动的市场风险，由于缺乏必要的信息和人才，农民专业合作社主要还是被动接受波动频繁的市场价格，难以主动做到有效应付。

财务状况不透明。农民专业合作社大多数缺乏专业的财务管理人员，理事会下设的财务部门只有简单的记账功能，形成的财务报表难以充分反映合作社经营状况。同时，合作社财务只需对内公开，缺乏第三方监督，可信赖程度不高。合作社财务状况不透明使金融机构难以通过财务报表掌握合作社经营状况，必须付出更高的调查成本来解决信息不对称问题。

缺乏专门的金融产品。目前还较少有金融机构出台以农民专业合作社为直接信贷对象的金融产品，也缺乏专门出台针对农民专业合作社的服务办法。而在间接支持合作社方式中，农户联保贷款最为常用，由于农户联保贷款不良率上升，金融机构为防范风险普遍收紧农户联保贷款。

除了上述的一些制约因素以外，导致农民专业合作社融资难、融资贵的直接原因是农民专业合作社缺乏合格的抵质押品。目前，我国农民专业合作社的固定资产数量不足，土地、林地不具抵押资格，农户联保违约率逐年提高，甚至出现大面积的连锁违约现象。

2. 融资抵押替代机制

为了解决上述问题，金融机构尤其大型商业银行通过金融模式创新，有效化解抵押品不足问题，实践中具体模式创新是大型商业银行专业合作社融资抵押替代机制。下面具体介绍大型商业银行专业合作社融资抵押替代机制：

抵押替代是指经借贷双方协商，由借款人提供符合条件的物品置换原有抵押物，或以其他保证方式替代现有抵押保证方式的行为。目前，大型商业银行开展的农民专业合作社金融服务中都含有不同程度抵押替代机制的财务产品，比如。“银行 + 合作社 + 农户”“银行 + 合作社 + 担保组织 + 农户”“银行 + 龙头企业 + 合作社 + 农户”，以及完全基于信用所提供的农户联保贷款。这些信贷服务大多是利用具有信息传递功能的非传统抵押物以及农村熟人社会的内部制约关系所构建的监督机制来实现抵押替代功能的。按照运行方式划分，概括为四类：代理监督型抵替代、政府信用型抵押替代、同组监督型抵押替代以及互联交易型抵押替代。其中，代理监督型抵替代是指金融机构通过与专业担保组织（营利性组织或非营利性组织）合作，对合作社内农户生产经营和贷款使用进行监控，降低并转移金融机构所承担的风险，从而放松对抵押品要求的信贷模式。政府信用型抵押替代是指金融机构通过“银政合作”或者基于政府权威的制度创新保障开展合作社贷款的金融机构免受违约风险的信贷模式，其主要利用政府信用替代合作社信用来降低信贷对抵押品的要求。同组监督型抵押替代是金融机构利用熟人网络和同伴监督原理设计的信贷服务，这种模式通过合作社内部的自我约束和监督机制代替农业信贷对抵押品的要求。互联交易型抵押替代是指金融机构利用合作社在社员生产生活中利益关系多层性特征，将金融服务与其他服务类型联系在一起通过利益相关方之间的监督代替抵押品的信贷模式。

二、我国农民专业合作社的资金运营与收益

资金是合作社生存和发展的重要基础。合作社的生产经营活动，一方面表现为有形的实物流的周转运动；另一方面从价值上最终体现为资金活动，是资金流在驱动实物流的过程。合作社的资金主要是指在生产经营活动中处于货币形态的资产，即合作社所拥有或控制的库存现金、银行存款、银行承兑汇票、内部结算资金、备用金和其他货币资金等，它是合作社进行生产经营不可或缺的必要条件。

我国农民专业合作社根据内部控制规范及合作社自身的管理需要，完善资金管理制度，强化资金内控管理。合作社资金活动内部控制制度主要涉及资金授权、批准、审验等方面。例如，通过资金集中归口管理制度，明确筹资、投资、营运等各环节相

关部门和人员的职责权限；通过不相容岗位分离制度，形成有力的内部牵制关系；通过严格的监督检查和项目后评价等制度，跟踪资金活动内部控制的实际情况，据以修正制度、改善控制效果。

农民合作社的资金运营以发展农村合作金融为方向，以服务社员为宗旨，保障社员发展多种经营和农业生产需要，有效地解决了社员资金短缺问题，体现出较大的发展潜力和强大的生命力。

（一）运营收益

农民专业合作社通过联合生产、规模经营的方式，根据市场需要和成员的能力、意愿，运用从上述来源筹集的资金，组织广大农民进行规模化、规范化生产经营。农民专业合作社能有效提高农民生产经营的组织化程度，提高了农业生产经营效率，最终实现规模效益。同时，通过统一标准，进行专业化和标准化生产，提高产品产量与质量。其次，广大农民抱团进入市场，提高了农民的市场谈判地位，避免了上下游企业和中间商的剥削和压榨，实现了农业增产、收益提高的目标。

农民专业合作社的资金收入主要来自以下两个渠道：第一，合作社与社员交易过程中的少付多收，合作社在为社员提供农药、化肥、农业机械等生产资料的购买服务时，向农民收取的金额高于其购买成本；在为社员提供农产品的销售等服务时，以低于其对外出售价格的金额向农民进行支付。即便如此，由于合作社的规模经营效应，合作社向农民收取金额仍低于其独立购买价格，支付的金额仍高于其独立销售价格。收取金额高于成本及支付金额低于售价的差额成为合作社的一项收入来源。同时，社员与合作社之间的交易量（额）越大，给合作社及其自身带来的收益也就越高；第二，通过对外提供服务获取收入，合作社在为社员提供必要服务的基础上，还可以为非成员提供服务，由于合作社是成员之间的互助性经济组织，合作社与非成员之间的交易价格往往高于与成员之间的交易价格，因而可以获得较高的收益。

合作社为其成员和非成员提供服务的收入扣除合作社的经营成本费用后成为合作社的盈余。期末，合作社基于其与各成员之间的交易量（额）及成员缴纳的股金份额向成员分配盈余。以提供农产品销售服务合作社为例，合作社的资金运动如图 6－5 所示。

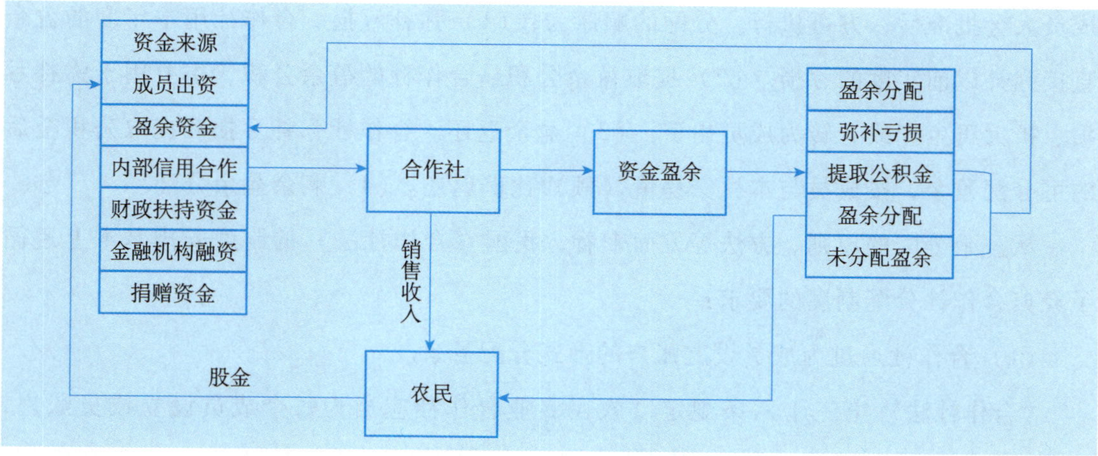

图 6-5　我国农民专业合作社资金运作

资料来源：刘广清，赵慧峰，瓮建鹏．农民专业合作社资金互助运行机制研究［J］．商业会计，2010（10）：13－14.

（二）盈余分配

1. 农民专业合作社盈余分配的含义

依据《农民专业合作社财务会计制度》的规定，盈余是指合作社一定时期内已实现的收入与生产经营过程中相关成本费用之间的差额。（盈余可分为税前盈余与税后净盈余，由于税收具有强制性，合作社的盈余应是税后净盈余）；收入主要指合作社在一定时期内实现的经营收益和其他收入；合作社的生产经营成本指合作社直接组织生产或对非成员提供劳务等活动所发生的支出。据此，农民专业合作社本年盈余的计算公式为：

本年盈余＝经营收益＋其他收入－其他支出，其中：

经营收益＝经营收入＋投资收益－经营支出－管理费用

2. 合作社的盈余分配

农民专业合作社的盈余分配是指把当年已经确定的盈余总额连同以前年度的未分配盈余按照一定的标准进行合理分配。目前，《合作社法》是我国农民专业合作社盈余分配的根本依据，该法规定了合作社盈余分配的基本原则。此外，政府还颁布了一系列配套法律、法规，如《农民专业合作社财务会计制度》《示范章程》等也是合作社盈余分配的依据。

合作社在做好各项准备工作的基础上，按照《农民专业合作社法》和《合作社财务会计制度》、本社章程以及成员大会决议等，编制当年的盈余分配方案，经合作社成员大会批准后，方可执行。分配的顺序为：(1) 弥补亏损。合作社用本年度的盈余直接弥补以前年度的亏损。(2) 提取盈余公积。合作社的盈余公积，主要用于弥补亏损、扩大再生产或者转为成员出资。(3) 盈余返还。合作社弥补亏损和提取公积金后的可分配盈余，按成员与本社交易量（额）比例返还。(4) 剩余盈余分配。

从盈余分配的原则、方法等方面来看，我国《合作社法》的制度安排基本上遵循了经典合作社分配制度的要求：

(1) 合作社通过为成员设立账户的形式分配盈余。

《合作社法》第三十六条规定“农民专业合作社应当为每个成员设立成员账户，主要记载下列内容：（一）该成员的出资额；（二）量化为该成员的公积金份额；（三）该成员与本社的交易量（额）。”

(2) 盈余按交易额（量）分配为主，股金分配为辅。

《合作社法》第三十七条规定，在弥补亏损、提取公积金后的当年盈余，为农民专业合作社的可分配盈余，可分配盈余按照交易额（量）返还，返还总额不得低于可分配盈余的60%。可见，按交易额（量）分配是合作社盈余分配的主要方式。此外，基于我国农村的现实情况，由于资金的稀缺，为激励社员或非社员个人、经济实体向合作社投资，《合作社法》没有禁止盈余分配中的按股分红，但可供按股分红的盈余比例受到限利，即按股分配为辅。

(3) 交易额分配后的盈余按成员户头股金比重分配。

按交易额（量）规定返还后的剩余部分，以成员账户中记载的出资额和公积金份额，以及本社接受国家财政直接补助和他人捐赠形成的财产平均量化到成员的份额，按成员户头股金比重分配给每一个成员。

这一分配原则是由合作社的特殊性决定的：农民专业合作社不是单纯的资本联合，而主要是农民的劳动联合。农民专业合作社虽然属于经济组织，但并非以营利为目的，而是以服务成员为宗旨，即农户加入合作社不是靠投人的股金获利，而是为了获得合作社提供的帮助和服务，如以批发价获得生产资料，以高于当地市场价销售自己的农产品。从合作社的角度来看，社员利用合作社的服务是合作社生存和发展的基础，如果社员都不通过合作社购买生产资料、销售农产品，合作社就收不到服务费，也就无法维持运转。社员接受合作社提供的服务越多（即交易额或量越大），对合作社的贡献就越大，对合作社盈余的贡献也越大。因此，合作社的盈余主要按交易额返还就是为了激励社员多利用合作社提供的服务，实现社员与合作社的双赢。

专栏 6－2

小小合作社　村民得红利

祁连县扎麻什乡河东村绿树成阴，河水清澈。河东村东与鸽子洞村相连，西与河西村隔河相望，平均海拔为 2 800 米。是一个由多民族聚居的半农半牧村，有汉族、藏族、土族、蒙古族、裕固族 5 个民族群众在这里和谐相处，全村有 157 户 597 人。

2016 年，以草地和牲畜入股的河东生态畜牧业专业合作社成立，当时全村 151 户入社，入社率达 96.1%。合作社通过集体统一经营、用工按劳取酬、收益按股分配开展合作制经营试点工作，在推进全村股份合作，发展高效优质的生态农牧业。采取“支部＋合作社＋精准扶贫”的经营模式，注入产业扶持资金 227.76 万元，将全村 19 户建档立卡贫困户作为重点扶持对象。2017 年为 19 户建档立卡贫困户共分红 8 万元，人均增收 1 632 元。针对村里农业发展落后，种植规模小、散，缺乏劳动力，贫困户等靠要思想严重等情况，村党支部认真谋划，引导动员村民及贫困户以草山、牲畜、耕地、劳力等要素入股整合到合作社，开展适度规模经营。采用“企业＋村委会＋农户”的运行模式，盘活援建资金 120 万元、产业到户扶贫资金 31.36 万元。形成“一网一站一村多农户”格局和河东村独具特色的小水电产业，2017 年全村 147 户村民从开发小水电产业中受益，受益金额达 12 万元，19 户建档立卡贫困户及 2 户返贫户从开发小水电产业中受益，受益金额达 3 万元。

目前，河东村生态畜牧业合作社存栏牛 526 头、祁连藏羊 2 300 只、高产奶牛 40 多头，建成优质饲草基地 51 公顷，雇用长期工 16 名，去年创收 133.8 万元。“我现在的生活，很幸福！”河东村村民却争加措说。却争加措 2003 年突患结核性脑膜炎导致身体高位截瘫。合作社成立之前，他们一家是低保兜底户，日子过得紧巴巴。“我记得很清楚，去年的 11 月 28 日，村委会主任通知我们到村委会分红，当时我高兴坏了，就让儿子把我推到了分红现场，我当时分到了 1.6 万元，真是没有想到能分到这么多钱。”回忆起去年分红的场景，却争加措依然很激动。合作社成立之初，他就让儿子到合作社里去放羊，每个月有 3 000 元的收入，然后他又把 70 只羊入股合作社，去年却争加措一家总收入近 10 万元。“合作社以牲畜和草地折价入股、牲畜分群饲养、草地划区轮牧、社员分工分业、牛羊统一销售、用工按劳取酬、收益按股分配为主要特点的草地生态畜牧业发展模式，去年人均分红1 540.5元，19户建档立卡贫困户全覆盖。”河东村村委会主任、河东村生态畜牧业合作社理事长郭守元说。

一个小小的合作社，到底有什么秘诀，能让全村的人实现增收呢？扎麻什乡党委书记李光却这样说：“生态畜牧业合作社股份制改造成为推动绿色发展、保护草原生态的重要抓手，通过股份制改造完全实现了以草定畜，草畜平衡，草原得到了真正的休养生息。通过股份制合作社经营模式，使农牧区组织化、集约化程度大幅提升，传统生产经营方式发生了重大变化，减畜不减产，让农牧民获得更多生态红利。”看到群众的生活更加富裕和满足，李光却感慨：“经过一年多的实践和探索，河东村生态畜牧业合作社有益的尝试和探索，或将成为振兴乡村战略，掘进扶贫攻坚战役，推进农区产业转型升级的又一有效突破口。”

据了解，2017年祁连县7个试点合作社社员人均收入比全县农牧民平均水平高出13%，各合作社分红收入较2016年提升30%。合作社坚持以草定畜、草畜平衡的原则，有效解决超载放牧和维护生态环境之间的矛盾，草原生产能力不断提高，草原生态环境不断好转。各合作社草场草产量提高5%，植被覆盖度从60%提高到65%。

资料来源：2018年8月24日，《青海日报》/滕继伦/郑思哲，网页链接：http://www.zgnmhzs.cn/dcyj/jcgc/201808/t20180824_6225277.htm。

本章小结

1. 农民专业合作社以成员自我服务为目的而成立，合作社的成员都是从事同类农产品生产、经营或提供同类服务的农业生产经营者，目的是通过合作互助提高规模效益，完成单个农民办不了、办不好、办了不合算的事。这种互助性特点，决定了它以成员为主要服务对象。

2. 根据《中国农民专业合作社2007～2016年发展报告》，过去十年里，农民专业合作社广泛分布在种植、畜牧、农机、渔业等行业与领域，提高了农业组织化程度，极大地推进了现代化农业的发展。

3. 农民专业合作社在农户信贷融资中扮演着重要的作用，一定程度上解决了农户的融资问题。农民专业合作社本着服务成员为主的原则，为成员提供贷款业务、赊销农资业务、贷款担保业务和内部资金互助业务等资金业务。

4. 农民专业合作社在不同地区呈现不同的运作模式，主要有“能人＋合作社＋农户”运作模式、“龙头企业＋合作社＋农户”模式、“基层组织＋合作社＋农户”运作模式、“供销社＋合作社＋农户”运作模式。

5. 我国农民专业合作社运营资金的筹措途径主要是两个：一个是来自合作社的内部，另一个是来自合作社的外部。内部资金主要有成员出资、盈余资金、内部信用合作等；外部资金有财政资金扶持、向金融机构融资和社会捐赠。

6. 农民专业合作社面临的重要问题是融资困难，特别是正规信贷融资困难。面临融资困难的原因主要有合作社融资主体不清、盈利能力较弱、财务状况不透明、缺乏合格的抵质押品等原因。

7. 为了解决农民专业合作社融资困难的问题，商业银行通过金融模式创新，有效化解抵押品不足问题，实践中具体模式创新是大型商业银行专业合作社融资抵押替代机制，大型商业银行开展的农民专业合作社金融服务中都含有不同程度抵押替代机制的财务产品。

8. 农民专业合作社的资金收入主要来自以下两个渠道：第一，合作社与社员交易过程中的少付多收；第二，通过对外提供服务获取收入。

9. 农民专业合作社的盈余分配是指把当年已经确定的盈余总额连同以前年度的未分配盈余按照一定的标准进行合理分配。目前，《合作社法》是我国农民专业合作社盈余分配的根本依据，该法规定了合作社盈余分配的基本原则。此外，政府还颁布了一系列配套法律、法规，如《农民专业合作社财务会计制度》《示范章程》等也是合作社盈余分配的依据。

本章重要概念

农民专业合作社　多元化发展原则　龙头企业　贷款担保　互助资金　风险担保金　反担保机制　内部信用合作　盈余分配

本章思考题

1. 农民专业合作社应当遵循的基本原则有哪些？
2. 我国农民专业合作社主要服务哪些领域？
3. 请叙述我国农民专业合作社的主要运作模式？

4. 请叙述农民专业合作社内部资金互助业务的具体操作流程？

5. 农民专业合作社内部资金来源有哪些？

本章参考文献

[1] 娄锋. 中国农民专业合作社发展研究——基于社会化的制度分析框架 [M]. 北京：人民出版社，2017.

[2] 娄锋. 农民专业合作社运作指南 [M]. 昆明：云南大学出版社，2017.

[3] 李瑞芬. 农民专业合作社你问我答 [M]. 北京：中国科学技术出版社，2018.

[4] 岑琳. 农民专业合作社运作模式研究——基于雅安市名山区的调查 [D]. 四川农业大学，2013.

[5] 叶永涛. 我国农民专业合作社盈余分配制度研究 [D]. 天津师范大学，2010.

[6] 代书勋. 新时期农民专业合作社融资难问题探析 [J]. 决策探索（下），2019（9）：36.

[7] 王俊凤，闫文. 农民合作社内部资金互助业务运行机理分析 [J]. 农村金融研究，2016（9）：59－63.

[8] 孔祥智. 合作社与融资服务 [N]. 河北科技报，2015－07－14（A03）.

[9] 毛飞，王旭，孔祥智. 农民专业合作社融资服务供给及其影响因素 [J]. 中国软科学，2014（7）：26－39.

[10] 刘广清，赵慧峰，瓮建鹏. 农民专业合作社资金互助运行机制研究 [J]. 商业会计，2010（10）：13－14.

[11] 何广文. 农民专业合作社金融服务模式探析 [J]. 中国农村信用合作，2009（03）：26－28.

经营管理篇

第七章　我国小额贷款公司的经营管理

本章导读

20 世纪 70 年代，孟加拉国经济学家穆罕默德·尤努斯开始小额贷款试验，1994 年小额信贷引入中国，2005 年我国在部分省份正式开启小额贷款公司的试点活动，经过十多年的发展，小额信贷在服务“中小微弱”、推进金融科技应用、稳定就业等方面做出了重要贡献。为了解该类金融机构，我们要知道小额贷款公司大体由哪些部门组成？在经营与发展中要面临哪些风险？面对风险有何行之有效的管理模式和管理技术？本章对小额贷款公司的组织管理和风险管理进行了较为详细的介绍和分析，并辅以案例说明，为更深入地认识该行业提供参考。

本章学习目标

1. 了解小额贷款公司的组织架构和核心部门；
2. 认识、理解传统小额贷款公司与网络小额贷款公司的区别和联系；
3. 认识小额贷款公司所面对的主要风险；
4. 掌握小额贷款公司的风险管理模式；
5. 掌握小额贷款公司的风险管理技术。

第一节　我国小额贷款公司的组织管理

一、组织架构

（一）传统小额贷款公司

与银行类金融机构相比，小额贷款公司的规模更小，组织架构更加简单。但作为从事贷款类金融业务的法人组织，公司内部通常都设置了足够的部门和岗位来保障其正常经营。小额贷款公司的组织分工并非一成不变的，每家公司会依照自身的需求和人员情况设置部门岗位。一般来说，小额贷款公司内会设置董事会、监事会、总经理、副总经理、业务部、风险控制部、财务管理部、人力资源部、行政综合管理部等责任主体。如公司为有限责任公司，则在董事会之上设置股东会；若为股份有限公司则会设置股东大会。

图 7－1 比较完整地展示了有限责任制小额贷款公司的组织架构：

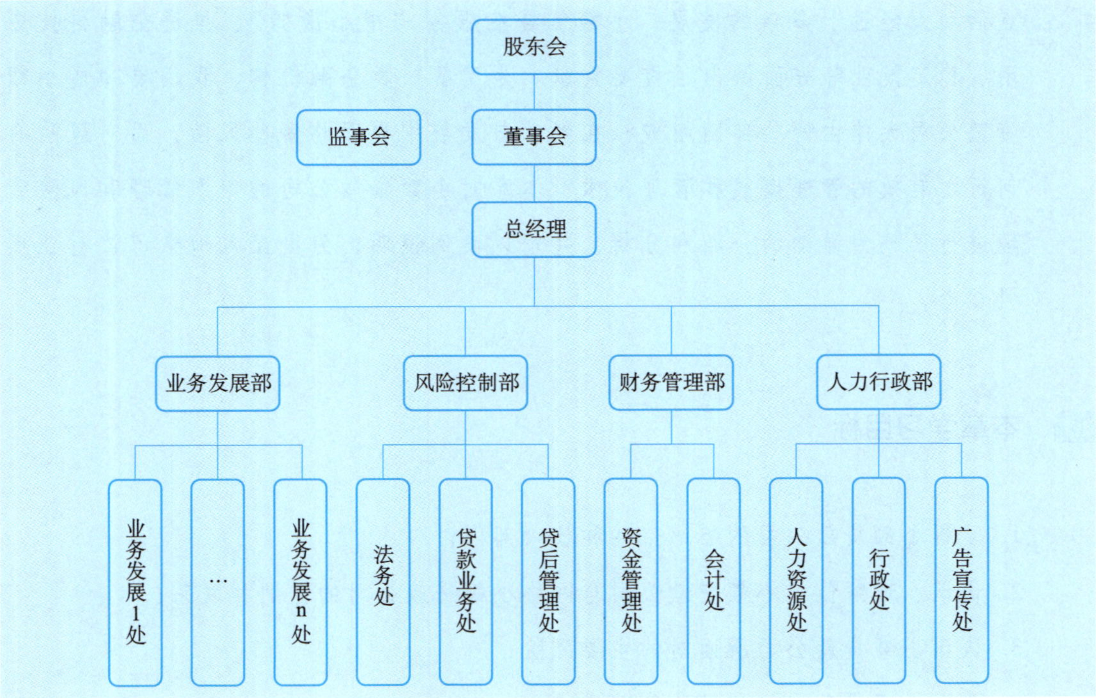

图 7－1　传统小额贷款公司的组织架构

资料来源：陈工孟，傅建源．小额信贷理论与实务［M］．北京：清华大学出版社，2017.

（二）网络小额贷款公司

随着近年来信息技术的创新运用，多种新型的经济业态如雨后春笋，这为小额贷款的发展带来了新思路。以大数据、云计算、金融科技为基础的网络小贷迅速崛起，借助互联网这一媒介工具，为实体经济提供了更为便捷、高效的金融服务，为“中小微”经济实体输送了宝贵的资金血液。与传统小额贷款公司的组织架构相比，网络小额贷款公司与其具有一定程度上的相似性，比如一般都会设置风险控制部、财务管理部、人力行政部等部门。但业务的特殊性决定了组织架构的特殊性，网络小额贷款公司通常还会在上述基础上另行设置负责产品运营、技术支持、客服与营销等职责的部门。

图 7－2 比较完整地展示了网络小额贷款公司的组织架构：

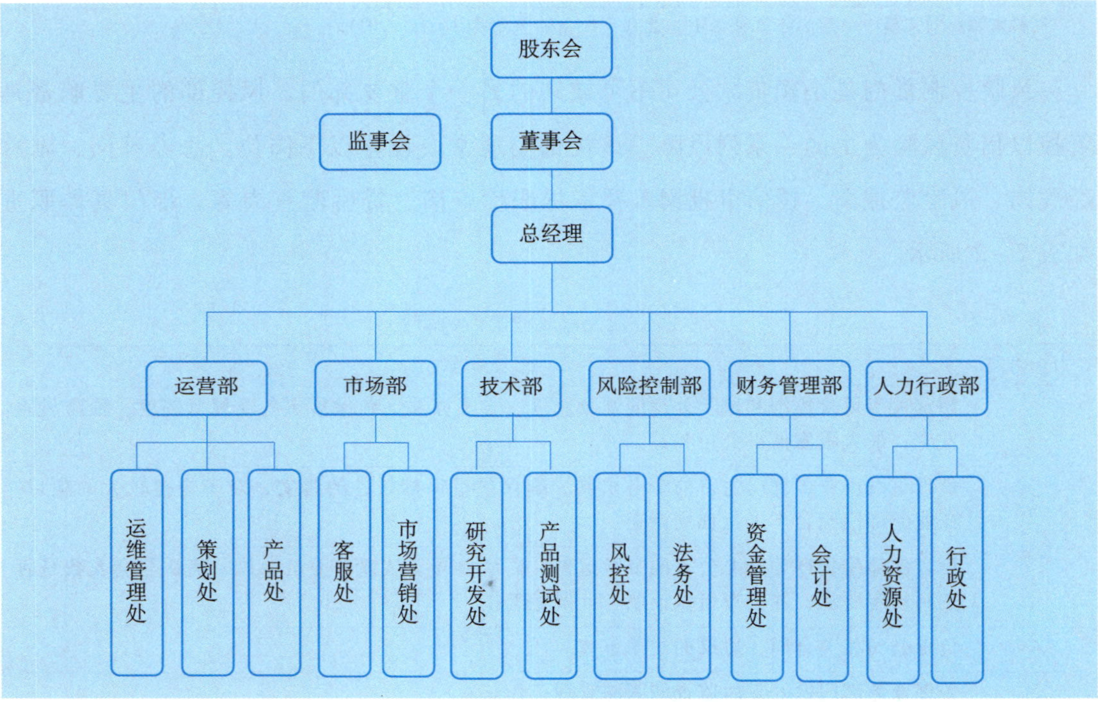

图 7－2　网络小额贷款公司的组织架构

资料来源：迪蒙科技。

二、核心部门

（一）传统小额贷款公司

业务部门是小额贷款公司的核心部门之一，是公司内部最主要的创收部门。业务部门的职责覆盖了贷前、贷中及贷后三个时间段。贷前阶段，业务部门主要负责贷前营销、尽职调查等，贷中阶段负责协议签订、贷款发放等，贷后阶段负责贷款收回，同时负责客户关系探索、建立、维护等。业务部门一般会包括以下岗位：总经理岗、副总经理岗、放贷审查岗、统计分析岗等。部门的职责具体如表 7－1 所示。

表 7－1 小额贷款公司业务部门的职责

序号	工作职责
1	制定公司的营销宣传方案，推广公司贷款业务。
2	贷款项目受理、项目初审、项目尽职调查、确定利率及担保等信贷要素、合约签订、担保措施落实、贷后管理、本息回收等贷款的全过程管理工作。
3	对贷款业务做统计分析，每月按时报送业务报表和分析报告。
4	及时了解消化经济、政策的发展走势，不定期汇总、撰写分析报告供决策层参考。
5	客户关系的探索、建立和维护。

资料来源：刘文璞．小额信贷管理［M］．北京：社会科学文献出版社，2011.

风险控制部门是小额贷款公司不可或缺的另一个重要部门。风控部的主要职责是管控以信贷风险为主的一系列风险。该类部门通常会设置以下岗位：总经理岗、副总经理岗、风险监控岗、授信审批岗、授信尽职检查岗、贷后监查岗等。部门具体职责如表 7－2 所示。

表 7－2 小额贷款公司风控部门的职责

序号	工作职责
1	制定关于风险控制和风险处理的规章制度、方案办法，确保落实各项规章制度，预防风险发生，最大限度保护公司利益。
2	负责审查由业务部门送审的业务资料，确保项目审批条件的落实，对于规模较大的项目，在业务部门配合下进行现场调查。
3	负责保障信贷评委会办公室的日常运营，提请召开贷款评审委员会议，确认与会人数是否达到规定要求，并负责组织投票、计票等工作。
4	负责公司相关合同、协议的法律审查。
5	督促业务部门做好贷后监查和跟踪管理工作。
6	做好不良贷款的资产保全和诉讼追索工作。

资料来源：刘文璞．小额信贷管理［M］．北京：社会科学文献出版社，2011.

（二）网络小额贷款公司

对于主营互联网小额信贷业务的公司来说，运营和技术部门通常居于核心地位。运营部门的职责大体上包括产品设计、运营维护、企业策划三个方面。产品设计是指部门要结合公司规划与客户需求，负责其网络业务平台及各模块的需求分析、概要设计和详细规划，并将改进需求反馈给技术部门。运营维护的职责要求部门妥善地制定、完善和贯彻平台的运营管理制度和操作流程，推动各项业务发展。企业策划则包括战略策划和业务策划，前者要求部门通过市场调研、行业分析等方法协助企业高层合理制定长期的战略规划，后者要求部门紧跟行业变化与客户需求，完成销售策划、产品策划等和公司业务方面的策划工作。部门的职责具体如表 7－3 所示。

表 7－3　网络小额贷款公司运营部门的职责

序号	工作职责
1	制定、完善、贯彻实施网络业务平台的运营管理制度及操作流程。
2	推动各项业务发展，提升营运效益，确保运营目标的实现。
3	统计、分析平台各类数据，提出改进方案，进行平台的维护、推广及升级。
4	依据公司产品要求，负责平台软件模块的需求分析、概要设计和详细规划，制定运营策略、方案并组织执行。
5	规划平台的风格、架构、功能、频道，负责建设、培训和日常工作开展等。

资料来源：迪蒙科技。

技术部门的职责主要包括研究开发和产品测试。前者指前端产品的研发和改进，后者指产品的可行性分析、测试及日常维护。部门的具体职责如表 7－4 所示。

表 7－4　网络小额贷款公司技术部门的职责

序号	工作职责
1	负责新产品的可行性分析、研发、测试等。
2	负责已有产品技术改进的可行性分析、研发、测试等。
3	负责功能实现的技术攻关。
4	负责技术管理、技术改进等。
5	协助其他部门解决技术问题。

资料来源：迪蒙科技。

第二节　我国小额贷款公司的风险管理

一、小额贷款公司面临的主要风险

相较于银行等存款类金融机构，小额贷款公司所主营的信贷业务具有其特殊性。正是小额贷款公司自身的特点导致其经营过程中面临着繁多且复杂的风险压力。本节将分别从微观企业角度与宏观经济角度归纳我国小额贷款公司的内部风险和外部风险。

（一）内部风险

从微观企业角度出发，由于小额贷款公司或者借款企业内部原因而引发的风险被称为内部风险。具体地，该类风险包括因公司资本流动性不足引起的流动性风险，因公司违背国家有关规定造成的合规风险，因公司内部管理不善、系统问题、操作不当等原因导致的操作风险，以及因企业战略规划制定不完善引起的战略风险四类。本节将对这四类内部风险做简要分析。

1. 流动性风险

我国政策严厉禁止小额贷款公司从事集资及储蓄等活动，目前小额贷款公司的资金来源主要依赖于以下四个渠道：股东提供的资本金、来自银行等金融机构的融资、回收到期贷款及各类社会组织捐赠。由上可见由于政策管制，小额贷款公司的资金来源渠道非常狭窄，而作为从事贷款业务的金融机构，其流动性的供求并非处于均衡状态，所以类似于其他金融机构，小额贷款公司也承担着较大流动性风险。

我国小额贷款公司的流动性风险有以下两个来源：一是资金来源受限，公司经营中难免会遇到流动性供给不能和需求相匹配的困境，从而影响公司经营，甚至使公司陷入流动性危机。二是小额贷款公司对其资金的安排欠妥，坏账逐步显现，引发流动性风险。具体来看，近几年我国在宏观经济政策上对房地产行业做了较大的调控，收窄了地产商的融资渠道，而某些小额贷款公司不计后果，一味地追逐利润，投资房地产行业，导致公司在几年间积攒了较大的坏账隐患。而当履约期限临近时，这种隐患逐渐显现，公司难以收回本息，进而引发了流动性风险。

小额贷款公司将资金以贷款形式投入房地产领域，不仅与国家当前宏观经济政策背道而驰，也使公司自身的流动性风险激增。小额贷款公司本身融资渠道有限，缺乏能够及时应对和解决流动性风险的途径。所以在做放贷决策前更应做好尽职调查，详细了解合作对手方的财务状况、还款能力、行业前景等，进而提升资金的周转率。

2. 合规风险

小额贷款公司的合规风险，具体是指小额贷款公司在经营过程中由于违反国家相关规定而引发的风险。其中提到的相关规定包括国家法律法规和有关监管部门出台的限制性或禁止性规定。

小额贷款公司在运营中，往往会或多或少地存在某些不遵守规定规范的行为，形成合规风险。比较典型的违规行为有超出限额规定发放贷款，金额过大的贷款一方面会伴随较大的风险；另一方面使其主要资产集中在少数几家企业，不利于风险分散。除此之外，典型的违规行为还包括资本转移、违规收费、违法融资等。资本转移指小额贷款公司为其股东提供金额较大的贷款，变相进行资本转移，使公司自身可以利用的资本减少，严重影响公司的盈利能力。违规收费是指小额贷款公司会向客户收取财务咨询费等，使贷款利率被变相提高，扰乱金融体系。违法融资是指公司不按规定的融资渠道获取资金，或不按规定的规模融入资金。

在我国当前法律体系下，小额贷款公司如果引发合规风险，会受到相应的刑事或行政处罚，会很大程度地影响公司的经营与发展，会令公司的收益和名誉蒙受较大的损失。因此，小额贷款公司在经营中要更加关注其合规性，避免触及监管红区。此外，政府的相关监管部门也应承担起责任，督促小贷行业健康有序发展。

3. 操作风险

操作风险的引致因素较多，通常是由信贷管理系统不完善、管理失控、操作不当、监管缺失等人为错误而引起的。可以具体地以风险的引发原因为依据将操作风险分为下面三类。

首先是由于内部控制机制和公司治理体制的失效而引起的操作风险，这种失效状态的发生会对小额贷款公司的资产造成较大损失。近年来，我国小额贷款公司呈现迅猛发展的态势，在数量上和规模上都实现了可观的增长，但如此疯狂的行业扩张背后，隐藏着的是无序化竞争、内控机制缺失、风险防控乏力、员工素质较低等问题。我国小额贷款公司的单位成本高、利润率低等现象就是由这种管理上的失效而导致的。

其次是由于公司的系统原因而导致的操作风险，随着互联网技术和金融科技（Fintech）的发展，各类管理、操作系统已经渗透到了各类金融机构，用以替代此前由人工负责的一些机械化、琐碎化的工作内容，从而将人工劳动力从这类简单、重复的工作中解放出来，这对提高工作效率，增强公司运营能力有重要作用。目前小额贷款公司对计算机系统的依赖性越来越高，所以一旦系统出现软、硬件错误，或人为的操作失误，都有可能带来不小的风险。

最后是由于欺诈原因而导致的操作风险，欺诈是指信贷员与企业“合谋”，故意提供和接纳错误信息，导致小额贷款公司授信决策失误。

整体来看，公司在经营中可能出现的操作问题实际上是人员的问题。专业人员匮乏，员工专素养普遍较低等人才方面的原因是造成小额贷款公司上述三方面困扰的关键因素。从小额贷款公司自身的竞争力来看，与其他的大型金融机构相比，公司能提供的薪资、福利等方面的待遇较低，在人才吸引方面竞争力较弱。其员工中真正接触过系统的金融知识学习、具备专业的信贷知识和工作技能的人较少。再加之公司出于急速拓展业务，抢占市场的战略意图，往往会忽略人才培训。所以在日常业务开展中，操作风险才时有发生。

4. 战略风险

所谓战略风险是指公司管理层在制定和追求短期、长期发展目标的过程中，对公司的经营定位不准确，对公司未来发展的规划不合理，所做出的决策对公司未来的发展形成潜在威胁的可能性。

我国的小额贷款公司近年发展态势良好，已从起初试点的七家机构扩展到现如今的千余家。从资本构成看，越来越多的民间资本开始介入小额贷款行业，国内小贷领域的竞争日趋白热化。为了在行业竞争中获得优势地位，公司在其发展战略的选择上也呈现出较大的差异性。有的小额贷款公司采取扩股增资的方式，有的采用增加营业窗口的方式，更有公司采用其他新型发展战略。

经营定位和战略决策对一家企业的长远发展有重要意义，小额贷款公司要熟悉并根据区域经济和人文特点，找到适合自己的发展战略，要明确服务小微、服务中低收入群体的定位，要能静得下心，耐得住寂寞。这样才能使公司在对外扩张的同时，保障自身风险可控，避免盲目扩张，避免陷入过度竞争，保障公司健康有序发展。

（二）外部风险

外部风险指由于宏观环境的改变对小额贷款公司造成影响，使其遭受损失的可能。小额贷款公司的信贷业务通常金额较小，其客户多为中小微企业和“三农”项目，鉴于其客户的高风险特征，政府监管部门往往会出台政策对其经营施加影响。外部风险已然成为影响小额贷款公司经营的重要因素。具体地，该类风险包括信用风险、政策风险、法律风险、行业风险及客户风险五类。本节将对小额贷款公司这五类外部风险进行分析。

1. 信用风险

信用风险又称违约风险，指的是借款人出于某些原因而未履行贷款合约义务，致使债权人利益受到损失的可能性。对于小额贷款公司而言，其业务经营对象的信用状况普遍较差，信用风险成为其所面对的最主要的风险，也是小额贷款公司风险管理中最为重要的内容之一。小额贷款公司是地方金融制度的创新，是一国金融体系的重要补充，对缓解中小微企业融资压力、解决“三农”问题、实现普惠金融具有重要作用，但同时其业务对象的特殊性也增大了该类金融机构的信用风险。

首先，农业经济的发展高度依赖于自然环境，稳定性和可测性较差。在风调雨顺的环境条件下，农民的产出和收入有一定的保障，其面临的风险和损失有限，经营收入足以偿还负债，贷款公司的信用风险较低。可一旦处于气候条件反常甚至恶劣的环境条件下，农业运营会受到极大的影响，加之我国目前农业的基础设施落后，农户的风险承受能力弱，面对自然灾害缺乏有效的抵御策略，其收入自然得不到保障，也就难以正常履行合约。其次，我国法律对小额贷款公司的经营范围有明确的规定，公司只能在注册地开展业务，如此一来，公司的风险呈现出集中性高、关联性强的特征。一户违约、多户违约的现象在国内的小额贷款公司中屡见不鲜。最后，相较于其他借款人，农户的金融知识基础薄弱，还款意识相对欠缺，农村的信用体系也不够完善，以上因素导致农户的道德风险较高，由此引发的信用风险也值得关注。

2. 政策风险

政策风险指的是有关部门针对小额贷款业务出台的监督与管理政策对小额贷款公司正常经营造成负面影响的可能性。我国当前的政策对小额贷款公司的监管非常严格，已经对其形成了一定的制约作用。

首先，与传统金融机构相比，小额贷款公司不能享受财政和税收方面的优惠。这是由于小额贷款公司不具备金融业务许可证，所以在法律上不能将其归类于金融企业。而对于中小型金融机构，我国出台的相关政策使其在审批、建立以及经营中得到了很大的优惠。但小额贷款公司的上述特点，将其置于十分尴尬的境地，不仅不能享受到政策红利，还要缴纳繁重的税负。

其次，由于国家监管的有关规定，小额贷款公司的融资渠道非常有限，并明确表示不能吸收公共存款，所以小额贷款公司的资金成本较银行等金融机构高出很多。尽管根据政策，公司可以向不超过两家商业银行进行融资，然而在实务中，能从银行获得融资的小额贷款公司屈指可数。所以综合来看，绝大多数小额贷款公司仅能依靠自有资金开展业务，如此一来，不仅贷款者的资金需求难以满足，支持小微企业发展的政策目标难以实现，而且不利于小额贷款公司资金周转，增加其出现流动性危机的可能性。

再次，小额贷款公司发挥着填补金融体系服务盲区的重要作用，主要承接银行不愿接手的信贷业务，承担着较大的风险。然而，当前许多省份并未将小额贷款公司纳入人民银行的征信系统，小额贷款公司不能通过征信体系及时、有效地获取借贷者的资信信息。目前，小额贷款公司在具体项目中主要依靠自己的尽职调查获取企业的信息，但这种方式效率低、成本高、准确性差，使小额贷款项目的成本和风险双双增加。

最后，依据现行规定，小额贷款公司只能在注册地所在区域开展业务，尽管这样做便于帮助公司控制自身风险，但却不利于在更大范围内配置资源，使各地的小额贷款利率出现差异。此外，因为同一地区的各类企业往往紧密相关，所以一家违约、家家违约的现象时有发生，从而增加了小额贷款公司的风险损失。

3. 法律风险

法律风险是由法律体制完善速度难以匹配金融体系创新速度而引起的。我国小额贷款公司自 2005 年起步以来，经历了迅猛的发展历程，相关的法律建设明显滞后，难以全面地规范、指导其经营发展。

目前，我国针对商业性小额贷款公司颁布的规章主要 2008 年 5 月由央行、银监会共同颁布的《关于小额贷款公司试点的指导意见》（以下简称《指导意见》），2009 年 6 月由银监会颁布的《小额贷款公司改制设立村镇银行暂行规定》等。除此之外，各地政府也印发了相关的规范性文件。但是上述文件从本质上讲并非法律条文，难以发挥法律效力。小额贷款公司由于不能吸收存款，所以不具备商业银行特征，故不适用《商业银行法》；和有限责任制公司相比，小额贷款公司从事金融领域业务，故不完全适用《公司法》。而我国当前尚未颁布跟小额贷款公司管理相关的法律法规，所以我国的小贷行业面临严重的法律缺失。

法律缺失对小额贷款行业影响颇深，总体来看可以将当前阶段的影响归结于下面几个方面。第一，在现行的法律体系下，对小额贷款公司的定位模糊，其金融机构的属性也没有得到法律确认，这使小额贷款公司在经营过程中难以享受国家财政、税收方面的优惠，不能承接以土地或房产作抵押的贷款业务，不能享受同业拆借利率等。以上问题都深刻影响着小额贷款公司的发展。第二，由于法律缺失，未对小额贷款公司的监管方做出规定，在各地，尽管当前政府下属的金融办公室承担着主要的监管职责，但央行、银监会甚至公安机关同样也发挥着一定的监管作用，地方上可能会出现监管冗余。这致使针对小贷行业的监管低效，不能有效规范小额贷款公司的经营运作。第三，各地政府都在参考《指导意见》的基础上出台了相应的地方性法规，对具体的监管内容做了规定。但各地区间在诸如最低注册资本要求、主管部门、股权结构等方面的规定并不一致，这导致全国各地的小贷行业发展极不均衡。

4. 行业风险

小额贷款公司所处的小额信贷行业发展迅速，行业内的竞争也日渐白热化。行业风险就是指行业内的整体形势对小额信贷公司造成不利影响的可能性。作为一个新兴的金融领域，有某些小额贷款公司经历了良好的发展，但同时也有许多公司经历了或正在经历种种困难。近年来，越来越多的金融机构开始试水小额信贷业务，尽管该类业务所服务的中小微企业、农户、个体工商户等客户具有旺盛的资金需求，却难以改变该行业竞争压力日趋增大的事实。

讨论新增的竞争对手，银行类金融机构首当其冲。近年来，在国家鼓励发展普惠金融的政策指引下，原本不愿介入小贷行业的银行纷纷开展面向农户、中小微企业的贷款业务。小额贷款公司产生、发展的基础是经济中存在银行授信所不能匹配和满足的资金需求，一旦商业银行积极开展小额贷款业务，鉴于其利率优惠、服务快捷、资本雄厚的优势，势必会挤压小额贷款公司的业务空间，侵占贷款公司的利益。

其次，地下钱庄、P2P 等其他民间借贷组织也对小额贷款公司形成了一定的冲击。小额贷款公司在发放贷款时，对借款人的资质有一定的要求，同时需要办理较为繁杂的手续。而相比之下，部分民间借贷组织处于国家监管盲区，在操作上更加灵活，因此部分中小微企业会选择地下钱庄等民间借贷组织进行融资。由于监管缺失，民间资本运作不规范，已经先后显现出了许多问题，也对监管提出了更高的要求。

最后，近年来各地区的小额贷款公司经历了井喷式增长，一方面贷款公司的数量与日俱增；另一方面老牌的贷款公司规模大幅扩张。这使同行业间的竞争日趋激烈，在不甚规范的监管制度下，恶性竞争频现，影响了小贷行业的整体利润与发展势头。

5. 市场风险

市场风险是指由于金融市场要素的不利波动而引起小额贷款公司资产出现损失的可能性，主要包括利率风险、汇率风险、通货膨胀风险等。

利率风险是指由于市场利率的波动而造成小额贷款公司的资产、收益出现损失的风险。小额贷款公司一般根据即期的利率与其客户签订贷款合约，但金融市场具有波动性，随着资金供求关系的变动，市场利率也会出现波动，而一旦市场利率上升超过合约利率，会增加信贷资产的机会成本，为公司带来相对损失。此外，利率波动还会对小额贷款公司偿还负债带来影响。这是由于小额贷款公司借入的资金通常是长期的，而其业务以短期借贷为主，所以存在期限错配问题。

汇率风险指汇率变化给小额贷款公司造成损失的可能性。部分小额贷款公司的资金来源和资金运用会涉及一些国外机构，无论是运营资金还是信贷资产，如果以外汇形式存在，公司可能会因汇率波动而遭受资产损失。况且贷款公司通常不会利用期货、互换等金融工具对汇率风险进行管理防范，又加大了汇率风险爆发的可能性。

二、小额贷款公司的风险管理

小额贷款公司的风险管理主要由风险识别、风险评价、风险监测与预警以及风险控制四个部分构成。

（一）风险识别

风险识别是指根据可收集的信息和经验识别信用风险，并对风险的严重性做出评估。风险识别是风险管理的基础，其目的就在于为后续的管理行为提供参考和依据，所以风险识别的准确与否对风险管理的效果影响甚大。

小额贷款公司应该根据自身经营发展状况、法律法规、客户情况及宏观经济形势等情况，对公司面临的经营环境和可能发生的风险事件做出识别确认。小额贷款公司在风险识别中，应当考虑的因素包括但不限于以下内容：

第一，国家的经济调控政策、小贷行业发展现状、客户所在行业情况、竞争对手的经营状况等对公司经营的影响；

第二，客户企业近期的经营状况、财务状况、行业竞争形势等。

（二）风险评估

风险评估是指利用合理的风险评价指标，对公司可能面对的风险做定量的分析。其目的是了解潜在风险对公司各方面影响的大小，并评估公司能够在多大程度上承受风险可能为公司带来的损失。

（三）风险监测与预警

风险监测与预警指的是要在贷款项目进行过程中做好实时监控与预警。具体地，风险管理部门要时刻关注贷款期内发生的各类事件，在保证信息准确性的前提下，通过对各类信息的收集和分析，计算各项风控指标的时刻值，对公司风险是否超过自身可承受范围做出评价，并向决策层提供风险监测报告以便于提前做好预防措施。

风险监测预警实际上是人机结合完成风险管理的过程，即事先将各类风险预警指标及其算法以数据库的形式存储到风险管理系统中，接着由电脑根据客户的各类数据（包括财务数据、银行信用记录、行政处罚、税费缴纳等公开信息与人工收集的各类“软信息”）计算风险指标，根据计算值与预警值之间的差距判断小额贷款公司的风险情况，在风险值较大的情况下主动发出预警信号。具体地，该部分可以分为以下几个步骤：

第一，划定预警区间。我们通常将各项指标按照数值大小切分为正常区间、关注区间、警戒区间与危险区间。正常区间指各项指标均表现良好，借款人能够按照合约履行义务，不存在任何可能影响贷款本息正常偿还的负面因素，贷款违约概率无限接近0。关注区间指的是根据各项指标的表现，表明借款人当前财务状况良好，还款能力有保证，但存在一些可能对偿债具有不利影响的因素，这些因素如持续下去可能会对还款形成负面作用。警戒区间指的是借款人的某些监测指标出现异常波动，借款人的还款能力出现问题，已无法依靠收入及自有资金偿还贷款，需要通过另行融资或执行抵押担保偿还本息。如果小额贷款公司有客户处于该区间，应当引起管理者的充分警觉，决策层需要及时行动避免对小额贷款公司造成更大的损失。危险区间是指借款人的风险指标已严重恶化，借款人即使执行抵押担保也无法足额履约。当有客户处于该区间时，管理者要立即采取行动，尽量减少该项目给小额贷款公司造成的损失。

第二，设置预警信号。根据不同的预警区间，根据人们的日常认知，设计不同的预警信号显示，在视觉方面可以利用色彩、字体等对高风险的项目强调显示，在听觉方面可以设置预警提示音等。

第三，判断预警类别。通过风险识别，判断风险事件的类别。预警事件可以分为国家类、市场类、客户类、个人类等。

（四）风险控制

风险控制是指采取具体措施和方法减小甚至消除信用风险发生的可能，或减小风险事件发生时为公司造成的损失。风险管理者会根据风险预警的结果制定对策，采取各种措施尽可能地减小风险事件发生的可能并控制其给公司带来的损失。下面主要介绍四种基本的风险控制方法：

1. 风险规避

风险规避是指小额贷款公司在识别到风险的基础上，及时决策拒绝某类业务甚至退出某一业务市场，主动地放弃高风险业务，避免在未来承受损失。风险规避是最消极的风险控制方法，这种方法在规避风险的同时也放弃了潜在的收益，这种方式不宜作为小额贷款公司主要的风控策略。

2. 风险分散

风险分散是指贷款公司通过多样化的投资安排来分散、降低风险的一种风险控制策略。具体地，小额贷款公司可以通过贷款出售或与其他小额贷款公司联合形成整体贷款的方式分散风险。但需要注意的是，风险分散的前提是具有足够的相互独立的投资选择，并且风险分散操作会产生一定的交易费用，只有当交易费用少于风险可能造成的损失时，选择风险分散策略才是对企业有利的。

3. 风险转移

风险转移指的是小额贷款公司利用合同或者保险，将贷款公司的风险转嫁给合约对手方或者保险公司的行为。

4. 风险补偿

风险补偿即风险承担，指的是当风险爆发，公司出现损失时，小额贷款公司以可使用的任何资金进行支付的行为。风险补偿包括了无计划补偿与有计划的自我补偿。无计划补偿指的是小额贷款公司未在事前预留风险补偿资金，而在风险损失发生后才从自有现金中抽取资金支付。有计划自我补偿是指在事前预提风险补偿金，以确保当风险损失出现时能够及时地获取资金来补偿损失。

三、风险管理技术

小额贷款公司的业务对象包括中小微企业、个体户和低收入人群。这些客户既没有足够稳定的资金保障，又难以提供可靠的担保（抵押）品，也不能提供可信的资信报告、财务报表等参考材料，所以经常会由于风险性过高而被传统金融机构拒之门外。为了改善借贷双方间的信息不对称，有效控制由于道德风险和逆向选择引起的损失，小额贷款公司通过理念创新和实践尝试创造了不同于传统银行的、具有小贷特色的风险管理技术。这些技术和方法对小额贷款公司控制风险、实现可持续经营具有关键作用。本部分将从客户遴选、风险识别、合同设计三个方面对目前小额贷款公司常用的风险管理技术进行汇总，相对全面、客观地反映小额贷款公司技术应用的现状。

专栏7-1

拉卡拉小贷的风控体系

广州拉卡拉网络小额贷款有限责任公司（以下简称“拉卡拉小贷”）成立于2016年4月，注册资本15亿元。拉卡拉小贷依托于拉卡拉十年的大数据积累，通过应用大数据、AI算法、区块链等技术，自主研发了鹰眼风控系统和天穹反欺诈系统，并将声纹识别、LBS定位、自然语义分析、反欺诈扫描等技术手段融入其中，极大地提升了平台的风险控制能力、客户信审效率和用户体验。拉卡拉小贷在大数据处理的软硬件投入超1亿元，依靠hdfs的分布式存储支持PB级数据存储，应用sparkstreaming技术实现TB级数据秒级处理，为业务提供了全面的系统技术解决方案和服务，使拉卡拉小贷信贷业务具备稳健的信贷资产管理基础。通过软硬件的投入，拉卡拉小贷平台已经完成超过上亿级的用户交易，平台日处理能力达到了5万笔，这相当于传统银行处理能力的几十倍，平台单日放贷量已超过1亿元。

依托海量金融属性数据，拉卡拉小贷构筑了完善的全流程风险管理体系，通过精细化的风险计量工具与决策分析技术，对信贷客户形成360度画像分析与精准的授信策略，实现风险与收益的动态平衡，达成最优盈利点。同时，拉卡拉小贷建立了完善的风控体系。贷前通过信贷政策的制定、信用模型的开发、人工审核等确保所有贷款经过完善的信用评价控制信用风险，同时通过流程设计和反欺诈模型控制欺诈风险的发生，实现了“5分钟申请，1天内到账”的高效贷前决策；贷中监控用户资信变化情况，在客户逾期前及时介入；贷后根据不同的逾期时段和原因，配合不同的催收手段。同时在信贷业务流程上，实现了全流程的线上申请。通过人脸识别、LBS定位等科技手段及十多年积累的大数据，实现欺诈风险排查准确率超过90%，有效防范客户的欺诈风险和信用风险。

资料来源：作者根据相关资料整理。

（一）客户遴选机制

1. 团体贷款方式

团体贷款的前身是由小额贷款之父穆罕默德·尤努斯提出的小组联保风险管理机制，在该贷款机制下，需要那些具有相似风险类型且相互之间比较熟悉的借款人形成联保小组，以对彼此的债务承担担保和监督责任。如此一来，风险较高的潜在借款人会被排除在外，从而形成了一个有效的客户筛选机制，单个客户的风险将由与其比较熟悉的其他潜在客户共同承担，在无形间使这些客户发挥了风险识别的作用。进而公司能够更为有效地克服信息不对称问题，提高了贷款公司的风险管理效率，提升了其风险管理效果。

小组联保风险管理机制是风险控制技术上的重要创新，它不仅为小额贷款公司提供了一种较为有效的风险管理方法，更重要的是，也拓宽了小额贷款公司风险管理的思路。不过该机制在运行过程中也出现了比较严重的问题。以尤努斯创办的孟加拉乡镇银行为例，由于小组联保机制下，小组成员之间存在着可能的风险扩散，即单个成员的违约会诱导其他联保成员利益受损，从而引发小组成员全体违约的行为。为了解决这个问题，2000 年左右，有人提出了“广义化推广模式”的小组联保风险管理机制。在该改良化的小组联保机制下，联保客户将不再承担无限偿付责任，组内某个成员的违约最多只会使其他成员的信贷审批受影响。因而主要通过道德约束监督组内成员的行为，通过“舆论压力”来督促还款人按时履行合约义务。

在小组联保、团体贷款的运行过程中，也存在一些替代性的担保抵押。如“强制储蓄”“小组共同基金”等，以此来控制还款环节发生道德风险的概率。

当前阶段，团体贷款是国内小额贷款行业中普遍使用的一种风险管理技术。

2. “关系型”借贷方式

借贷双方之间建立的紧密关系是“关系型”借贷强调的重点，贷款公司会根据这种长期、牢靠的关系和这种关系所形成的各种“软信息”来做出信贷决策。中国有相当一部分贷款公司会利用其地缘、血缘关系，或者由于业务往来而逐渐形成的伙伴关系来甄别客户，从而有效地解决了借贷过程中的信息不对称问题，有利于小额贷款公司控制风险，减少损失，并在一定程度上弥补了借贷方抵质押物不足的缺陷。下面将列举两类比较典型的“关系型”借贷的应用形式。

第一，“熟人经济”形式。一些小额贷款公司会选择以亲戚、朋友、熟人、合作方等作为客户群，在有限的地域范围内，这些熟人间也会相互往来从而形成一个“熟人圈”。小额贷款公司据此，以信用贷款或保证贷款的形式审发贷款，一方面有效的解决了信息不对称的问题；另一方面实现了信贷业务的高效率、低成本和灵活性。

第二，“供应链”融资形式。某些小额贷款公司会以其服务区域内的某个产业的上下游企业会客户对象，通过抵押、质押贷款的形式开展信贷业务，如原材料抵押贷款、仓单质押贷款、专利权质押贷款等。借贷方一旦出现风险，贷款公司可以便捷、足值地在“供应链”上处理抵质押物，如此一来便以较低成本有效实现了风险控制的目的。

总体来看，“关系型”借贷在风险控制方面成效显著，但该类型的借贷一般服务范围狭窄，借贷规模有限，信贷业务无法向广域内的大额借贷拓展。

（二）贷前风险识别

1. 微小企业人工信用分析

随着小额贷款公司的发展，轻抵押、重分析成为小贷行业风险管理的主流趋势。小微企业人工信用分析是以分析评价借款公司的还款能力、还款意愿为核心，通过实地调查，一方面获取能够反映借款人还款能力的财务信息；另一方面获取能够反映借款人还款意愿的软信息（如借款人品质、身份、舆论评价等信息），通过交叉校验法验证信息的可信度，然后根据所收集的信息判断是否授信，并灵活确定授信的额度、期限、利率等要素，为客户提供个性化的信贷服务。其中，交叉校验（又称逻辑检验）包括基于财务信息的还款能力分析与基于软信息的还款意愿分析，是做好贷前分析的关键。

在还款能力评估分析中，信贷员会对客户的住宅、经营场所进行实地探访，与客户的家人、朋友、同事等面对面接触，通过标准化的分析方法，形成客户真实的资产负债表、损益表和现金流量表，并对财务信息做逻辑分析和对称性分析，判断财务信息是否存在偏差，从而对客户财务概况、负债状况、现金流状况、还款能力及风险状况做出准确的估计，制定合理的信贷合约。这里的分析对象不仅限于企业，而是由企业和客户家庭形成的经济单位，偿还责任由整个经济单位承担。

在还款意愿评估分析中，信贷员会对客户的基本信息（包括性格、声誉、爱好等）、经营信息（包括经营目的、经营经验等）及经营实体信息（包括企业内部管理制度、规范程度、行业和产业背景等）进行收集和逻辑分析，进而对客户的借款用途、经营能力及还款意愿做出准确的判断。在分析还款意愿之外，还应当配以鼓励客户还款的激励机制，比如对如期还款的客户可以给予贷款金额、贷款利率、贷款条件或审批流程等方面的优惠，从而增强客户的还款意愿。

人工信用分析是一项劳动密集型的工作，对业务人员的专业能力要求不高，但要求他们必须通过频繁的实地探访来获得足够的信息，并对借贷期内企业的经营进行监督，所以信贷人员的责任心在开展微小企业贷款中显得至关重要。另外，公司层面要有完善、有效的激励机制和责任追究机制，促使信贷员尽职尽责，在关注业务规模的同时注重资产的质量。

2. 自动化信用评分技术与数据挖掘应用

自动化信用评分技术是以信用卡业务为典型的消费金融领域常用的技术工具，小额贷款行业在发展过程中也适时引进和借鉴了该方法。目前，有的小额贷款公司已经开始根据借款人的财务信息、软信息等，对其还款能力和还款自觉性进行综合评分，并以此作为授信依据。

信用评分技术是指以相对成熟的分析体系为基础，利用客户的历史信息来预测客户未来表现的技术。具体地，信用评分技术会将客户群体分为能够按时还本付息的“好客户”和违约常态化的“坏客户”，根据两类客户的历史数据分析得出各类客户的特征，从而总结出标准化的分类依据。同时建立数学模型，对借款者未来的违约概率进行估算，为授信决策提供依据。小额贷款公司使用该技术进行风险管理，有利于提高信贷业务的效率，降低人力成本，有利于更为精确地估算客户的风险，进而确定最适宜的风险溢价水平。

自动化信用评分的技术性非常强，不仅需要专业顾问有丰富的经验对系统进行设计调试，对操作人员的专业技能要求也非常高。整个评分的过程有两个必备的要素，一是数据来源，二是信贷评分模型。小额信贷公司在进行信用评分的数据主要有两个来源：

第一，银行征信体系数据，包括银行记录（信用卡、房贷、车贷等）、个人贷款记录、水电费、电话公司记录、税务部门记录等；

第二，其他个人信用信息，包括个人身份信息、公共记录（如行政处罚信息、法律纠纷记录等）、信用记录、信用申请查询等。

现阶段的小额贷款公司常用的信贷评分模型可以按照所预测的内容划分为：

第一，风险评分模型（预测违约的风险概率）；

第二，欺诈评分模型（预测欺诈行为发生的概率）；

第三，收益评分模型（预测客户给贷款公司带来收益能力的大小）；

第四，流失倾向评分模型（预测未来客户流失的概率）；

第五，市场反应评分模型（预测客户接受贷款公司营销的概率）。

除了上述必备要素外，信用评分还会涉及很多数学和统计学方法。数据挖掘是数据搜集和分析中最常用到的统计学方法，数据挖掘可以用来评价不同客户的营销效果、识别客户欺诈、预测客户行为、评估客户风险等。此外，诸如判别分析、逻辑回归等数学方法也在信用评分过程中发挥着重要的作用。

正如上述内容所说，自动化的信用评分技术不仅仅在风险管理中有出众的效果，该类技术也在向市场营销、客户行为预测等方面拓展和渗透。

信用评分技术的一个必备要素是关于客户的信用数据，故该技术的可行性极大地依赖建模数据的可得性和真实性。当前我国的征信制度建设、配套的法律法规体系及信用信息基础设施建设等都处于起步阶段，诸多中小微企业、个体户、农户等都没有完整连续的信用信息记录。尽管在银行类金融机构中评分技术的应用已相对成熟，有不少商业银行已经将该技术运用于信用卡业务等个人金融领域的分析，开发了申请评分卡、行为评分和催收评分等模型，通过使用银行内部积累的数据在一定程度上实现了预测功能。但就小额贷款公司而言，该技术的应用尚处于摸索阶段，还没有出现可供运用、切实有效的实际案例。

（三）借款合同设计

1. 担保抵押制度

传统银行在对客户进行详尽的调查了解后，通常会要求借贷方提供占贷款额一定比例的抵质押物（企业资产或法律文件，包括合同、销售订单、仓储凭单、存货等）来控制自身的信贷风险。国际上，采用这种风险控制方式的成功案例较少，而在国内，目前有相当一部分小额贷款公司都在采用担保抵押制度来管理风险。

小额贷款公司的客户以中小微企业、个体工商户、农户等为主要客户群体，其服务对象具有显著的高风险、轻资产特点，所以在传统的担保抵押制度下，恐难以提供足值的抵质押物或担保物。故除了传统的抵押、质押品外，小额贷款公司还会接受一些传统银行类金融机构不愿接受或不受正规的金融市场法规保护的动产，某些小额贷款公司甚至会接受客户以预期的未来收入或现金流为担保。开展创新型担保抵押贷款业务的小额贷款公司通常都拥有具备银行工作经验的管理人员，他们会在企业内部建立完善的组织架构和严密的管理制度，会督促业务人员针对每笔业务都做好贷前、贷中、贷后的监督管理工作，并密切追踪客户的经营及财务状况。总体上，该类型的贷款以 100 万 ~1 000 万元的短期借贷（期限在 1 年以内）为主。

采用传统银行的风险控制技术开展小额信贷业务的公司借助市场化的利率定价和

地缘性的成本优势，通过抵质押品创新，成功地将传统银行的风控技术在小贷业务中予以实现。

2. 分期还款制度

分期还款是小额贷款公司控制风险的另一重要手段。分期还款是指借款人在贷款发生到合约期末的一段时期内，分期多次偿付本息的贷款形式，对于借款人而言，分期还款相当于一种将支取时间提前的“零存整取”行为。这样的还款安排一方面缓解了借款人一次性支付大额本息的资金压力，同时形成了一种在合约期内持续存在的经常性压力，迫使借款人妥善经营，积极创造收入，保障还款的资金来源。另一方面，这种还款安排也将贷款公司集中一次性的风险分散到多期，从而公司能够有效避免风险爆发后引起的巨额亏损，为贷款公司消化风险提供了时间，提高了公司的风险承受能力。总之，分期还款制度对降低小额信贷的风险有比较显著的作用，甚至能在一定程度上发挥风险预警的作用。

分期还款制度还具有如下的优点：

第一，分期还款制度是一种基于现金流管理的还款安排，小贷机构得以在降低自身风险的同时督促借款企业拥有平滑、稳定的现金流，所以无论从小额贷款公司还是从借款企业的角度来看，这种贷款形式都具有积极的影响，是一种“双赢”的安排。

第二，随着客户逐期还款的进行，小额信贷的实际“有效利率”会远高于合同上所标明的利率水平。在利率管制背景下，这是一种迂回收取隐性高利的权宜之计。

3. 动态激励机制

在小额贷款公司的经营和发展过程中，动态激励手段已被证明是一种行之有效的风险管理技术，无论在团体贷款还是在个人贷款中，动态激励机制都被广泛使用。小额信贷的动态激励机制可以分为三类。

（1）简单重复博弈。小额贷款公司的客户群体普遍具有轻资产、高风险、低信用的特征，从银行等传统金融机构获得融资的可能性非常低。对这类客户而言，资金的可得性远比资金的规模要重要。小额贷款公司借助这一特点制定了以简单重复博弈为核心的激励机制，如果借款人在还款过程中表现良好，则可以反复得到同样的贷款服务；而如果借款人在还款过程中出现拖欠、违约等行为，他再次获得贷款的难度将大幅提升，甚至不能得到任何融资。从而客户会注重自身信用的维护，按时还款，进而降低了贷款公司的信贷风险。

（2）贷款额的累进机制。客户在与贷款公司屡次重复合作的基础上，还款记录良好的贷款人有望在后续的贷款中获得小额贷款公司更高的授信额度。这是因为随着借款人贷款的增多，发展和扩大生产的愿望也会越发强烈，对资金的需求也会增加。小额贷款额度的提升一方面满足了客户企业在不同经营阶段的资金需求，另一方面贷款额的增加有利于客户增加产量，获得更多的收入，进而保障贷款公司的利益。此外，贷款额度的累进机制对增强借款人的还款动力有很强的激励作用，有利于降低贷款的违约概率，实现小额贷款的良性循环。

但同样需要注意的是，贷款额度的提高应当根据贷款人的承受能力设置最高限度。如超过贷款的最高限度发放贷款，可能会导致客户难以承受还款压力，导致失信行为的发生。发放贷款应时刻遵守“贷与不贷看信用，贷多贷少看能力”的原则。

（3）利率累进递减机制。顾名思义，利率累进递减即还款利率随还款额的增加而降低的机制。还款利率累进递减将直接降低客户的资金成本，客户会直接从中受益，对客户履约的激励作用最为显著。不过同贷款额累进相似，还款利率的递减应当设置下限，还款利率必须覆盖资金成本、管理费用、贷款公司最低收益等费用与收益之和，只有这样才能保证贷款公司的可持续发展。

第三节　我国小额贷款公司案例分析

一、花都万穗小额贷款公司案例分析

（一）公司概况

广州市花都万穗小额贷款股份有限公司成立于2009年4月，注册资本1.5亿元，是广东省首批小额贷款试点单位，同时也是广州市首家小额贷款公司。并被推举为中国小额信贷联盟理事会成员机构、中国小额信贷机构联席会首届副会长机构、广东省小额贷款公司协会副会长单位、广州金融协会副会长单位。

花都万穗自成立以来始终坚守服务中小微、服务个体户、服务“三农”的经营方向，坚持“小额、分散”的经营原则，秉持“善念善行，及时及实”的经营理念，致力于推动地区经济的发展。在公司治理中，公司严格遵循现代企业制度，设置了运行规范、权责明晰的公司治理架构；在业务经营中，公司凭借其专业的业务团队、丰富的行业经验、先进的业务理念和创新的产品服务，推出了信用金、实业宝等十大信贷

产品，基本覆盖了当地绝大部分行业的资金需求。公司专注于微小金融业务，投身于普惠金融，于 2009 年 10 月在省内首先推出 30 万元以下的无抵押贷款，着力扩大产品覆盖面与服务客户数量，形成了独特的“万穗”特色。

花都万穗的公司总部设置在广州市花都区，同时在该辖区还设置有 4 个营业网点，现有员工 100 多人。目前公司拥有信用金、实业宝、物业贷、放大贷、喜拼盘、农家喜、及时达、农资贷、创业贷、工薪贷等信贷产品。已发放贷款 6 500 笔，共计 25 亿元，公司客户数达 4 000 户，贷款余额 2.24 亿元，单笔贷款最大金额 500 万元，最小金额 3 000 元，户均余额 17.89 万元。贷款余额中，涉农贷款占比 90.22%，小微贷款占比 89.37%，累计帮助 2 862 位客户解决了资金问题，帮助 296 家企业渡过了财务危机，扶持 2 566 家中小企业与个体户保障日常经营。微贷业务共帮扶了 2 649 位客户，带动当地就业超过31 486 人。

花都万穗小额贷款公司自成立以来屡获殊荣。2010 年，公司先后荣获广东省金融创新二等奖、中国小额贷款公司竞争力 100 强企业；2012 年，荣获广东省中小企业融资服务示范机构；2013 年，荣获小微金融机构“最佳社会责任奖”，时任董事长的方尤存先生获评“2013 小微金融年度人物”；2014 年，公司获评广东省中小企业信用评级 AAA 级单位；2015 年 4 月，获评 2014 年度广东省优秀企业；2016 年，公司连续六年获评中国小微金融机构竞争力百强企业。

（二）案例内容

1. 业务概况

花都万穗小额贷款公司在总体上坚持的是“现场调查”的经营管理模式，在经营中不以某单个产业链为依托，设计和推出了信用金、农家喜、实业宝等十余个贷款产品，在全行业内广泛地开展信贷业务。

具体地，公司将产品分为 50 万元以上和 50 万元以下两类，其中 50 万元以上的产品叫“中小贷款”，而 50 万元以下的叫“小微贷款”。公司成立之初，由于对未来的经营方向尚不明确，公司盲目效仿同行做了许多 500 万元左右的大额贷款业务。而后，公司管理层经过半年左右的比较与思考，认为从长期来看，有抵押、大金额的客户群体会越来越少，小贷跟银行做“同质化竞争”是没用出路和前途的，所以公司必须找准自己的定位，与银行业“错位经营”，做好银行的补充。于是，在时隔半年之后，公司在广东省范围内率先推出了 30 万元以下无抵押、有担保人的信用贷款产品。自此开始，公司就将做好小微金融服务并支持小微企业、个体户、农户经营发展作为自己的经营使命。据统计，公司的贷款余额中，小微贷款占比 89.37%，仅有不到 11% 是金额在50 万元以上的中小贷款。目前阶段已发放贷款6 500 笔，共计25 亿元，公司客户数达4 000 户，贷款余额共2.24 亿元。

2. 销售模式

小额贷款公司与其他企业不同，制造类企业或互联网电商企业等的销售均是一次性销售，销售过程完成，产品的产权和风险也均转移给了消费者，其售后服务也只是起到提高口碑等锦上添花的作用；而对小额贷款公司来说，把贷款产品销售出去只是第一步，贷款全部收回才是过程的结束。这一点区别造成了小额贷款公司营销模式的特殊性。

花都万穗小额贷款公司采用主动营销的销售方式，采用“包村到户、承包到组”的分配方法，将营销团队分成不同的组，然后详细划分业务区域，每组都要清楚地确定好自己服务哪几个村，共多少户。此后通过散发传单、陌生拜访、定点宣传、后期电话短信回访等方法，详细了解客户情况，获悉资金需求，销售贷款产品。

3. 风控技术

花都万穗小额贷款公司以小微贷款作为其主营业务，风险管理自然成为其经营中的首要难题。经过不断探索和创新，公司掌握了交叉校验、信用评分等风险管理技术，逐渐地建立了以“现场调查”为基础，富含“万穗”特色的风险控制体系。

花都万穗在贷前风险管控方面践行“两个方面，两个环节，四个点”的工作原则，将现场调查作为其主要的信用分析方法。“两个方面”即公司在贷前信用分析中，一方面关注对借款人还款能力的定量分析；另一方面也要关注对借款人还款意愿的定量分析，这就要求信贷员在实地调查中，要收集借款人财务与非财务两方面的信息。在还款能力分析中，要遵循“四个点”的信息收集原则，即特别关注借款人的现金流、月可支配收入、净资产、违约成本四项财务信息，然后借助这些信贷员能够了解到的账期、财务上的关键数据为客户编制财务报表，进而就可以计算出他们的还款能力，确定给其的授信额度。在还款意愿分析中，要收集客户的性别、年龄、学历、婚姻、性格等方面的“软信息”，进而对客户的还款意愿给出定性的评价。至于“两个环节”，则指的是花都万穗在贷前分析中，除了分析借款人这个环节之外，还需要对担保人做同样的信用分析，从而确保其贷款资产的安全性。

在贷中环节，万穗小贷建立了一系列的内部控制制度，贷款审批实行分级授权和贷款审批委员会审批制度。不仅如此，万穗小贷采用信用评分技术，创新研发了“万穗小额贷款系统”，将客户的个人信息、贷款信息、信用信息等归集在该系统上，彻底改革了传统的小额贷款处理方式，使小额贷款业务实现了贷前、贷中、贷后全流程监控。同时，将 IT 系统嵌入贷款全流程也在最大程度上避免了操作风险的发生。

（三）案例分析

自 2008 年央行、银监会共同颁布《关于小额贷款公司试点的指导意见》以来，各省都在积极推动小额贷款公司的试点工作。十年时间转瞬即逝，站在今天来看，国内几乎所有省份都曾出现过小额贷款公司爆雷现象，而近年来屡见不鲜的 P2P 跑路事件又给小额贷款行业蒙上了一层阴影。迄今为止，已经有相当一部分贷款公司因经营管理不善而倒闭。花都万穗成立于广东初次试点小额贷款时期，作为广东省首批小额贷款公司，时至今天已稳健经营了十年之久。花都万穗之所以能经受住时间的考验，在贷款公司的淘汰潮中生存下来，与其业务模式、风控模式是密不可分的。

花都万穗小额贷款公司从成立之处就将自己定位于金融体系的重要补充，尽力避免同银行类机构产生“同质化竞争”。坚定了服务小微企业、农户、个体户的经营理念。从其客户群体的需求出发，根据不同客户的特点大致对其进行分类，推出了多款针对不同客户群的半定制化小微贷款产品，累计帮助 2 862 位客户解决了资金问题，帮助 296 家企业渡过了财务危机，扶持 2 566 家中小企业与个体户保障日常经营，切实缓解了广州市小微企业与个体工商户的小额资金需求，推动了本市普惠金融的发展。

在风险管理方面，万穗小贷运用了微小企业人工信用分析、自动化信用评分技术等风险管理技术方法，风险控制行为覆盖了贷前、贷中、贷后三个业务阶段。在贷前阶段，公司制定了非常严密的贷前调查体系。首先，区别于其他小额贷款机构仅调查借款人的习惯，花都万穗在贷前对借款人和担保人均要做相应的信用审查。借款人是信贷风险的直接来源，而担保人是信贷风险的间接来源，当违约发生时，担保人的信用状况最直接地决定了公司能在多大程度上挽回其损失。因此，从借款人和担保人两个环节做信用分析，既可以降低其贷款业务的风险，又可以在较大限度上减少违约所带来的损失。其次，在信用分析中，风控人员通常会从客户的还款能力及还款意愿两个方面进行调查，既要关注企业客观现实的财务状况，同时也要了解客户感性的还款意愿，在一定程度上避免了企业客户“有钱不还”情况的发生。在贷中和贷后阶段，万穗小贷紧跟科技创新步伐，加大投入进行自动化信用评分系统的研发，成功推出了

“万穗小额贷款系统”，将客户的个人信息、贷款信息、信用信息等归集在该系统上，使小额贷款业务实现了贷前、贷中、贷后全流程监控。

（四）结论、启示与建议

总体来看，花都万穗小额贷款公司的成功可以归结为三点，一是公司坚守普惠金融的本源，不盲目扩张，不与银行类机构竞争市场份额；二是公司根据不同客户群体的特征，针对不同类别的客户订制了不同的信贷产品，最大程度上满足了客户需求，填补了此前业务的服务盲区；三是严把风险关，公司建立了周密的贷前信用分析体系，严格把控贷款审批标准，此外，还加大创新研发力度，推出系统化的客户管理平台，实现贷前、贷中、贷后全流程监控。

万穗小贷植根中国经济特色，将国外小额贷款机构的经验巧妙本土化。小额贷款公司在我国要实现持续健康发展，首先，必须找准自身定位，坚守服务中小微企业、服务个体户、服务农户的使命，将普惠金融的理念注入企业的血液当中，发挥好对传统金融机构所提供服务的补充作用。其次，必须实现对风险的严格把控。小额贷款公司业务的特殊性决定了客户的特殊性，以中小微企业和农户、个体户为主的客户群体普遍具有还款能力弱、财务情况不稳定以及信用水平差的特点。所以针对该类客户的信贷项目务必要做好风险管理，严把贷前审查，贷中紧密监督，控制贷后损失，把风险和损失限制在可控范围内。具体地，第一，要在贷前分析中加入对担保人的信用分析；第二，在贷前分析中要对借款人的还款能力和还款意愿同时做出分析评价；第三，引进计算机和数理方面的人才，加大科技创新力度，利用数据挖掘、数学建模等技术方法实现自动化、系统化的信用评分。从而提高贷款业务各个环节的风险管理水平。

二、浙江阿里巴巴小额贷款股份有限公司

（一）公司介绍

浙江阿里巴巴小额贷款股份有限公司（以下简称“阿里小贷”）由阿里巴巴联合银泰集团、复星集团、万向集团于2010年共同出资设立，注册资本3亿元，是国内首个专门为电商提供贷款融资服务的小额贷款公司。

阿里小贷致力于借助平台上积累的大量交易信息和信用数据为阿里巴巴B2B平台、淘宝、天猫等三个平台的商户提供便捷、快速、无担保的小额信贷服务。截至

2015 年 6 月，阿里小贷累计发放贷款总额超过 2 000 亿元，共服务了 104.55 万客户，贷款余额在 150 亿元左右，不良率仅 1% 左右，取得了良好的经营业绩。近年来，公司整体发展平稳，经营业绩稳中有升。

（二）案例内容

1. 业务概况

阿里小贷借助集团在互联网技术与客户资源方面的优势，针对国内小微企业数量众多、融资需求频率高、单次需求额度小的实际特征，投入资源开创、形成了以“网络＋数据”为核心的新型小额贷款模式。

该公司充分利用阿里巴巴 B2B、淘宝、天猫、支付宝等集团内的电子商务平台所积累的信用和行为数据，在网络数据模型和在线视频资料调查的基础上，辅以第三方验证确认客户信息的真实性，再将客户在电商平台上的行为数据映射成为客户的信用评价。以信评结果为依据向客户提供 2 万～100 万元的短期贷款。

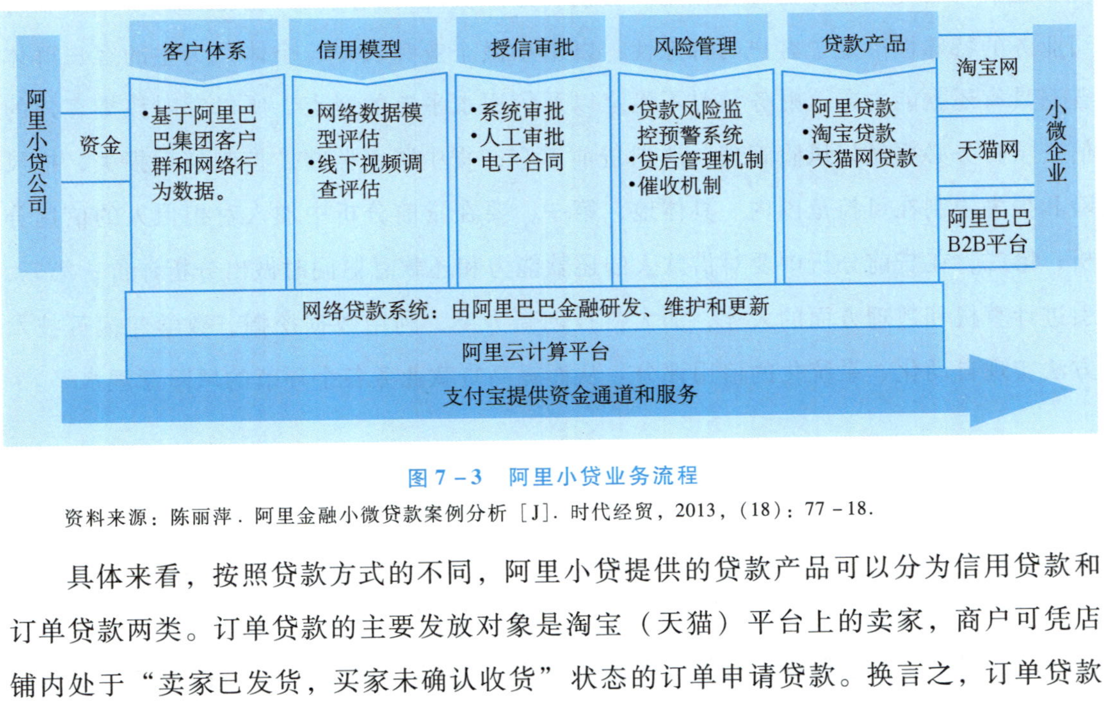

图 7－3　阿里小贷业务流程

资料来源：陈丽萍．阿里金融小微贷款案例分析［J］．时代经贸，2013，（18）：77－18.

具体来看，按照贷款方式的不同，阿里小贷提供的贷款产品可以分为信用贷款和订单贷款两类。订单贷款的主要发放对象是淘宝（天猫）平台上的卖家，商户可凭店铺内处于“卖家已发货，买家未确认收货”状态的订单申请贷款。换言之，订单贷款实质上是以淘宝（天猫）卖家在支付宝已收到买家货款后将订单作为质押工具向阿里小贷申请的贷款。买家确认收货后支付宝将款项直接用于还款，期限一般在 32 天以内。信用贷款的发放对象则囊括了淘宝（天猫）、阿里巴巴 B2B 等平台上的国内外商户，是商家以自身信用为基础向阿里小贷申请的小额贷款，其最长期限为 1 年。商户在申请贷款后，系统会基于申请人的信用记录和交易行为记录综合评价申请人的资信状况、授信风险等因素，而后确定授信额度和授信建议。

在业务资金的来源方面，根据《浙江省小额贷款公司融资监管暂行办法》的规定，其资金可来自自有资金、银行借款、股东借款及同业调剂等外部渠道。阿里小贷的注册资本为 3 亿元，加上规定限额内的银行借款，公司最多仅能筹集 4.5 亿元。要满足阿里巴巴平台上商户的融资需求，阿里小贷必须借助同业调剂等方式从外部寻求资金支持。

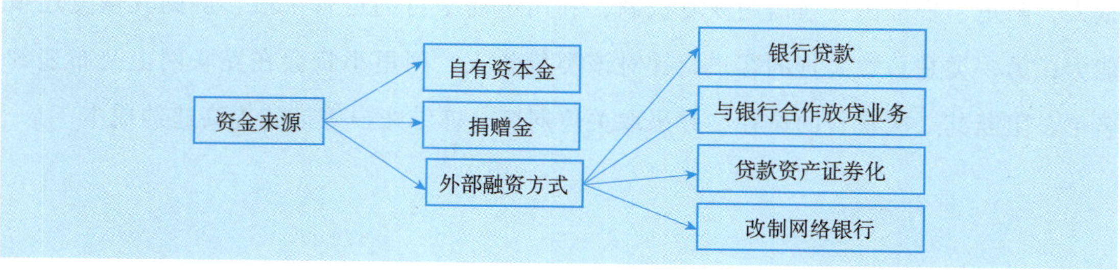

图 7－4　阿里小贷资金来源

资料来源：马茜．阿里小贷信用风险管理研究［D］．上海：上海外国语大学，2017．

2. 风控技术

（1）贷前信用评估。背靠于阿里巴巴集团，阿里小贷在数据和技术方面拥有得天独厚的优势。技术方面，集团拥有坚实的技术基础和大量高素质的互联网技术人才。数据方面，公司可以任意调取企业在阿里平台上的注册信息、信用等级、交易记录、成长状况、网络行为、客户评价等信息。以上两方面优势让阿里小贷具备完成高精度信用评估的条件和基础。

贷前阶段，阿里小贷会通过销售平台对客户的历史交易流水做定量和分析；对商户的注册信息、留下的痕迹、平台表现等进行搜集和研究；还会对顾客的收藏、评价等情况做统计。以上数据最终会进入数据库进行定量转换，并将数值输入评分模型，进而对所有潜在客户进行评级分层。然后设定信贷申请的基本门槛，从源头方面控制阿里小贷的风险。

（2）贷中审查。贷中审查是指在做出放贷审批的过程中，对客户的各项信息再次进行核对和甄别。该过程中，除了分析阿里集团自身平台收集到的数据外，阿里小贷还同第三方公司合作，搜集研究贷款申请人的进出口交易与税务数据、借款数据等。与此同时，阿里小贷还引入了一项心理测评工具，对申请人的性格特质进行分析，再对测评结果做定量转换，通过模型测评申请人的守信意愿。进而在上述分析的基础上，完成全方位的风险评价。

（3）贷后监控与违约惩罚。贷后监控包含了两个层面的意义，其一是指对客户实施资金监测，谨防资金挪用。在这一方面，阿里小贷以支付宝平台为主，辅以经营数据分析，若发现资金存在偏离，便会提前预警并收贷，在一定程度上实现了贷款资金的实时监控。其二是指对客户信用数据的监测，谨防客户信用水平下降。

对于违约的客户，按照贷款合同阿里小贷会向客户收取罚息。与此同时，贷款公司会将逾期客户分为两类，一类是非恶意欠贷且尚具有较好资质的客户，针对该类贷款人，阿里小贷推出一项信用恢复机制，利用电商平台的运营手段，协助其恢复还款能力；另一类是恶意欠贷的客户，针对该类贷款人，阿里小贷会在互联网上公布违约名单，阻断其二次获贷的途径，并采取关停网店、冻结账户等措施提高违约成本

（三）案例分析

作为互联网小额贷款公司，阿里小贷的业务模式与传统的小额贷款公司有很大的差异。首先阿里小贷会借助大数据做出目标客户群整体的信用画像并设定贷款申请门槛；然后在淘宝（天猫）与阿里巴巴 B2B 平台上的企业客户申请公司的贷款产品时，先通过网络数据模型评估和线上视频调查确定申请人的信用水平，后根据信评结果进行授信审批，并于客户签订电子合同；最后在贷款期限内实时监控风险，并对潜在或已出现的风险做出处置。整个业务过程均在线上进行，贷款系统由阿里金融研发、维护和更新，数据运算由阿里云计算平台提供支持，支付宝在此过程中提供资金通道服务。阿里小贷的业务模式和风控模式能够成功主要得益于其在客户遴选、风险管理与政企合作三个方面的努力。

在客户遴选方面，阿里小贷将目标客户群体选定为阿里集团内部电商平台上的高信用卖家，这一选择有两个方面的优点：一是这些小微企业本身就与阿里集团有非常紧密的业务联系，阿里小贷向其推广小额信贷产品无须承担过高的营销成本；二是对于这些商户，阿里作为平台提供商掌握其大量的交易行为数据、信用数据和客户反馈数据等信息，又得以做出非常详尽的信用画像，加之阿里小贷早在客户提出信贷申请前就通过设定申请门槛剔除了部分低信用商户，其违约风险由此得到了较好的控制。

在风险管理方面，阿里小贷重点从客户遴选和贷前风险识别两个方面入手。公司以集团旗下电商平台上的高信用卖家为业务对象，在最大程度上解决了信息不对称问题，降低了公司的整体违约概率。对于符合贷款申请要求的客户，公司又搜集其多个

方面的数据和信息，在定量处理后使用评估模型进行信用测评。由此可见，互联网技术和大数据分析保证了阿里小贷对贷款申请人信用识别的全面性和准确性，是控制公司风险的关键。

在政企合作方面，由于人民银行、税务和海关部门的协助，阿里小贷能够获得其客户行为在上述三部门形成的数据，进而又在上述风险管理模式中增加了三个重要的信评维度。

（四）结论、启示与建议

互联网小额贷款公司要实现发展，需要从客户、数据和技术三个方面发力。在客户方面，小额贷款公司要有能力获得一批具有一定黏性的客户群体。阿里小贷背靠阿里集团，业务对象指定为集团旗下电商平台上的卖家群体，故得以凭低成本获取客户资源。阿里小贷广泛的客户资源是其成功的要点之一，但其自带资源的优势具有很强的特殊性，难以复刻，所以对于绝大部分网络小额贷款公司来说，产品营销仍然是至关重要的一个环节。与传统小贷不同的是，网络小贷的所有业务步骤均在网上进行，这就致使大部分传统营销手段失效，要获取客户资源，必须利用好互联网这一重要媒介，借助微博、微信、百度等用户规模较大的平台进行广告投放。此外，网络小额贷款公司可以选择与目前已经形成一定规模的电商平台、交易平台、互联网金融平台进行合作，将其产品投放在这些平台上，以达到事半功倍的效果，在合作后期，也可选择逐步退出合作平台，将客户引导至自己的业务平台上。

在数据方面，网络小贷要有能力汇集起足够数量和类别的客户数据，以尽可能地提高后续信用评价的全面性和准确性。阿里小贷在对客户做信用分析的过程中，会搜集商家的注册信息、信用等级、交易记录、经营状况、网络行为、顾客反馈、借款数据及进出口交易等信息进行汇总、定量和定性分析，得出的评价结果足够翔实。对于非电商集团设立的互联网小额贷款公司，尽管在数据搜集上存在一定难度，但出于风控需要，仍然要务必做好客户数据搜集和信用画像工作。笔者在此有如下三点建议：

第一，公司要做好数据搜集和审核工作，对公司能够主动获取的信息要做到能取尽取。包括但不限于贷款申请人的工商注册信息等基本概况，重要财务指标等经营数据，行政处罚等司法判决信息，以及心理测评结果。

第二，公司可以选择和第三方机构进行数据共享合作，以便捷地获取客户在更广范围内的数据和信息。但该合作要求小额贷款公司与第三方机构具有相同或相交的目标客户群体。

第三，在政策端，政府和有关监管部门应当鼓励小额贷款公司与人民银行、税务、司法等部门的合作。

在技术方面，对小额贷款公司有两个方面的建议：一是要在产品端发力，提升 PC 端与移动端网络借贷平台的使用体验；二是要在风控端发力，构建高效、准确的信用评价和贷后监测系统。要实现上述两个目标，小额贷款公司首先要培养起精良的技术人才队伍，其次可以选择和外部的技术与解决方案提供商合作，以快速搭建起平台并进行有效地更新和改进。

本章小结

1. 小额贷款公司是在不吸收存款的条件下，专门经营小额贷款业务，为中低收入群体及小微企业提供金融服务的有限责任公司或股份有限公司。

2. 与银行相比，小额贷款公司所提供的融资服务更为便捷、迅速，贷款产品的个性化程度高，更好地适应了中小企业、个体工商户的资金需求；与民间借贷相比，小额贷款公司的经营管理更加规范，具有更高的信誉。因此小额贷款公司能够更好地服务小微企业、农民、城镇低收入人群、贫困人群等“金融弱势群体”，小额贷款行业的健康发展将有助于普惠金融的推进，助力扶贫工作，助推农村经济和社会发展。

3. 小额贷款公司的组织结构大体上有章可循。传统小额贷款公司的信贷业务通常在实地完成，故类似于业务发展部的业务类部门为核心部门。此外，小额贷款公司还会设置风险控制部、财务管理部、人力行政部等中后台部门。网络小额贷款公司的信贷业务要借助网页和相关的应用程序完成，故类似于产品运营部、网络技术部等产品、技术类部门为核心部门。此外，该类公司还会设置市场部、风险控制部、财务管理部、人力行政部等。

4. 小额贷款公司在经营过程中面临着流动性风险、操作风险等内部风险及信用风险、政策风险、法律风险等外部风险，故其具有较大的风险管理压力；此外，国内小额贷款公司均或多或少地存在定位不准确、运作不规范、内控制度不完善等问题。再加之我国尚未出台关于小额贷款公司监管的法律法规，这就迫切要求贷款公司提高对潜在风险的警惕性与风险管控的自觉性。

5. 小额贷款公司服务对象的特殊性使该类公司面临较大的经营风险。目前阶段，行业内形成了由风险识别、风险评价、风险监测与预警以及风险控制四个部分构成的风险管理体系。业内公司可以从客户遴选、风险识别、合同设计三个方面着手，探索可行的风险管理技术。

6. 小额贷款行业近年来已经经历了几轮较大规模的洗牌，而对于存活下来的7 000余家小额贷款公司来说，找准业务定位，建立合理的组织架构，规范自身经营管理，践行严格有效的内控制度对其健康可持续发展具有重要的意义。

本章重要概念

组织架构　合规风险　操作风险　战略风险　政策风险　法律风险　市场风险　分期还款制度　微小企业人工信用分析　“关系型”借贷形式　风险管理模式　担保抵押制度　自动化信用评分技术　团体贷款形式　动态激励机制

本章思考题

1. 小额贷款公司的组织架构是怎样的？
2. 小额贷款公司都有哪些核心部门？各部门有着何种职责？
3. 小额贷款公司主要面临哪些风险？
4. 小额贷款公司可以采用哪些比较有效的风险管理方法？
5. 花都万穗小额贷款公司的案例对小额贷款公司的风险管理有什么样的启示？

本章参考文献

[1] 陈工孟，傅建源．小额信贷理论与实务［M］．北京：清华大学出版社，2017.

[2] 刘文璞．小额信贷管理［M］．北京：社会科学文献出版社，2011.

[3] 吴晓灵，焦瑾璞．中国小额信贷蓝皮书［M］．北京：经济科学出版社，2011.

[4] 白雪梅，汪靓．中国小额贷款公司行业发展报告：2005～2016［M］．北京：中国经济出版社，2016.

[5] 何道峰．小额信贷在中国［M］．北京：中国财政经济出版社，2013.

[6] 张莹．广东小额贷款公司的现状及发展建议［J］．广东科技，2013，(22)：1－4.

[7] 李志强．小额贷款公司的风险研究及应对措施［J］．市场周刊，2017（7）：92－93．

[8] 鲁斯玮．我国小额贷款公司发展现状、对策及前景展望［J］．金融经济，2018，（12）：70－71．

[9] 谢昕．论小额贷款公司的风险管理［J］．金融经济，2018，（12）：134－135．

[10] 刘军．我国小额贷款公司风险研究［D］．天津：天津大学，2013．

[11] 诸颖妍．论小额贷款公司经营现状及发展构想［D］．上海：上海交通大学，2010．

[12] 陈丽萍．阿里金融小微贷款案例分析［J］．时代经贸，2013，（18）：77－18．

[13] 马茜．阿里小贷信用风险管理研究［D］．上海：上海外国语大学，2017．

第八章　我国典当行的经营管理

本章导读

从典当行客户的角度来看，典当行是一个高收益的行业，所有的放款都有当物做质押或抵押，放款期限短，收取费用高，典当似乎是一个稳赚不赔的生意。但是事实究竟如何？本章将对我国典当行的经营风险进行全面的梳理和总结，从三个视角对我国典当行面对的风险进行了清晰的划分，典当行经营过程中不仅要面对内部风险，还要承担外部风险；典当业务中的每一个业务流程和操作环节也都隐含着各种业务风险；作为放贷机构，典当行也如同其他金融机构一样，需要面对信用风险、市场风险、操作风险、法律风险和诈骗风险。同时，本章针对我国典当行的经营风险，从建立完善典当行风险管理机制和风险预警机制两个方面阐述了典当行的风险管理对策。

本章学习目标

1. 了解典当行的组织架构及业务部门职能划分；
2. 认识、理解典当行经营风险的类型和内容；
3. 认识、了解典当行业务操作环节中存在的风险；
4. 认识、掌握典当行风险管理的内容；
5. 认识、理解典当行风险预警机制的内容。

第一节　我国典当行的组织管理

一、组织架构

总体来看，我国大部分典当行属于小微机构，从业人员和资产规模都比较有限。在机构设置模式上，资产规模较大的典当行可以跨区域设置分支机构，或者采用连锁制经营，资产规模较小的典当行基本属于单一型的经营机构。典当行内部部门的设置、岗位职责及其分工都与典当业务特点和流程要求紧密相关，一般而言，典当行内部设置的部门主要包括：股东大会、董事会、总经理，以及业务部门、财务部门、风险管理部门和综合办公室等。

总经理负责公司经营管理全面工作，执行股东大会各项决议。其具体职责包括：组织制定公司中长期发展规划与年度经营计划；组织制定公司各项规章制度；向股东大会报告公司经营管理情况及重大事项；决定公司岗位分工、人事任免、薪酬制定；主持项目贷审会，审批典当业务项目；审批项目资金、费用支出等财务事项；负责公司安全工作等各项工作。

二、主要部门

（一）业务部门

业务部门负责典当业务的前端工作，设有业务部门经理、客户经理、评估员等岗位。

（1）业务部门经理是业务部门的负责人，其岗位职责主要包括：负责制定和完善所负责的业务制度；参与制定并落实所负责的业务经营计划，定期汇报业务执行情况；负责客户接洽、当物评估鉴定、合同签订等工作；负责当期期间客户资金监管、当金催收、风险预警及处理等；对逾期客户、绝当物品提出处置分析报告，并报总经理审批；负责对进入拍卖程序的绝当物品或进入法律程序案件的后续管理工作；负责与相关的银行、工商局、产权办、车管所等部门的协调工作等。

（2）客户经理的岗位职责主要包括：负责开拓、建立、维护客户；负责典当业务的行业分析、市场调研、客户信息搜集等基础研究工作；负责审验客户证件资料，草拟业务合同或协议，办理续当、赎当手续工作；负责落实抵（质）押合同的登记手续等。

（3）评估员的岗位职责主要包括：按照公司当物评估规定，做好当物的鉴定、估价工作，填写当物估价单；及时掌握当物每日市场价格变动情况，并向业务经理报告，配合公安部门协查，发现问题及时与有关部门联系等。

（二）财务部门

财务部门负责典当业务中涉及的资金往来、财务记账及当物保管等工作，一般设有财务部经理以及会计、出纳和保管等岗位。

（1）财务经理是财务部门负责人，负责主持财务全面工作，其岗位职责主要包括：组织制定并执行公司财务管理制度和会计核算制度；负责编制公司的年度财务预算、决算方案；负责检查监督财务纪律；负责资金筹集、调度和使用工作；负责定期进行财务分析，提出优化建议；负责定期清查盘点公司资产；负责审核有关会计事项；负责纳税申报、缴纳税款；负责会计报表的编制和报送等。

（2）会计岗位职责包括但不限于：负责审核原始凭证，登记会计账薄；负责会计凭证和会计档案的保管；负责做好结账工作，确保账账、账证、账实相符；负责核算公司的各项收入、费用和利润；负责核算各项税额，并按时申报、缴纳税款；负责配合工商、税务等部门的检查和审计工作的完成。

（3）出纳的岗位职责包括但不限于：严格按照公司财务管理制度办理现金收付、存取业务；依据银行结算制度，办理银行柜台转账、网银转账业务；负责及时、准确地编制现金记账凭证；负责保管好库存现金，定期对账，做到日清月结；负责向总经理报送每日资金流入、流出及可用余额情况；负责营业执照、财务专用章、经营许可证、代码证、税务登记证、等正副本原件的保管等。

（4）保管的岗位职责包括但不限于：按照公司当物管理制度，做好当物登记、存放、保管；熟悉典当物品特性，改进当物保管方法；按照公司有关制度做好当物出入库手续；配合公安部门协查，发现问题及时与有关部门联系。

（三）风险管理部门

风险管理部门负责组织制定公司风险管理制度，并负责监督公司各项业务的开展是否严格按照公司风险管理制度进行执行。

（1）部门经理的主要职责包括：负责组织制定并监督执行风险控制制度；负责定期进行风险分类并提出风险管理建议；负责实施授信业务的非现场监测和贷后检查；负责跟踪风险业务项目的变化情况，及时制定风险规避预案；负责做好风险处置预案等。

（2）风险控制专员的岗位职责主要包括：了解金融政策，熟悉法律规定，制定合理的风险控制方案；负责进行贷前风险审核，负责现场调查、业务项目风险评估、业务资料查验；撰写风险评估报告，并对潜在风险点作出风险揭示；负责跟踪、监督已放贷业务等。

（四）综合办公室

综合办公室主要负责与业务开展相关的其他事项，如行政工作、法务工作及人事工作等。

（1）行政方面：负责召集公司办公会议；负责协助总经理处理日常事务；负责协调各部门工作；负责监督工作纪律和公司规章制度的执行情况；负责定期或不定期进行安全检查和卫生检查；负责组织和策划公司年会、员工活动等。

（2）法务方面：负责识别和评估公司经营管理活动中可能涉及的法律风险；负责参与各类业务合同文本的拟定；负责各类业务的法律风险提示的撰写；负责评估、审查、化解公司各类业务涉及的法律风险；负责公司员工法律知识培训等工作。

（3）人事方面：负责组织制定考勤、工作纪律、会议、培训等规章制度；负责公司员工福利、劳动年检、社会保险的办理；负责监督公司各项规章制度的执行情况等。

第二节　我国典当行经营风险

典当行在经营管理过程中会面临各种不同的风险，这些风险既有作为贷放机构所共有的风险，也有典当行由于自身特殊经营方式所形成的特殊风险，风险类型繁杂。我们可以从不同的视角，将典当行的风险划分为不同的类型：从风险是否具有可控性的视角考察，典当行风险可以分为外部风险和内部风险；从风险发生的业务环节考察，收当、存当、续当、绝当等环节都会发生风险；从风险产生的原因和性质考察，典当行风险包括信用风险、市场风险、操作风险、法律风险和诈骗风险等。

一、可控性视角下的风险类型

（一）外部风险

外部风险是指风险产生的原因与典当行自身经营状况没有直接联系，或者说是典当行以外的不可控因素造成的，通常是指由于宏观经济政策和经济发展出现周期性变化和波动带来的风险。例如经济衰退带来的企业生产销售活动停滞，市场价格下跌，当户经营收益下降，支付能力下降，造成当户无法正常赎当。同时造成当物的市场价格下跌，绝当品变现困难，影响典当行资金回收。例如2012年前后，我国钢材行业遭遇生产过剩，产品积压，钢材价格下跌，典当行钢材典当业务损失巨大。宏观经济政策的改变也会对某些行业的发展带来不利的影响，从而增加相关典当业务的风险。例如我国房地产调控政策的变化引起房地产价格下跌和房地产流动性下降，增加典当行房地产典当业务的风险。由于受宏观经济的影响，收藏品、艺术品市场交易量和交易价格下跌，收藏品、艺术品变现困难，造成典当行相关典当业务经营风险增大。上述风险都属于外部风险。

专栏 8－1

典当业务风险高企

2019年7月3日，中国裁判文书网公布两则法律纠纷，上市公司香溢融通子公司浙江香溢元泰典当有限公司牵涉其中。过去三年时间，香溢融通的总营收已经从2016年顶峰时期的接近20亿元下降至2018年的9亿元。公司年报显示过去三年经营目标尚未有一次完成记录，且实际经营绩效大幅落后于目标。

香溢融通是2008年自“大红鹰”更名而来。1993年通过股改上市的香溢融通，上市多年几经易主。1998年，通过股权转让，中国烟草总公司浙江省公司成为公司大股东，当时香溢融通还是“大红鹰”，主营贸易业务。2002年，香溢融通涉足保险代理等业务；两年后，公司涉足典当业务。在2004年的年报中，仅典当业务的营收占主营业务的利润比例就高达30%，次年就超过其他所有业务成为其利润的主要来源。当时江浙地区中小企业众多，民间借贷需求旺盛，给香溢融通的典当业务带来了巨大的发展机遇。2008 年 5 月，中国烟草总公司浙江公司控股的宁波大红鹰实业投资股份有限公司发布公告，将公司名称变更为香溢融通控股集团股份有限公司，其上市公司名称亦变更为“香溢融通”。

更名后，香溢融通的业务囊括典当、融资担保、融资租赁、贸易金融等业务。然而，在完成更名的 2008 年，香溢融通的典当业务即受全球金融危机影响出现下滑，该年典当业务收入为 1.10 亿元，比 2007 年下滑 30%。十年后的 2018 年公司典当业务的利息收入仅为 1.16 亿元，十年间近乎原地踏步。

在 2016 年的中期发展战略优化策略中，香溢融通曾重点提及典当行业的“小额化”与“标准化”。然而小额化、标准化的趋势并没有在后续的经营情况上得到体现。根据香溢融通 2018 年财务报告，按照当物类别区分应收典当款，房地产抵押贷款期末达到 6.31 亿元，占应收典当总额的 78.09%。在金融去杠杆的大背景下，典当业务的风险持续增加。香溢融通 2018 年年报显示，公司可疑贷款期末账面余额达到 5.36 亿元，占贷款类资产总额的 49.18%，公司合并财务报表中贷款及垫款账面余额为 10.91 亿元，相关损失准备为 1.13 亿元，计提损失准备率达 10.35%。该项减值准备主要由典当业务造成，以 2018 年为例，应收典当款的减值准备为 6 787.96 万元，占该年贷款及垫款减值准备的 60%。截至 2018 年年末披露或有进展的诉讼案件中，涉及典当子公司追偿诉讼案件达到 5 起，诉讼（仲裁）涉及金额达到 8 190.62 万元，且均集中于浙江香溢元泰典当一家子公司。

资料来源：2019 年 7 月 13 日，《中国经营报》，https://baijiahao.baidu.com/s?id=1638903650664063702&wfr=spider&for=pc。

（二）内部风险

内部风险是指由于典当行自身经营管理能力和风控能力欠缺而造成的风险。例如典当行存在经营管理上的漏洞，典当行业务品种单一，单笔典当业务规模过大，资产集中度过高造成的风险；由于典当行对当物的鉴定、估价出现误差，造成资产损失；典当行业务操作不符合法律法规的相关规定而遭受损失等。

专栏 8-2

典当行检验师监守自盗

2013 年 6 月，26 岁的李某进入上海某典当行做检验师，随着鉴定技术的提升，被派至典当行的分店负责当品的检验、鉴定、估价、当品封存、当票开具、支付当金等一系列工作。正常的典当流程是：当户将典当物品送至典当行，由典当行的检验师鉴定物品真假，并进行估价，如若可以交易，便将当品封存，登记客户信息后，为客户开具当票，并支付当金，上述这些业务本应由不同的工作人员分别负责。但是在这家典当行里，开票、估价、检验、封存都是李某自己一个人操作，收取顾客给典当行的物品，再把钱给顾客，典当物品的真伪都由李某把关，虽然店里有一个助手，但是助手并不懂业务。一个人做主的他找到了管理上的漏洞，便利用这个职务便利动起了歪点子。

李某试着从不同渠道找来一些身份信息，虚拟出所谓的“客户”，并用从淘宝买来假的金条、首饰、钻石，以“客户”的名义存进典当行。他自己既充当来典当“贵重物品”的“客户”，又是收当品的检验师，一手完成所有业务环节的操作，成功套取出典当行的当金。例如宋某是真实的典当客户，2015 年来典当行典当了一枚铂金戒指，在办理手续时宋某提供了身份证复印件，之后李某便利用宋某的身份信息伪造了四次虚假典当，套出典当行现金 8 万余元。同时李某得知当户宋某并不打算赎回当物，于是便把宋某的铂金戒指拿出去卖掉，换了一个假戒指放在典当行，并伪造出续当的假象。据检察机关审理查明，自 2015 年 2 月起李某虚构典当业务 171 笔，涉及当票金额人民币 400 余万元，其中给公司支付续当利息 197 万元，实际侵占公司资金 249 万元。

李某之所以能“瞒天过海”，完全是利用了自己能够独自操作典当业务全流程的职务便利，典当行在内部管理上存在的漏洞为李某的职务犯罪提供了条件。

资料来源：四川省典当业协会网站，网页链接：http://www.scpawn.org.cn/cases-d/378。

二、业务环节视角下的风险类型

典当业务的各个环节也都隐藏着风险发生的可能性，具体包括：

（一）收当风险

收当环节的风险主要表现在：典当行对当物的鉴定有误，收进了假货，或者有瑕疵的当物，例如有的典当行在办理机动车典当时，审核资料和验车不仔细，没有识别出当物是涉水浸泡车辆，绝当后无法变现，造成极大损失。此外，对当户应提交的相关资质证明审查不严，未能识别出当户使用假身份证办理典当，收进的当物是赃物、走私物品等，都会增加绝当风险。再有就是对当物估价不当，当金高于当物的市场交易价格，导致当户不愿赎当，形成绝当。

（二）存当风险

存当风险主要是由于典当行未能妥善保管当物造成的。例如在机动车质押典当业务中，通常由典当行保管机动车，如果保管场地管理不善，保养措施不当，可能造成机动车损坏或者丢失。典当行办理的生产资料典当业务中，机器设备一般不能封存质押，仍然在当户的企业里；对原材料、产品等典当品，典当行通常也是持有仓单，实物大多放在当户的仓库，当户很容易进行多重质押，由此引发相应的风险。

（三）续当、绝当风险

续当风险主要表现在典当行与当户签订的续当手续不规范，日后一旦发生纠纷，典当行的利益很难保证。例如有的典当行以口头方式与当户约定续当，双方一旦发生纠纷，典当行与当户之间的关系很可能不被认定为典当，而是作为一般的信用关系，典当行只能收取当金的利息而不能收取典当综合费用，导致典当行收益大大降低。在绝当品处置过程中，典当行没有及时变卖绝当品，或者绝当品处置方式不当，造成变卖价格过低，收回资金低于当金，都会给典当行造成损失。

三、起因与性质视角下的风险类型

按照风险产生的原因和性质，典当行还会面临信用风险、市场风险、操作风险、法律风险与诈骗风险。

（一）信用风险

指当户无法按照典当合同约定赎当，形成绝当。信用风险的形成有两方面的原因：

一是当户主观上不愿意赎当，恶意违约；二是当户由于不可抗拒的原因不能赎当。对于前者，典当行在收当环节如果严格审查，是能够减少这种风险的；对于后者，典当行只能通过绝当品处置减少损失。在传统的典当业务中，信用风险实际上很难对典当行造成损失，因为典当行在对当物估价时，已经考虑绝当风险的补偿问题，即便发生绝当，由于绝当品的售卖价格一定会高于当金，因此典当行的利益是可以得到保障的。但是传统的典当业务基本上都属于民品典当，一般而言，民品的估值和变现价格差距不会太大，加之民品变现比较容易，因此民品绝当一般不会对典当行造成损失，绝当品售卖的的价差还构成典当行的收益来源之一。

但是在目前我国典当行经营的业务类型中，房地产典当和股权质押典当占比较大，房地产当物和财产权利当物与民品当物相比有两个重要的区别：一是估价难度大，特别是股权的估值，更多地取决于公司未来的发展前景和未来现金流，股权价值处于一个不断变化的过程中，常常由于公司经营状况的变化产生巨大的波动；二是变现难度大，房地产和股权出售涉及很多法律程序，股权的潜在购买范围比较有限，因此一旦房地产典当和股权典当的当户不能赎当，出现绝当，就有可能给典当行造成比较大的损失。

（二）市场风险

市场风险是指由于市场价格的变化，使当物的售卖价格相应发生变化，由此给典当行造成损失。例如国家宏观调控政策对不同行业影响巨大，房地产调控政策会对房地产价格形成极大的冲击，影响房地产等当物的价值和变现。再比如电脑、照相机等产品，技术更新换代速度快，一旦有新产品上市，老产品便贬值严重，此类当物的价格下跌，可能会引起当户放弃赎当，形成绝当。市场风险也属于外部风险，典当行很难控制这种风险的发生。

（三）操作风险

操作风险是指由于典当行自身经营管理层面和典当业务操作过程中出现问题而造成的损失。操作风险可能出现在典当业务流程中的每个环节，例如典当行员工没有按照规定业务规范办理相关手续，造成合同瑕疵；对当物的鉴定出现偏差，收进的当物是赝品、残次品和假货，对当物的评估作价过高，超过市场交易价格，增大了当户绝当的可能性；当物保管不善，造成当物被盗、损坏。操作风险也属于内部风险。

（四）法律风险

法律风险主要体现在典当行业务过程中发生的违法违规行为，或者由于我国现有典当业务的相关法律法规之间存在的矛盾或者空白，给典当行业务在法律法规适用性方面所产生的不确定性，造成典当行在法律诉讼中败诉，在行业管理上遭受处罚，典当行由此承担相应的经济赔偿和损失。

专栏8－3

典当行注销典当抵押登记的风险

2013年10月14日，喻某与吉托典当公司签订《典当合同》：喻某将其名下房屋作为当物，抵押典当给吉托典当公司，当金为350万元，典当期限为2013年10月14日~2014年4月13日。典当合同签订后，双方就合同中约定的当物办理了抵押登记。2014年1月3日，双方约定将上述房产解押后抵押给恒丰银行重庆分行借款，用以归还典当公司的典当款，同时约定如果喻某能够从银行拿到融资则不能恢复抵押。随后双方注销了上述房产的抵押登记。典当合同到期后，喻某逾期未偿还典当款，吉托典当公司将喻某诉至法院要求其承担还款责任。

法院裁判认为：典当行业在我国实行特许经营，其经营行为应受《典当管理办法》规制，《典当管理办法》明确规定典当行不得发放信用贷款，吉托典当公司在典当期内与债务人合意解除当物抵押且未实际更换新当物，实为将典当业务变更为发放信用贷款，违反前述规定，因此，本案《典当合同》在解除抵押后合同无效。喻某与吉托典当公司于2014年1月7日申请解除了上述当物抵押，应视为双方协议将典当合同关系变更为借款合同关系，该借款合同无效。喻某从吉托典当公司取得的350万元信用借款，喻某应依法予以返还。喻某与吉托典当公司对前述借款合同无效均具有过错，喻某占用吉托典当公司前述350万元资金，给该公司造成资金占用损失，应赔偿吉托典当公司的资金损失。

这笔典当合同若被认定无效，虽然典当行发放的当金能够收回，但是吉托典当公司将遭受巨大损失，因为合同中所约定的计息计费标准和约定随之无效，无法执行。吉托典当公司只能按同期银行基准利率收取利息，无法收取综合费用，其他为保障典当合同所设的各项担保措施也会随之无效失效。5个月后，2017年9月1日最高院就此案件又认定吉托典当公司通过《借款协议》发放贷款的行为有效。由此看出最高院对典当行发放信用借款是否有效出现了两种截然不同的认定，说明对于此类案例法官存在较大的自由裁量空间，司法判决也存在较大的不确定性，因此，典当行在经营过程中，应当严格按照管理规定办理典当业务，避免产生类似的法律风险。

资料来源：《上海典当》，2019 年 6 月。

（五）诈骗风险

诈骗风险是指当户使用各种造假方式和手段在典当行办理典当业务，由此牟取不法利益，并且在典当行办理收当时就不打算还款赎当，存在绝当的主观恶意。诈骗风险会造成典当行巨大的经营损失。

专栏 8－4

典当业务中的诈骗风险

典当行业务经营过程中面临的诈骗方式多种多样，大体上可以划分为以下几种类型：

1. 假货典当，以假乱真。假货典当经常发生在民品典当业务中，民品典当中的假货主要集中在：假黄金、假铂金、假劳力士手表、假照相机等。犯罪嫌疑人用包金、镀金等冒充黄金进行典当，或者使用假名表办理典当。这种诈骗通常是团伙作案，利用典当行业务中存在的问题和漏洞实施诈骗，典当行防不胜防。例如2000 年，有一个犯罪团伙其成员中有多人持假身份证件和假铂金项链，在两个月内先后持续在某典当行办理典当，致使该典当行收进了十多条假铂金项链，给典当行造成较大的损失。2005 年 12 月，在江苏发生 10 多起用钯金冒充铂金饰品骗当的事件，该犯罪团伙专门以典当行作为诈骗对象，在 12 月进入江苏境内，沿徐州一路南下，先后在徐州、南京、镇江、扬州等多家典当行实施诈骗，采取“打一枪换一个地方”的手段，给多家典当行造成极大的损失。

2. 恶意隐瞒物品瑕疵，以次充好。在典当业务中，也有的客户明知当物有质量瑕疵，但是以次充好，在典当行办理典当业务，并且不打算还款赎当。典当行如果没有及时发现当物的质量瑕疵，发生绝当时，若典当行隐瞒当物瑕疵进行变卖，必然会损害他人的利益，影响典当行的声誉，并且要承担相应的赔偿责任；如果典当行据实出售当物，当物的售价必然大幅度低于当物的估价，不能弥补当金和息费支出，给典当行造成损失。例如曾有某客户将5台数码摄像机质押给某典当行，当价15 000元。由于到期后该客户没有办理赎当手续而绝当，该典当行将这5台摄像机售卖。过了一段时间，不断有客户上门投诉摄像机质量，并要求典当行赔偿损失。典当行这才意识到该批摄像机有质量问题，于是典当行将摄像机送到相关部门进行鉴定，鉴定结果显示这5台摄像机电脑芯片存在质量问题。但是由于典当行已经无法找到当户，所以只能自己承担相应的损失。

3. 虚假证明手续欺诈。这是指当户办理典当的物品不是假的，但是当户缺乏合法的典当（或抵押）资格，利用经过隐瞒、篡改、伪造的证件手续蒙骗典当行。例如某典当行就遇到这样一个案例，某当户用自己的一处房屋作抵押，在该典当行办理房地产典当抵押业务，签订典当合同时，当户带着房产证、夫妻双方身份证、户口本、结婚证等证件，并且有“妻子”同行。典当行员工审查相关证件时，感觉到其“妻子”与证件照片有所差异，但是并没有深究，按照正常业务流程，签订了典当合同，并向当户发放16万元的贷款。后来该当户利用按时按期续当和支付息费骗取了典当行的信任后，提出要增加贷款额度，典当行在没有严格审查资金用途的情况下，同意了当户的要求，向该当户增发了贷款，最后的贷款总额度达36万元。然而贷款到期后，该当户却消失了。典当行找到当户家中，才发现该当户当初签订典当合同时带去的“妻子”是假的，并不是他的妻子，典当行和他的妻子都被蒙骗。此外还会发生当户使用假身份证典当物品、伪造相关证明等。在汽车典当、房地产典当、财产权利典当等大额典当业务中，当户为了使用一件当物重复质押，就会伪造或提供虚假材料，或者与他人恶意串通，欺骗典当行，而一旦发生重复质押，典当行的利益很难得到保护。

4. 赃物典当。主要是典当行收进的当物来历不明，不属于合法典当品。犯罪嫌疑人通常通过伪造证明，将赃物作为典当品在典当行办理典当，以实现销赃的目的。赃物典当一直都是困扰中外典当机构的传统性问题。一旦典当行发生误当赃物的情况，赃物会被没收，典当行不但遭受经济损失，典当业的声誉形象还会受到不利影响。

资料来源：《2010年上海典当业发展报告》，网页链接：http://www.jsddxh.com/?diandangfengxian/184.html。

第三节　我国典当行的风险管理

在业务经营过程中典当行会遇到各种类型的风险，有的风险是宏观经济发展周期、环境和政策等因素造成的，例如外部风险、市场价格风险、部分信用风险等，典当行无法控制这些风险发生的时间和程度。有些风险则是典当行在业务经营管理过程中存在的问题、错误和疏漏造成的，例如内部风险、操作风险、法律风险、诈骗风险等。风险产生的原因不同，因此，典当行相应采取的风险管理方法和措施就要有的放矢。

对于外部风险，例如宏观经济周期性变化带来的风险，宏观经济政策变化带来的行业发展的波动等等，典当行可以通过风险转移和风险分散的方式予以对应。对于内部风险，则需要典当行提高自身经营管理能力和风控能力。对典当行而言，风险管理可以从以下两个方面着手。

一、建立完善的典当行风险管理机制

我国典当行经营的主要业务具有浓厚的金融属性，无论是动产典当业务、房地产典当业务还是财产权利典当业务等，虽然当物的类型不同，但是对典当行与客户而言，绝大部分的业务动机是进行融资。这也是我国典当行与国外典当行的一个重要区别。因此，典当行在经营过程中必须建立完善的风险管理机制。

专栏 8-5

吴中典当行的风险控制机制

首先，吴中典当行制定了《风险管理条例》，从风险控制的角度对典当业务的流程进行了规范。《风险管理条例》对大额业务和小额业务审批的流程进行了细分，并对大额业务的审批流程进行了详细的描述，对大额业务审批需要提交的材料、表决方式、审核时间等做出了严格的规定，充分保证大额业务的审批能够得到更多的监管，以此确保放款的安全。同时《风险管理条例》在分支机构业务审批流程中植入了对逾期业务的管理，通过激励和惩罚措施，较好地控制了逾期率。公司还会根据业务发展情况定期对《风险管理条例》进行改进和修正。

其次，基于风险控制的要求，吴中典当行设计了以贷审会为业务决策最高机构的审批流程、决策机制和管理架构。贷审会由分公司总经理、律师部、财务部、风控部及总公司总经理组成，涵盖了法务、财务、业务等各个部门，从而能够将各类风险控制纳入审批。

此外，吴中典当行还对客户资信进行动态的统计、分析和评价，建立了客户资源系统，不符合标准的客户不予放款，对资信下降的客户及时加强其贷后管理。为了保证制度的执行，吴中典当针对贷后事项强化了档案管理、业务台账、贷后经营状况跟踪反馈等具体措施。实行典当余额风险管理，坚持短期性、分散性、小额性、差异性统筹兼顾，推行贷款风险分级管理，全过程跟踪服务。

资料来源：江苏省典当行业协会网站，网页链接：http://www.jsddxh.com/?diandangfengxian/184.html。

具体而言，典当行风险管理机制可以细化为以下几个部分：

（一）建立规范的业务制度和业务流程并严格实施

一笔典当业务涉及收当、存当、续当、赎当等诸多业务程序，同时不同类型的典当业务在每个业务环节的具体操作又有较大的差异，这是由于黄金、铂金类、古玩字画、名表、手机、房产、财产权利等当物在物理性质、估价、保管和绝当售卖等方面存在极大的差异。因此典当行既要对收当、存当、续当、赎当等业务环节制订规范的典当流程，同时还要对不同的典当物制定具有针对性的特定业务流程和操作规范，并制定严格的考核制度，明确职责分工。例如，典当行在办理翡翠、和田玉、钻石等民品典当时，一般既要由质监局检验站进行检验，同时还要求典当行员工进行复验，这个看起来烦琐的业务流程是建立在经验教训的基础之上的。这是由于质监局检验站是参照国家地矿分类标准进行检验，物理数值上接近的物品即归于同类，加上偶尔工作中的疏漏，因此检验结果并不能做到完全准确无误，典当行进行复验，可以最大限度地避免错误。曾有典当行前台员工就从客户送来的经质监局检验站检验过的钻石和翡翠中分辨出伪品，避免了典当行的损失。

制定了业务制度和业务流程，还要认真实施，保证落实，否则就形同虚设。例如某犯罪嫌疑人曾经在1年半的时间里，伙同他人，采用伪造房产证、土地证、房屋他项权证等证件和资料的手法，先后诈骗作案16起，骗当、骗贷金额高达400余万元，给典当行造成的直接经济损失多达283万元。其实犯罪嫌疑人的骗术并不高明，但却屡屡得逞，其中一个重要的原因就在于相关部门和企业审核不严、把关不牢，没有严格遵守业务规程办理相关手续。犯罪嫌疑人利用“熟人”和“关系人”，带着假证、假资料去房产评估公司评估时，评估公司既不派人去现场看房、拍照，也不核实证件、信息的真伪，仅一个小时左右就给出评估报告。而银行、典当公司也因为有“关系人”因素，只看评估报告，而没有按照要求去实地核实，就为其办理相关业务。如果这些部门和企业能够在上述某一个环节上认真审核，骗局就不会发生。

（二）提高专业化经营水平和风险识别防范能力

专业化经营水平的高低对典当行风险管理能力具有至关重要的影响。因为典当行的经营风险主要产生于当物的鉴定与估价、绝当物的处置等环节，如果对当物的鉴定和估价出现问题，必然会引发后续的一系列风险。典当行收取的当物种类繁多，在我国就包括动产、房地产和财产权利三大类，动产又可以细分为民品、机动车、生产资料等，房地产包括普通住房、商铺和厂房和地产等，财产权利包括股票、股权、仓单等。每一类当物的物理性质、使用价值、价格影响因素等都各异。例如在收藏品典当业务中，字画、家具、玉器等收藏品的鉴定就需要专业鉴定技术和多年积累的经验，即便如此一些专业人员也有看走眼的时候，把赝品看成真品。同时收藏品的价格影响因素也比较特殊，与宏观经济发展周期和收藏品的市场需求具有紧密联系。机动车、生产资料的鉴定和估价相对简单，房地产和股权等财产权利的鉴定和估价也有自身的特殊要求。因此各类当物的鉴定、估价和绝当物处置千差万别，每一类都需要专业知识和丰富的经验。

专栏8-6

房地产典当贷前调查的四大要点

江苏宝信典当行在房地产典当业务中积累了大量经验，总结出贷前调查的四大要点，专业经营水平和风险防范能力不断提高。

1. 当户的品德调查。当户的“诚信”态度决定了其还款意愿，有的当户在借款到期时会想尽一切办法，砸锅卖铁也要按期归还借款；而有的当户将典当行的钱当成自己的钱，想还就还，想什么时候还就什么时候还，甚至到期了就是有钱也拖着不还。如何考察客户的诚信状况？宝信典当行的经验是在调查过程中要全方位深入了解其为人处世状况，如该当户是否在银行、供电、供水、民政等方面有不良记录，是否喜欢说谎且不负责任，是否有犯罪前科、借债不还，是否有意拖欠工人工资等，通过查看征信系统、走访派出所、居委会、邻居、员工、家庭成员、朋友等，全面了解当户的诚信状况。

2. 当户借款用途真实性的调查。典当行救急不救穷，只能做短期放款。对个人当户来说，典当主要用于解决个人生活临时急需；对企业当户来说，主要用于过桥贷款和进出货临时资金周转等，并且贷款期限应在半年以内。如何审查当户借款用途的真实性？若个人当户是用于解决购置房产首付暂缺资金的，需要提供购房合同、未到期银行存款或近期收入做还款保证；企业需要提供银行授信审批书、进出货物提供货单及合同等。严禁典当借款用于还债、或过度和盲目扩张投资等。

3. 当户提供的抵押物是否物有所值、是否易变现的调查。房地产的评估要与宏观经济形势和房地产市场景气状况结合，在此基础上，首先要调查抵押物的真实性，如：法人企业以厂房、商业用房、办公写字楼等房产来抵押典当的，要去房地产登记部门、工作单位、经营场所、股东或董事会了解核实，当户是否有处置权，股东董事是否同意；若是土地，要看其性质，一般来说宅基地、农业用地不做，免得以后麻烦；如是个人住宅应到房产管理部门、街道居委会，还要联系夫妻双方甚至其父母和子女，调查核实当户对其提供的抵押物是否有真实的处置权，防止假夫妻用假证件来蒙混过关。其次，进行抵押物的价值评估，要做到“高评低当”，确保在无力偿还贷款时，能采用处置抵押物的方式来偿还典当借款。为此客户经理一定要去现场实地查看，了解周边环境、二手市场价格及成交量、当前本地区房地产价格走势等来客观地估价，或者请专业房地产评估机构评估。在房地产市场不景气的情况下，一般厂房、商铺、办公楼的抵押当价不得超过评估价的50%，住宅的当价不得超过60%。因为厂房绝当后变现较难，一定要防止出现“高估套贷”现象，保证担保法律效力和足值变现。

4. 当户生产经营情况及还款来源的调查。对于企业当户，还要深入当户生产经营场所调查实际情况，掌握当户的第一还款来源。首先，调查其生产经营是否符合国家产业政策，是否属于国家限制或明令禁止项目，如果项目可行，了解同业市场的相关资料，并做好行业前景预测；其次，通过公司章程、验资报告、财务报告分析其注册资本的真实性；最后，核实经营管理的可靠性。查看其财务数据与车间、库房、水电煤等每月用量是否契合，查看银行对账单流水，通过资金流动状况、工人生产状况了解企业生产经营是否有序正常，通过核对销售明细看其回笼款是否正常，分析应收账款账龄了解坏账的可能性，对当户经营管理中的风险进行客观评价，测评风险度；最后通过企业损益类报表及相应科目的调查核对，分析其经营的营利性、了解产品销售利润率，掌握获利能力，测算贷款期限与产品生产周期匹配程度，从而预测还贷能力和第一还款来源的可靠性。

资料来源：江苏省典当行业协会网站，网页链接：http://www.jsddxh.com/?diandangfengxian/181.html。

要提高典当行员工的专业能力和经营水平，一方面要建立合理完善的业务考核制度，通过制度激励员工提高专业能力；另一方面，要为员工提供培训学习的机会和条件，内部培训要制度化、持续性。还可以借助外部条件进行培训，利用典当行之间的相互交流和行业协会组织的培训，不断提升典当行的经营管理水平。

（三）树立风险防范意识和法律法规意识

我国的典当行是一个风险高度集聚的行业，必须加强合法合规意识，在业务经营过程中，时刻保持“打假防假”的理念。在很多国家，不法分子往往把典当行作为赃物和走私品变现的工具，因此典当行与公安警察系统一直保持着紧密的联系。例如我国典当行的设立必须在公安部门报备，经营过程中的当户和当物信息也要向公安机关报送。典当行要积极配合公安部门搞好治安防范工作，发现问题，及时报案，才能有效地震慑犯罪，减少行业风险。但是也有部分典当行对相关部门的协查工作重视不够或不予配合。有些典当行员工明知当物是赃物，也只是拒当了事，既不向上汇报也不及时报案。还有一些典当行为了避免手续烦琐，不按规定对客户和当品进行必要的审验，无意中经营了一些已经抵押的物品或者走私物品、赃物，产生了很多业务纠纷。有的典当行发现被骗当，碍于面子，不向公安部门报案，实际上是对犯罪活动的纵容，也加大了典当行业的经营风险。

（四）建立行业间信息沟通平台和征信平台

通过建立典当行业协会，加强典当信息互通和同业合作是典当行共同抵御外部风险的一个重要举措。例如美国典当协会每年定期编辑出版会员业务通信刊物《典当信息与预防诈骗》，并在下属的19个专业委员会中，特别设立了预防诈骗委员会。通过定期交流信息，有效地帮助会员典当行防范诈骗，减少风险。

我国典当行之间的信息交流和互通在防范诈骗，减少典当行经营风险中发挥了积极的作用。但是，如果典当行之间缺乏信息沟通和交流，就会在客观上为犯罪活动提供空间。例如2005年12月在江苏连续发生的十多起典当行诈骗活动，犯罪团伙能够采用“打一枪换一个地方”的方法先后在徐州、南京、扬州、镇江等多家典当行实施诈骗，其中一个重要原因是受骗的典当行没有及时通报和沟通信息，给诈骗分子留下可乘之机。最终犯罪分子被抓获则是得益于典当行之间的信息沟通，当镇江某典当行发现骗当后，立即向省典当业协会报告，协会马上向各典当行发出通报，通报犯罪分子身份证、身份特征等，因此当骗子到下一个典当行行骗时并当场识破并抓获。

建立或直接进入现有的征信平台也是典当行防范风险的一个有效方式。通过征信平台，典当行可以更加及时全面地获得当户的各种信息，对典当行甄别当户提供帮助。目前我国央行已经建立了全国征信平台，典当行如果能够进入全国征信平台，会对典当行的风险防范发挥积极的作用。

二、建立典当行风险预警机制

典当风险预警机制通过设立和编制典当风险预警指标，对预警指标进行分析判断，提出相应的风险防控措施，防范风险发生，采取合理措施减轻风险造成的损失。

根据典当行的经营特点，典当风险预警指标体系，可以由三类指标体系构成：(1) 安全性指标体系；(2) 流动性指标体系；(3) 效益性指标体系。其中，每类指标体系又由若干个具体指标组成。表8-1列出了各项预警指标的含义和指标内容。

表8-1 典当行风险预警指标体系

	指标	指标定义
安全性指标	(1) 资产负债率	指典当行资产总额和负债总额的比率
		指标 = 负债总额/资产总额 × 100%
	(2) 资本风险比率	指典当逾期贷款、呆滞、呆账贷款占整个资本金的比率
		指标 = (绝当贷款 + 待处理财产损失)/典当资本金总额 × 100%
	(3) 抵押贷款率	指抵押贷款占全部典当放款的比例
		指标 = 抵押贷款期末余额/全部典当贷款期末余额 × 100%
	(4) 单个贷款比率	指单个企业和个人的典当贷款总额与典当资本金总额的比例
		指标 = 单个企业（个人）期末最大贷款余额/典当资本金总额 × 100%

续表

	指标	指标定义
安全性指标	（5）绝当率	指绝当贷款占整个当金余额的比例
		指标 = 绝当贷款期末余额/期末全部贷款余额 × 100%
	（6）当金损失率	指因绝当处理损失、出纳短款、错账损失、核销呆账损失、财产损失等造成的资金损失占全部资产的比例
		指标 = 待处理财产损失/各项资产期末余额 × 100% （注：待处理财产损失 = 绝当处理损失 + 其他损失）
	（7）涉案率	指典当经营中违反消防、安全保卫工作规定引发的安全事故和违反典当治安管理办法的涉案事故等发案次数之和在全年的分布
		指标 = 全年涉案次数/12 × 100%
流动性指标	（1）典当资金周转率	含义：指典当资金周转次数
		指标 = 典当累计贷款总额/典当实有资本金平均余额 × 100%
	（2）典当资金运用率	指典当全部资金来源的运用效果
		指标 = 典当累计贷款总额/各月典当资金来源总额之和 × 100% （典当资金来源总额 = 资本金 + 银行借款 + 各项应付款 + 预提费用 + 当月利润）
	（3）流动比率	指流动性资产与流动性负债的比例
		指标 = 流动资产平均余额/流动负债平均余额 × 100%
	（4）赎当率	指一定时期客户赎回当物所清偿的当款总额占全部典当累计放款总额的比率
		指标 = 赎当累计金额/典当累计贷款金额 × 100%
效益性指标	资本金利润率	指标 = 利润总额/资本金总额 × 100%
	息费率	指标 = （利息收入 + 综合费用收入）/典当总额 × 100%
	营业利润率	指标 = 利润总额/营业收入 × 100%
	投资回报率	指标 = （利润总额 − 应纳税额）/实收资本 × 100%
	成本率	指标 = 典当业务总成本/营业收入 × 100%

资料来源：合肥市典当行业协会网站，网页链接：http://www.hfddxh.com/InstitShow.asp?ID = 203。

安全性指标体系主要考核典当经营状况的安全性大小。其中，（1）资产负债率主要反映在典当经营中，总资产中有多大比例是通过借款或举债筹集的。资产负债率越高，说明负债压力越大，经营风险越高，反之亦然。（2）资本风险比率反映了在典当资产遭受风险时资本金抵御风险的能力。比率越高，资本风险越大；反之亦然。（3）抵押贷款率反映典当行的不动产典当资金占比情况，其比率越高，表明房地产贷款越大。因房地产一般金额大，占资时间长，绝当后处理手续麻烦，因而资金安全性能相对较差；反之亦然。（4）单个贷款比率反映典当业务风险集中程度。比率越高，风险越集中；比率越低，则风险越分散。（5）绝当率反映了典当行贷款到期无法全额收回本息的风险。比率越高，呆滞资金占用就大，风险就越高，反之则资金的安全性相对较强。（6）当金损失率也反映了典当行的经营风险状况。（7）涉案率反映典当业务中违法违规事项出现的次数比率。比率越高，次数越多，经营风险越高；反之亦然。

流动性指标体系主要考核典当资金流动性。其中，（1）典当资金周转率反映典当资金流转速度，一般为年周转次数。比率越高说明典当行资金利用率高，流动性强。（2）典当资金运用率反映典当资金的运用效率。这个比率高说明典当行资金闲置少，资产收益高，但是资产的流动性弱；反之资产流动性充足，但收益相对减少。（3）流动比率主要监测典当资产的变现能力和负债的流动性状况。比率越高，变现能力越强，资产流动性越充足；比率越低，变现能力越弱，资产流动性不足，负债偿付压力大。（4）赎当率反映典当资金回流速度，比率越高，回款越多，表明客户信用程度高，资金流动性越强；反之，则表明资金回流慢，客户信用低，资金流动性越弱。

效益性指标体系主要考核典当经营成果。其中的资本金利润率、营业利润率和投资回报率从不同角度反映了典当的经营收益水平，这些指标越高，典当行经营效益越好。息费率是典当行特有的指标，息费率的高低也反映典当行经营效益的好与差，但是在我国典当行的息费率是受到行业管理办法的限制的，不同的典当业务类型的息费率都要在规定的水平以内。成本率反映典当行经营成本耗费状况，成本率越高，典当行经营耗费越大。

本章小结

1. 典当行内部部门的设置、岗位职责及其分工都与典当业务特点和流程要求紧密相关，一般而言，典当行内部设置的部门主要包括：股东大会、董事会、总经理、业务部门、财务部门、风险管理部门和综合办公室等。

2. 典当行在经营管理过程中会面临各种不同的风险，这些风险既有作为贷放机构所共有的风险，也有典当行由于自身特殊经营方式所形成的特殊风险。

3. 外部风险是指风险产生的原因与典当行自身经营状况没有直接联系，由典当行以外的不可控因素造成的，例如由于宏观经济政策和经济发展出现周期性变化和波动带来的风险。内部风险指由于典当行自身经营管理能力和风控能力欠缺而造成的风险。

4. 典当业务的各个环节也都隐藏着风险发生的可能性，按照典当行业务操作流程，分为收当风险、存当风险、续当风险、绝当风险等。

5. 从风险产生的原因和性质考察，典当行风险还可分为信用风险、市场风险、操作风险、法律风险和诈骗风险等。

6. 由于风险类型不同，典当行采取的风险管理方法和措施应有的放矢。对于外部风险，如宏观经济周期性变化带来的风险和宏观经济政策变化带来的行业发展的波动等等，典当行可以通过风险转移和风险分散的方式予以对应。对于内部风险，典当行应提高自身经营管理能力和风控能力。

7. 典当行业内部应建立完善的风险管理机制，具体包括：建立规范的业务制度和业务流程并严格实施；提高专业化经营水平和风险识别防范能力；树立风险防范意识和法律法规意识；建立行业间信息沟通平台和征信平台。

8. 典当风险预警机制通过设立和编制典当风险预警指标，对预警指标进行分析判断，提出相应的风险防控措施，防范风险发生。典当风险预警指标体系，由安全性指标体系、流动性指标体系和效益性指标体系三类指标体系构成。

本章重要概念

内部风险　外部风险　收当风险　存当风险　续当风险　绝当风险　信用风险　市场风险　法律风险　操作风险　绝当率　典当资金周转率　赎当率　当金损失率　息费率

本章思考题

1. 典当行在经营过程中会面临哪些类型的风险？
2. 宏观经济政策和经济周期的变化会对典当行造成何种风险？
3. 典当业务环节中会存在哪些风险？
4. 典当行应该如何进行风险管理？

本章参考文献

[1] 长城证券研究所．典当行业涅槃重生，助力小额融资需求［R］，2013.

[2] 李沙．走进典当行：独特快捷的融资方式．学苑出版社［M］，2006.

[3] 商务部．2018 年 1—2 月全国典当行业运行情况，2018.

[4] 上海典当，2019.

[5] 2010 年上海典当业发展报告，http：//www. jsddxh. com/? diandangfengxian/184. html.

第九章　我国融资租赁公司的经营管理

本章导读

融资租赁公司是以“融物的形式进行融资”，在整个租赁期内拥有租赁物的所有权，当承租人无法支付租金时，可以通过收回租赁物终止租赁业务，因此融资租赁便具有了银行贷款等融资方式所缺乏的融资便捷、为中小微企业融资的优势。然而任何融资活动都不能避免风险，虽然融资租赁公司可以通过控制租赁物来减少部分风险，但是又面临与租赁物相关的各种风险。那么融资租赁公司的经营风险有哪些？这些风险具有哪些特点？如何防范风险？本章在介绍融资租赁公司的组织架构、业务部门职能等内容之后，重点介绍了融资租赁公司在经营管理过程中面临的种种风险，特别是与租赁物相关的风险，包括：租赁物供货商违约风险、租赁期内租赁资产损失风险、租赁物第三方责任风险、租赁物残值风险等，以及相应的风险管理手段和风险评价体系。

本章学习目标

1. 了解融资租赁公司的组织架构及业务部门职能划分；
2. 认识和理解融资租赁公司经营过程中面临风险的复杂性，掌握各种风险的特点；
3. 认识和理解融资租赁物残值风险的重要性；

4. 认识掌握融资租赁公司风险管理内容；

5. 认识掌握对承租人信用风险评估的内容。

第一节　我国融资租赁公司的组织管理

一、组织架构

融资租赁公司的经营规模不同，组织架构的具体结构也有所区别。经营规模较大的融资租赁公司组织架构相对比较完备，部门分工设置较细。以某融资租赁公司为例，其组织架构分为四个层级（见图9－1）：股东大会、董事会、管理层、业务部门。其中，股东大会下设监事会；董事会下设关联交易控制委员会、风险管理委员会、提名与薪酬委员会等；管理层与业务部门之间设立资产负债管理委员会、风险管理与内控委员会、项目评审委员会等。业务部门一般分为业务开展部门和业务支持部门。

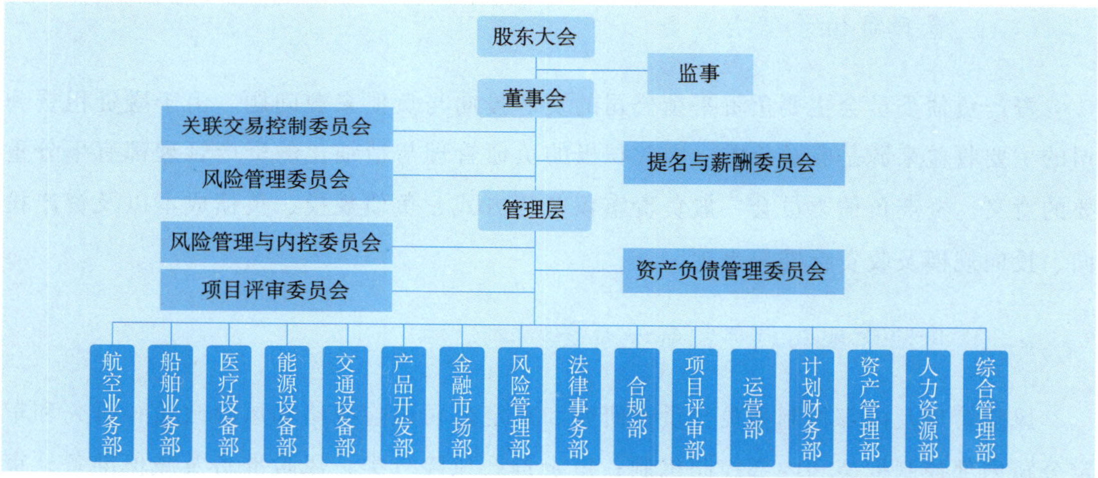

图9－1　融资租赁公司组织架构

资料来源：建信金融租赁有限公司官网，http://www.ccbleasing.com/ccbfl/aboutus/147.html。

业务开展部门一般分为产品开发部、金融市场部和业务经办部门。其中产品开发部负责融资租赁产品设计，金融市场部负责融资租赁业务销售，业务经办部门一般根据投向不同，划分为航空业务部、船舶业务部、医疗设备业务部、能源设备业务部、交通设备部等。

业务支持部门主要是指在融资租赁业务开展过程中提供辅助和支持工作的部门。

一般主要包括风险管理部、法律事务部、合规部、项目评审部、运营部、计划财务部、资产管理部、人力资源部、综合管理部等。

二、业务特设机构

（一）项目评审委员会

项目评审委员会是公司内部审议决策业务事项的专门机构，负责对公司具体业务事项进行审议决策。项目评审委员会通常由公司董事长、总经理、副总经理、业务总监、法务总监、资管总监、财务负责人、合规负责人等组成。项目评审委员会的主要职责是组织安排评审会议、联系各评审委员、评审会会议记录、公文传签及归档、向业务部门传达评审会意见及监督评审会意见的落实和进展等。

评审会审议的内容：租赁项目正式租赁方案、租赁项目风险评估报告、租赁项目资金调用方案、租赁项目相关合同、租赁项目资产处置方案等。审议事项一般须由评审会委员的 2/3 以上同意，方可审议通过。

（二）资产负债管理委员会

资产负债委员会主要负责平衡公司的资产投向与负债来源问题。由于融资租赁公司的主要收益来源是收益价差，因此积极的负债管理与精细化的资产管理都有十分重要的意义。资产负债委员会一般负责审议负债方式、负债规模、负债成本以及资产投向、投向规模及收费标准等事项。

（三）风险管理及内部控制委员会

风险管理及内部控制委员会负责研究和审定公司风险战略和风险政策；研究和审定公司内部控制框架和内部控制机制；审定资产风险分类、风险准备及减值准备；审定风险评估、压力测试等风险管理工作报告；审批与督导重大风险处置事项；对新业务产品进行风险评价与验收；协助对公司重大风险事件进行研究等。

第二节　我国融资租赁公司的风险管理

虽然融资租赁公司是以“融物的形式进行融资”，在整个租赁期内拥有租赁物的所有权，在承租人无法支付租金时，能够通过控制或收回租赁物保障投资安全，可以有效地减少出租人的委托成本和交易成本，也就具有了银行贷款等融资方式所缺乏的融资便捷、为中小微企业融资的优势。但是对融资租赁公司而言，拥有租赁物的所有权并不能规避所有的风险，融资租赁业务中还会面临诸多的风险。

一、融资租赁公司面临的风险

融资租赁公司在经营过程中面临的风险可以从不同的视角去考察。从融资的角度看，融资租赁公司首先会面临信用风险，即承租人不能支付租金的风险；其次是流动性风险，融资租赁公司从事的是长期租赁也就是长期融资业务，其资金来源必须与资金运用保持一致，如果出现期限错配，就会形成流动性风险。融资租赁的业务环节比较复杂，既有租赁物购买也有租赁物的出租，既要与供货人签署买卖合同，还要与承租人签署租赁合同，如果业务环节和合同文本出现纰漏，都会给融资租赁公司带来风险，这些风险可能源于融资租赁公司的操作风险，也可能源于供货商或承租人的诈骗风险。租赁期内，即便租赁物外观和功能完好，也可能面临技术过时的风险和市场风险，降低租赁物的残值，形成融资租赁公司的投资损失。融资租赁是一种长期融资业务，市场利率、汇率和税率的变化也会增加融资租赁公司的经营风险。

下面根据融资租赁业务的特点，分别从承租人风险、租赁物风险和其他风险三个方面分析融资租赁公司面临的风险。

（一）承租人风险

1. 信用风险

承租人由于种种原因不能按时按期支付租金，形成信用风险。

专栏 9-1

医院租赁融资违约事件频发

2019 年 7 月 12 日，华东地区一家融资租赁公司人士向记者透露，山西祁县人民医院作为承租人在 2017 年与公司签署了一笔超过 4 000 万元的融资租赁合同。这项融资租赁合同由祁县远大投资有限责任公司提供债务偿还保证，并由祁县财政局出具偿还租金承诺函，承诺函表示：“为确保贵公司与山西省祁县人民医院签署

《融资租赁合同》顺利进行，我局承诺保证租赁款项按时偿付给贵公司，并开设专户进行管理，加强资金拨付的监督。租赁款项偿还日当日，无条件向祁县人民医院提供财政补贴，专项用于其向贵司偿还。”同时保证对此项目的租金，包括本金和利息，财政局将分5年共20期偿还租金，每年在年初财政预算中安排偿还租金预算作为偿还本项目租金的固定资金。然而这笔融资租赁合同却早在2018年上半年就发生了违约。除了这笔违约，祁县人民医院和祁县远大投资有限责任公司还与其他多家融资租赁公司发生了涉诉情况，涉及的公司包括平安国际融资租赁有限公司、皖江金融租赁股份有限公司、中垠融资租赁有限公司、江苏金融租赁股份有限公司、远东宏信（天津）融资租赁有限公司和上海迪智设备租赁有限公司等。祁县远大投资有限责任公司背后的控股股东则是山西晋中国有资产经营有限公司。

无独有偶，2019年8月，东部地区某租赁公司透露，其与山东省冠县中医院的一笔租赁交易也在近期发生了违约。2017年3月冠县中医院和这家租赁公司签订了租赁合同，约定以冠县中医院的医疗设备为租赁物，采用售后回租的方式，由租赁公司向冠县中医院融资8 100万元。租赁合同规定从2017年7月开始，冠县中医院每隔三个月向租赁公司支付租金，每期租金为899.1万元。冠县财政局和冠县国有资产经营有限公司也参与了这笔交易。冠县财政局为这笔租赁融资交易出具保函，承诺将督促冠县中医院按时、足额支付租金，若冠县中医院未按时足额偿还租金，财政局将及时协调资金予以代为偿付。冠县国有资产经营有限公司则为其提供担保。2017~2018年间，冠县中医院按时支付了前5期租金，而第6期租金通过租赁公司提前一周进行催收才勉强还款，本应于2019年7月5日支付的第7期租金899.1万元，逾期一个多月，截至8月份尚未支付。同时中登网信息显示，这笔租赁交易并不是冠县中医院唯一的一笔租赁交易，在2016年10月~2018年12月期间，冠县中医院通过抵押医院设备，共向6家融资租赁公司融资2.08亿元。

这两例医院租赁融资违约事件十分相似，承租人都是医院，都由当地财政局和国有资产经营有限公司提供保函和担保。从表面上看是医院的租赁融资，实质上资金进入了政府融资平台，医院融资租赁成为地方政府融资的一种新途径，形成地方政府隐形债务。一旦地方政府财政收入捉襟见肘，必然会造成租赁公司的信用风险。

资料来源：和讯网，新浪网，网页链接：https://news.hexun.com/2019-08-22/198305035.html，https://news.sina.com.cn/c/2019-07-13/doc-ihytcitm1830125.shtml。

2. 承租人欺诈风险

如果说信用风险的产生是由于承租人经营中不可控制的客观原因造成的，在融资租赁业务中，融资租赁公司还会面临承租人恶意欺诈的风险。

承租人采取的欺诈方式主要是：（1）承租人提供虚假信用信息。承租人通过向融资租赁公司提供虚假财务信息和虚假的证明材料来获得融资租赁业务，特别是在有关承租人的一些内部信息难以被融资租赁公司通过公开途径获取的时候。（2）承租人虚构租赁资产。由于融资租赁业务是由承租人自行选择设备和供应商，出租人根据承租人的选择向相关供货商购买机器设备，因此承租人就有可能通过虚构或者与一个名义上的供货商合谋来欺骗出租人，提供伪造的售货发票，使出租人为一个并不存在的资产提供设备租赁，承租人与设备供应商共分利益。（3）虚报租赁资产的价格。承租人还可能与供货商合谋，由供货商开出价格虚高的发票，使出租人为虚报价值的资产提供租赁。在售后回租交易中，承租人还可能通过直接伪造或更改供应商的售货发票来误导出租人。（4）承租人利用租赁资产进行多次融资。在国外，承租人利用同一件设备骗取多个出租人的租赁融资款是十分常见的一种诈骗手段。这种多重融资诈骗并不一定局限于两到三个出租人，甚至有的承租人能够诱骗十个以上的出租人为同一件设备提供租赁融资。此类诈骗通常借助于伪造的文件，使已用于售后回租的设备再次被租赁。（5）承租人擅自将租赁资产卖出或者抵押，通过租赁资产的变卖和抵押，承租人获得相应的资金。在我国，也经常发生承租人将租赁资产变卖、转移、抵押或以其他方式处置，给融资租赁公司造成极大的损失。

专栏 9－2

我国融资租赁公司租赁物权属问题

上海高院发布的《2014—2018 年上海法院融资租赁合同纠纷案件审判情况通报》显示，近年来上海市法院受理的融资租赁合同纠纷案件大幅上升，2018 年共受理一审融资租赁合同纠纷案件 5 126 件，同比上升 21%。融资租赁案件数量、涉案标的额，均位居金融商事案件第三位，其中承租人擅自处置租赁物的案件不在少数。在融资租赁关系中，出租人为租赁物所有人，承租人为占有、使用和收益人。但是由于租赁物的所有权与占有的分离，使承租人能够利用对租赁物的占有便利，未经出租人同意，擅自变卖、转移、抵押或以其他方式处置租赁物，租赁物被处置后使第三人成为租赁物的合法所有者，与融资租赁公司对租赁物的所有权发生冲突，给融资租赁公司造成风险。因此融资租赁业务中租赁物的权属问题严重影响融资租赁公司的经营。2019 年 8 月 21 日，上海市高级人民法院发布《上海市高级人民法院关于审理融资租赁物权属争议案件的指导意见（试行）》，明确要求上海市融资租赁公司作为出租人应当在中国人民银行征信中心的动产融资统一登记公示系统中对融资租赁合同中载明的租赁物权属状况予以登记，同时要求各类金融机构在办理资产抵押、质押或受让等业务时，应当登录征信中心的动产融资统一登记公示系统查询相关标的物的权属状况，以此来防范承租人擅自处置租赁物的风险。如果出租人未依照规定办理登记公示，一旦承租人擅自处置租赁物，出租人对租赁物的所有权不得对抗善意第三人。但是如果出租人已经在系统中办理了登记，第三人在与承租人进行未依照规定进行查询的，在出租人对租赁物主张权利时，上述第三人以不知标的物是租赁物为由进行抗辩的，应推定该第三人在办理租赁物抵押、质押或受让租赁物时，未尽到审慎注意义务，不构成善意。

资料来源：上海市高级人民法院。

（二）租赁物风险

在融资租赁业务期间，出租人是租赁物的法定所有者，租赁物一旦出现问题，也会给融资租赁公司造成风险。围绕租赁物产生的风险主要有以下几种情况。

1. 供货商违约风险

融资租赁业务中的租赁物是出租人按照承租人的要求购买并出租给承租人使用，因此，融资租赁合同包括了出租人与供货人之间签订的租赁物买卖合同和与承租人的租赁合同，如果在租赁物买卖环节出现问题，租赁合同便无法实施。在买卖环节经常出现的风险是供货商违约风险，即供货商未按照买卖合同约定交付设备。

在我国融资租赁业务中，供货方违约风险时有发生。例如某融资租赁公司与某企业约定一笔直接租赁交易，2014 年 8 月日，出租人与供货商、承租人三方就该设备签订了《买卖合同》，确定设备购买价款为 100 万元。同日，出租人与供货商、承租人三方签订《设备价款支付协议》和《融资租赁合同》，设备价款由出租人和承租人共同承担，其中承租人支付设备的价款 40 万元，出租人支付设备价款 60 万元。《买卖合同》约定：设备运至承租方指定的场所后，承租方应立即验货，查看设备是否与合同约定相符，包装、质量是否完好，如果查验没有问题，承租方应立即将《起租通知书》交付给出租方，出租方收到承租方的《起租通知书》后在15个工作日内将设备货款支付给卖方指定的银行账户。但是出租人没有按照《买卖合同》的约定付款，在出租人、承租人分别向供货商支付了租赁物购买价款60万元和40万元以后，供货商并没有按照合同约定交付租赁物，出租人向供货商发函催货未果，因此向法院起诉，要求承租人和供货商共同返还出租人60万元货款，并支付相应的利息。

法院判决认为：由于承租人未向供货商行使索赔权，因此出租人作为购买人要求供货商返还货款并支付利息，可予采纳。同时承租人已经依照《买卖合同》和《设备价款支付协议》的约定履行了付款义务，后因供货商的原因导致合同不能继续履行，由于出租人未能提供证据证实供货商和设备是由承租人选择的，因此对出租人提出的由承租人共同承担付款责任和利息损失的诉讼请求不予支持。

这个案例既反映了供货商违约的风险，也反映了出租人在风险控制中存在的问题。在融资租赁业务中，买卖合同的履约风险实际上应该由承租人承担，承租人为防范租赁物交付风险，常常将付款条件与租赁物交付挂钩，所以要求出租人根据承租人出具的付款通知书向供货商付款。但是在这个案例中，出租人在承租人未收到设备的情况下就向供货商付款，在付款环节存在过错，如果承租人为此提出赔偿要求，出租人需要承担赔偿责任。所以出租人不能仅仅为了实现起租目的或操作便捷而忽视买卖合同的付款条件和租赁物的实际交付，对任何一笔交易，出租人都要谨慎评估供应商的风险级别，对供应商的能力加强调查以避免违约情况发生。

2. 租赁资产损失

融资租赁租期较长，期间各种不确定性因素，导致租赁资产发生损失。例如租赁资产的丢失、失窃或损毁等，如果发生上述情况，必然会影响承租人对设备的使用和租金的支付，出租人的利益也会受到影响。

例如，某融资租赁公司在2014年12月10日，与承租人签订《汽车租赁合同》，合同约定由该融资租赁公司以融资租赁的方式为承租人购买一辆起亚轿车，融资总额为40 173元，月租金1 490.52元，租期36个月，每月5日支付租金。车辆融资款项包括车款、保险费和车船税的支出，其中保险费用于支付基本保险险种，包括：交强险、商业险，商业险包括第三者责任险（限额不得低于20万元）、足额车损险、盗抢险，以上险种不计免赔险。该融资租赁公司购买轿车，并于2014年12月12日将轿车登记在承租人的名下，2014年12月14日承租人拿到轿车，并按照合同约定向该融资租赁公司支付租金共计 4 471.56 元。然而在 2015 年 2 月 25 日，轿车发生火灾导致车辆毁损，2015 年 3 月 10 日当地公安消防大队出具了火灾事故认定书，认定火灾原因主要是由于轿车的电气线路故障引起，此后承租人就未再支付租金。该融资租赁公司提出诉讼，要求承租人立即支付租赁公司剩余租金 49 187.16 元，并按照应付租金的一定比率向租赁公司支付滞纳金和诉讼费用。承租人认为，出租人未给车辆投保自燃险，且租赁期内车辆为租赁公司所有，因此车辆损失应该由融资租赁公司承担。

在融资租赁交易中，租赁物是由出租人根据承租人选择而购买并出租给承租人占有使用，租赁物和供货商都由承租人指定，承租人占有使用租赁物并从中受益，出租人虽然享有租赁物法律上的所有权，但并不承担对租赁物的管控义务，租赁物的实质风险与报酬都已经转移给承租人，因此本案中的车辆损毁的风险应该由承租人承担。法庭最后判定承租人应当向租赁公司支付剩余租金也是按照这样的逻辑。但是如果融资租赁公司能够在签订租赁合同时，全面评估车辆可能遇到的各种风险，建议承租人投保车辆自燃险，就可以避免这类纠纷出现，无论对承租人还是出租人都是有益的。

3. 租赁物第三方责任风险

租赁物第三方责任风险主要是指在租赁资产使用和运行过程中可能发生的导致的第三方损伤事故，例如车辆行驶过程中碰撞行人，工人因为操作机器设备而受伤，在飞机租赁中，可能面临飞机事故造成的人员伤亡等等，出租人作为资产的所有者就可能会成为第三方索赔的对象。因此出租人为了避免此类索赔的发生，就需要在合同中包括承租人赔偿以及由承租人购买足额第三方责任险的条款。出租人必须对承租人投保的第三方责任险进行复核并确认其获益的保险范围水平，并且还可考虑自行购买对飞机和轮船等资产的第三方责任险，以在面对承租人购买的第三方责任险不能满足所有的索赔或被证明是无效时能更好地保护出租人利益。

4. 租赁物残值风险

在经营租赁业务中，出租人的利润既依赖于承租人到期支付租金的能力，也同租赁资产的未来价值息息相关。如果出租人在确定经营租赁租金水平时严重高估了租赁资产残值的水平，对租金总额的估算就会发生偏差，租金不能覆盖出租人的投资，对初始资本支出造成部分损失。所以说，从事经营租赁业务的出租人需要将残值风险作为一个重要的部分纳人到设备评估过程中去。为审慎估算残值，出租人必须获得租赁资产的详细信息，包括技术发展趋势以及预期的未来供需状况等。在很多情况下，出租人需要参考相关行业信息和设备评估专家等第三方信息估算合理的租赁资产残值。另外一种降低租赁物残值风险的方法是类似出售权的安排，即与租赁设备的制造商或其他第三方约定由其在将来某一固定日期按照协议价格从出租人手中购入租赁资产，也即厂商回购，在一些西方国家，还可以通过残值保险来减少残值风险。

目前我国融资租赁公司的经营租赁业务少，这也与融资租赁公司对残值控制能力不足有很大关系。如果融资租赁公司能够与设备生产厂商联合，由市场厂商控制残值风险，并利用生产厂商的能力，对回收的租赁物进行改造翻新，也可以有效地保证设备残值。

（三）其他风险

其他风险主要包括资金错配风险、税收风险、政策风险和操作风险等。

1. 资金错配风险

融资租赁公司面临的资金错配风险主要集中在利率错配和期限错配方面。

（1）利率错配是指融资租赁公司用于融资租赁业务的筹资利率与融资租赁业务定价利率不一致的错配，即固定利率与浮动利率的错配。例如融资租赁公司在金融市场上筹集的资金是采用浮动利率计息，但是融资租赁业务中租金的计算却采用固定利率，如果金融市场浮动利率上涨，融资租赁公司利息支出会相应增加，造成融资成本提高，但是租金收入却不变，这种错配就会给租赁公司带来损失。

（2）期限错配是指租赁公司资金来源的期限与租赁业务的期限不匹配，主要表现在租赁公司的资金来源属于短期资金，而租赁业务的期限却是长期的，例如我国目前很多融资租赁公司在金融市场上借款的期限大部分是一年期，但是融资租赁业务的期限大部分是三年期，如果融资租赁公司不能连续不断的从金融市场上获得融资，租赁公司就会面临流动性危机。在租赁业务中，如何保证租金的现金流能与租赁设备的融资现金流的匹配，是融资租赁公司控制风险的重点。融资租赁公司在业务开展过程中，应确保对外借款的期限金额与租赁期限金额匹配，谨慎开展短款长用，根据租赁资产规模及租金回流、新业务对外支付的情况，合理确定不同期限的借款额度、自有资金现金比例。若融资租赁公司的资金来源过度依赖银行，实际成为银行资金中间商，在某种程度受到银行信贷政策变动影响，应广泛开展与银行、证券公司、财务公司、保险公司等金融机构的合作，拓宽资金来源渠道，调整自身的财务结构，防范因结构性风险导致资金断链。

2. 税收风险

税收风险主要指由于税收政策的变化而给融资租赁公司造成的损失和影响。融资租赁业务是受税收因素影响较大的业务，税种和税率水平的变化对融资租赁业务都会造成影响。在我国，影响融资租赁公司业务的税种主要包括增值税、企业所得税、关税和印花税等。

3. 政策风险

政策风险是指由于国家或者地方政府的相关政策发生改变，给融资租赁业务造成的风险。政策风险主要表现在：行业发展政策发生变化，由此给融资租赁公司客户的发展造成影响，进而影响承租人交纳租金的能力；或者政策的变化，使融资租赁公司面临更大的信用风险，例如政府对融资租赁业务的担保人资格的规定变化，使融资租赁业务中的担保人失去担保资格，融资租赁公司的投资缺失担保，就要承担更大的业务风险。

例如，2016 年 10 月，贵州等多地财政局要求撤回其向金融机构、融资租赁公司出具的承诺函。2017 年 1 月，财政部分别致函内蒙古自治区、山东、河南、重庆、四川等地方政府及商务部、银监会，对部分县市违法违规举债和提供担保的行为进行问责，并依法处理个别企业和金融机构的违法违规行为。还有的地方政府文件在列举违法举债方式时，将融资租赁包括在内，如 2017 年《四川省人民政府关于进一步加强政府债务和融资管理的通知》规定："地方政府及其所属部门、公益性事业单位不得违法违规采取银行贷款、企业债券、中期票据、BT 回购、垫资施工、延期付款、信托融资、融资租赁等方式举借政府债务"，并且把公益性事业单位也纳人限制举债的主体范围。上述政策的变化，对融资租赁公司的影响较大，如果之前融资租赁公司开展的租赁业务是以财政局和相关政府部门的担保为条件的，例如公立医院、地方融资平台、地方资产管理公司等，如果承诺函被撤回，融资租赁公司就要承担更大的业务风险，承租人欠租的风险也会加大。如果融资租赁公司的业务被列入非法举债，融资租赁公司的利益必然会受到损害。同时，由于融资租赁公司与地方政府部门开展的融资租赁项目的租赁物基本都是公共设施，存在无法取回的风险，因此租赁公司在与地方政府部门开展融资租赁业务时，更需要慎重决策。

4. 操作风险

操作风险是指由于融资租赁公司自身经营管理的纰漏造成的损失。在我国融资租赁公司由于自身原因造成的风险主要表现在：一是出租人在合同履行过程中出现问题，给承租人造成损失，由此承担赔偿损失的责任。例如在融资租赁业务中，出租人依法负有开具和向承租人交付增值税专用发票的义务，但是一笔融资租赁业务中，某融资租赁公司在发票开具半年后才将发票交付给承租人，导致承租人无法及时抵扣税款，承租人的损失就需要出租人赔偿。再例如，在融资租赁业务中，承租人会委托出租人代为购买保险，如在汽车租赁中通常由出租人代买车辆保险。但是在一笔汽车租赁业务中，由于融资租赁公司的问题，出租人未按照合同约定购买相关的车辆保险，导致租赁的车辆在发生交通事故时无法进入保险赔偿程序，承租人无法获得保险赔偿，这种损失也需要出租人进行赔偿。

专栏 9－3

为什么融资租赁公司也会遇到这么多的雷？

目前我国融资租赁公司面临的风险归根结底是因为融资租赁公司前期过于重视规模扩张、粗放式发展，而公司经营管理能力尤其是合规风控能力没有及时跟上造成的，因此必须通过持续构建并完善全公司、全员、全过程、全覆盖、全周期、多角度、不间断的全面风险管理体系来有效管控租赁业务可能面临的风险。首先要重视对承租人还款能力的评估。承租人的第一还款来源永远是最重要的，要着重关注交易对手的商业模式、上下游和经营性现金流的可持续性稳定性，关注交易对手的行业供需情况竞争态势及所处行业地位，关注交易对手所处的企业成长阶段以及分析的侧重点。通过分析融资结构的变化，评估交易对手的外部融资能力和流动性状况。承租人和保证人的财务真实性是否已经核查，是否有非财务的因素在支撑财务分析。融资租赁业务要走专业化评估道路，努力实现信用风险管理的精细化，真正解决好对承租人信用风险的识别、评估、控制、缓释、监测和化解。

其次，要重视租赁物的物权担保功能以及租赁物的资产处置价值。评估租赁产品的风险，离不开对租赁物资产风险的评估。要明确租赁物的产权无瑕疵并且可以把所有权确权到租赁公司名下，还要明确租赁物处置价值对租赁公司债权的保障程度。在租赁物的选取上，要评估租赁物是否为承租人的核心设备或核心资源，是否可以产生还款现金流或使用价值，要重视通过获得租赁物的所有权来加大承租人的违约成本。即使为了增加租赁物的流通性和处置价值以及租赁物对租赁债权的保障程度，融资租赁公司也要想方设法鼓励开展直接租赁业务，努力扩大直接租赁业务占比。

最后，在融资租赁产品交易结构的设计上，任何时候都要确保不出事，任何时候都要做好最坏的准备，防范项目交易结构风险。要结合承租人的盈利模式、现金流和资金周转情况来设计租金收取的合理方式。要结合交易对手的商业模式及资源禀赋来设计租赁产品的增信措施，尽可能地加大承租人的违约成本，尽可能给后续资产管理阶段留有留足风险处置手段。融资租赁公司要特别重视对法律文本的设计，对租赁期内可能的市场变化（包括由于政策调整带来的市场变化），要事先采取必要的前瞻性预防措施。

资料来源：《上财风险管理论坛》，2019 年第 4 期。

二、融资租赁公司的风险管理

融资租赁业务属于长期投融资业务，同时由于采用融物的形式进行融资，因此在业务过程中，融资租赁公司会面临诸多风险，其中既有外部因素造成的风险，也有内部管理控制的原因，融资租赁公司的风险管理必须多管齐下，业务经营必须全面覆盖。

（一）加强风险管理、强化内部控制

风险管理是融资租赁公司可持续发展的基本能力。一是要做好风险战略管理，审慎选择目标市场，做好目标客户的准入管理，阻断风险产生的源头；要密切关注宏观经济和宏观政策走向，实时跟踪分析目标市场行业发展趋势，努力减少周期性系统风险。二是建立全面风险管理体系包括信用、市场、操作等主要风险的识别、计量、处置、补偿的制度体系、组织体系，将各项风险管理融入业务运作全流程，落实到全体员工的岗位职责，做好业务发展与风险控制、当前发展绩效与中长期风险暴露的利益平衡，建立包括资本消耗、分期收益、出险损失在内的绩效考评和问责机制。三是创新风险管理机制，开发运用具有租赁特色的资产分类、风险计量、压力测试工具；运用互联网、大数据等金融技术实现租赁资产和企业经营的动态监控；用好租赁二级市场、产业链及多种金融平台的组合优势，做好资产管理和风险资产的处置。

内部控制既是全面风险管理的重要内容，又是相对独立的运行体系，是企业实现管理目标和安全运行的重要保障。融资租赁公司的内部控制体系建设，一是要完善组

织体系。基本原则是：职责明确、分工合理、相互制衡、报告关系清晰。明确各部门负责人为本部门的内控合规管理“第一责任人”，建立专兼结合的合规管理队伍，相关人员各司其职。二是强化规章制度体系建设，实现制度对各项经营活动的全覆盖，定期对制度进行后评价，建立动态纠错机制健全评价体系。以关键合规点矩阵为重点，以内控评价为手段，采取部门内自评价与现场检查方式相结合，对经营行为及时纠偏；结合行业监管要求、公司自身经营管理实际情况，关注重点核心指标，覆盖公司经营管理全流程。及时完善关键合规点的内容，保证其准确性和时效性。三是进一步强化授权管理，强化岗位约束，明晰审批流程和控制环节，构建与公司业务流程相匹配的岗位授权体系；推动部门和人员合规履职，提升内部监督效果；加强内控过程评价，动态完善控制措施，通过过程控制的有效性提高企业对管理目标的控制。四是建立内外部审计制度，审计评价公司治理、财务管理、风险管理及内部控制效果并持续改进。

专栏 9－4

融资租赁公司的风控体系

狮桥融资租赁（中国）有限公司通过对商用车行业的专注与深耕，建立了丰富专业的风控能力。首先，狮桥租赁建立了基于狮桥数据、人民银行征信、三方数据的承租人信用评级模型，覆盖贷前、贷中、贷后各个环节，自动否决高风险客户，以防范客户的信用道德风险。同时狮桥建立了业内领先的车辆监控系统，这是一个整合了狮桥租赁自装 GPS、交通部北斗车载 GPS 和厂商预装 GPS 的贷后车辆监控系统，可以实时监控车辆运行情况，分析、挖掘车辆运行数据，包括车辆运行里程、路线等，对不正常离线、进入高风险区域等的车辆进行电子自动报警，通过对贷后监控和清收环节的把控，来防范客户的运营风险。狮桥租赁建立了超过 200 名的 IT 技术团队，依靠 IT 技术支持狮桥风险管理体系，防范内部操作风险。客户提交申请、销售人员调查和放款、贷后管理和服务，全部可在移动端 APP 中完成。狮桥租赁的 IT 体系同时嵌入了人脸识别、图像识别等 AI 技术 CFCA 认证电子签约以及三方支付等技术，在极大方便司机群体的同时，还为狮桥租赁的数据积累提供了帮助。狮桥租赁还建立了行业领先的卡车车型库，以及线上和线下评估能力。

资料来源：《中国融资租赁行业 2018 年度报告》。

（二）加强对关键环节的风险控制和管理

1. 全面评估承租人信用风险

承租人信用状况是融资租赁公司首要考察的内容，如果承租人的资信状况较差，无论租赁项目本身多么可靠或者利润多么可观，在大多数情况下这笔租赁业务都是不应该进行下去的。

对承租人的评估应该从三个方面进行：一是承租人的行业分析。承租人行业分析有助于出租人合理评估承租人未来的经营状况，判断租赁风险。行业分析应该包括以下内容：承租人发展历程，包括承租人进入行业的时间和历史经营记录；承租人所处产业的发展阶段，产品状况及产品周期，行业竞争格局、市场占有率，承租人的未来发展计划；承租人的上游供应商状况；承租人下游客户状况；承租人征信情况及市场信誉等。通过上述几个方面的分析，出租人可以对潜在承租人未来行业成功的概率和按期支付租金的能力进行判断。二是对承租人企业管理层进行分析。在承租人评估中，管理层分析是一个关键性的预警性指标，因为管理层对公司经营状况的好坏起着决定性作用。诸多案例表明，很多公司倒闭的原因既不是财务状况恶化，也不是行业环境变差，而是管理层决策不当、疏于管理甚至滥用职权导致公司经营出现问题。例如高级管理者漠视公司制度独断专行，将公司看作私人财产，忽视股东利益，缺乏熟悉业务运作的董事等等。管理层分析一般要考虑以下几个方面的因素：管理层变动频率；执行董事的人数、资格、年龄、经验；非执行董事的人数、经验、年龄以及所起的作用；董事长与总经理的经营理念是否一致等等。三是对承租人进行财务分析。财务评估应适当参考承租人的公开财务信息，但是公开财务信息是有一定的局限性的，因为资产负债表反映的仅仅是承租人在过去某一时点的财务状况，财务报告呈现的内容也是承租人过去的状况，同时由于会计准则的因素，承租人在财务数据上具有一定的操作空间，因此不能孤立地研究某一年的数据，而要纵向对比承租人过去几年的财务状况，判断其发展趋势，同时也要横向对比同行业其他企业的各项财务比率。具体来说，租赁公司应该着重评估承租人的下列财务状况：承租人偿债能力分析，包括资产负债率、债务期限结构、融资渠道是否通畅；承租人盈利能力分析，包括销售增长状况、成本控制能力、利润率及存货周转率等情况；承租人现金流量情况，包括经营现金流量、投资现金流量、融资现金流量等。

租赁项目增信也是减少风险的一项有效措施。在对承租人到期支付租金的能力进行评价之后，租赁公司如果决定可以考虑租赁项目，为了进一步确保租赁项目的安全，租赁公司还可以要求承租人提供担保，包括内部抵质押担保和外部第三方提供的担保租赁公司需要详细评估抵押品的权属是否清晰、市场定价如何以及变现难易程度。在涉及担保的业务中，租赁公司应当使用对承租人的相同标准来对担保人的业务、管理层和财务实力进行分析。在我国，融资租赁公司需要特别关注担保人的担保资质，防止出现政策风险。

2. 评估供货商风险

供货商违约是融资租赁业务中必须面对的一个风险。供货商违约的原因比较多，一是由于供货商本身就不具备生产租赁设备的能力；二是供货商提供的设备达不到承租人的质量要求，最后是供货商欺诈。因此租赁公司必须注重防范供货商方面可能出现的各种风险。首先需要像对供货商的生产资质进行评估，特别是对新成立供货商进行全面调查，确认供货商的供货能力；其次对供货商的设备产品报价进行分析，可以通过独立方复查租赁资产报价，或者参考其他类似资产的价格来核对供货商报价。最后严格执行租赁资产的交货鉴定，对专业性较强的设备，可能还需要聘请专业的第三方来确认资产交付。

3. 租赁期间的持续监控

很多风险也会发生在租赁期间。因此在整个租赁期内，租赁公司必须对承租人进行持续风控。风控的主要内容包括：一是要对租赁资产进行标记并定期检查租赁资产，在资产登记机构进行出租人产权登记，避免租赁资产被承租人多重租赁，或者被承租人擅自处置。二是定期与承租人会面。会面地点应设在承租人处，这样可以使租赁公司更好地判断承租人的持续经营状况，因为一个空荡荡的工厂或一个堆满货物的库房要比承租人向出租人介绍其经营状况更能揭示事实真相。三是审查过期未付租金。频繁的租金拖欠意味着承租人支付能力出现了较大问题，而不按时支付租金或突然不支付租金也是需要进一步观察的信号。四是要关注承租人所在行业领域的发展经营状况，通过多种途径了解相关信息，也可以通过承租人的竞争对手来了解承租人状况，及时发现承租人经营恶化的趋势，做好预警和风险处置准备。

专栏 9－5

通过强化风险管控减少融资租赁业务纠纷

最高人民法院数据显示，2012 年年底，全国受理的融资租赁纠纷一审案件为

4 591 件，而到 2018 年 11 月底，这一数字升至 29 543 件。在业务实践中，引发融资租赁业务纠纷案件的原因多种多样，从租赁公司方面来看，需要进一步强化风险管控能力，及时做好预警工作。

在实践中，出租人对承租人的履约能力和商业信用疏于考察，与经营不佳甚至是根本不具备相应经营资质的承租人签订合同是纠纷产生的原因之一。此外，在租赁物的使用过程中，如果租赁公司忽视融资后的跟踪机制，对承租人的经营恶化趋势未能及时察觉并采取措施，也会导致出现承租人下落不明、擅自处分租赁物等情况。在实际操作过程中，融资租赁公司为确保资金安全，往往会要求承租人提供第三方担保，这为租赁公司收回资金增添了一份保障。但实践中，由于出租人对第三方担保资格的审查存在疏忽和误区，造成担保效率上的瑕疵。例如，承租人的法定代表人提供个人担保，加盖的却是承租人的公司印章，纠纷发生后，因担保责任人主体不明，其要求对方承担担保责任的诉求往往也很难得到支持。

此外，在出现逾期风险项目后，更考验租赁公司专业化的资产管理能力。业内人士表示，资产安全管理意识须贯穿于租赁业务的全链条，在风险项目的催收推进中，部分资产管控能力较强的大型租赁公司除了在前期搭建交易结构、夯实交易基础方面可采取灵活多变的处理方案之外，其资产管理人员的专业性、内部科学的决策机制也起到了重要作用。

资料来源：《金融时报》。

三、融资租赁公司经营风险评价体系

根据行业和业务特点，租赁公司经营风险可以从四个方面进行评价：外部支持、财务指标、经营指标和公司治理，包含定量和定性两种评价方式（见表 9－1）。

表 9－1　融资租赁公司风险评价体系

评价体系	指标体系	指标名称	指标含义
外部支持	股东背景	股东性质	大股东企业性质
		实收资本	年度数据
财务指标	盈利能力	净利润/营业收入	年度数据或季度数据
		ROA	净利润/资产总额
		ROE	净利润/净资产
		收息率	融资租赁收入/应收融资租赁款

续表

评价体系	指标体系	指标名称	指标含义
财务指标	现金流能力	经营性现金流＋投资性现金流	年度数据或季度数据
		筹资性现金流净额	年度数据或季度数据
		筹资前现金流量净额/总负债	（经营性现金流净额＋投资性现金流净额）/总负债
	资本结构	资产负债率	负债总额/资产总额
		刚性债务比率	刚性负债/负债总额
		短期债务占比	短期负债/负债总额
经营指标	融资能力	融资渠道	是否稳定，是否多元化
		融资成本	利息支出/平均有息债务
		杠杆水平	风险资产/净资产＝应收融资租赁总额/净资产
	经营能力	总资产规模	年度数据或季度数据
		主营业务规模	年度数据或季度数据
	资产质量	应收融资租赁款不良率	不良应收融资租赁资产/应收融资租赁资产
		拨备覆盖率	应收融资租赁资产减值准备/不良应收融资租赁资产
	风控能力	行业集中度	客户是否多元化，前十大客户或前三大行业占比
公司治理	治理能力	管理架构	管理架构是否清晰、专业、有效
		内控水平	风险管理架构和水平，是否有专业的法律支持和不良资产处置团队

资料来源：《监管收紧之下的行业重塑丨融资租赁行业信用深度报告》，国泰君安证券研究所，刘毅、覃汉，2020年1月10日。

外部支持方面，由于融资租赁行业属于典型的资本依赖型行业，因此融资能力对企业的发展至关重要。强大的股东背景可以为企业提供更多支持，因而外部支持可以选取股东性质和实收资本两项指标进行分析。

财务指标方面，可以从盈利能力、现金流能力、资本结构三个维度进行考量：（1）盈利能力方面，由于融资租赁企业的主要盈利来源是融资租赁业务的利息收入，因而用融资租赁收入/应收融资租赁款得到的收息率可以在一定程度上直接反映出企业融资租赁业务的盈利能力。另外，结合净利润/营业收入、ROA、ROE这三个指标，可以更全面地反映企业的盈利能力。（2）现金流能力方面，考虑到行业特点，以及各公司对融资租赁项目本金的会计处理存在差异，单一的经营性净现金流或投资性净现金流不可比，因此可以选取“经营性净现金流＋投资性净现金流”这一综合指标，并结合筹资性现金流量净额和筹资前现金流量净额/总负债，可以较为全面地反映出企业的现金流管理能力。（3）资本结构方面，选择资产负债率、刚性债务比率和短期债务比率作为分析指标。

经营指标由融资能力、经营能力、资产质量、风控能力四个方面组成：（1）融资能力包含融资渠道、融资成本和杠杆水平三项指标。强有力的股东支持和多元化的融资渠道都会为企业带来更优的融资环境，从而降低融资成本。融资成本则通过利息支出/平均有息债务体现。另外，还应关注企业的杠杆水平，综合三项指标反映出企业的融资能力。（2）由于各融资租赁公司的业务所涉行业多种多样，不便直接比较，因此，在经营能力方面选取了总资产规模和主营业务规模两项量化指标。（3）资产质量反映了融资租赁企业的收益水平和经营水平，结合其类信贷业务的特点，选取了不良率和拨备覆盖率两项定量指标来评价。（4）风控能力通过各发债主体所涉及业务的前三大行业总占比来体现。但是，行业集中度高并非完全意味着风险高，主要是受到企业股东背景的影响，因而，在分析行业集中度时，还需要结合行业风险，即定性＋定量的方式来比较。

公司治理指标较难量化，因而结合了管理结构和内控水平两个方面来评价。其中，管理架构重点关注企业管理架构是否清晰、专业、有效，并参考股权结构。内控水平则通过风险管理架构来体现，主要用于最终分数的微调。

本章小结

1. 融资租赁公司的经营规模不同，组织架构的具体结构也有所区别。经营规模较大的融资租赁公司组织架构相对比较完备，部门分工设置较细。大体而言融资租赁公司组织架构分为四个层级：股东大会、董事会、管理层和业务部门。

2. 虽然融资租赁公司以“融物的形式进行融资”，在整个租赁期内拥有租赁物的所有权，在承租人无法支付租金时，能够通过控制或收回租赁物保障投资安全。但是融资租赁公司在经营过程中，仍然会遇到各种风险，分为承租人风险、租赁物风险和其他风险。

3. 承租人风险，包括承租人信用风险：即承租人由于种种原因不能按时按期支付租金；承租人欺诈风险：包括承祖人提供虚假信用信息、虚构租赁资产、虚报租赁资产的价格、利用租赁资产进行多次融资、擅自将租赁资产卖出或者抵押。

4. 租赁物风险，包括租赁物供货商违约风险、租赁期内租赁资产损失风险、租赁物第三方责任风险、租赁物残值风险等。

5. 其他风险主要包括资金错配风险、税收风险、政策风险和操作风险等，资金错配风险主要集中在利率错配和期限错配，税收风险指由于税收政策的变化给融资租赁公司造成的损失，政策风险是指由于国家或者地方政府的相关政策发生改变，给融资租赁业务造成的风险，操作风险是指由于融资租赁公司自身经营管理的纰漏造成的损失。

6. 融资租赁公司的风险管理，加强风险管理、强化内部控制，同时加强对关键环节的风险控制和管理，具体而言，包括全面评估承租人信用风险、合理评估供货商风险、保持租赁期间的持续监控等。

7. 根据行业和业务特点，租赁公司经营风险可以从四个方面进行评价：外部支持、财务指标、经营指标和公司治理，包含定量和定性两种评价方式。

本章重要概念

承租人风险　信用风险　欺诈风险　供货商违约风险　租赁资产损失　租赁物残值风险　税收风险　政策风险　操作风险　应收融资租赁款不良率　拨备覆盖率

本章思考题

1. 简述融资租赁公司组织架构的内容？
2. 融资租赁公司经营过程中会面临哪些风险？
3. 涉及融资租赁物可能会产生哪些风险？
4. 如何认识租赁物残值风险对融资租赁公司的影响？
5. 如何全面评估承租人的信用风险？

本章参考文献

[1] 商务部，中国融资租赁业发展报告2016—2017，2017.

[2] 零壹融资租赁研究中心，http://www.01caijing.com/channel/1029.htm.

[3] 陈稳．融资租赁操作实务指引［M］．中国法制出版社，2017.

[4] 中国融资租赁三十人论坛，中国融资租赁行业2018年度报告．中信出版集团，2019.

[5] 上财风险管理论坛［J］．2019（4）.

[6] 刘毅，覃汉．监管收紧之下的行业重塑丨融资租赁行业信用深度报告.

第十章　我国农民专业合作社的经营管理

本章导读

1953 年我国农村土地改革完成后，为了满足工业发展对农产品的需求，增强农民抵御风险的能力，农民合作社应运而生，中国农村开始了互助合作运动。2007 年《中华人民共和国农民专业合作社法》的出台则保证了农民的主体地位，保障了农民的合法权益，更加有利于农村合作经济组织的发展。那么在新时期，农民专业合作社是如何经营管理的？其组织架构和内部治理机制是怎样的？在运作过程中，合作社又会面临哪些风险，对于这些风险相关管理人应该如何应对？在市场经济占据主体的今天，农民专业合作社未来何去何从？这些问题在脱贫攻坚战的收官之年显得尤为重要。本章对农民专业合作社的经营管理进行了较为详细的介绍和分析，旨在帮助读者更好地了解农民专业合作社的组织架构、治理机制、风险管理，让读者体会到合作社在振兴农村经济、联系城乡方面发挥的作用。

本章学习目标

1. 了解我国农民专业合作社的组织架构和内部治理机制；
2. 了解我国农民专业合作社在资金互助方面面临的风险；
3. 了解如何应对农民专业合作社面临的风险与挑战；

4. 思考市场经济条件下我国农民专业合作社未来的发展。

第一节　我国农民专业合作社的组织管理

一、组织架构

农民专业合作社作为独立的法人经济实体，其治理结构设计可以吸收和借鉴企业治理的基本经验和做法，但是农民专业合作社作为企业法人与社团法人之间特殊形态的法人，其治理结构有着独特的特点。农民专业合作社组织机构分为权力机构、执行机构和监督结构，分别为社员（代表）大会、理事会、监事会，这三部分相互作用、相互制衡，组织架构如图 10－1 所示。但是农民专业合作社规模、经营内容不同，其设立的组织机构也不完全相同。《农民专业合作社法》对于组织架构并无强制规定，而需要农民专业合作社在章程中对组织机构、产生办法、职权、议事规则等进行规定。

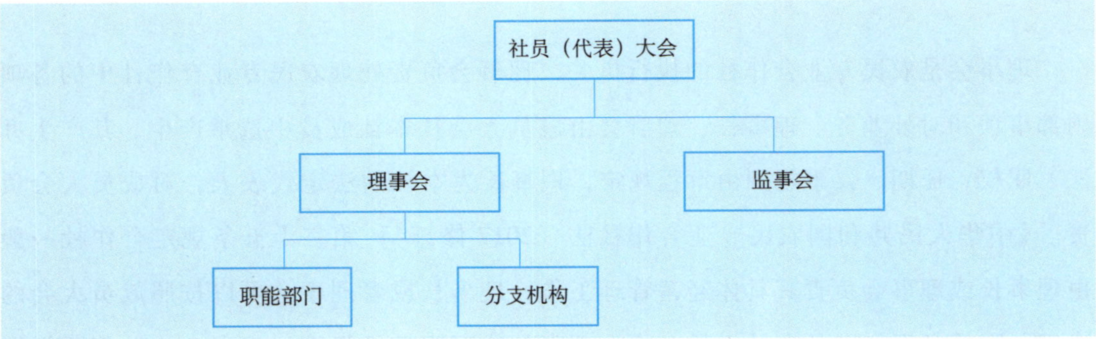

图 10－1　农民专业合作社组织架构

资料来源：《中华人民共和国农民专业合作社法》。

（一）社员（代表）大会

社员（代表）大会是农民专业合作社的最高权力机构，其参与者是农民专业合作社的所有成员，拥有组织的最高决策权。所有成员都可以通过成员大会投票等表决方式，集体行使权力，就合作社的重大事项做出决议，因此社员代表大会是农民专业合作社所有参与者行使自身权利的核心载体。

《中华人民共和国农民专业合作社法（2017 修订）》第二十九条规定社员（代表）大会的职权主要有：修改章程；选举和罢免理事长、理事、执行监事或者监事会成员；

决定重大财产处置、对外投资、对外担保和生产经营中的其他重大事项；批准年度业务报告、盈余分配方案、亏损处理方案；对合并、分立、解散、清算做出决议；决定聘用经营管理人员和专业技术人员的数量、资格和任期；听取理事长或者理事会关于成员变动情况的报告；章程规定的其他职权。

《中华人民共和国农民专业合作社法（2017 修订）》第二十二条规定农民专业合作社成员大会选举和表决，实行一人一票制，成员各享有一票的基本表决权。出资额或者与本社交易量（额）较大的成员按照章程规定，可以享有附加表决权。本社的附加表决权总票数，不得超过本社成员基本表决权总票数的百分之二十。享有附加表决权的成员及其享有的附加表决权数，应当在每次成员大会召开时告知出席会议的成员。农民专业合作社召开成员大会，出席人数应当达到成员总数三分之二以上。成员大会选举或者作出决议，应当由本社成员表决权总数过半数通过；作出修改章程或者合并、分立、解散，以及设立、加入联合社的决议应当由本社成员表决权总数的三分之二以上通过。章程对表决权数有较高规定的，从其规定。

（二）理事会

理事会是农民专业合作社的执行机关，理事会负责处理农民专业合作社中的各项内部事项和对外业务。理事长、理事会由成员大会从本社成员中选举产生，其产生办法、职权、任期、议事规则由章程规定，理事长为本社的法定代表人，对成员大会负责。《中华人民共和国农民专业合作社法（2017 修订）》第三十五条规定合作社一般由理事长或理事会负责其具体经营管理工作，理事长或者理事会可以按照成员大会的决定，聘任经理和财务会计人员，或由理事长或理事兼任经理。理事会成员需要根据任期进行更换，以保证理事会在执行职责时，能够以农民专业合作社的利益为出发点进行决策。

理事会行使下列职权：组织召开成员大会，执行成员大会决议；向成员大会提交需要讨论审议的章程、制度、工作计划等有关事项；讨论决定成员入社、退社、除名；讨论决定对本社成员与职员的工资、奖励和处分；根据本社发展需要为本社成员提供各项服务；管理本社的资产和财务；履行章程和成员大会授予的其他职责。

（三）监事会

监事会是农民专业合作社的监督机关。作为农民专业合作社决策的执行机构，理事会拥有很大的权力。为了避免理事会利用这种权力谋取私利，或者做出置集体利益于不顾的事情，必须有相应的监督机构，对理事会的所作所为进行监督，这个监督机构即监事会。监事会的主要职责是督促理事会和其他管理人员，即监督他们完成职责的情况，是否越权插手不属于自己管辖的事务。同时，监事会还要负责对农民专业合作社的财务状况的审核监督，以保证农民专业合作社的正常运营。

监事会行使下列职权：监督理事会对社员大会决议和本社章程的执行情况；监督检查本社生产经营业务和财务收支及盈余分配情况；监督成员履行义务情况；向成员大会提出工作报告；向理事会提出工作建议；提议临时召开成员大会；履行成员大会授予的其他职责。

同理事会成员的产生办法相同，监事会成员也通过农民专业合作社全体社员的民主选举产生。为了保证监事会能够充分发挥出作为监督机构的作用，避免其做出违反自己职责的事情，监事会的成员不能与理事会重合，若有一人兼两职的情况出现，那么必须解除其中的一项职务。监事会应是相对独立的，其会议的召开须通过监事会主席进行，并且参会人数必须达到50%以上，相关决策的通过需要有参会人数的50%以上赞同。

专栏10－1

创新组织结构促进合作社规范化运营

湖南锦绣千村农业专业合作社成立于2011年，现有成员6 691户，其中企业成员26家，农民成员6 665户，规模大，成员多，合作社通过创新组织结构、健全规章制度、开发智慧管理系统，实现了规范发展。合作社坚持“始于成员需求、终于成员满意”的办社宗旨和“全程、多元、高效”的服务理念，以开展农业社会化服务为主导业务，打造区域农业社会化服务综合体。合作社严格贯彻落实“三会”制度，采取“合作总社＋地域分社＋基层服务站”的运营模式，总社下设成员服务、产销服务、资金互助、人力资源、教育培训、财务管理和综合办公7个部门，搭建起“生产、供销、信用、培训”综合服务平台，为广大农民成员提供耕种管收的全程服务。合作社实施“三级建点”，不断完善组织体系。为了让成员足不出村就享受到综合服务，合作社着力构建县、乡、村三级服务体系。总社制计划、建标准、定流程、下任务、做辅导；分社负责业务执行与督导；基层服务站负责服务落地。合作社实行统一品牌形象、统一服务标准、统一价格管理、统一业务流程、统一财务结算。目前已建乡镇分社 15 家、村级服务站 137 家。

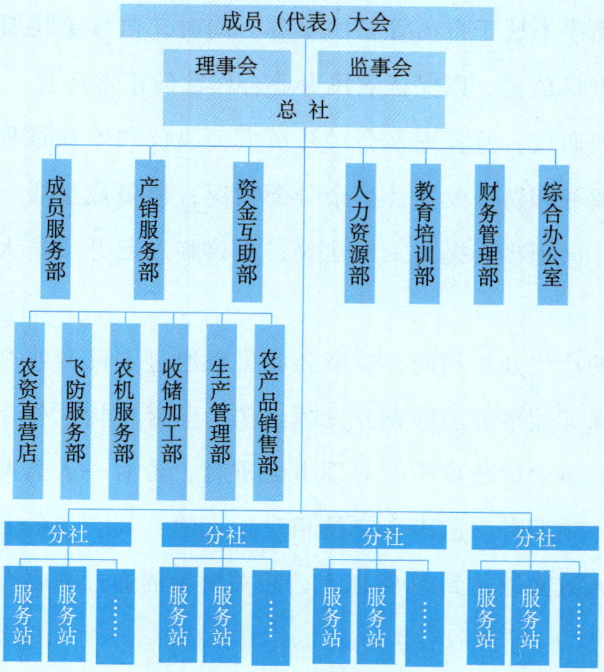

资料来源：2019 年全国农民合作社典型案例之十二：湖南锦绣千村农业专业合作社，2019 年 10 月 18 日，农业农村部。

二、内部治理机制

农民专业合作社的治理是指通过正式或非正式、内部或外部机制，来调节社员之间的利益和行为，并促进农民专业合作社集体行动，构建合作社在市场中竞争性主体地位，形成正外部性的治理网络的持续过程。治理网络的形成能够增多盈余且提升效率，释放其促进农村经济发展的优势。对于农民专业合作社而言，通过计划和合理驾驭组织内部治理机制协调合作社内部各股东的利益关系和合作社与其他企业的关系，能够促进农民专业合作社的健康发展，激发合作社的积极性和主动性。

（一）内部决策机制

决策机制通常是指决策权在农民专业合作社的主体内部各利益之间的分配格局，

包括决策权的配置、内容和程序，是决策权力机构和对应内容的有机组成。合作社作为市场经济的参加者，无论规模大小，无论属于哪一个产业门类，都有决策机制的问题。正确而及时的决策，可以使合作社由小变大，由弱变强；反之，如果决策失误，也会使合作社由强变弱，甚至被市场淘汰。

农民专业合作社是由社员民主管理的组织，社员地位平等，合作社的重大事项和决策均由社员积极参与并做出决策。社员各享有一票的基本表决权，并在“一人一票”的基础上，为了解决合作社的资金约束和鼓励社员与合作社之间的交易，给予了资本或贡献较大的社员以附加表决权。但为了防止附加表决权的设置损害农民社员的民主决策权，法律又对附加表决权的票数作了限制，农民专业合作社章程也可以限制附加表决权行使的范围。这样的规定既保证了合作社平等合作的性质，也为合作社的资金来源开放了更多的门户；既延续了传统合作社的原则，又融合了新一代合作社的元素。

按照法律规定，合作社的理事、理事长应由会员代表大会选举产生。在决议表决上，我国采取了多数原则。《农民专业合作社法》第二十三条规定“社员大会选举或者做出决议，应当由本社社员表决权总数过半数通过做出修改章程或者合并、分立、解散的决议应当由本社社员表决权总数的三分之二以上通过。章程对表决权数有较高规定的，从其规定。”理事会的决策是通过理事会会议来进行的。理事会会议包括普通会议和特殊会议，普通会议是按照规定定期召开的会议，特殊会议则是理事认为必要时召开的会议。召开理事会会议必须符合法定人数，一般规定是全部理事的三分之二。理事会由理事长主持，实行充分协商一致原则，理事会社员各享有一票表决权，重大事项集体讨论，并经三分之二以上理事同意方可形成决定，如果投票过程中出现僵局，理事长通常具有裁定权，即进行决定性的投票。

（二）内部激励机制

内部激励机制是委托人设计的能够促使代理人通过采取适当行为最大限度地增加委托人的效用的一套机制，能够解决委托人和代理人之间关系的动力问题，是关于所有者和经营者如何分享经营成果的一种契约。合作社是一个双向委托代理的结构，在合作社向社员提供服务时，合作社管理者是代理人，社员是委托人；而社员向合作社提供农产品时，合作社管理者是委托人，而社员则是代理人。因此，合作社的激励机制具有特殊性，既包括对合作社经营管理者的激励，又包括对社员的激励。

合作社的经营管理者，在合作社的运行中具有决定性的作用，充分发挥他们的积极性能够为合作社创造更多的收入。但目前农民专业合作社大多采取精神激励的方式，如地方政府的表奖、社员的肯定、村民的敬重，很少有对经营管理者采取物质激励的方式。在提供精神激励的基础上为管理层提供一定的物质保障更能够使管理者在经营过程中激发创新精神，增强主观能动性，提高忠诚度，为当地农业发展注入活力。

合作社是社员所有、社员受益的企业，合作社的社员既是劳动者又是投资者，这种双重身份，构成了利益与命运相一致的机体，具备了充分发挥积极性的客观基础。《农民专业合作社法》规定合作社应当为每个成员设立账户，记录成员出资额、公基金份额、交易量（额），年末时将可支配盈余按比例分配给社员，以此来激发社员干事创业的积极性。

（三）内部监督机制

监督机制是指农民专业合作社的治理主体对合作社经营成果、行为和决策所进行的审核和监导。监督既包括监事会对股东、董事会、经理层的监督，也包括监事会成员之间的监督。

社员对专业合作社运营管理的监督主要通过社员大会或社员代表大会来行使。当社员认为专业合作社的经营方向、经营决策没有很好地体现合作社的服务宗旨，合作社的运营管理者没有按照社员的利益诉求来行使职权时，他们就可以在社员大会上发表异议，否决议案或者集中意见，提议召开社员大会来替换不称职的合作社经营者。此外，当社员发现合作社不能给他带来利益，而他又不能充分发挥自己的权利改变现状时，就有可能采取不合作的方式，选择退社。社员的大量退社，意味着对合作社的不满，因此，社员的退社虽然极端，但也是一种监督方式。

社员大会作为合作社的权力机构，通过职权的行使来发挥其监督职能。《农民专业合作社法》规定专业合作社社员大会可通过以下职权来对合作社的经营管理人员或其他代理人进行监督：一是选举和罢免理事长、理事、执行监事或者监事会社员的权力；二是决定重大财产处置、对外投资、对外担保和生产经营活动中的其他重大事项；三是决定聘用经营管理人员和专业技术人员的数量、资格和任期的权力。此外，社员大会对合作社内部经营管理人员和重大经营活动的监督还包括知情权和监察权。社员大会的监督是合作社的最高权力机构的监督，具有最高的权威性和最大的约束性。但社员大会不是常设机关，其监督权的行使往往交给专职监督机关的监事会或理事会，社员大会只保留对结果的审查和决定权力。

理事会是合作社的执行机构。理事会对经理人员的监督表现在履行其职责，聘用和解雇经理人员，或通过制定重大和长期战略来监督经理的行为。理事会监督的目的是监督其决策是否被贯彻执行及经理人员能否胜任。

监事会作为合作社内部的专职监督机构，是社员行使监督权的主体，代表全体社员监督和检查专业合作社的工作，对社员代表大会负责。当监事会发现理事会和经理发生损害公司利益的行为，可以提议召开临时成员大会对违法章程的行为进行纠正，维护成员和合作社的权益，保证合作社平稳运行。

第二节　我国农民专业合作社的风险管理

一、面临的主要风险

随着市场经济的发展，农民生产的产品有了在市场上销售的需求，但仅靠自己的力量，农户难以实现产品加工、贮藏、销售的各个环节，因此农民专业合作社应运而生。它的出现能够提高农业生产经营效率、保护成员利益、增加成员收入，既可以充分发挥家庭联产承包经营的潜力，又可以适应市场经济发展的需要，使入社农户得到实实在在的好处，但目前我国大多数农民专业合作社自我积累有限，业务规模小，服务能力薄弱，实现扩大规模的需求需要外部资金的注入或在合作组织制度框架下整合农户内部自有的闲散资金，因此，在农民专业合作社成员组织成立了资金互助组织，以合作金融资本缓解合作社资金紧张的局面，帮助农户及农村微小企业解决融资难的问题，但也面临着一些风险。

（一）农户合作意识不健全

农民专业合作社的建立是基于农户的合作需求和合作意愿，但是，成功的关键在于正确的合作意识、合作理念和金融意识，以及对合作原则的正确理解和把握。但是当前还存在较多农民专业合作社的管理者，由于金融风险意识较差、贷款发放与回收行为不规范、逾期贷款处理方法不适当、财务管理制度不健全、会计核算制度不规范，在合作决策中表现出一定的决策理性的有限性，导致决策行为不规范，阻碍了农民专业合作社的融资，影响了农民专业合作社的生产与经营。

（二）贷款资金不足

农民专业合作社成员既可以用货币出资，也可以用实物、知识产权、土地经营权、林权等可以用货币估价并可以依法转让的非货币财产，以及章程规定的其他方式作价出资，但是受农村经济发展程度以及农民收入水平的影响，资金互助社存款来源不足，社员的贷款需求远远大于存款供给。虽然我国农村金融体制改革在逐步推进，形成了以农业银行、农业发展银行和农村信用社为主的正规农村金融组织体系。但是，农业银行在商业化目标的推动下距离农村和农民越来越远；农业发展银行业务发展局限，不直接对农户和农村微小企业提供信贷服务，筹集农村闲散资金、为“三农”产业服务的农村信用社本身面临着一系列的问题，如不良贷款多、资金实力不足等，其结果是农村地区真正来自正规金融机构的金融供给十分有限，农民专业合作社依靠外部资金发展注入成本高且难以操作。

（三）组织边界和利益关系模糊

资金互助组织是在农民专业合作社内部产生的，是由一部分合作社成员资金入股而形成的，两个组织成员存在交叉，形成了你中有我、我中有你的伴生格局，但资金互助会不为专业合作社所有，而为专业合作社部分成员所有。同时，资金互助会作为经济联合体，以合作社为依托开展业务活动，为专业合作社所有成员服务，具有较高的信用度，没有过高的准入成本，是对发展农村合作金融模式的有益尝试。但是存在一些资金互助社有强烈的自我发展冲动，利益面前诱惑难挡，想跳出社员的圈子出去拉存款，甚至准备给企业放款，寻求商业利润，慢慢脱离为社员和农村服务。但随着业务的不断向外拓展，资金互助社会慢慢失去原有的信息优势，增加各种成本，不利于向低收入的农户开展业务，可能会渐渐偏离农村金融服务的目的，走上农村信用社的老路。农村信用社异化就是因为它在发展的过程中违规，不断超越自己的经营范围，以利润最大化为经营目标，没有优先为社员服务，资金投放非农化现象严重。同时还面临着资金互助社和专业合作社由于组织边界模糊出现利益纠葛，违背了最初两个实体组织合作的初衷。

二、风险管理模式

面对日益复杂的外部环境和激烈的市场竞争，进行有效的风险管理不仅关系到农民专业合作社的战略目标能否实现，而且关系到合作社生死存亡。为此，农民专业合作社必须把建立健全风险管理体系，防范和减少风险摆上经营管理工作的重要位置，使之成为促进农民专业合作社健康发展的“助推器”和“安全网”。

农民专业合作社风险管理是指农民专业合作社员工对合作社可能面临的风险进行规划、识别、评价和应对，以最小的成本获得最大安全保障的管理活动。农民专业合作社风险管理的程序分为以下5个步骤：

1. 确定风险管理目标

对于不同的农民专业合作社风险管理主体，风险管理目标可能有不同的侧重。所以风险管理的首要任务就是通过对资料的收集、分类、比较和解释等活动，确定农民专业合作社风险管理目标。风险管理的目标是指在识别与衡量风险的基础上，控制与处置风险，防止和减少损失，保障组织各项经济活动的顺利进行。由合作社的特殊性质决定，农民专业合作社风险管理的终极目标是实现合作社价值的最大化。

2. 农业风险识别

农业风险识别是对农业自身所面临的风险加以判断、归类、鉴定其性质的过程。农民专业合作社在业务过程中面临着不同性质的风险，为了保障农业的生存与安全，必须采取有效的方法和途径识别农业正在面临的或者潜在的风险。风险的判定一方面可以通过感性知识和过往经验进行判断，另一方面则需要依靠计量知识进行分析和归纳，从而鉴定风险的性质，并判定其损害情况，进而了解发生何种损益或波动。

3. 农业风险评估

农民专业合作社风险评估是指，农民专业合作社或其监管部门对合作社存在的各种风险因素可能造成的影响及其合作社自身的风险管理能力进行分析与评估，在此基础上确定风险等级，推荐控制对策的过程。

4. 农业风险处理

农业风险处理是指风险管理主体根据农业风险识别和衡量情况，为实现农民专业合作社风险管理目标，选择与实施农民专业合作社风险管理技术。农民专业合作社风险管理技术包括控制型风险管理技术和财务型风险管理技术。前者以降低损失频率和减少损失程度为目的，后者则以提供基金的方式，抵消损失的成本。

5. 农民专业合作社风险管理评估

农民专业合作社风险管理主体在选择了最佳风险管理技术之后，要对风险管理技术的适用性及收益情况进行分析、检查、修正和评估。农民专业合作社面临着不同性质的风险，并且这些风险的性质和情况是多变的，风险管理者的认知水平具有阶段性，只有对农业风险的识别、评估和技术的选择等进行定期核查和修正，才能保证农民专业合作社风险管理技术的最优使用，从而达到预期的农民专业合作社风险管理目标和效果。

总体而言，在我国农业发展的不同时期，为解决农业面临的巨大风险，我国政府发挥了重要的作用，保障了农民的经济利益，推动了农业和社会的发展，但是随着当前全球化浪潮的来临，仅仅依赖政府并不能有效规避这些风险，多种类型经济主体应当承担更大的责任。而农民专业合作社在一定程度上也可以起到一些风险管理的作用，能够保障农业安全。为了应对存在的风险挑战，适应市场化趋势，让农民专业合作社真正成为振兴农村经济的助推器，农民专业合作社还应：

1. 增加社员股金，拓宽融资渠道，化解财务风险

鼓励更多的农民自愿加入资金互助社成为社员，增加社员的存款资金来源。同时，资金互助社可以作为正规金融机构和农民之间联系的一个纽带，商业性银行将贷款批发给资金互助社，由资金互助社直接向其成员发放；吸收金融机构入股互助社，从而增加资金实力。资金互助社作为独立的企业法人，可通过金融市场发行金融债券等直接融资扩充资金，也可通过融入保险资金等社会资金，不断壮大自己资金的实力。

2. 完善内部治理和内控机制，有效化解金融风险

农村资金互助社应以农民为主体，自愿参加，互助合作，实行民主决策、民主管理和民主监督，形成完善的内部治理和严密的内控机制，有效地化解金融风险。完善的内部治理结构是一个互助社的灵魂所在，继续依据“民办、民管、民受益”原则和“一人一票制”的管理决策方式，通过社员大会去充分发挥社员的民主权利。社员在资金互助社运行中要赋予切实的权利，不能流于形式，坚持自愿入股原则，尊重社员对经营管理的知情权和参与权。充分发挥社员大会和监事会的作用，防止少数人控制互助社经营，造成信息不对称和经营风险发生。理事会、监事会和社员大会都要有切实的权利和义务，三者要各司其职，共同地有效防范和化解金融风险。

专栏 10－2

合作社资金互助规范管理

江苏省阜宁县沟墩禽蛋专业合作社创办于2003年6月，成员出资总额200万元，现有成员636人，总资产6 000万元。2018年实现销售收入1.8亿元，盈余

180 万元。合作社获江苏省“百佳”农民专业合作社、国家农民合作社示范社称号。2013 年 1 月，合作社按照“对内不对外，吸股不吸储，分红不分息”的原则，在成员内部开展资金互助合作，首先坚持民主决策，经成员大会决议，制定了《阜宁县沟墩禽蛋专业合作社内部互助资金管理制度》。互助资金使用占用费略低于同期本地农村商业银行利率；入股资金两次分红，第一次按当地农商行同期利息分红，第二次将互助资金盈利的 60% 按比例分红，其余作为合作社提留，按章程分配。互助资金以就地、小额、短期贷款为主，主要用于投放本社成员鸡舍建设、购买饲料、苗鸡和自然灾害等所需资金，优先解决成员生产流动资金不足困难。其次科学运作，严格互助资金管理制度。为确保互助资金服务工作稳健开展，降低风险，合作社严控资金规模，6 年累计入股资金 536 万元，互助资金累计发放成员 248 人次，累计发放资金 1 205 万元，平均每笔 4.85 万元。经过 6 年时间的运作，资金互助收效明显，既增加了入股成员的收入，又解决了成员发展生产资金不足的问题。在具体投放上，严格执行内部互助资金管理制度，明确资金投放对象、投放论证人、投放担保人以及投放审批人，论证人需 2 人，担保人 2 人以上，担保人必须为合作社成员，审批人为理事长，投放资金一笔不超过 5 万元，特殊情况可放宽到 10 万元。投放时间一般为三个月或半年，最长不超过一年。在实际运作中，坚持 3 个不投放，即没有信用的成员不投放，没有用于禽蛋发展的不投放，手续不完善的不投放，有效保障了资金互助合作的持续平稳发展。

资料来源：2019 年全国农民合作社典型案例之二十：江苏阜宁县沟墩禽蛋专业合作社，2019 年 10 月 25 日，农业农村部。

3. 找准发展方向，加强自身建设，增强应对风险的能力

农民专业合作社发挥资金互助作用要始终坚持以农民为主体、以村落为边界，严格控制互助社的规模和成员构成，服务对象必须限制在本社社员内，作为农村金融体系的一种补充。资金互助组织切忌简单地追求数量和规模的扩张，盲目过快地发展，而应强调其适应农村微小经济主体的需要，扎根农村地区，贴近农民、了解农民、面向农民提供金融服务，从服务“三农”中获得回报，成为经营灵活、经营成本低、能满足小范围内农民资金需求的“小而精”的微型农村金融机构。同时，农村资金互助社在发展过程中应确保安全运行，不能背离互助合作的初衷，应着眼于农村金融服务出现空白或竞争不充分的地区，满足农村金融的需求；为农村金融市场引入竞争机制，

激活整个农村金融市场，为广大农民提供有效的金融服务和支持，从而努力为农村经济的发展和社会主义新农村建设服务。

第三节　我国农民专业合作社案例分析

一、案例背景介绍

2012 年以前，榆林市赵家峁村是一个省级贫困村。村集体经济一穷二白，村民人均年收入不足 3 000 元；耕地闲置荒芜，近 50% 的耕地撂荒；多数青壮年劳动力进城务工，常住人口不足百人，村庄“空壳”，集体“空心”，民居“空巢”，“三空”现象十分严重。面对这种情况，2013 年，村里改选了村党支部班子，榆林民营企业家、赵家峁村村民张春平高票当选村党支部书记。张春平给自己定了三个目标：修一条路方便村民通行、建一批别墅改善群众住房、发展一个产业带动农民增收脱贫。

二、案例内容

为实现目标，张春平提出带动全村都发展，搞集体经济，领着全村农民开一个公司。在这样的基本思路下，2013 年 10 月，由村民自愿筹集资金 432.5 万元，赵家峁村注册了红雨农业发展有限公司。公司以每年 100 元/亩的价格流转村民土地 960 亩，冬天开始移山填沟，发展自己的现代农业之路。于 2014 年在 960 亩土地上建起了大棚种上了桃子和葡萄，还搞建设了一个 35 亩的养殖小区，成立了丰景种植农民专业合作社和金润园养殖农民专业合作社，合作社的理事长和公司负责人全部由村民选举产生。

赵家峁村的经验引起了榆林市农业局总农艺师刘艳的注意，并上报省农业厅，批准赵家峁村为陕西农村集体产权制度改革的省级试点。确定了改革的方向后，问题接踵而来，关于产权制度的解决方案并没有可以用来借鉴的例子，只能依靠自己摸索，其中股权设置尤为困难。经过清产核资，赵家峁村的集体资产有 5 300 亩耕地，新建的村委会大院和沟里新建的 5 个小水坝以及现金账面余额 28.6 万元。

2015 年 3 月，赵家峁产权制度改革启动会在村里召开，确定了赵家峁村产权制度改革领导小组，由 13 名村民代表和“三委会”成员（党支部、村委会、村民监督委员会）组成，张春平书记任组长；另外，会议规定了 2015 年 10 月 1 日为改革的基准日：在 2015 年 10 月 1 日之前，户口在村里的人口既是村民也是股民，有权持有人口股，以后再迁回来就只是村民不是股民了。接着，负责改革的榆阳区农村集体产权制度改革办公室副主任刘红金根据村里情况设置了 5 种股份，分别为土地、人口、劳龄、资金以及旧房产。村里 5 300 亩土地全部入股，农民以每亩土地折合 16.17 股的形式入股合作社，将土地交由合作社统一规划管理。农民可以自愿反租。关于 5 种股份占比的分配，刘红金的原则很清晰：人口股加土地股，必须达到 60%。“我们改革小组的宗旨，是要维护大多数群众的利益。股民里，在家种地的人占多数，如果资金股过高，而人口、耕地股太少，势必会损害这部分人的利益，打击他们的积极性。这就违背了我们当初‘回村帮扶农民，共同富裕搞发展’的一片初心。”张春平给那些要求资金股占多数的老板们做思想工作：“我们当初本来就是抱着没有回报的打算返乡创业，支持家乡建设的，现在却要在股份上占大头，村里人会怎么想？会不会怀疑我们的动机不纯，要买断股份呢？”历时近半年的思想工作劝得一部分股民动了心，赵家峁最终确立了股份比例，土地股占 38%，人口股占 22%，资金股占 23%，旧房产和劳龄股分别占 12% 和 5%。629 名股民全部核对签字，出资最多的一批股民做出了让步。

2015 年 8 月，全村 5 300 亩土地完成了农村土地承包经营权确权登记颁证工作，并以“确权确股不确地”的形式设置了土地股，农民用承包地经营权入股合作社。自从量化股份后，村里将村民入股的旧房产利用起来，搞起了乡村旅游。2016 年 2 月 16 日，赵家峁股份经济合作社正式成立，随后注册了赵家峁乡村文化旅游公司。2016 年 7 月 22 日，乡村旅游区开始试运营。为了打消村民们对发展乡村旅游的顾虑，让他们放心将自己的财产交给集体，合作社给农民承诺了两件事：一是建设过程中不对村民的旧房产大拆大建，二是经过土地确权，各家各户承包地的经纬度和坐标都详细地记录在确权证书上，无论何时土地和房子的权属关系不变。

如今村里的收入不仅给村民带来分红收入，还保留了公积金、风险金和收益金用来建设公共福利事业，在带领赵家峁村走上脱贫致富的道路的同时让农民最大限度地分享到集体经济发展的巨大红利。

三、案例分析

赵家峁村张春平和村两委会一班人，在区委、区政府的支持下，依托农村集体产权制度改革，探索出了资源变股权、资金变股金、村民变股民的“三变”改革模式。首先，农民专业合作社的方式使赵家峁村在除去集体资产后还能得到足够资产来维持和运营后续的发展；其次，合作社的形式同时也带来了股权分配的问题，如何处理各部分的占比，尽管在不同情况下有不同的解决方案，归根结底还是要以保障合作社成员的利益为根本出发点；再次，对于村民们的疑虑与不合作，必须要予以一定的解决方案并履行承诺，要使社员们信任合作社，才能够充分调动社员的积极性，这样的合作社才能得到长久的发展；最后，合作社的发展需要以社员的福祉为出发点，守住“红线”，规范运行，在经济得到发展的同时赵家峁村农民专业合作社还能够增进社员的福利。

四、研究结论与建议

农业是安天下、稳民心的战略产业。农民专业合作社是发展农业生产、建设社会主义新农村的重要载体。这些年的实践表明，农民专业合作社的建立和发展，是农业现代化和农民参与市场竞争的客观要求，是新阶段农村经济适应市场经济发展的必然产物，对推动农业结构调整，提高农产品市场竞争力，增加农民收入，发展农村经济，发挥着越来越重要的作用。尤其是在振兴乡村的国家战略中，这一组织形式是振兴农村经济的重要的有力的抓手和沟通城乡、联系市场的纽带。为了实现农民专业合作社的长期发展，我们还有很长的路要走。

农民专业合作社的发展需要资金支持，因此内生于合作社的资金互助组织应运而生，由于具有门槛低、手续便捷、贷款灵活等天然优势，因而社员因季节性生产所需的短期资金周转，都能得到满足，这样的方式使农民可以以较低的成本获取灵活的发展。然而，合作社的出现同时也对风险和监管提出了新的要求，在成立初期由于缺乏有效的风险控制和监管管理，不少互助社倒闭，或被利用当做非法集资的幌子，导致农民严重受损。因此，开展农村资金互助，必须遵守相关法规，规范运行，不触碰法律的“红线”，以此促进经济发展并提高社员福利。

因此关于控制合作社的运营风险，首先要建立规范的行为流程，对管理层进行有效地监管，从而防范内部风险。其次，合作社的管理者需加强对对外项目的风险评估，对项目的前景、风险以及现状要有准确的判断，对综合评估不合格的项目不予通过，以此防范外部风险。

关于合作社的规范运行，2006 年全国人大通过了《中华人民共和国农民专业合作社法》，填补了新中国成立以来我国合作社发展史上的法律空白。这部法律符合国际合作社通行的基本原则，适合我国农民合作社发展实际，并且为广大农民在合作社建设中留有了充分的空间和余地，是一部具有中国特色的农民专业合作社法。2017 年 12 月十二届全国人大常委会第 31 次会议修订通过的新《中华人民共和国农民专业合作社法》（简称《农民专业合作社法》），于 2018 年 7 月 1 日开始施行。这是促进合作社发展的最新法律依据，对规范合作社的组织和行为、实施乡村振兴战略、推进农业农村现代化具有重要意义。当前和今后一个时期，合作社建设的主要任务是贯彻新《农民专业合作社法》，促进合作社建设循法治轨道健康持续发展。

法律的确立有力地推动了专业合作社的发展，完善了以前由于农民专业合作社中基础薄弱、缺乏专业的指导和有效的监督而造成的不规范的现象，使农民专业合作社呈现出欣欣向荣的态势。农民专业合作社今后的发展一定要坚守原则，要依法规范合作社发展，加强合作社有效治理，这是解决目前合作社发展中存在大量假合作社问题的重要路径，是广大农民的普遍热盼，也是我国建设社会主义法治社会的应有之义；还要以合作社本质属性和法律规定作为合作社规范发展标尺，切实地做到维护和保护广大劳动人民的切身利益，不走“歪路子”，杜绝腐败，营造一个健康持续的发展环境。

产业融合是实现推动农业高质量发展的关键。对于生产者而言，产业融合可以解决人多地少致使单纯农业生产效率很难提高的根本矛盾；对于消费者而言，产业融合能更好地满足人民日益增长的美好生活需要。这突出表现在两个方面，一是从规模化标准化的农产品需求更多地向个性化具有地理标志特征的农产品、绿色有机农产品转变；二是从单纯农产品更多向与农业关联的服务需求拓展，比如农业体验式旅游、休闲养生、民俗文化等。

目前，不少地方正在积极探索，在产业融合方面积累了一些经验。一要做好土地、资本、人才和技术等方面的要素保障工作，包括盘活存量建设用地，优先用于产业融合项目建设，支持农村集体经营性建设用地以入股、联营等方式用于产业融合项目；加大贴息、担保等财政金融支持农村产业融合力度；鼓励各地探索建立懂农业、爱农村、爱农民的农村产业融合智库，着力培养“新型职业农民”；在加大农业科技投入的同时，搭建科企技术对接平台，提高科技转化率。二要有针对性地解决新型经营主体当前普遍规模偏小、抗风险能力弱、外部软硬环境均存在明显短板的问题，用市场手段壮大农业新型经营主体。三要建立更加紧密的利益联结机制。比如，探索形成以农民土地经营权入股的利润分配机制，因地制宜发展股份合作制、股份制等产业组织形式，形成“订单＋股份合作”“农民入股＋保底分红”等更为紧密的利益联结形式，打造利益共同体，让农民合理共享产业融合带来的红利。

本章小结

1. 农民专业合作社组织机构主要为社员（代表）大会、理事会、监事会，这三部分相互作用、相互制衡资金。社员（代表）大会是农民专业合作社的最高权力机构，拥有组织的最高决策权，理事会是农民专业合作社的执行机关，监事会是农民专业合作社的监督机关。

2. 农民专业合作社内部治理机制主要包括决策和激励机制。农民专业合作社的重大事项和决策均由社员积极参与并做出决策。社员各享有一票的基本表决权，并且给予了资本或贡献较大的社员以附加表决权。合作社作为一个双向委托代理的结构，其激励机制具有特殊性，既包括对合作社经营管理者的激励，又包括对社员的激励。

3. 专业合作社的资金互助社组织虽然能够为解决农户及农村微小企业融资难问题提供方案，但是也存在一些问题，在未来的发展中也面临资金、法律、内部制度各方面的挑战，应予以关注。

4. 农民专业合作社风险管理是指农民专业合作社员工对合作社可能面临的风险进行规划、识别、评价和应对，以最小的成本获得最大安全保障的管理活动。

5. 农业是安天下、稳民心的战略产业。农民专业合作社是发展农业生产、建设社会主义新农村的重要载体。过去农民专业合作社中基础薄弱、缺乏专业的指导和有效的监督，出现不规范运营的现象，在未来的发展中应多方发力，在法律的有效监督、农民的积极热情、产融结合的创新背景下，农民专业合作社应规范自身行为，营造一个健康持续的发展环境。

本章重要概念

农民专业合作社　组织架构　内部治理　风险管理　资金互助组织

本章思考题

1. 我国农民专业合作社的组织架构是如何构成的？

2. 我国农民专业合作社的内部治理机制包括哪些内容？

3. 我国农民专业合作社面临哪些风险？

4. 目前我国农民专业合作社资金互助有哪几种形式？

5. 你认为我国农民专业合作社应如何解决融资困难问题？

本章参考文献

[1] 陈艺娇，潘建成．股份合作的“峁上算法”——陕西榆林赵家峁村探索产权制度改革纪实，农民日报 2017.06.27.

[2] 产业融合是实现农业高质量发展的关键．经济日报，2018.08.17.

[3] 赵强．合作社要成为农民联系市场的纽带．法治周末，2018.07.09.

[4] 毛晓雅．合作社开展资金互助必须坚守“红线”．农民日报，2018.05.24.

[5] 李振宇．关于农民专业合作社融资发展情况调查与思考．中国金融网，2016.12.28.

[6] 张德元，张亚军．关于农民资金互助合作组织的思考与分析 [J]. 经济学家，2008 (01)：40－47.

[7] 孔祥智，平时利，毛飞．农民资金互助社运行机制及其绩效——江苏省步凤镇农民资金互助社案例分析 [J]. 山东农业大学学报（社会科学版），2011，13 (04)：1－6.

[8] 夏英，宋彦峰，濮梦琪．以农民专业合作社为基础的资金互助制度分析 [J]. 农业经济问题，2010，31 (04)：29－33＋110.

[9] 张海清．内部优化与外部联接：农民资金互助合作社发展核心问题 [J]. 金融发展研究，2008 (05)：40－43.

[10] 吴爱华．农村合作金融组织发展问题研究 [D]. 湖南农业大学，2015.

[11] 梁红卫．农民专业合作社风险管理研究 [J]. 决策探索（下半月），2014 (09)：55－56.

[12] 罗荷花，李明贤．农村资金互助社试点中的问题及对策 [J]. 湖南农业大学学报（社会科学版），2008，9 (06)：40－42＋65.

[13] 农民专业合作社示范章程 [J]. 中华人民共和国国务院公报，2008 (07)：28－33.